에스라서, 느헤미야서 에스더서 주해

철학박사 김수홍 지음

도서출판 언약

Exposition of Ezra, Nehemiah, Esther

by

Rev. Soo Heung Kim, S.T.M., Ph.D.

Published by
Eonyak Publishing Company
Suwon, Korea
2018

"성경의 원어를 읽든지 혹은 우리 번역문을 읽든지,
성경을 읽는 것은 성부 하나님, 성자 예수님, 성령 하나님을 읽는 것이고,
본문을 아는 것이 하나님을 아는 것이며,
성경 본문을 붙잡는 것이 하나님을 붙잡는 것이고,
성경본문을 연구하는 것이 하나님을 연구하는 것(신학)이다".

머리말

역대상의 족보(1-9장)를 주해하느라 힘이 들었던 기억이 아직도 생생한데 이제는 에스라서, 느헤미야서, 에스더서를 주해하려 하니 어떻게 하면 정확하게 해석해서 후대에 유익을 줄 것인가 하고 고심하게 되었다. 일단 정확하게 해석해야 하고 또 후대인들에게 어떤 유익을 줄 것인가 하고 정확하게 알아야 한다는 생각에서 많은 기도를 하게 되었다.

에스라서, 느헤미야서, 에스더서 3권은 사기(史記)로서의 공통점은 주전 536년에 유대가 바벨론에 의해 망했다가 하나님의 은혜로 회복되는 과정 중에 드러난 몇 가지 개혁의 빛이 나타난 것을 기록한 것인데 에스라서는 에스라(최고의 율법 학자)를 중심으로 한 귀환기의 역사로 첫 번째 귀환과 성전 건축(1-6장), 그리고 에스라를 따른 두 번째 귀환과 또 어떻게 종교개혁을 했는가(7-10장)를 보여주고 있다.

느헤미야서는 느헤미야를 통한 예루살렘 도시 재건(1-7장)과 에스라를 통한 종교개혁(8-10장), 및 전 민족의 개혁(11-13장)을 보여주고 있다. 느헤미야를 통한 예루살렘 성 재건이나 에스라를 통한 종교개혁이나 전 민족을 상대한 모든 개혁들은 하나님의 언약이 갱신된 것을 보여주는 것이다.

에스더서는 에스더라는 여인이 고아(孤兒)로서 하나님의 놀라운 섭리로 바사 제국의 왕비가 되어 유대 민족을 멸망의 위기에서 구출한 내용을 기록한 책이다. 3권의 공통점은 모두 유 민족이 회복되는 과정에서 드러난 개혁 운동 혹은 회복 운동을 기록한 것이라고 할 수 있다.

오늘날 우리 시대의 개혁 혹은 회복은 구약 시대 당시의 개혁이나 혹은 회복과는 다를 수밖에 없다. 당시는 예루살렘으로 귀환하거나 혹은 무너진 성벽을 증축하는 등 물리적인 개혁에 집중했었다. 그러나 오늘날의 개혁은 성전 건축 같은 물리적인 개혁이 아니라 영적인 개혁에 힘을 쓰는 개혁 쪽으로 방향을 잡아가야 하는 것이다. 오늘날은 교계가 영적으로 너무 어두워졌다. 많은 전도자들이나 성도들이 물질에 치우쳐 있고 명예를 좋아하는 사람들로 가득 차 있으며 이성(異性)을 좋아하는 전도자들이 너무 많이 거리를 활보하고 있다.

이러함에도 불구하고 루터의 종교개혁 500주년을 맞이했던 A.D. 2017년의 교계는 영적인 개혁을 시도하는 분위기는 나타나지 않았고 오히려 물리적인 개혁에 힘을 써야 한다는 목소리로 가득 찬 것을 볼 수 있었다. 교회의 조직과 운영 면에 마음을 써야 하고 또 특별히 이웃 봉사에 전심을 다해야 하며 불우한 이웃을 위해 힘을 써야 한다고 소리를 높였다. 오늘날 이런 일들이 필요치 않다는 것은 아니다. 더 중요한 말씀 연구와 기도에 전심전력을 기울여야 하는 것이다. 말씀 연구가 너무 부족하여 강단에서 복음이 희미해 가는 현실을 우리는 실제로 목격하고 있고 또 전도자들이 강단에서 설교는 해도 말씀이 성도들의 가슴에 닿지 않는 안타까움이 있다. 이런 현상들은 기도가 약하다는 것을 드러내는 것이다. 설교자들이 설교를 시작하기 전 1시간 기도한 것과 3시간 혹은 4시간 기도한 것의 차이는 엄청난 것을 알 수 있다. 우리는 전도자들이 기도를 많이 하여 개혁을 이룩해야 할 것으로 알고 있다. 우리는 한국 교회가 말씀 연구와 기도가 살아나기를 간절히 바란다(행 6:4). 우리가 일사각오로 이 두 가지를 살려내면 한국 교회의 개혁은 성공할 것이다.

본 주해 책을 내면서 교정을 해주신 집사님들 권사님, 그리고 편집에 심혈을 기울여 주신 장로님과 인쇄소의 직원 여러분들에게 심심한 감사를 드린다.

2018년 12월

수원 원천동 우거에서

저자　김수홍

본 주해를 쓰면서 주력한 것

1. 성경을 성경으로 해석해야 한다는 원리를 따랐다. 따라서 외경이나 위경에서 는 인용하지 않았다.
2. 본 주해를 집필함에 있어 문법적 해석, 역사적 해석, 정경적 해석의 원리를 따랐다. 성경을 많이 읽는 중에 문단의 양식과 구조와 배경을 파악해냈다.
3. 문맥을 살펴 주해하는 일에 심혈을 기울였다.
4. 매절마다 빼놓지 않고 주해하였다. 난해구절도 모두 해결하느라 노력했다(고전 15:29절을 제외하고).
5. 절이 바뀔 때마다 독서의 편의를 위하여 한 줄씩 떼어 눈의 피로를 덜도록 노력했다.
6. 본 주해를 집필하는 데 취한 순서는 먼저 개요를 쓰고, 다음 한절 한절을 주해했다. 그리고 실생활을 위하여 적용을 시도했다.
7. 매절(every verse)을 주해할 때 히브리어 원어의 어순을 따르지 않고 한글 개역개정판 성경의 어순(語順)을 따랐다. 이유는 우리의 독자들을 위해서였다.
8. 구약 원어 히브리어는 주해에 필요한 때에만 인용했다.
9. 소위 자유주의자의 주석이나 주해 또는 강해는 개혁주의 입장에 맞는 것만 참고했다.
10. 주해의 흐름을 거스르는 말은 각주(footnote)로 처리했다.
11. 본 주해는 성경학자들과 목회자를 위하여 집필했지만 일반 성도들도 얼마든지 이해할 수 있도록 평이하게 집필했다. 특히 남북통일이 되는 날 북한 주민들도 읽고 이해할 수 있도록 가능한 쉽게 집필했다.
12. 영어 번역이 필요할 경우는 King James Version을 인용했다. 그러나 때로는 R.S.V.(1946-52년의 개정표준역)나 N.I.V(new international version)나 다른 번역판들을 인용하기도 했다. 이들 번역은 흠정역보다 더 정확한 헬라원문을 보여주기 때문이다.
13. 틀린 듯이 보이는 다른 학자의 주석을 반박할 때는 "혹자는"이라고 말하고 그 학자의 이름은 기재하지 않았다. 그러나 단지 필자와 다른 견해를 제시하는 학자의 이름은 기재했다.
14. 성경 본문에서 벗어난 해석들이나 주장들에 대해서 반박할 때는 간단히 했다. 너무 많은 지면을 쓰는 것은 바람직하지 않고 독자들을 피곤하게 하기 때문이다.
15. 성경 장절(Bible references)을 빨리 알아볼 수 있도록 매절마다 장절을 표기했다(예: 창 1:1; 출 1:1; 레 1:1; 민 1:1 등).
16. 가능한 한 성경장절을 많이 넣어 주해 사용자들의 편의를 도모했다.
17. 해당 성경 책명 약자는 기재하지 않았다(예: 1:1; 출 1:1; 막 1:1; 눅 1:1; 요 1:1; 롬 1:1 등). 제일 앞의 1:1은 신명기 1장 1절이란 뜻이다.
18. 신구약 성경을 지칭할 때는 '성서'라는 낱말을 사용하지 않고 줄곧 '성경'이라는 용어를 사용했다. '성서'라는 용어는 다른 경건서적에도 붙일 수 있는 용어이므로 반드시 '성경'이라는 용어를 사용했다.
19. 목회자들의 성경공부 준비와 설교 작성을 염두에 두고 집필했다.
20. QT에도 적절하게 사용할 수 있도록 주해했다.
21. 가정예배의 교재로 사용할 수 있도록 쉽게 집필했다.

에스라서 주해

Exposition of Ezra

■ 총 론

에스라서의 책 제목은 어떻게 해서 생겼나

에스라서와 느헤미야서는 히브리어 원전에서는 한권으로 되어 있다. 그리고 그 책 이름은 "에스라의 책"이라 불리었다. 70인역(LXX) 역시 현대의 두 책을 하나로 취급하여 "에스라 이서"(B)라 했으나 제롬의 라틴 역(Jerome' Vulgate)에는 현대의 두 권과 똑같이 "에스라서"를 "에스라의 첫째 책"(Liber Primus Esdrae)이라 하고 "느헤미야서"를 "에스라의 둘째 책"(Liber Secundus Esdrae)이라 불렀다. 벌게이트(Vulgate) 이후의 역본들은 Vulgate의 예를 따라 두 권으로 나누었다(이상근).

에스라서와 느헤미야서는 원래 한 권으로 된 책이었는가

주석가들은 두 권으로 나누어진 에스라서와 느헤미야서는 처음에는 한 권의 책이었다고 주장한다. 이런 흔적은 랍비 문서(T.B. Baba Bathra 15a)에서 볼 수 있다. 이런 견해는 또 요세푸스와 유세비우스의 기록에도 똑같이 나타난다. 그들은 이런 입장을 사르디스의 멜리토(서기 2세기)에게서 얻었다(F. Charles Fensham).

에스라서와 느헤미야서를 두 권의 책으로 나눈 첫 번째 사람은 오리겐(Origen)이었다. 제롬(Jerome)은 두 책이 나누어진 것을 인정했으며, 벌게이트(Vulgate 라틴어 성경)에서 이렇게 나누어진 것을 사용했다. 1,448년의 연대를 가지고 있는 히브리어 한 사본도 이 책을 두 권으로 나누고 있으며, 또한 1,525년 봄베르그 성경에서도 이런 양상이 똑같이 나타난다. 맛소라 사본의 에스라-느헤미야는 느헤미야가 비록 뒤에 놓이긴 했지만 각권으로 따로 두지 않고 있다. 이렇게 따로 두지 않고 함께 두고 있는 것은 맛소라

학자들이 에스라-느헤미야서를 한권으로 보았다는 증거이다(Fensham).

에스라서의 저자는 누구인가

에스라서는 에스라의 저술이라고 유대인의 전통이 증거하고 있다(Thalmud, Baba Bathra 15a). 그런데 본서 7장부터 10장 마지막까지 1인칭 대명사와 3인칭 대명사가 뒤섞여 있기 때문에 이 책을 에스라 한 사람의 저술이라고 말할 수 없다고 주장하는 사람들이 있다. 그러나 자기를 제 3인칭으로 소개하며 기록한 문투는 옛글에서 많이 찾아볼 수가 있다. 예를 들면 에스라와 거의 같은 시대에 살았던 헬라의 저술가 두키디데스(Thucydides)는 자서전을 저술함에 있어서 자신을 3인칭으로 시작하여 내려가다가 후(I. 20-22)에는 1인칭으로 바꾸었다. 그러다가 제 4권에 이르러서는 다시 3인칭으로 바꾸었다(104-106)고 한다(Canon Rawlinson, 박윤선).

본서를 에스라의 저술이라고 하는 데는 또 하나의 난제가 있다. 1-6장은 B.C. 536-516년 어간에 진행된 일들을 포함했고, 7-10장은 B.C. 458-457년 어간에 진행된 일들을 포함한다는 것이다. 이 두 시간대 사이는 57년이란 긴 세월의 공백이 개재되었다. 그러나 이와 같은 공백 기간이 에스라서를 단일 저자로 주장하는데 문제가 될 것은 없다. 1-6장의 재료들은 그가 직접 목격하지 않은 내용이라 할지라도 그 재료들을 얼마든지 구할 수 있었을 것이다. 그가 그 재료들을 가지고 하나님의 영적 감동에 의하여 그 부분을 저술했다고 볼 수 있다. 그리고 7-10장은 그 자신과 직접 관련된 사건들인 만큼 그 부분을 그의 저술이라고 해야 할 것이다.

에스라서는 언제 기록되었는가

많은 학자들은 본서가 B.C. 458-444년에 기록되었을 것이라고 말한다. 에스라는 B.C. 458년에 귀환했고, 느헤미야는 B.C. 444년에 귀환했다. 에스라가 본서를 저술한 시기는 느헤미야가 수산에서 예루살렘에 도착한 해(아닥사스다 왕 제 20년, 즉 445년) 이전이라고 할 수 있다. 그 이유는 만일 느헤미야가 돌아온 후에 에스라가 본서를 기록했다면 에스라서에 느헤미야의 예루살렘 성 재건 운동에 대한 말씀이 반영되었을 터인데 그런 흔적이 전혀 보이지 않은 것을 보면 에스라서는 B.C. 458-444년에 기록된 것으로 보아야 할 것이다.

에스라의 업적은 무엇인가

1. 에스라는 모세의 율법을 많이 연구하고 가르쳤다(7:6,10,11,14).

2. 이스라엘이 모세의 율법을 잊어버렸으나 에스라가 다시 그것을 이스라엘에게 회복시켰다(탈무드의 수카. Suwkkah 20).

3. 오리겐(Origen)은 "에스라를 율법에 가장 높은 학자"라고 평했다.

4. 유대인의 전통은 말하기를 "모세는 율법을 여호수아에게 전하였고, 여호수아는 장로들에게, 장로들은 선지자들에게, 선지자들은 대회당 사람들(Men of Great Assembly)에게 전했다(Talmud, The Tractate Abloth). 그리고 대회당 사람들의 지도자는 에스라였을 것으로 추측된다(Butt;er Bible Work, VII. 1894, pp. 486-487)(박윤선).

에스라서의 역사적 배경

에스라 1-7장에 보존되어 있는 자료는 이 책들의 역사적 배경에 대해 간략한 개요를 제공하고 있다. 제 1장은 고레스 조서로 시작하고 있고, B.C. 538년경 세스바살의 지도하에 제 1차 유대인들이 예루살렘으로 귀환한 것을 보고하고 있다. 제 3장은 세스바살, 스룹바벨, 예수아 등이 약 537년경에 예루살렘에 도착한 지 얼마 되지 않아 새 제단과 성전의 토대를 쌓은 내용을 진술한다. 그리고 제 4장은 이런 작업들이 즉시 사마리아인들의 엄격한 저항에 직면하게 되었다는 것을 진술한다. 이런 사건들 때문에 거의 알려진 바가 없는 기간, 곧 크셀크스 시대(B.C. 485년경)와 B.C. 464년경의 아닥사스다 1세 통치 초기의 시대에 대해서 간략한 역사적 자료를 제공하고 있다. 그리고 4:24-6:22의 기록은 다리오 당시(B.C. 519년경)의 성전을 재건하려는 두 번째 시도를 담고 있는데 이때에 유대인들은 다리오에게 올리는 요구사항이 성공적이었음을 보여주고 있어 성전이 재건되었고, B.C. 516년경 성전이 봉헌되었다는 것을 보여주고 있다. 저자는 이 기간 동안에 유대 종교의 발전을 이해하는 데 중요하다고 여긴 몇 가지 사건들을 기록했다.

에스라 7장-느헤미야 13장에서는 주전 5세기의 가장 중요한 두 명의 유대인 지도자인 에스라와 느헤미야의 활동에 대해서 보다 더 완전한 정보를 제공한다. 이 두 인물간의 관계는 구약 연구 중에서 가장 어려운 난제로 남아 있다(Fensham). 그러나 느헤미야 이전 B.C. 458년에 에스라가 도착했다는 전통적 견해에만 동조한다. 이 견해는 전통적인 접근 방법이며 에스라 7:8의 내용과 완전히 일치한다. 7:8에는 에스라가 아닥사스다 1세 때의 제 7년에 예루살렘으로 간 것으로 언급되고 있다. 에스라는 느헤미야에 앞서서 예루살렘에 도착했다고 보는 것이 아주 타당할 것으로 보인다.

에스라서를 기록한 목적은 무엇인가

에스라는 역대기에 연속하여 이스라엘 백성이 바벨론에서 귀환한 일과 성전을 재건하는 일을 중점으로 전한다. 그리고 에스라는 그의 사명을 율법 선생으로 알고 율법을 가르치는 것을 그의 주요한 사명으로 알았다. 에스라는 이스라엘 백성이 과거 바벨론에서 잃어버린 율법 지식을 다시 깨워주었다. 그는 이스라엘 민족의 식어진 여호와 신앙을 다시 고취시켰고, 백성들로부터 이교적 요소를 제거하는 회개를 촉진했다. 에스라는 귀환 민에게 종교개혁 운동을 일으켜 순수한 여호와 신앙으로 돌아오도록 하기 위해 에스라서를 기록했다.

에스라서에 나타난 에스라는 그리스도를 예표하고 있는가

에스라는 바벨론으로부터 귀환한 후 죄에 빠진 백성들을 그냥 보고만 있지 않고 그는 백성들의 죄를 보고 책망이나 정죄만 하는 사람이 아니라 마치 자신이 죄를 지은 사람마냥 통곡하며 옷을 찢으며 하나님 앞에 회개의 기도를 드린 점에서 백성들의 죄를 대신해서 십자가 위에서 희생제물이 되셨을 뿐 아니라 지금도 하나님 우편에서 우리를 위해 중보 기도를 드리시는 예수 그리스도(롬 8:34)를 예표 한다.

에스라서의 특징은 무엇인가

1. 역대기서, 본서, 그리고 느헤미야서는 서로 연결되어 이스라엘의 왕정 초기에서 왕정의 몰락과 회복의 전 과정을 한 눈으로 보게 하는 책이라는 점.

2. 본서는 주전 536년의 제 1차 귀환과(1-6장) 주전 458년의 에스라의 제 2차 귀환으로(7-10장) 양분되는 78년이란 긴 기간이 개재되어 있다는 점.

3. 율법 연구와 율법 교육에 충실하기를 기대하는 점.

4. 하나님을 신앙하는 자는 이교도와의 결혼을 배격해야 한다는 점.

5. 제사장이고 서기관이며 또 대제사장인 저자로서 성경 형성에 획기적인 공헌을 남긴 자의 기록인 점(이상근) 등을 들 수 있다.

에스라와 느헤미야의 연대기 순서

에스라서와 느헤미야서에는 이 두 책의 내용들이 섞여 있고 또 느헤미야서에는 에스라의 이름이 가끔 등장한다. 따라서 에스라와 느헤미야의 활동에 관한 연대기 순서는 많은 논쟁을 불러 일으켰다. 일반적으로 느헤미야의 최초 귀환 연대는 아닥사스다 1세의 재위 20년이 되던 해로 받아들여진다(느 2:1). 따라서 에스라의 귀환 내지는 활동 연대를 둘러싸고 여러 견해로 갈린다.

전통적으로 에스라의 귀환 연대는 아닥사스다 1세의 재위 7년(B.C. 458년)으로 받아들여진다. 그러나 비평주의 학자들 중에는 에스라가 느헤미야의 귀환보다 훨씬 이후인 아닥사스다 2세의 재위 7년(B.C. 398년에 귀환했다고 보는 사람들이 많다. 그리고 이 두 가지 견해에 대한 절충안으로 또 다른 학자들은 에스라와 는헤미야가 같은 시대에 활동하기는 하였으되 에스라의 귀환을 느헤미야의 귀환보다는 조금 늦은 때인 B.C. 438년 혹은 428년으로 잡는다. 이제 이러한 모든 견해들을 염두에 두고 논쟁점으로 부각되는 구체적인 항목들을 들어가며 연대기 순서를 고찰해 보려 한다. 그러나 결론은 이 주해에서는 전통적 견해를 따를 것을 미리 말해둔다.

1) 에스라와 느헤미야의 동시대성: 혹자는 에스라와 느헤미야가 포로 귀환 시대의 중심적인 인물들이었음에도 불구하고 함께 언급되는 경우가 드물다는 사실에 근거하여 그들의 동시대성을 부인한다. 그러나 드물기는 하지만 느 8:9; 12:26등에 이들의 이름이 나란히 언급되는 것을 볼 때 그들이 같은 시애에 활동했음을 부인하기는 힘들다. 이유는 에스라와 느헤미야는 당대의 역사적인 사건들을 객관적인 역사가의 입장에서 기술하기보다는 자신들의 독특한 관심사와 직접적으로 연관되는 일들만 각기 선별적으로 기록되었다고 보아야 하는 것이다. 더구나 학개와 스가랴 혹은 예레미야와 에스겔 등도 같은 시대인이었지만 상호간의 언급을 하지 않는 것을 볼 수 있다.

2) 학고스 자손인 우리아의 아들 므레못에 관한 기사: 2:61,62와 느 7:63,64에는 학고스의 자손이 제사장의 신분임을 입증하지 못한 자들의 명단 가운데 언급된다. 또 8:33에는 제사장 우리아의 아들 므레못이 성전 기명을 맡은 자로 나오는데 그는 학고스의 자손이다. 그리고 느 3:4,21에는 우리아의 아들 므레못이 성벽의 두 부분을 맡아 재건한 것으로 기록되어 있다. 에스라의 귀환을 느헤미아의 귀환보다 이후로 보는 학자들에 따르면 므레못은 젊은 시기에 성벽 재건에 동참했고 노년에 이르러 성전 기명을 맡는 일을 했다고 주장한다. 그러나 에스라가 귀환 당시에 므레못의 제사장 직분을 인정했으나 이후에 계보 명단 조사를 통해 그를 면직(免職)했다고 보는 전통적 견해가 더욱 신빙성이 있다고 하겠다.

3) 13년간의 공백. 에스라가 B.C. 458년에 예루살렘으로 귀환하여 활동을 전개한 이후로부터(8:31-10:44) 훗날 공적으로 율법을 낭독하기까지(느 8:1-8) 무려 13년간의 공백 기간이 있다. 여러 학자들은 이 공백 기간을 없애고 위의 두 활동 사실이 B.C. 458년 당해에 있었던 것이라고 주장한다. 그러

나 에스라의 율법 낭독은 엄연히 성벽 재건 후 초막절 행사와 관련해서 시행된 것이다. 그러므로 에스라와 느헤미야는 동(同) 시대인으로서 포로 귀환 당시의 시대적 상황 속에서 나름대로 맡은 바 사명을 상호 협조하에 충실이 수행해 나간 것으로 본다(호크마 주석).

에스라의 주요 주제는 무엇인가

에스라서는 내용상 크게 두 부분으로 나눌 수 있다.

1) 예루살렘 성전 재건(제 1-6장). 본서는 바사 왕 고레스의 칙령으로 말미암은 이스라엘 백성들의 포로 귀환이 일찍이 하나님께서 선지자들을 통하여 예언하신 바의 성취라는 사실을 기록함으로써 그 막을 열고 있다. 1장은 고레스의 포로 귀환 허가 칙령과 귀환을 희망하는 이스라엘 백성들의 반응을 기록하고 있으며, 고레스가 세스바살에게 성전 기명을 반환한 사실을 기록하고 있다. 그리고 2장은 1차 귀환자들의 가계 및 지역별 총수를 기록했으며, 그리고 3:1-6은 번제 단 재건과 초막절을 준수한 사실을 기록한다. 그리고 3:7-6:22까지는 본격적으로 예루살렘 재건 과정을 기록하고 있다.

2) 제 2부 신앙 개혁 운동(제 7-10장). 제 2부는 포로 귀환자들이 주전 516년 스룹바벨 성전을 완공한 이후 대략 58년 동안의 역사는 생략한 채 주전 458년 에스라에 의한 제 2차 포로 귀환 준비 시기부터 진술한다. 제 2부에서는 아닥사스다 왕이 율법에 능통한 학사 에스라를 예루살렘에 파견하여 예루살렘 백성들에게 율법을 가르치게 했다. 하나님은 그의 사랑으로 이스라엘 민족의 신앙을 일으키시려는 의도로 이렇게 에스라를 파견하신 것이었다.

참고도서

제자원 편. *그랜드종합주석 제 7권: 역대상, 역대하, 에스라, 느헤미야, 에스더*, 경기도: 고양시, 2004.

강병도 편. *호크마종합주석 12, 에스라... 에스더*, 서울특별시: 기독지혜사, 1991.

김수홍. *그리스도의 말씀이 연합에 미친 영향*: 용인시: 도서출판 목양, 2011.

김수홍. *여호수아주해*, 경기도 수원시: 도서출판 언약, 2016.

______. *사사기, 룻기 주해*, 경기도 수원시: 도서출판 언약, 2016.

박윤선. *성경주석, 에스라서, 느헤미야서, 에스더서*, 서울특별시: 영음사, 1979년 초판 발행.

이상근. *구약주해, 에스라-욥*, 대구광역시: 성등사, 1998.

장춘식. *성서주석 14, 에스라, 느헤미야*, 서울: 대한기독교서회, 2007년.

한성천외 5인. *옥스퍼드 원어성경대전, 에스라 제 1-10장*, 제자원, 2004.

헨리 매튜. *역대상-에스더*, 정충하역, 서울: 크리스챤다이제스트, 2009.

Baxter, J. Sidlow. *Explore the Book*. Grand Rapids: Zondervan Publishing House, 1966.

Black, Matthew & Rowley, H.H. *Peake's Commentary on the Bible*, Nashville: Thomas Nelson, 1962.

Blenkinsopp, Joseph. *Ezra-Nehemiah*, Westminster John Knox, 1988. moderate mainline perspective; exegetical, textual, historical value; lengthy introduction, innovative, yet conservative.

Breneman, Mervin. *Ezra, Nehemiah, Esther* (New American Commentary), Broadman and Holman, 1993.

Calvin, John. *Calvin's Commentaris,* Edinburgh, 1847.

Clarke, Adam. *Clarke's Commentary*, Nashville: Abingdon,

David J. A. Clines, *Ezra, Nehemiah, Esther* (New Century Bible), Eerdmans, 1984.

Fensham, Charles. *The Books of Ezra and Nehemiah* (NICOT), Eerdmans, 1994.

Guthrie D. & Motyer, J.A. *The New Bible Commentary*, Grand Rapids: Eerdmans, 1970.

Jamieson, R. Fausset, A.R. & Brown D. *Commentary on the Whole Bible,* Grand Rapids: Zondervan, 1976.

Keil & Delitzsch. *Ezra, Nehemiah, Esther*. Grand Rapids: Eerdmans.

Kidner, Derek. *Ezra and Nehemiah* (Tyndale), Inter Varsity, 1979.

Klein, Ralph W. "Ezra, Nehemiah" in *The New Interpreter's Bible*, vol. III, Abingdon, 1999.

Lange, John Peter. *Commentary on the Whole Scripture*, Grand Rapids: Zondervan, 1876.

Leupold, H.C. *Barnes on the Old Testament*, Grand Rapids: Baker Book House, 1942.

Maclaren, Alexander. *Expositions of Holy Scripture*, Grand Rapids: Baker Book House, 1984.

McConville, J. Gordon. *Ezra, Nehemiah, Esther* (Daily Study Bible), Westminster John Knox, 1985.

Morgan, G. Campbell. *An Exposition of the Whole Bible*, Old Tapen:

Fleming H. Revell, 1959.

Myer, F.B. *Bible Commentary*, Wheaton: Tyndale, 1984.

Myers, Jacob M. *The Anchor Bible, Ezra & Nehemiah,* New York: Doubleday & Company, 1965.

Nicoll W. Robertson ed. *The Expositor's Bible*, Chicago: W.P. Blessing Co,

Throntveit, Mark A. *Ezra-Nehemiah* (Interpretation), Westminster John Knox Press, 1992.

Unger, M. F. *Unger's Commentary on the Old Testament,* vol.1 Genesis-Song of Solomon, Chicago: Moody Press, 1981.

Walvoord, John F. & Zuck Roy B. ed. *The Bible Knowledge Commentary*, Wheaton: Victor, 1985.

Williamson, H. G. M. *Ezra-Nehemiah* (Word), Word Books, 1984.

Yamauchi, Edwin. "Ezra Nehemiah" in *Expositor's Bible Commentary*, 4, Zondervan, 1988.

【사전】

바이블렉스 8.0

데릭 윌리엄스, *IVP 성경사전,* 이정석 외 한국기독학생회 출판부 역, 한국기독학생회 출판부(IVP), 1992,

Achtemeier, Paul J. *Harper's Bible Dictionary*, New York: A Division of Harper Collins Publishers, 1985.

Baker, David W. *Dictionary of the Old Testament: Pentateuch,* Leichester: InterVarsity Press, 2003.

Douglas, J. D. *New Bible Dictionary*, (2nd edition), Wheaton: Tyndale House Publishers, 1982.

Tenney, Merrill C. *The Zondervan Pictorial Bible Dictionary,* Grand Rapids: Regency, 1967.

Tregelles, Samuel Prideaux. *Gesenius' Hebrew and Chaldee Lexicon,* Grand Rapids: Eerdmans, 1969.

Unger, M. F. *Unger's Bible Dictionary.* Chicago: Moody, 1957.

【지도】

Personal Map Insert. Ft. Smith: Son Light Publishers, Inc, 1997.

내용분해

I. 바벨론으로부터의 첫 번째 귀환과 예루살렘 성전 재건 1-6장
  A. 바벨론으로부터의 첫 번째 귀환 1-2장
    1. 고레스의 이스라엘 귀환명령 1장
      ㄱ. 고레스의 귀환명령 1:1-4
      ㄴ. 성전건축 준비 1:5-11
    2. 예루살렘으로 돌아온 사람들 2장
      ㄱ. 서론 2:1-2a
      ㄴ. 가족 관계에 의해 확인된 사람들 2:2b-20
      ㄷ. 지명에 의해 확인된 사람들 2:21-35
      ㄹ. 제사장들의 명단 2:36-39
      ㅁ. 레위인들, 노래하는 자들, 성전 문지기들 2:40-42
      ㅂ. 성전의 종들 2:43-54
      ㅅ. 솔로몬의 종들 2:55-58
      ㅇ. 조상을 알 수 없는 사람들 2:59-63
      ㅈ. 합계 2:64-67
      ㅊ. 성전을 위한 자발적인 공헌 2:68-69
      ㅋ. 돌아온 자들의 거주지 2:70
  B. 희생 제도와 성전 건축 3-6장
    1. 희생제도 3:1-6
    2. 성전 토대를 놓음 3:7-13
    3. 성전재건이 지연되다 4:1-23
      ㄱ. 고레스 치하에서의 사마리아인들의 술책 4:1-5
      ㄴ. 아하수에로와 아닥사스다 1세 치하에서의 사마리아인들의

책략 4:6-23

4. 건축을 재개하다 4:24-6:22
   - ㄱ. 건축이 중단된 일과 학개와 스가랴의 격려로 다시 시작하다 4:24-5:2
   - ㄴ. 닷드내가 심문하다 5:3-5
   - ㄷ. 닷드내가 다리오에게 편지를 보내다 5:6-17
   - ㄹ. 고레스의 칙령을 발견하다 6:1-5
   - ㅁ. 다리오가 닷드내에게 보내는 답신 6:6-12
   - ㅂ. 성전 재건을 완성하다 6:13-15
   - ㅅ. 성전을 봉헌하다 6:16-18
   - ㅇ. 새 성전에서의 첫 번째 유월절 6:19-22

II. 에스라의 인도 하에 진행된 두 번째 귀환과 종교개혁 7-10장

A. 에스라의 인도 하에 진행된 두 번째 귀환 7-8장

1. 에스라의 족보와 귀환 7:1-10
2. 아닥사스다왕의 명령 7:11-26
3. 에스라의 감사 7:27-28
4. 귀환한 가장(家長)들의 명단 8:1-14
5. 성전 요인들을 징발하다 8:15-20
6. 평탄한 여행을 위해 하나님께 간구하다 8:21-23
7. 보물을 맡은 자들 8:24-30
8. 귀환자들의 예루살렘 도착 8:31-36

B. 에스라가 이룩한 종교 개혁 9-10장

1. 에스라의 귀에 들려온 잡혼 소식 9:1-5
2. 에스라의 회개기도 9:6-15
3. 이방여인들과 이혼하겠다는 약속 10:1-4
4. 회중들의 결단 10:5-17
5. 잡혼 자들의 명단 10:18-44

에스라서 주해

에스라는 역대기에 연속하여 이스라엘 백성이 바벨론에서 귀환한 일과 성전을 재건하는 일을 중점으로 전한다. 그리고 에스라는 그의 사명을 율법 선생으로 알고 율법을 가르치는 것을 그의 주요한 사명으로 알았다. 에스라는 이스라엘 백성이 과거 바벨론에서 잃어버린 율법 지식을 다시 깨워주었다. 그는 이스라엘 민족의 식어진 여호와 신앙을 다시 고취시켰고, 백성들로부터 이교적 요소를 제거하는 회개를 촉진했다. 에스라는 귀환 민에게 종교개혁 운동을 일으켜 순수한 여호와 신앙으로 돌아오도록 하기 위해 에스라서를 기록했다.

I. 이스라엘 조상들의 족보 1:1-9:44

에스라는 이스라엘 민족이 지구상에서 고난만 받다가 사라질 민족이 아니라 그의 선조들처럼 빛나는 민족이 되기를 희망하고 족보를 기록한다. 이렇게 족보를 기록하는 것은 에스라만의 기법이 아니라 히브리 전기의 방법이기도 하다(창 5:1-32; 25:12-16; 36:1-5; 마 1:1-17).

에스라서 주해

에스라서는 에스라(최고의 율법 학자)를 중심으로 한 귀환기의 역사로 첫 번째 귀환과 성전 건축(1-6장), 그리고 에스라를 따른 두 번째 귀환과 종교개혁(7-10장)으로 구성되어 있다.

I. 바벨론으로부터의 첫 번째 귀환과 예루살렘 성전 재건 1-6장

바벨론 포로로부터의 첫 번째 귀환(1-2장)과 성전 건축의 역사를 진술하

고 있다.

A. 바벨론으로부터의 첫 번째 귀환 1-2장

바사 왕 고레스가 이스라엘의 포로들에게 귀환 명령을 내려 귀환하게 한 일(1장)과 귀환한 사람들의 명단이 기록되어 있다(2장).

제 1 장

1. 고레스의 이스라엘 귀환명령 1장

바사 왕 고레스의 귀환명령(1-4절)과 성전 건축을 준비하게 한 것을 기록한 부분이다(5-11절).

ㄱ. 고레스의 귀환 명령 1:1-4

바사 왕 고레스는 자기의 통치 원년을 맞이하여 바벨론에 포로 되어 온 이스라엘 백성들의 귀환을 허락하는 조서를 내리고 또 예루살렘에 성전을 재건하라는 조서도 내리며 또 그 성전 건축을 위해 예물을 바칠 것을 명한다. 이 부분은 대하 36:22-23과 일치한다.

스 1:1. 바사 왕 고레스 원년에 여호와께서 예레미야의 입을 통하여 하신 말씀을 이루게 하시려고 바사 왕 고레스의 마음을 감동시키시매 그가 온 나라에 공포도 하고 조서도 내려 이르되.

본서 저자 에스라가 "바사 왕 고레스"(Cyrus, B.C. 559-529 재위)[1])가 "원년"(B.C. 559)을 맞이해서 2-4절과 같은 조서를 내린 것을 기록한 것은 이 사건이 역사적인 사건임을 드러내려는 것이다. 성경의 모든 사건은 다 역사적인 사건이다. 아직 역사적인 사건이 되지 않은 것은 그리스도의 재림이다.

고레스(바사 언어로 쿠르츠)가 2-4절과 같은 조서를 내린 것은 "여호와께

---

1) 고레스는 B.C. 559년에 안산(Anshan)의 왕이 되었다. 그는 메대인들의 왕 아스티야제스(Astyages)의 봉신이었으나 나중에는 그에 대해 반기를 들고 그의 세력을 압도하면서 그 뒤를 이었다. 고대 근동과 소아시아 지역의 왕들과 싸워 수차례 승리를 거둔 후 그는 B.C. 546년에 사르디스(Sardis)를 차지하였다. 그는 B.C. 539년에 바벨론인들과 싸워 큰 승리를 거두었으며 그해 후반기에 그의 장군인 우그바루가 바벨론을 정복했다. "고레스 원년"이란 표현은 그가 메소포타미아의 왕이 되었던 바벨론 정복 첫해를 가리키는 것이 확실하다(찰스 휀샴).

서 예레미야의 입을 통하여 하신 말씀을 이루게 하시려고" 한 일이었다(렘 25:11-12; 29:10). 여호와께서 하신 말씀이나 경고는 반드시 이루어진다. 또 여호와께서 일을 하시려 할 때는 반드시 예언이나 경고를 내신 다음 이행하신다.

여호와께서 고레스가 2-4절과 같은 조서(기록된 왕의 칙령)를 내리도록 "고레스의 마음을 감동시키셨다"(대상 5:26; 대하 21:16; 36:22; 렘 51:11; 학 1:14)는 것은 놀라운 일이 아닐 수 없다. 2-4절의 여호와의 명령은 예루살렘 성전을 건축하라는 것이었고, 이스라엘의 백성들은 다 예루살렘으로 올라가라는 것이었으며, 바벨론 전(全) 지역에 남아 있는 이스라엘 백성들과 바벨론 사람들은 성전 건축을 위해 예루살렘으로 돌아가는 이스라엘 백성들을 위해 건축 재료가 될 은(銀)과 짐승들로 후원하라는 명령이었다. 이방(異邦) 왕이 이런 선한 명령을 내리는 것은 있을 수 없는 일이었는데 여호와께서 이방 왕의 마음을 움직이셨다는 것이다. 이런 일을 볼 때 여호와 하나님에게는 불가능이 없음을 보여준다(창 18:14; 렘 32:17, 27; 눅 1:37).

스 1:2. 바사 왕 고레스는 말하노니 하늘의 하나님 여호와께서 세상 모든 나라를 내게 주셨고 나에게 명령하사 유다 예루살렘에 성전을 건축하라 하셨나니.

"바사 왕 고레스는 말하노니"란 말은 '바사 왕은 하나님 여호와께서 자기에게 명령하신 것을 받아서 말한다'는 뜻이다. 바사 왕의 말(하나님 여호와께서 명령하신 것)은 본절부터 시작하여 4절까지 계속된다.

본절에는 바사 왕 고레스의 말(하나님의 명령) 두 마디가 나온다. 하나는 바사 왕은 "하늘의 하나님 여호와께서 세상 모든 나라를 내게 주셨다"고 말한다. 바사 왕은 그가 바벨론을 정복하고 바사 대 제국을 건설한 것이 하늘의 하나님께서 주신 줄 믿고 이런 말을 하는 것이다. 그는 그 동안 바사인들(페르샤인들)이 믿어온 "오르문드"(Ormuzd)(6:9-10; 7:12,23)를 두고 "하늘의 신"이라고 말하지 않고 여호와 하나님을 두고 "여호와께서 세상 모든 나라를 내게 주셨다"고 말한다. 고레스는 자기들이 믿어온 "오르뭇드"(Ormuzd)는 자기들 인간 편에서 믿어온 것이지 세상 나라를 자기에게 주시는 분은 아니라는 것을 잘 알고 있었다. 이런 일을 하시는 분은 여호와 하나님이라는 것을 믿은 것이었다(1절). 고레스는 자기에게 말씀하시는(2-4절) 참 신을 믿은 것이다. 그는 세상만사는 다 하나님의 섭리로 이루어지는 것을 알았다. 성경에 '우연히'란 말이 7-8회 출현하나 그것은 사람들의 눈으로 보기에 그런 것이지 모든 것은 다 하나님의 섭리에서 비롯된 것이다.

또 하나는 "나에게 명령하사 유대 예루살렘에 성전을 건축하라 하셨다"는 말이 나온다(사 44:28). 여호와 하나님께서 예루살렘에 성전을 건축하라는 말씀을 유대인들에게 명령하시지 않고 바사 왕에게 명령 하신 이유는 바사 왕을 움직이셔야 유대인들을 해방하기도 하며 또 바벨론에 있는 성전 물품들을 가지고 귀환할 수 있기 때문이었다. 이는 하나님의 지혜였다.

스 1:3. 이스라엘의 하나님은 참 신이시라 너희 중에 그의 백성 된 자는 다 유다 예루살렘으로 올라가서 이스라엘의 하나님 여호와의 성전을 건축하라 그는 예루살렘에 계신 하나님이시라.

고레스는 "이스라엘의 하나님은 참 신이시라"고 말한다(he-the God of Israel-is the God who is in Jerusalem-RSV, ESV). 이는 고레스의 신앙 고백이었다. 자기가 그 동안 바벨론 사람들과 함께 믿어왔던 "오르뭇드"(Ormuzd)는 참 신이 아님을 알았고, 이스라엘 사람들에게만 알려지셨던, 또 자기에게 바벨론을 주셨으며 또 세상 모든 나라를 주셨고(2절), 자기의 마음을 크게 감동시킨(1절) 여호와 하나님이 참 신이심을 깨닫게 되었다. 여기 이스라엘의 하나님은 참 신이시란 말은 참 하나님이 이스라엘에만 알려지셨다는 것을 말한다(박윤선). 예루살렘에만 알려지신 그 하나님의 감동이 너무 강했기에 그는 여호와 하나님이 참 신이심을 알게 되었다. 오늘도 하나님은 신구약 성경을 통하여 우리에게 무수한 감동을 주셔서 하나님이 창조주요 통치주이시며 섭리주임을 믿게 만들어주신다.

그리고 고레스는 "너희 중에 그의 백성 된 자는 다 유대 예루살렘으로 올라가서 이스라엘의 하나님 여호와의 성전을 건축하라"고 명령한다. 고레스는 유대인들을 강압하지 않고 너희 중에 그의 백성 된 자는 누구든지 다 예루살렘으로 올라가서 이스라엘의 하나님 여호와의 성전을 건축하라는 것이다. 고레스의 이 명령은 유대인들에게 한하는 것이 아니고 이스라엘 백성 전체를 향하는 명령이다(Rawlinson).

스 1:4. 그 남아 있는 백성이 어느 곳에 머물러 살든지 그 곳 사람들이 마땅히 은과 금과 그 밖의 물건과 짐승으로 도와주고 그 외에도 예루살렘에 세울 하나님의 성전을 위하여 예물을 기쁘게 드릴지니라 하였더라.

고레스 왕은 두 부류의 사람들(1. 이스라엘로 떠나가지 않고 그냥 남아서 살려고 하는 사람들, 2. 바벨론 본토 사람들)에게 바벨론을 떠나 멀리 유대나라로 가서 예루살렘에 하나님 성전을 건축해야 할 비용을 위하여 도와주라고 명령한다.

"그 남아 있는 백성"은 '유대 나라로 떠나지 않고 그냥 바벨론에 남아 있으려 하는 유대인들'을 가리키고(Bickermann, Keil, Clines, 박윤선, 이상근), "그곳 사람들"은 '바벨론 본토 사람들'이나 '이방인 즉 모든 곳에서 살고 있는 원주민'을 지칭한다(Otilli, Brokington, Keil, Rawlinson, 박윤선, 이상근). 고레스는 이 두부류의 사람들이 바벨론을 떠나 예루살렘으로 가려는 사람들에게 여행 중에 필요한 경비와 예루살렘 성전 재건에 필요한 경비를 도와주어야 한다는 것이었다. 고레스는 "은과 금과 그 밖의 물건과 짐승으로 도와주고 그 외에도 예루살렘에 세울 하나님의 성전을 위하여 예물을 기쁘게 드리라"고 명령한다. 고레스가 이런 풍성한 마음을 품은 것은 하나님으로부터 크게 감동을 받은 결과였다. 이렇게 물질로 도와주라고 한 것은 과거 이스라엘이 출애굽할 때 이스라엘에게 되어진 일과 같다(출 3:22; 11:2; 12:35-36).

ㄴ. 성전건축 준비 1:5-11

고레스 왕이 바벨론에 남아 있는 유대인들과 또 바벨론 본토 사람들과 그곳에 살고 있는 원주민들에게 명령하기를 유대로 돌아가는 이스라엘 사람들의 경비와 성전 재건축을 위해서 재료를 드리라고 했고 또 바벨론 느부갓네살이 예루살렘 성전에서 빼앗아온 성전의 기명들도 돌려주었다.

스 1:5. 이에 유다와 베냐민 족장들과 제사장들과 레위 사람들과 그 마음이 하나님께 감동을 받고 올라가서 예루살렘에 여호와의 성전을 건축하고자 하는 자가 다 일어나니.

문장 초두에 나오는 "이에"(then)란 말은 '그 때에'란 뜻이다. 고레스가 명령한 것을 듣고 유대인들이 출발 준비를 했다는 것을 드러내는 말이다. 그 때에 유대와 베냐민 가문의 우두머리들과 제사장들과 레위 사람들과 또 하나님께 감동을 받고 예루살렘으로 올라가서 주님의 성전을 지으려고 하는 모든 사람이 70년간 살던 곳을 떠나 길을 떠날 준비를 하였다는 뜻이다. 이 준비를 마친 사람들은 제 1차로 귀환한 사람들이었다. 좋은 일은 머뭇거릴 필요 없이 즉시 준비해야 하는 것이다.

스 1:6. 그 사면 사람들이 은그릇과 금과 물품들과 짐승과 보물로 돕고 그 외에도 예물을 기쁘게 드렸더라.

그 사면 사람들(예루살렘으로 돌아가지 않는 사람들과 바벨론 본토 사람들)은 고레스의 명령(조서)에 따라 자원예물 외에도 은그릇과 금과 세간들과 가축과 여러 가지 진귀한 보물을 주어서 떠나가는 유대인들을 도왔다.

스 1:7. 고레스 왕이 또 여호와의 성전 그릇을 꺼내니 옛적에 느부갓네살이 예루살렘에서 옮겨다가 자기 신들의 신당에 두었던 것이라.

본절(강 건너편 모든 창고지기, 21절)은 고레스가 과거 바벨론 왕 느부갓네살이 예루살렘 성전에서 빼앗아다가 자기의 신전에 두었던 성전기명들을 다시 유대인들에게 건네준 것을 말한다. 이 전리품들은 느부갓네살이 3차에 걸쳐 포로들을 잡아 올 때에 탈취해 와서 자기의 신인 말둑(Marduk) 신전에 저장해 두었던 것들이었다(삼상 5:2; 대하 36:7,10 참조).

스 1:8. 바사 왕 고레스가 창고지기 미드르닷에게 명령하여 그 그릇들을 꺼내어 세어서 유다 총독 세스바살에게 넘겨주니.

바사 왕 고레스가 창고지기(재무관) 미드르닷('바사의 신 미드라에게 바친 자'의 뜻)을 시켜 그 그릇들을 꺼내어 숫자를 세어 유다 총독 세스바살(유대 총독 스룹바벨, 5:14)에게 넘겨주게 했다. 고레스가 이렇게까지 한 것은 하나님으로부터 크게 감동을 받은 탓이었다. 하나님께서 하시면 못하실 것이 없으시다.

스 1:9. 그 수는 금 접시가 서른 개요 은 접시가 천 개요 칼이 스물아홉 개요.

본절부터 11절까지는 예루살렘 성전에서 탈취해 온 전리품의 숫자를 보여주고 있다. 금 접시가 30개, 은 접시가 1,000개, 칼이 29개였다.

스 1:10. 금 대접이 서른 개요 그보다 못한 은 대접이 사백열 개요 그 밖의 그릇이 천 개이니.

금대접이 30개, 다른 것으로 대신 보충한 은대접이 410개, 그 밖에 다른 그릇이 1,000 개였다. 앞 절의 "금 접시"는 '뚜껑이 없는 큰 접시'이고, 본절의 "금 대접"은 '뚜껑이 있는 대접'이다.

스 1:11. 금, 은그릇이 모두 오천사백 개라 사로잡힌 자를 바벨론에서 예루살렘으로 데리고 갈 때에 세스바살이 그 그릇들을 다 가지고 갔더라.

본절의 증언은 금그릇과 은그릇은 모두 5,400개였다. 그러나 9-10절을 보탠 숫자는 2,499이다. 아마도 9-10절의 그릇들은 크고 중요한 것들만 계산한 것이고, 본절의 숫자는 보다 사소한 것들까지 합한 수로 보인다(이상근).

세스바살(스룹바벨)은, 포로로 잡혀 간 이들을 바빌로니아에서 예루살렘으로 데리고 올 때에 이 그릇들을 모두 가지고 왔다. 하나님께서 그릇들까지 다 찾아주셨다.

제 2 장

2. 예루살렘으로 돌아온 사람들 2장(느 7:4-73)

2장은 제 1차 귀환자의 명단을 기록한 것으로 느 7장과 병행한다. 이 부분의 내용은 가족별 명단과 지역별 명단(1-35절), 제사장들과 레위인들 그리고 느디님 사람들의 명단(36-58절), 계보가 불확실한 자들의 명단(59-63절), 귀환자들과 예물의 총계가 기록되었다(64-70절).

ㄱ. 서론 2:1-2a

여기 서론에는 인솔자의 명단이 기록되어 있다. 11명의 명단이 나타난다. 병행구인 느 7:7에는 12명으로 기록되어 있어서 이 부분(1-2a)에서는 한명이 생략된 것으로 보인다. 이 사람들은 바벨론에서 포로로 살다가 이제 광복을 만나 지도자 역할을 한 것을 볼 수 있다.

스 2:1. 옛적에 바벨론 왕 느부갓네살에게 사로잡혀 바벨론으로 갔던 자들의 자손들 중에서 놓임을 받고 예루살렘과 유다 도로 돌아와 각기 각자의 성읍으로 돌아간 자.

옛적에 바벨론 왕 느부갓네살(B.C. 605-562 통치)에게 사로잡혀 바벨론으로 끌려간 사람 가운데서 많은 사람이 바벨론 각 지방을 떠나 저마다 고향 땅인 예루살렘과 유대로 돌아왔다.

느부갓네살은 "나보폴라살"(Nabopolasar, B.C. 625-605 통치)의 아들로 대바벨론 제국을 건설하고 예루살렘을 세 번이나 침공했다. 1) B.C. 606년, 여호야김 왕 때(왕하 24:1-4; 대하 36:6-7), 2) B.C. 587년, 여호야긴 왕 때(왕하 24:10-17), 3) B.C. 586년, 시드기야 왕 때(왕하 25:1-21) 등 세 차례 이스라엘 백성을 바벨론에 포로로 잡아갔다. 느부갓네살은 3차에 걸친 예루살렘 침공에서 예루살렘 성과 성전을 파괴하고 성전 기명 등 많은 전리품을 가져갔다.

본문의 "유다 도"란 말은 예루살렘을 포함한 유다 지방을 바사 제국의 한 도로 취급한 표현이다. 그리고 "각자의 성읍"이란 말은 귀환한 사람들이 포로로 잡혀가기 전에 살던 고향을 뜻하는 말이다. 여기 유의해 볼 수 있는 것은 느부갓네살이 3차에 걸쳐 예루살렘에 와서 예루살렘 성과 성전을 파괴한 것을 보면 하나님께서 유대인들에게 기회를 주신 것을 알 수 있다. 제1차 침공을 당한 후에 유다 민족이 회개하고 하나님께 돌아왔더라면 유다 민족은 바벨론의 침공을 다시 당하지 않을 수 있었음을 보여준다.

스 2:2a. 곧 스룹바벨과 예수아와 느헤미야와 스라야와 르엘라야와 모르드개와 빌산과 미스발과 비그왜와 르훔과 바아나 등과 함께 나온.

스룹바벨과 예수아와 느헤미야와 스라야와 르엘라야와 모르드개와 빌산과 미스발과 비그왜와 르훔과 바아나가 돌아올 때에 함께 나온 사람들이 있었다는 것이다. 그러니까 여기 11명은 인솔자들이 되었고 거기에 함께 일반 민중이 함께 나온 사람들이 있었다는 뜻이다. 광복 운동에 지도자 역할을 하고 또 동참하는 사람들은 참으로 뜻깊은 사람들이었다. 오늘 교회에서도 회복 운동에 동참하는 것은 참으로 좋은 일이다.

"스룹바벨"은 '바벨론의 나그네'란 뜻, "예수아"는 여호수아의 단축 형으로 '여호와는 구원하신다'는 뜻, "느헤미야"는 '여호와의 위로'라는 뜻, "스라야"는 '여호와의 방백'이란 뜻, "르엘라야"는 '하나님의 처소'라는 뜻, "모르드개"는 '공헌'이란 뜻, "빌산"은 '묻는 사람'이란 뜻, "미스발"은 '문서'라는 뜻, "비그왜"는 '행복'이란 뜻, "르훔"은 '자비롭다'는 뜻, "바아나"는 '대답하다'는 뜻이다.

ㄴ. 가족 관계에 의해 확인된 사람들 2:2b-20

본서 저자는 이 부분(2b-20)에서 바벨론 포로 생활로부터 유대로 돌아온 사람들을 기록했는데 가족 이름을 따라서 기록했다. 포로로 갈 때는 가족 이름을 따라서 기록하지 않았는데 이제 광복 운동에 동참한 사람들을 가족 명을 따라 기록한 것은 그들을 칭찬하려는 의도에서였다. 우리는 하나님으로부터 칭찬 받을만한 운동에 동참해야 할 것이다.

스 2:2b. 이스라엘 백성의 명수가 이러하니.

이스라엘 백성의 명단과 수는 다음과 같다. 이스라엘 백성의 명단과 숫자는 본장 61절까지 계속한다. 이렇게 명단과 숫자를 알리는 이유에 대해서는 많은 견해가 제시되고 있으나 정확하게 말할 수는 없다. 아마도 칭찬받을만한 사람들이 많다는 것을 보여주기 위함이었을 것이다.

스 2:3. 바로스 자손이 이천백칠십이 명이요.

바로스('벼룩'이라는 뜻, 8:3; 10:25; 느 3:25; 10:14) 자손은 2,172명이었다. 바로스는 가계(家系)의 이름으로 그들의 가족 중에는 에스라의 제 2차 귀환 때에도 150명이 돌아왔다.

스 2:4. 스바댜 자손이 삼백칠십이 명이요.

스바댜('여호와께서 심판하셨다'는 뜻) 자손이 372명이었다. 에스라와 함께 80명이 귀환했다(8:8).

스 2:5. 아라 자손이 칠백칠십오 명이요.

아라('도보 여행자'라는 뜻) 자손이 775명이었다. 느 7:10에서는 652명으로 진술되었다.

스 2:6. 바핫모압 자손 곧 예수아와 요압 자손이 이천팔백십이 명이요.

바핫모압('모압의 통치자'라는 뜻) 자손 곧 예수아('여호와는 구원이시다'는 뜻)와 요압 자손이 2812명이었다. 예수아와 요압 자손은 당시 바핫모압 자손을 구성했던 두 가족이었던 것으로 보인다. 예수아는 대제사장 여호수아와는 동명이인이다. 바핫모압(Pahath-moab) 자손은 제 2차 귀환 때 에스라와 함께 다시 200명이 돌아왔다(8:4).

스 2:7. 엘람 자손이 천이백오십사 명이요.

엘람('젊은 사람'이란 뜻) 자손이 1,254명이었다. 이 엘람은 느헤미야와 함께 언약문서에 인을 쳤고 또 예루살렘 성 봉헌식에도 참여한 적이 있었다(대상 26:3; 느 10:14). 엘람 자손은 에스라와 함께 제 2차로 70명이 더 귀환했다(8:7).

스 2:8. 삿두 자손이 구백사십오 명이요.

삿두('사랑스러운 것'이란 뜻) 자손이 945명이었다. 느 7:13에는 845명으로 기록되어 있다. 삿두 자손의 일부는 이방 여인과 통혼하기는 했으나 에스라의 신앙적 권면을 받고 그들과 헤어지는 결단을 내렸다(10:27).

스 2:9. 삭개 자손이 칠백육십 명이요.

삭개('여호와께서 기억하셨다'는 뜻) 자손이 760명이었다. 삭개는 스가랴('여호와께서 기억하셨다'는 뜻)의 단축 형으로 보인다. 이 삭개는 신약시대에 와서 '삭개오'라는 이름으로 변천한 것으로 보인다(눅 19:2). 이 이름은 느 7:14에도 나온다.

스 2:10. 바니 자손이 육백사십이 명이요.

바니('세운다'는 뜻) 자손이 642명이었다. 느 7:15에도 이 이름이 등장하는데 거기서는 "빈누이"로 기록되어 있다. 그리고 빈누이 자손이 648명으로 밝혀지고 있다. 이 바니라는 사람은 다윗의 용사였고(삼하 23:26), 레위인이었다(느 9:4).

스 2:11. 브배 자손이 육백이십삼 명이요.

브배('자애로운'이란 뜻) 자손이 623명이었다. 브배 자손은 훗날 에스라와 함께 제 2차로 28명이 또 귀환했다(8:11).

스 2:12. 아스갓 자손이 천이백이십이 명이요.

아스갓('하나님은 강하시다'는 뜻) 자손이 1,222명이었다. 여기 아스갓 자손은 갓 지파 사람들로 보인다. 이 아스갓 자손의 나머지는 훗날 에스라가 귀환할 때 함께 팔레스틴으로 돌아왔다(8:12). 느 7:17에는 2,322명으로 진술되어 있다(느 10:15 참조).

스 2:13. 아도니감 자손이 육백육십육 명이요.

아도니감('주께서 일어서시다'는 뜻) 자손이 666명이었다. 이 아도니감 자손의 일부가 에스라와 함께 예루살렘으로 귀환했다(8:13).

스 2:14. 비그왜 자손이 이천오십육 명이요.

비그왜('행복하다'는 뜻) 자손이 2,056명이었다. 비그왜는 한 가족의 족장으로 그는 바벨론으로부터 귀환하면서 약 2,000명의 자손을 데리고 왔다(느 7:19). 훗날 에스라와 함께 제 2차로 70명이 더 돌아왔다.

스 2:15. 아딘 자손이 사백오십사 명이요.

아딘('즐겁다'란 뜻) 자손이 454명이었다. 그의 자손은 에스라의 종교 개혁에 적극 가담했다(8:6; 느 7:20; 10:16).

스 2:16. 아델 자손 곧 히스기야 자손이 구십팔 명이요.

아델('묶는 사람'이란 뜻) 자손 곧 히스기야 자손이 98명이었다. 여기 아델 자손은 42절의 아델과는 다른 사람이다. "아델 자손 곧 히스기야 자손"이란 말은 '히스기야를 통한 아델 자손'으로 번역되는데 여기 히스기야는 유대의 히스기야 왕과는 다른 사람이다.

스 2:17. 베새 자손이 삼백이십삼 명이요.

베새('짓밟혔다'는 뜻) 자손이 323명이었다(느 10:18). 이 베새 자손은 성전에서 비교적 비천한 일을 담당했던 것 같다(49절).

스 2:18. 요라 자손이 백십이 명이요.

요라('가을비'라는 뜻, 신 11:14; 호 6:3) 자손이 112명이었다. 이 요라는 느 7:24에서는 '하립'으로 불리고 있다.

스 2:19. 하숨 자손이 이백이십삼 명이요.

하숨('부유하다'는 뜻) 자손이 223명이었다. 이 하숨은 에스라가 율법을 낭독할 때 옆에 서 있던 '하숨'과는 다른 사람이다(느 7:22; 8:4).

스 2:20. 깁발 자손이 구십오 명이요.

깁발('영웅'이란 뜻) 자손이 95명이었다. 느 7:25에는 '기브온 사람'으로 묘사되어 있고 그것은 지방 명이다(수 9:3 주 참조).

ㄷ. 지명에 의해 확인된 사람들 2:21-35

21지역이 나타나고 있는데 이 중에 13지역이 베냐민 지역이다. 사사시대에는 베냐민 지역이 거의 없어질 뻔 했는데(삿 20-21장 참조) 이제 광복운동을 당해서 베냐민 지역이 많아진 것은 하나님께서 그 지파에 긍휼을 베푸신 결과였다.

스 2:21. 베들레헴 사람이 백이십삼 명이요.

베들레헴('떡 집'이란 뜻) 사람이 123명이었다. 이 지역은 예루살렘 남방

8km 지점이다. 그리고 다윗의 조상이며 예수님께서 탄생하신 곳이다.

스 2:22. 느도바 사람이 오십육 명이요.

느도바('떨어짐'이라는 뜻) 사람이 56명이었다. 이 성읍은 베들레헴 남동쪽에 위치해 있다. 느도바 사람도 유다 지파에 속해 있었다.

스 2:23. 아나돗 사람이 백이십팔 명이요.

아나돗 사람이 128명이었다. 이 성읍은 예루살렘 근교로 동북으로 4,8km 지점이며, 아비아달(왕상 2:26)과 예레미야(렘 1:1)의 고향이다. 포로에서 귀환하여 이곳에서 살았다(느 7:27, 느 10:19).

스 2:24. 아스마웻 자손이 사십이 명이요.

아스마웻('죽음은 강하다'는 뜻) 자손이 42명이었다. 아스마웻은 인명이 아니라 지명으로 예루살렘 북동쪽 약 8km 지명의 베냐민 지경에 있다.

스 2:25. 기랴다림과 그비라와 브에롯 자손이 칠백사십삼 명이요.

기랴다림과 그비라와 브에롯 자손이 743명이었다. 여기 세 곳은 모두 지명(느 7:29)으로 기랴다림(Kirjath-arim, 삼림의 성읍)은 삼림이 무성했던 곳이었던 것 같다. 예루살렘 서쪽 11km지점에 있는 오늘날의 '딜 엘 아사르'와 동일시된다. 그비라는 기브온 서편 약 5km 지점이고, 브에롯은 기브온 남편 약 2km 지점이다.

스 2:26. 라마와 게바 육백이십일 명이요.

라마('높은 곳'이란 뜻)와 게바 자손이 621명이었다. 라마는 베냐민 지파의 영토 내에 있는 성읍으로, 기브온과 브에롯 사이에 위치해 있다(수 18:25). 라마는 한 레위인이 북쪽으로 여행하는 도중에 자신과 첩이 유숙할만한 곳으로 생각한 곳이었다(삿 19:13).

스 2:27. 믹마스 사람이 백이십이 명이요.

믹마스('숨겨진 곳'이란 뜻) 사람이 122명이었다. 믹마스는 예루살렘 북동쪽에 있는 베냐민 지파의 성읍이며, 보세스와 세네라고 불리는 두 바위산이 이 부근에 있다(삼상 14:4-5).

스 2:28. 벧엘과 아이 사람이 이백이십삼 명이요.

벧엘('하나님의 집'이라는 뜻)과 아이('열매'라는 뜻) 사람이 223명이었다. 벧엘은 예루살렘 북쪽 26km 지점에 있고 세겜으로 가는 도상에 있다(창 28:19). 아이의 위치는 벧엘 동남쪽 약 3.2km지점이다(수 7:2).

스 2:29. 느보 자손이 오십이 명이요.

느보('번창해 짐'이라는 뜻) 자손이 52명이었다. 이 느보는 베냐민 땅에 있었던 제사장의 성읍이었다(삼상 21:1). 이 느보는 예루살렘 북쪽 4.2km 지점이다.

스 2:30. 막비스 자손이 백오십육 명이요.

막비스 자손이 156명이었다. 이 막비스는 느 7:33-34에는 없고, 느 10:20에 막피아스(Magpias)로 나타난다. 느보 서북쪽의 '마비에'일 것이다.

스 2:31. 다른 엘람 자손이 천이백오십사 명이요.

다른 엘람 자손이 1,254명이었다. 여기 "다른 엘람"이란 말은 7절의 엘람과 구별하는 말로 그 숫자는 꼭 같다. 그 위치는 분명하지 않다.

스 2:32. 하림 자손이 삼백이십 명이요.

하림('봉헌된'이라는 뜻) 자손이 320명이었다. 이 하림은 믹마스 서북쪽 약 2km 지점에 있는 것으로 본다.

스 2:33. 로드와 하딧과 오노 자손이 칠백이십오 명이요.

로드와 하딧('날카롭다'는 뜻)과 오노('강력하다'는 뜻) 자손이 725명이었다. 로드(Lod)는 베냐민 지파의 성읍이며(대상 8:12), 베냐민 자손이 포로에서 돌아와 거하였다(스 2:33; 느 7:37; 11:35). 이곳은 욥바에서 18km 거리이고 샤론 평야에 위치해 있다.

하딧(Hadid)은 베냐민 지파의 한 성읍이며, 세벨라(Shephelah, 블레셋 평원과 유다 산악 지와의 사이에 있는 낮은 구릉 지대)에 있었다. 바벨론 포로 귀환 후 베냐민 사람이 거주하였다(느 11:34, 바이블렉스 8.0).

오노는 베냐민 지파의 성읍이며, 엘바알의 아들들이 세웠다(대상 8:12; 11:35). 이 곳 사람들의 후손이 포로에서 돌아왔다(스 2:33; 느 7:37, 바이블렉스 8.0).

스 2:34. 여리고 자손이 삼백사십오 명이요.

여리고('향기 나는 장소'라는 뜻) 자손이 345명이었다. 여리고는 사해 북쪽 연안에서 멀지 않은 곳, 예루살렘과 요단강 사이에 위치했으며, 예루살렘 북동쪽으로 28km, 요단강 서쪽으로 11km 지점이다(민 22:1; 26:3).

스 2:35. 스나아 자손이 삼천육백삼십 명이었더라.

스나아('증오하다'는 뜻) 자손이 3,630명이었다. 스나아는 여리고 동북쪽 13km 지점에 위치해 있다. 이 스나아 자손은 훗날 예루살렘 성벽재건에 협력했다(느 3:3).

ㄹ. 제사장들의 명단 2:36-39

이 부분(36-39절)은 제사장들의 명단이 나온다. 병행 구는 느 7:39-42에 있다. 이 중에는 선지자 예레미야를 박해한 제사장도 있었다(바스훌, 38절; 렘 20:1). 그러나 하나님은 이런 범죄자의 가족에게도 회개의 심령을 주셔서 1,247명이나 광복운동에 동참케 해주셨다. 이는 제사장 중에서 가장 많은 비중을 차지하였다.

스 2:36. 제사장들은 예수아의 집 여다야 자손이 구백칠십삼 명이요.

여기 등장하는 제사장들은 제 1차 귀환 때 돌아온 제사장들로 4가족이었다. 예수아의 집 여다야('여호와께 찬양하는 자'라는 뜻) 자손이 973명이었다. 여다야는 시므온 지파의 사람(대상 4:37)이었고 바벨론 귀환 후 예루살렘 성벽 중수에 참여했다(느 3:10). 여기 4가족 중 여다야, 임멜, 하림은 다윗 시대의 제사장들이었다(대상 24:7-8).

스 2:37. 임멜 자손이 천오십이 명이요.

임멜('그가 말했다'는 뜻) 자손이 1,052명이었다. 임멜은 다윗 시대의 제사장이었다(대상 9:12; 24:14; 스 2:37; 스 10:20; 느 3:29; 7:40; 11:33). 임멜은 다윗에 의하여 당시 24반차로 편성된 제사장 직책 중 16번째의 반차에 배정되었다. 포로 귀환 후 그의 후손인 임멜 자손 중 하나니와 스바댜는 이방 여인을 아내로 취했다가 에스라의 개혁을 만나 아내들을 내보냈다(10:19,20).

스 2:38. 바스훌 자손이 천이백사십칠 명이요.

바스훌('자유'라는 뜻) 자손이 1,247명이었다. 바스훌 자손은 독립된 가문은 아니었으나 귀환 후 그 당시의 형편 상 별도의 반차에 배정되었으리라 추측된다(K.&D.). 바스훌 자손도 다른 자손들처럼 이방 여인을 취하는 죄를 범하기도 했다.

스 2:39. 하림 자손이 천십칠 명이었더라.

하림('봉헌되다'는 뜻) 자손이 1,017명이었다. 하림은 다윗의 반차 중에서 셋째였다(대상 24:8). 하림의 후손도 귀환 후 이방여인을 아내로 취했다(10:21). 이상 제사장 가족의 귀환자는 총 4,289명이었다.

ㅁ. 레위인들, 노래하는 자들, 성전 문지기들 2:40-42

레위인들, 노래하는 자들, 성전 문지기들의 명단이 등장한다.

스 2:40. 레위 사람은 호다위야 자손 곧 예수아와 갓미엘 자손이 칠십사 명이요.

레위 사람은 호다위야('여호와는 뛰어나시다'는 뜻, 호드야와 동일한 사람, 7:43) 자손 곧 예수아와 갓미엘 자손이 74명이었다. 예수아와 갓미엘 자손은 호다위야에 속하는 두 자손들이었다. 레위인은 성전봉사자로 그 수는 극히 적어 제사장 총수인 4,289명에 비교될 수 없었다(8:15,18-19).

스 2:41. 노래하는 자들은 아삽 자손이 백이십팔 명이요.

노래하는 자들(찬양대원들)은 아삽 자손이 128명이었다. 노래하는 자들은 원래 아삽, 헤만, 여두둔이었으나(대상 5:1; 6:31-48) 오직 아삽 자손만이 귀환했다. 귀환하고 개혁에 동참하는 일이 얼마나 중요한 일인지 모른다.

스 2:42. 문지기의 자손들은 살룸과 아델과 달문과 악굽과 하디다와 소배 자손이 모두 백삼십구 명이었더라.

본절은 문지기의 자손들이 돌아온 것을 말한다. 문지기의 자손들은 살룸('평화'라는 뜻)과 아델('묶는 사람'이란 뜻)과 달문('압제자'라는 뜻)과 악굽('교활하다'는 뜻)과 하디다('탐험하다'는 뜻)와 소배 자손이 모두 139명이었다.

살룸은 레위 지파 사람 힐기야의 아버지(7:2; 대상 6:12,13)이다. 아델은 성전 문지기 자손의 한 조상(2:42; 느 7:45)이다. 달문은 성전 문지기가 된 레위인 일족의 조상이며(대상 9:17), 그 자손이 스룹바벨과 함께 바벨론 포로에서 귀환하여(2:42; 느 7:45), 성전 문지기가 되었다(느 11:19,25). 악굽은 왕궁에서 봉사한 신복들의 조상이다(2:45). 하디다는 레위 사람이며, 한 족속의 조상이며 문지기였다. 그의 자손은 스룹바벨과 같이 포로에서 귀환했다(2:42; 느 7:45).

ㅂ. 성전의 종들 2:43-54

성전에서 봉사하던 종들도 귀환했다. 43절부터 54절까지는 느디님 가족 35가족이 기록되었는데 느디님 가족은 성전 봉사자들 중 최하위 역이었다(대상 9:2). 이들은 주로 외국인들이었다. 이들은 이스라엘 백성과 함께 포로가 되었고, 또 함께 돌아왔는데 오히려 자유로운 레위인보다 그 가족 수가 훨씬 많았다.

스 2:43. 느디님 사람들은 시하 자손과 하수바 자손과 답바옷 자손과.

느디님('주어진 자들'이란 뜻) 사람들은 시하('가뭄'이란 뜻) 자손과 하수바('벌거벗음'이라는 뜻) 자손과 답바옷('고리'라는 뜻) 자손도 돌아왔다.

시하 자손은 스룹바벨과 함께 그의 가족이 귀환했다(2:43; 느 7:46). 하수바는 느디님 사람들의 한 조상이다. 그 자손들은 스룹바벨과 같이 바벨론 포로에서 귀환했다(2:43; 느 7:46). 답바옷은 포로에서 귀환한 느디님 일족의 조상이다. 느디님 사람은 성전 역사 중 최하급에 속하여 일했다(2:43; 느 7:46).

스 2:44. 게로스 자손과 시아하 자손과 바돈 자손과.

게로스('발목이 굽다'는 뜻) 자손과 시아하('모임'이라는 뜻) 자손과 바돈('모임'이라는 뜻) 자손이 돌아왔다. 게로스는 스룹바벨과 함께 바벨론 포로에서 귀환한 느디님 사람의 조상이다(느 7:47). 시아하는 포로 귀환 이후의 느디님 자손의 조상이다(느 7:47). 바돈은 포로에서 귀환한 느디님 사람들 중 한 자손의 조상이다(느 2:44,47).

스 2:45. 르바나 자손과 하가바 자손과 악굽 자손과.

르바나('희다'는 뜻) 자손과 하가바('메뚜기'라는 뜻) 자손과 악굽('교활하다'는 뜻) 자손이 돌아왔다. 르바나는 성전 봉사를 하는 느디님 사람들에 속해 있었으며(2:42,45), 바벨론 포로에서 귀환한 한 족속의 시조이다(느

7:48). 하가바는 솔로몬의 신복의 한 조상이며, 그의 자손은 스룹바벨과 함께 바벨론 포로에서 귀환하였다(2:45; 느 7:48). 악굽은 레위 사람 성전 동문지기였다(2:42; 대상 9:17; 느 7:45; 11:19; 12:25).

스 2:46. 하갑 자손과 사믈래 자손과 하난 자손과.

하갑('메뚜기'라는 뜻) 자손과 사믈래('나의 옷들'이라는 뜻) 자손과 하난('자비가 많다'는 뜻) 자손이 돌아왔다.

하갑은 솔로몬의 신복의 한 조상이며, 그의 자손이 스룹바벨과 함께 바벨론 포로에서 돌아왔다(2:46). 사믈래는 포로에서 귀환한 느디님 사람의 한 조상이며(느 2:46) 살매라고도 한다(느 7:48). 하난 자손은 스룹바벨과 같이 바벨론 포로에서 귀환했으며(2:46; 느 7:49), 백성들에게 율법을 깨닫게 하기 위해 에스라가 채용한 사람 중 하나이다(느 8:7).

스 2:47. 깃델 자손과 가할 자손과 르아야 자손과.

깃델('매우 크다'는 뜻) 자손과 가할('잠복 자'라는 뜻) 자손과 르아야('여호와께서 보셨다'는 뜻) 자손이 돌아왔다. 깃델은 성전 봉사의 일을 했던 느디님 사람의 선조이며, 그 자손은 스룹바벨의 인솔로 바벨론 포로에서 귀환했다(2:47; 느 7:49). 가할은 바벨론 왕 느부갓네살에게 사로잡혀 바벨론으로 갔던 자의 자손 중에서, 놓임을 받고 예루살렘과 유대로 돌아온 자이다(2:47; 스 7:49). 르아야는 느디님 사람의 한 조상으로 포로에서 귀환한 성전 봉사자의 조상이다(느 2:47; 7:50).

스 2:48. 르신 자손과 느고다 자손과 갓삼 자손과.

르신('견고하다'는 뜻) 자손과 느고다('구별되다'는 뜻) 자손과 갓삼('삼키는 자'라는 뜻) 자손이 돌아왔다. 르신은 스룹바벨과 함께 바벨론 포로에서 귀환했다(2:48; 느 7:50). 느고다 자손은 스룹바벨의 지휘 아래 바벨론 포로에서 귀환했다(2:48; 느 7:50). 갓삼은 바벨론왕 느부갓네살에게 사로잡혀 바벨론으로 갔다 돌아온 사람 중의 한 사람이다(2:48; 느 7:51).

스 2:49. 웃사 자손과 바세아 자손과 베새 자손과.

웃사('힘'이라는 뜻) 자손과 바세아('절름발이'라는 뜻) 자손과 베새('짓밟혔다'는 뜻) 자손이 돌아왔다. 웃사는 포로에서 귀환한 자손의 조상이다(2:49; 느 7:51). 바세아는 바벨론 포로에서 귀환한 느디님 사람들의 조상이다(2:43,49; 느 7:46; 7:51). 베새는 스룹바벨과 함께 바벨론 포로에서 귀환한 한 가문의 우두머리이며(2:17; 느 7:23), 에스라의 언약에 인을 친 사람이다(느 10:18).

스 2:50. 아스나 자손과 므우님 자손과 느부심 자손과.

아스나('가시나무'를 뜻하는 듯, 바이블렉스 8.0) 자손과 므우님 자손과 느부심('확장'이란 뜻) 자손이 돌아왔다. 아스나는 포로에서 귀환한 느디님 사람 중의 한 가족의 가장이다(2:50). 므우님 자손은 에돔 근처 세일산 부근의 한 아랍 족속이다(대하 26:7). 모압, 암몬 족속과 함께 유다 왕 여호사밧을 공격하였으나 패하였고(대하 20:1,2,23-29)), 히스기야 때 시므온 사람에게 진멸되었다(대상 4:39-41). 또한 웃시야가 그들을 쳤다(대하 26:7). 바벨론 포로 이후에는 느디님 사람들에게 속한 것으로 언급된다(2:43,50,54: 느 7:52). 느부심 자손은 느디님 일족의 조상이다(2:50). 바벨론 포로 귀환자의 명단에 나온다.

스 2:51. 박북 자손과 하그바 자손과 할훌 자손과.

박북('병, bottle'이란 뜻) 자손과 하그바('굽다'는 뜻) 자손과 할훌('열'이란 뜻) 자손이 돌아왔다. 박북은 스룹바벨과 함께 바벨론 포로에서 귀환한 느디님 족속의 조상이다(2:51; 느 7:53). 하그바는 스룹바벨과 함께 바벨론 포로에서 귀환한 느디님 일가의 우두머리이다(2:43,51; 느 7:53). 할훌은 스룹바벨과 함께 포로에서 귀환한 느디님 사람들의 조상이다(스

2:51; 느 7:53).

스 2:52. 바슬룻 자손과 므히다 자손과 하르사 자손과.

바슬룻('벗기다'는 뜻) 자손과 므히다('고상하다'는 뜻) 자손과 하르사('말을 못하다'는 뜻) 자손이 돌아왔다. 바슬룻은 바벨론 포로에서 돌아와 성전에서 봉사하던 한 가문의 조상이며(2:52), 바슬릿이라고도 불린다(느 7:54). 므히다는 스룹바벨과 함께 포로에서 귀환한 느디님 사람의 조상 중 한명이다(2:43,52; 느 7:54). 하르사의 자손은 스룹바벨과 같이 바벨론 포로에서 귀환했다(2:52; 느 7:54).

스 2:53. 바르고스 자손과 시스라 자손과 데마 자손과.

바르고스('코스의 아들'이란 뜻) 자손과 시스라('전투 정력'이라는 뜻) 자손과 데마('사막'이란 뜻) 자손이 돌아왔다.

바르고스는 스룹바벨과 함께 바벨론 포로에서 귀환한 성전 수종자들 중 한 자손의 조상이다(2:53; 느 7:55). 시스라는 포로 귀환 이후의 성전 수종자들의 조상이다(2:43,53; 느 7:46, 55). 데마는 이스마엘의 아들(창 25:15; 대상 1:30)과 그의 자손(욥 6:19), 그리고 그들의 거주지를 나타낸다. 데마 사람들이 거주하는 데마 땅은 팔레스틴에서 먼 곳이며(렘 25:22-23) 아라비아를 통과하는 무역로 상에 위치해 있다(사 21:14).

스 2:54. 느시야 자손과 하디바 자손이었더라.

느시야('탁월하다'는 뜻) 자손과 하디바('사로 잡혔다'는 뜻) 자손이 돌아왔다. 느시야는 바벨론 포로에서 귀환한 느디님 일족의 조상이다(2:43,54; 느 7:56). 하디바는 솔로몬의 신복들의 한 조상이며, 그의 자손은 스룹바벨과 함께 포로에서 귀환했다(2:54; 느 7:56).

ㅅ. 솔로몬의 종들 2:55-58

솔로몬의 종들도 광복운동에 동참하여 바벨론 포로 생활에서 돌아왔다. 솔로몬의 종들도 성령의 감동으로 유대로 돌아오게 되었다. 하나님은 이방인의 하나님도 되셔서 이런 종들에게도 회복의 은총을 주셨다. 여기 총 10가족이 거명되었는데 이들은 느디님보다 못한 계급이었다.

스 2:55. 솔로몬의 신하의 자손은 소대 자손과 하소베렛 자손과 브루다 자손과.

본절에 등장하는 솔로몬의 "신하"(עַבְדֵי)란 말은 '종들'이라고 개역되어야 한다(박윤선). 솔로몬을 섬기던 종들의 자손은 소대('변화가 많다'는 뜻) 자손과 하소베렛('서기'라는 뜻) 자손과 브루다('분리하다'는 뜻) 자손들이 돌아왔다.

소대는 솔로몬의 신복 자손들의 한 조상이다(55절; 느 7:57). 하소베렛은 솔로몬의 신복 중 한 사람이다. 바벨론 포로에서 귀환한 가족의 조상이며(2:55), 소베렛(느 7:57)과 동일인이다. 브루다는 솔로몬의 신복 중 한 사람이며(55절), 그의 자손들이 바벨론 포로에서 스룹바벨과 함께 예루살렘으로 돌아왔다. 브리다라고도 불린다(느 7:57).

스 2:56. 야알라 자손과 다르곤 자손과 깃델 자손과.

야알라('야생 염소'라는 뜻) 자손과 다르곤('대단히 빠르다'는 뜻) 자손과 깃델('매우 크다'는 뜻) 자손이 돌아왔다.

야알라에 대해서는 더 이상 알 수가 없다. 다르곤 자손들은 바벨론 포로에서 스룹바벨의 지휘 아래 예루살렘으로 귀환했다(56절; 느 7:58). 이들은 느디님 자손과 함께 성전에서 잡일을 하는 계층이었다.

깃델은 솔로몬의 일부 신복들의 선조였다. 그의 후손들이 스룹바벨의 인도로 바벨론 포로에서 귀환했다(56절; 느 7:58).

스 2:57. 스바댜 자손과 하딜 자손과 보게렛하스바임 자손과 아미 자손이니.

스바다('여호와께서 심판하셨다'는 뜻) 자손과 하딜('흔들리다'는 뜻) 자손과 보게렛하스바임('가젤영양을 올무로 묶는 여자'란 뜻) 자손과 아미('건축자'라는 뜻) 자손이 돌아왔다.

스바다는 솔로몬의 신복이며 그의 후손이 바벨론 포로에서 귀환했다(57절). 하딜은 솔로몬 신복들의 자손의 한 조상이며, 그의 자손들은 스룹바벨과 같이 바벨론 포로에서 귀환했다(57절; 느 7:59). 보게렛하스바임은 솔로몬 신복들의 자손의 한 조상이며, 그의 자손들은 스룹바벨과 같이 바벨론 포로에서 귀환했다(57절; 느 7:59). 아미는 솔로몬의 신복 중 한 사람이며, 그의 후손이 바벨론 포로에서 귀환하였다(57절). 그는 아몬과 같은 사람으로 여겨진다(느 7:59).

스 2:58. 모든 느디님 사람과 솔로몬의 신하의 자손이 삼백구십이 명이었더라.

이상 성전에서 막일을 하는 일꾼들과 솔로몬을 섬기던 종의 자손은 모두 392명이었다. 느디님 사람들(43-54절)과 솔로몬의 종들의 자손들(55-57절)은 거의 동일한 신분이었음을 시사한다.

ㅇ. 조상을 알 수 없는 사람들 2:59-63

조상을 알 수 없는 사람들도 유대로 돌아온 자들이 있었다. 이들의 조상이 어느 족보에 속했는지 알 수는 없었으나 이들이 성령의 감동을 받아 성전 건축을 위하여 돌아온 것만으로도 하나님께는 알려진 사람들이었다(박윤선).

스 2:59. 델멜라와 델하르사와 그룹과 앗단과 임멜에서 올라온 자가 있으나 그들의 조상의 가문과 선조가 이스라엘에 속하였는지 밝힐 수 없었더라.

델멜라('소금 언덕'이라는 뜻)와 델하르사('장인의 토루'라는 뜻)와 그룹('천사'라는 뜻)과 앗단('확고한 자'라는 뜻)과 임멜('그가 말했다'는 뜻) 등 여러 곳에서 사람들이 왔지만 그들의 가문이 밝혀지지 않아서 그들이 이스라엘 자손인지 아닌지는 알 길이 없었다.

델멜라는 바벨론의 한 성읍으로, 여기에서 포로로 살던 자들이 유대인이라고 주장하여 귀환했으나 그 계보는 불확실했다(59절; 느 7:61). 델하르사는 바벨론의 한 도시이며, 이곳에 살던 자들이 유대인으로 주장하여 스룹바벨과 함께 귀환하였으나 그 종족과 계보를 증명할 수 없었다(59절; 느 7:61). 그룹은 현재의 프톨레마이스의 치리파임에 해당한다(호크마 주석). 앗단은 느 7:61의 앗돈과 동일지역으로 추정된다. 임멜은 바벨론의 한 성읍이다(59절; 느 7:61).

이들 지역이 바벨론의 한 지역이었으나 거기서 살다가 예루살렘으로 귀환한 자들의 가문과 선조가 이스라엘에 속하였는지 밝힐 수 없다고 했는데 아무리 밝힐 수 없다고 해도 그들이 성령의 감동으로 유다 나라로 떠났고 지도자를 따라 유대 나라로 가서 성전 재건에 참여하려고 각오한 것을 보면 하나님께는 알려진 사람이었다.

스 2:60. 그들은 들라야 자손과 도비야 자손과 느고다 자손이라 모두 육백오십이 명이요.

그들은 들라야('여호와께서 구출하셨다'는 뜻) 자손과 도비야('여호와는 선하시다'는 뜻) 자손과 느고다('반점이 있다'는 뜻) 자손인데 모두 652명이었다.

들라야는 포로에서 귀환한 어떤 족속의 조상이었다(60절; 느 7:62). 도비야는 포로에서 귀환한 자들 중의 한 가족의 우두머리였다(60절; 느 7:62). 느고다는 이스라엘에 속했는지 증명할 수 없는, 포로에서 귀환한 한 자손의 조상이었다(61절; 느 7:62).

스 2:61. 제사장 중에는 하바야 자손과 학고스 자손과 바르실래 자손이니 바르실래는 길르앗 사람 바르실래의 딸 중의 한 사람을 아내로 삼고 바르실래의 이름을 따른 자라.

제사장의 자손 가운데는 하바야('여호와께서 숨기셨다'는 뜻) 자손과 학고스('가시'라는 뜻) 자손과 바르실래('나의 철 연장'이라는 뜻) 자손도 있었는데, 이들 가운데서 바르실래는 길르앗 지방 사람인 바르실래의 딸과 결혼하면서 장인의 이름을 자신의 이름으로 삼았다. 이렇게 해서 그는 바르실래의 유산을 물려받았을 것이다(민 27:4; 36장).

하바야는 스룹바벨과 함께 바벨론 포로에서 귀환한 제사장들의 조상이다. 그들의 이름이 계보에 없음으로 더럽혀진 자로 여겨져 제사장직에서 제외되었다(61,62절). 느 7:63에는 "호바야"로 기록되어 있다. 학고스의 가족은 다윗 시대까지는 한 족속으로 번영하여 다윗의 제사장 구분에서는 24반차 중 제 7반차로 되었다(대상 24:1,6,10). 그의 자손은 스룹바벨과 같이 바벨론 포로에서 귀환했으나, 계보에서 자기의 이름을 발견하지 못했기 때문에 제사장직에서 제외되었다(61,62절). 그러나 후에 제사장직을 수행한 것 같다(느 3:21). 바르실래는 느헤미야시대의 한 제사장으로 그는 길르앗 사람 바실래의 딸을 아내로 취하고 장인의 이름을 자기 이름으로 삼았다(61절; 느 7:63).

스 2:62. 이 사람들은 계보 중에서 자기 이름을 찾아도 얻지 못하므로 그들을 부정하게 여겨 제사장의 직분을 행하지 못하게 하고.

그 사람들(위의 세 가족)을 가족족보에서 찾아보았지만 그 조상이 확인되지 않아서 제사장 직분을 맡기에는 적합하지 않다고 생각하여 그 직분을 맡지 못하게 하였다. 위의 세 가족(앞 절에 나오는 하바야 자손, 학고스 자손, 바르실래 자손)은 문서화 된 족보에도 발견되지 않았고, 따라서 제사장의 직분을 행하지 못했다는 것이다.

스 2:63. 방백이 그들에게 명령하여 우림과 둠밈을 가진 제사장이 일어나기 전에는 지성 물을 먹지 말라 하였느니라.

세 가족이 문서화된 족보에서 발견되지 않았기 때문에 유다 총독(스룹바벨, 느 8:9)은 그들로 하여금 앞으로 우림과 둠밈을 가진 제사장이 일어나기 전에는 지성 물을 먹지 말라고 명령했다. 여기 우림과 둠밈은 대제사장이 지니고 있으면서 하나님의 뜻을 알아보는 도구(출 28:30; 레 8:8)였다.

ㅈ. 합계 2:64-67

이 부분(64-67절)에는 귀환자의 총수와 짐승들의 총수를 기록하고 있다.

스 2:64-65. 온 회중의 합계가 사만 이천삼백육십 명이요. 그 외에 남종과 여종이 칠천삼백삼십칠 명이요 노래하는 남녀가 이백 명이요.

귀환한 회중의 수는 모두 42,360명이었다. 그들이 부리던 남녀종이 7,337명이고, 그 밖에 노래하는 남녀가 200명이었다.

본절이 제시하고 있는 숫자(42,360명)는 3-60절에 언급된 총수인 29,818과는 많은 차이가 난다. 이렇게 많은 차이가 나는 이유는 3-60절에서는 20세 이상의 성년 남자만을 기록했으나 총수에서는 어린이 및 부녀자들까지 집계했기 때문에 큰 차이가 생겼다고 보아야 할 것이다(Williamson, Bowman).

스 2:66-67. 말이 칠백삼십육이요 노새가 이백사십오요. 낙타가 사백삼십오요 나귀가 육천 칠백 이십이었더라.

또 말이 736마리, 노새가 245마리, 낙타가 435마리, 나귀가 6,720마리였다. 이 가축들은 1차 귀환 민들이 끌고 온 가축들이었다. 이 가축들을 끌고 오느라 힘이 들었을 것처럼 보이지만 그들의 여행에 도움이 되었을 것이며 성전건축에 도움이 되었을 것이다.

ㅊ. 성전을 위한 자발적인 공헌 2:68-69

두 절(68-69절)은 성전 건축을 위한 예물의 수량을 기록하고 있다.

스 2:68-69. 어떤 족장들이 예루살렘에 있는 여호와의 성전 터에 이르러 하나

님의 전을 그 곳에 다시 건축하려고 예물을 기쁘게 드리되 힘자라는 대로 공사하는 금고에 들이니 금이 육만 천 다릭이요 은이 오천 마네요 제사장의 옷이 백 벌이었더라.

가문의 우두머리 중에는, 예루살렘에 있는 주님의 성전 터에 이르러서, 하나님의 성전을 옛 터에 다시 세우는 일을 도우려고, 자원예물을 바치는 이들도 있었다. 저마다 힘자라는 대로 성전 건축 기금을 마련해서 금이 육만 천 다릭, 은이 오천 마네, 제사장의 예복이 백 벌이나 되었다.

68절은 어떤 족장들이 성전 터에 이르러 성전 재건을 위해 예물을 드렸다는 것을 말한다. 예물을 드리는 그런 자리에 나타나는 사람들은 얼마나 복된 사람들인지 모른다. 필자가 미국 이민 교회에서 목회하고 있는 동안 눈에 띄게 큰 헌금을 하는 때마다 빠지는 사람들이 있었다. 그런 사람들은 눈에 띄게 복을 받지 못하고 살아가는 것을 목격하게 되었다.

69절은 그 예물을 드리는 자들이 힘자라는 대로 드렸다는 것을 진술하고 있다. 금이 61,000 다릭이요 은이 5,000 마네요 제사장의 옷이 100 벌이었다는 것을 말한다. "다릭"이란 바사(페르샤)의 금화의 단위로 약 8.4g 정도가 되는 것으로 추정된다. 그리고 "마네"는 헬라어의 므나(눅 19:17)와 같아서 5,000 마네는 50세겔 571.2g이었다. 귀환 민들은 바벨론으로부터 먼 길을 오면서 너무 감격하여 제사장의 옷을 100벌이나 드렸다. 이들이 바벨론에 포로의 신세가 되어 갈 때는 마음이 강퍅했을 것이다. 우리는 감사하는 마음으로 예물을 드려야 할 것이다.

ㅋ. 돌아온 자들의 거주지 2:70

스 2:70. 이에 제사장들과 레위 사람들과 백성 몇과 노래하는 자들과 문지기들과 느디님 사람들이 각자의 성읍에 살았고 이스라엘 무리도 각자의 성읍에 살았더라.

제사장들과 레위 사람들과 백성들 가운데 일부는 예루살렘과 그 부근 마을에 자리를 잡아 살게 되었고 노래하는 이들과 문지기들과 성전에서 막일을 하는 일꾼들은 그들의 고향 마을에 자리를 잡았다. 나머지 이스라엘 사람들은 저마다 고향마을에 자리를 잡았다. 회복의 은혜를 받은 것이다. 이것이 바로 하나님의 은혜였다.

제 3 장

B. 희생 제도와 성전 건축　3-6장

귀환 민들은 각자가 살던 곳에 이르러 다시 예루살렘에 모여 성전 재건을 시작한다. 도중에 방해를 받아 중단되기도 했지만 하나님의 은혜로 결국 봉헌식을 드린다. 이 부분(3-6장)의 내용은 희생 제사를 드린 일(3:1-6), 성전 토대를 놓은 일(3:7-13), 성전재건이 지연된 일(4:1-23), 건축을 재개한 일(4:24-6:22) 등이 진술된다.

1. 희생 제사를 드리다　3:1-6

귀환 민들은 7월에 이르러 예루살렘에 모여 모세의 율법에 기록된 대로 번제를 드렸다. 성전을 건축하지 못한 상태에서 제단을 우선 축조하여 제사를 드린 것이다.

스 3:1. 이스라엘 자손이 각자의 성읍에 살았더니 일곱째 달에 이르러 일제히 예루살렘에 모인지라.

이스라엘 자손이 여러 마을에 흩어져서 자리를 잡고 살았는데 일곱째 달이 되었을 때에 일제히 예루살렘으로 모였다. 이스라엘 자손이 일단 자리를 잡고 살았으면 그대로 평안히 자리를 잡은 데서 살면 될 일이었는데 그들은 7월이 되어 일제히 예루살렘에 모인 것이다. 그들은 7월을 만나 그냥 지나칠 수 없었다. 7월은 이스라엘 민족에게 민력(民曆)으로 1월이며 아주 중요한 달이었다. 이달 초하루는 나팔 절이었고, 10일에는 대속 죄 일(日)이었으며, 그리고 15-22일간에는 초막절이었다. 그들은 육신의 평안만을 위하여 살 수는 없었고 7월을 맞이하여 일제히 예루살렘에 모인 것이다. 하나님 앞에 예배하는 일에 열심인 것은 얼마나 중요한 일인지 모른다.

스 3:2. 요사닥의 아들 예수아와 그의 형제 제사장들과 스알디엘의 아들 스룹바벨과 그의 형제들이 다 일어나 이스라엘 하나님의 제단을 만들고 하나님의 사람 모세의 율법에 기록한 대로 번제를 그 위에서 드리려 할 새.

요사닥의 아들 예수아(대제사장)와 그의 동료 제사장들과 스알디엘의 아들 스룹바벨(총독)과 그의 동료들이 모두 일어나 이스라엘 하나님의 사람 모세의 율법에 규정된 대로 번제를 드릴 수 있도록 이스라엘의 하나님의 제단을 쌓았다. 7월에 모인 사람들은 대제사장과 동료들, 그리고 총독과 동료들, 그리고 귀환 민들이 일제히 일어나 성전을 건축하기에 앞서 먼저 제단을 만들고 그 단위에 번제를 드린 것이다.

스 3:3. 무리가 모든 나라 백성을 두려워하여 제단을 그 터에 세우고 그 위에서 아침저녁으로 여호와께 번제를 드리며.

무리는 그 땅에 사는 모든 백성들이 두렵기는 했지만 제단이 서 있던 옛 터에 제단을 세우고 거기서 아침저녁으로 주님께 번제를 드렸다.

유대의 무리가 이방 나라 백성들을 두려워한 것은 당연한 일이기도 했다. 두려움이 있었으니 하나님을 의지하게 되었고 또 기도도 했을 것이다. 우리는 두려움이 생길 때마다 하나님을 의지하고 기도해야 할 것이다. 무리는 아직 성전을 재건하지 못한 상태로 제단을 쌓아 그 단위에서 번제를 드렸다. 우리는 예배를 드리는 일에 최선을 다해야 할 것이다.

스 3:4. 기록된 규례대로 초막절을 지켜 번제를 매일 정수대로 날마다 드리고 (And they kept the Feast of Booths, as it is written, and offered the daily burnt offerings by number according to the rule, as each day required-ESV).

초막 절기를 맞이하여 예루살렘에 모인 사람들은 기록된 규례대로 초막 절기[2]를 지켰다. 날마다 법에 정수대로(정해져 있는 수대로) 아침저녁으로

---

2) 초막절: 초막절은 유월절, 칠칠절과 함께 이스라엘 백성들이 반드시 지켜야 할 3대 절기 중 하나로서 율법에 규정되어 있다(출 23:14-16; 34:22; 신 16:13-17). 그 중에 초막절은 이스라엘

번제를 드렸다. 그들은 규례를 따라서 15일부터 22일까지 날마다 정해진 수대로(레 23:31-42) 초막절 번제를 드렸다.

본절의 "정수대로"란 절기를 지키는 8일 동안 날마다 똑 같은 숫자의 희생을 드렸다는 뜻이 아니라, 바로 그 날에 드려야할 정수대로 드렸다는 뜻이다. 다시 말해 그날그날 드리는 숫자가 달랐다. 수송아지의 경우 첫날에는 13마리를 드리다가 둘째 날에는 12마리를 드렸다. 이렇게 해서 가축의 숫자는 모두 215마리를 드렸다(민 29:13-38).

스 3:5. 그 후에는 항상 드리는 번제와 초하루와 여호와의 모든 거룩한 절기의 번제와 사람이 여호와께 기쁘게 드리는 예물을 드리되.

초막절을 지킨 다음부터 그들은 늘 드리는 번제(상번제, 출 29:42; 민 28:3-6)를 드렸고, 초하루 제사(삼상 20:5; 왕하 4:23) 때와 거룩하게 지켜야 하는 주님의 모든 절기를 맞이할 때와 주님께 자원예물을 바칠 때마다 번제를 드렸다. 무리는 한번 바벨론 포로의 쓰라림을 알았기 때문에 하나님께 드리는 모든 제사를 드린 것이다.

스 3:6. 일곱째 달 초하루부터 비로소 여호와께 번제를 드렸으나 그 때에 여호와의 성전 지대는 미처 놓지 못한지라.

주님의 성전 기초는 아직 놓지 못했지만 그들은 일곱째 달 초하루(나팔절)부터 주님께 번제를 드리기 시작하였다. 귀환민들은 이날부터 시작하여 하루도 빠짐없이 여호와께 번제를 드리기 시작했다.

2. 성전 토대를 놓음 3:8-13

임시 제단을 쌓아 번제를 드리다가(1-6절) 이제는 제 2 성전을 위한 지대

이 출애굽 후 40년 동안 광야에서 초막에 거했던 사실을 기념하여 집을 떠나 한 주간 동안 초막에 거하면서 지켰고 또 한편 추수를 완료했다는 뜻으로 하나님께 감사하는 절기로서 지켰다. 그리고 7월 22일에는 큰 축하의 날로 지켰다(레 23:36; 민 29:35).

를 놓았고, 제사장들은 예복을 입었으며, 백성들이 찬양을 부르면서 성전 정초식을 거행했다.

스 3:7. 이에 석수와 목수에게 돈을 주고 또 시돈 사람과 두로 사람에게 먹을 것과 마실 것과 기름을 주고 바사 왕 고레스의 명령대로 백향목을 레바논에서 욥바 해변까지 운송하게 하였더라.

백성들은 석수와 목수(이들은 이스라엘 사람들이었다)에게는 삯을 주어서 일을 시켰고 또 시돈 사람과 두로 사람(이들은 레바논 사람들이었다)에게는 먹을 것과 마실 것과 기름을 주어서 바사 왕 고레스가 명령한 대로 레바논에서 백향목(이 나무는 목재로서는 최고의 것이었다)을 베어 바닷길로 띄워 욥바 해변까지 보내게 하였다. 그리고 욥바 해변으로부터 예루살렘까지는 육로로 운반했다.

스 3:8. 예루살렘에 있는 하나님의 성전에 이른 지 이 년 둘째 달에 스알디엘의 아들 스룹바벨과 요사닥의 아들 예수아와 다른 형제 제사장들과 레위 사람들과 무릇 사로잡혔다가 예루살렘에 돌아온 자들이 공사를 시작하고 이십 세 이상의 레위 사람들을 세워 여호와의 성전 공사를 감독하게 하매.

귀환 민들이 하나님의 성전 터가 있는 예루살렘으로 돌아온 지 2년째가 되는 해 둘째 달에 스알디엘의 아들 스룹바벨(총독)과 요사닥의 아들 예수아(대제사장)와 그들의 나머지 동료 제사장과 레위 사람과 사로잡혀 갔다가 예루살렘으로 돌아온 모든 사람이 공사를 시작하고, 스무 살이 넘은 레위 사람을 주님의 성전 건축 감독으로 세웠다. 원래는 25세가 넘은 레위인을 세워 감독을 하게 했으나 이 때는 20세 이상 된 자가 감독으로 되었다(대상 23:24-27). 아마도 포로 귀환 기 이후에 사람이 적으니 연령을 낮춘 듯이 보인다.

스 3:9. 이에 예수아와 그의 아들들과 그의 형제들과 갓미엘과 그의 아들들과 유다 자손과 헤나닷 자손과 그의 형제 레위 사람들이 일제히 일어나 하나님의 성전 일꾼들을 감독하니라.

예수아와 그의 아들들과 그 일가 친족들과 갓미엘과 그의 아들들과 유다 자손과 헤나닷 자손과 그의 형제 레위 사람들이 일제히 일어나 한마음 한뜻으로 하나님의 성전 짓는 일을 감독하였다. 레위 사람 헤나닷의 아들과 손자와 친족들도 그들과 함께 일을 하였다. "일제히 일어나서"란 말은 히브리 원전에는 없는 단어인데 건축 감독자들의 적극적인 자세를 강조하기 위해 말을 넣은 것이다.

레위인 갓미엘은 스룹바벨과 함께 그와 그의 자손이 바벨론 왕 느부갓네살에게 포로로 잡혀 갔다가 돌아왔다(2:40; 느 7:43). 그와 그 아들은 성전 재건을 위해 일한 공장들을 감독했다(느 3:9). 그는 이스라엘의 죄에 대한 공적인 고백을 하는데 큰 소리로 부르짖어 하나님을 송축하라고 했으며(느 9:4,5), 갱신된 언약에 서명했다(느 10:9).

스 3:10. 건축자가 여호와의 성전의 기초를 놓을 때에 제사장들은 예복을 입고 나팔을 들고 아삽 자손 레위 사람들은 제금을 들고 서서 이스라엘 왕 다윗의 규례대로 여호와를 찬송하되.

건축자들이 여호와의 성전 기초를 놓을 때에, 예복을 입은(출 28장) 제사장들은 나팔을 들고, 레위 사람 가운데서 아삽 자손들은 제금(자바라)을 들고(2:41) 서서 이스라엘 왕 다윗이 지시한 대로 저마다 주님을 찬양하려고 자기의 자리에 섰다. 본절(강 건너편 모든 창고지기, 21절)에 등장하는 "다윗의 규례"란 말은 찬양대에 관해 다윗이 제정한 규례들을 지칭한다(대상 6:31; 15:16-21; 16:4-5; 25:1).

스 3:11. 찬양으로 화답하며 여호와께 감사하여 이르되 주는 지극히 선하시므로 그의 인자하심이 이스라엘에게 영원하시도다 하니 모든 백성이 여호와

의 성전 기초가 놓임을 보고 여호와를 찬송하며 큰 소리로 즐거이 부르며.

그들은 서로 화답[3]하면서 여호와를 찬양하고 감사의 찬송을 불렀다. "주님은 어지시다." "언제나 한결같이 이스라엘을 사랑하신다"라고 불렀다. 여호와의 성전 기초가 놓인 것을 본 모든 백성도 목청껏 소리를 높여서 주님을 찬양하였다.

유대 백성들은 성전 지대를 놓으면서 서로 화답하는 식으로 찬양한 것으로 보인다(Lange, Rawlinson). 즉, 한편에서(아마 제사장편에서) "여호와를 찬양하라. 그는 지극히 선하시도다"하면 다른 편에서(아마 일반인들이) "그 인자하심이 이스라엘에게 영원하시리로다"로 응답했을 것이다(대하 5:13; 7:3; 시 106; 107; 118; 136편 등. 이상근).

스 3:12. 제사장들과 레위 사람들과 나이 많은 족장들은 첫 성전을 보았으므로 이제 이 성전의 기초가 놓임을 보고 대성통곡하였으나 여러 사람은 기쁨으로 크게 함성을 지르니.

본절은 성전 재건 공사를 본 나이 많은 사람의 반응과 젊은 사람들의 두 다른 반응을 드러내고 있다. "제사장들과 레위 사람들과 나이 많은 족장들은 첫 성전(B.C. 586년에 파괴되기 전의 성전)을 보았으므로 이제 이 성전의 기초가 놓임을 보고 대성통곡하였다"는 것이고, "여러 젊은 사람들은 기쁨으로 크게 함성을 질렀다"는 것을 드러낸다.

제사장들과 레위 사람들과 나이 많은 족장들은 나이가 많은 사람들로서 B.C. 586년에 성전이 파괴되기 전의 성전, 불타기 전의 성전을 보고 바벨론으로 포로 되어 갔던 고로 이제 다시 지어지는 성전을 보고 대성통곡을 한 것이었다. 그러나 젊은 사람들은 첫 성전을 보지 못했으므로 이제 다시 지어지는 성전을 보고 그런 감정을 느끼지 못하고 그저 기뻐한 나머지 크게 함성

3) "서로 찬송가를 화답하며...감사하여 가로되"란 말은 문자적으로 '그들이 찬송하면서 그리고 감사하면서 노래했다'는 뜻이다. 한 무리는 하나님을 찬송했고 또 한 무리는 감사했다는 점에서 서로 주고받는 식의 찬송이었다. 그러나 본질적으로 찬송과 감사는 거의 동의적이다.

을 질렀을 뿐이었다.

스 3:13. 백성이 크게 외치는 소리가 멀리 들리므로 즐거이 부르는 소리와 통곡하는 소리를 백성들이 분간하지 못하였더라.

본절의 "백성이 크게 외치는 소리"란 말은 노인들의 통곡하는 소리와 젊은 사람들의 기뻐하는 소리가 뒤엉킨 소리를 뜻한다. 그 뒤엉킨 소리가 멀리 들려서 그 소리를 듣는 사람들이 즐거이 부르는 소리와 노인들의 통곡하는 소리를 분간하지 못했다는 것이다. 이 큰 소리는 길게 한참 동안 울려 퍼졌을 것이다. 우리는 이런 기쁨의 소리와 감격의 소리를 계속해서 내면서 살아야 할 것이다.

제 4 장

3. 성전 재건이 지연되다 4:1-23

고레스 왕의 명령으로 예루살렘 성전 재건을 시작하자 사마리아 사람들의 방해 운동이 일어나서 성전 재건이 중단되었다. 다리오 왕 때까지의 방해운동(1-5절)과 아하수에로와 아닥사스다 1세 치하에서의 사마리아인들의 방해운동(6-24절)으로 나누어진다. 이런 방해 운동은 방해를 당하는 측에는 큰 자극이 되어 기도의 불을 붙이게 하는 것이며 방해한 측에는 하나님의 징벌이 임한다.

ㄱ. 고레스 치하에서의 사마리아인들의 술책 4:1-5

예루살렘 성전 재건 방해 운동은 고레스 왕 때 벌써 싹이 터서 그의 아들 캄비세스(Cambyses)를 거처 다리오 1세(B.C. 521-486)때까지 계속했고, 아하수에로 1세(B.C. 486-465)의 즉위 때까지 미쳤다(이상근). 오랜 동안의 책략과 방해 운동은 유대인들에게 큰 근심거리가 되었으나 그로 인하여 하나님을 더욱 의지하는 기회가 되었다.

스 4:1. 사로잡혔던 자들의 자손이 이스라엘의 하나님 여호와의 성전을 건축한다 함을 유다와 베냐민의 대적이 듣고.

"사로잡혔던 자들의 자손"이란 유대인들의 별명이 되었다. 그 자손이 이스라엘의 하나님 여호와의 성전을 건축한다 함을 유다와 베냐민의 대적, 즉 사마리아인 산발랏이 주동인물이었고(느 4:1), 그 외 아라비아인, 암몬인, 아스돗인 등이 가세했다(느 4:7,8).

스 4:2. 스룹바벨과 족장들에게 나아와 이르되 우리도 너희와 함께 건축하게 하라 우리도 너희 같이 너희 하나님을 찾노라 앗수르 왕 에살핫돈이 우리를 이리로 오게 한 날부터 우리가 하나님께 제사를 드리노라 하니.

방해꾼들(사마리아인 산발랏, 아라비아인, 암몬인, 아스돗 인 등)이 스룹바벨과 족장들에게 나아와 말하기를 우리도 너희와 함께 성전 재건에 참여하게 해달라. 우리도 너희(스룹바벨과 족장들)와 같이 하늘의 하나님을 찾고 있다. 앗수르 왕 에살핫돈이 우리(방해꾼들)를 이리로 오게 한 날부터 우리가 하나님께 제사를 드리고 있으니 우리도 너희와 함께 건축에 참여하게 해달라는 것이었다. 참으로 그럴듯한 책략을 가지고 나온 것이다.

본절의 에살핫돈, Esarhaddon(B.C. 681-668재위)은 앗수르 왕 산헤립을 계승한 왕으로 사마리아에 바벨론과 구다와 아와와 하맛과 스발와임인들을 이민시켜 혼혈족속을 만든 왕이었다(왕하 17:24).

스 4:3. 스룹바벨과 예수아와 기타 이스라엘 족장들이 이르되 우리 하나님의 성전을 건축하는 데 너희는 우리와 상관이 없느니라 바사 왕 고레스가 우리에게 명령하신 대로 우리가 이스라엘의 하나님 여호와를 위하여 홀로 건축하리라 하였더니.

스룹바벨과 예수아와 그 밖에 이스라엘 각 가문의 우두머리들이 성전 재건 방해자들에게 다음과 같이 대답하였다. "당신들과는 관계가 없는 일이오. 여호와 우리 하나님께 성전을 지어 드리는 것은 우리가 할 일이오. 바사 왕 고레스가 우리에게 명령한 대로 여호와 이스라엘의 하나님의 성전을 짓는 것은 오로지 우리가 할 일이오"라고 잡아뗀다. 아주 명확한 답변이었다.

스 4:4. 이로부터 그 땅 백성이 유다 백성의 손을 약하게 하여 그 건축을 방해하되.

3절과 같은 말을 들은 그 땅 백성은 성전 짓는 일을 방해하기 시작하여 유대 백성의 손을 약하게 해놓았다. 다시 말해 사기를 잃게 해 놓았다는 것이다. 이방인들은 여러 가지로 성전 짓는 일을 방해했다(삼하 4:1; 사 13:7; 렘 38:4 참조).

성전 재건을 방해한 것은 사탄의 역사로 사로 잡혔던 자들의 사기를 크게 잃게 해 놓는 일이었다. 이런 때를 맞이하면 얼른 하나님께 기도하면 되니 한편 힘을 얻어 재건에 박차를 가할 수도 있는 일인데 귀환 민들이 오래 동안 방해를 받은 것을 보면 하나님께 많은 기도를 드리지 못한 것을 알 수 있다.

스 4:5. 바사 왕 고레스의 시대부터 바사 왕 다리오가 즉위할 때까지 관리들에게 뇌물을 주어 그 계획을 막았으며.

본절은 성전 재건 방해 공작을 진술한 말이다. 방해꾼들은 관리들을 매수하면서까지 성전을 짓지 못하게 하였다. 이러한 방해는, 바사 왕 고레스가 다스리던 모든 기간(B.C. 559-529)뿐만 아니라 고레스의 아들 캄비세스 II세를 거쳐 다리오 왕 I세(B.C. 521-486)가 통치하던 때까지 이어졌다. 결국 유대 백성은 성전의 기초만을 쌓은 후 B.C. 536-520년까지 16년간 공사를 중단했다.

이렇게 오래 동안 재건이 중단 된 것은 유대 민족의 기도가 약한 데서 비롯된 것이다. 기도의 힘이 컸더라면 공사가 중단되지 않았을 것이고 또 공사가 중단되더라도 기도하면 힘을 얻어 얼른 공사를 이어갈 수 있었으나 16년의 세월이 허비된 것은 유대 나라 사람들이 아직도 여호와 신앙이 약했고 또 기도가 약했던 것을 보여준다.

ㄴ. 아하수에로와 아닥사스다 1세 치하에서의 사마리아인들 의 책략 4:6-23

성전 재건을 방해하는 이방인들이 아닥사스다 왕에게 반대 상소문을 올린일(6-16절)과 왕이 그 상소문에 대하여 답변한 일을 진술한다(17-23절).

스 4:6. 또 아하수에로가 즉위할 때에 그들이 글을 올려 유다와 예루살렘 주민을 고발하니라.

문장 초두의 아하수에로 왕이 누구인지 먼저 알아야 할 것이다. 아하수에로는 에스더서에 등장하는 왕(에 1:1) 아하수에로(Ahasuerus, B.C. 486-465 재위)임이 분명하다. 그는 크셀크스(Xerxes)로도 불린다.

아하수에로가 왕위에 오를 때 대적들은 유대 주민과 예루살렘 주민을 고발하는 글을 올렸다. 성전 재건 반대자들은 아하수에로 즉위 때에도 상소문을 올려 성전 공사를 방해한 것이다. 반대자들은 정치가들을 이용하면서까지 예루살렘 성전 재건을 반대한 것이었다.

스 4:7. 아닥사스다 때에 비슬람과 미드르닷과 다브엘과 그의 동료들이 바사 왕 아닥사스다에게 글을 올렸으니 그 글은 아람 문자와 아람 방언으로 써서 진술하였더라.

본절부터 23절까지는 사마리아 인들이 유대인들에 대한 또 다른 고소 사건을 진술하고 있다. 사마리아인들은 끊임없이 성전 건축을 방해하고 있었다. 오늘 우리 주위에는 언제든지 사마리아 사람들 같은 존재가 있다. 우리는 우리 스스로는 그들을 절대로 이길 수 없음을 알아야 한다. 그러나 하나님께 기도하면 간단히 물리칠 수 있다. 그들은 하나님 앞에는 새 발의 피에 지나지 않는 존재들이다.

본절부터 6:18까지는 히브리어가 아닌 아람어로 기록되어 있다. 이렇게 또 아람어로 기록된 부분이 있는데 그것은 7:12-26절이다.

본절 해석은 아닥사스다(B.C. 465-424 재위, 아하수에로의 아들) 때에도 비슬람과 미드르닷과 다브엘과 그 밖의 동료 관리들이 바사(페르샤)의 아닥사스다 왕에게 글을 올렸다. 그 편지는 아람 글(히브리어의 변형)로 적었고 아람 방언으로 번역도 되었다.

"아닥사스다" 왕은 아하수에로의 아들로서 B.C. 464년부터 424년까지 왕으로 통치한 왕이었다. 금번의 고소는 B.C. 516년에 진행되었던 성전 재건과는 무관한 것이었고 오히려 3차 귀환 후 느헤미야에 의해 주도되었던 성벽 재건에 대한 방해와 연관 되는 것으로 보아야 한다(느 4:1). "비슬람('평화의 아들'이라는 뜻)과 미드르닷('신의 선물'이라는 뜻)과 다브엘('하나님은 선하시다'는 뜻)과 그 밖의 동료 관리들"은 모두 사마리아인들이었다. 이 사람들은 모두 바사(페르샤)의 관리였다. 이들이 써서 올린 글의 내용은 예루살렘 성전 재건에 관한 것이었는데 예루살렘 성전을 재건해서는 안 된다는 내용이었다.

스 4:8. 방백 르훔과 서기관 심새가 아닥사스다 왕에게 올려 예루살렘 백성을 고발한 그 글에.

본절부터 6:18까지는 아람어로 기록되어 있다. 본절의 "르훔"은 '자비롭다'는 뜻이며 사마리아주의 부지사였다. "심새"는 서기관이며 각주의 지사에게는 이런 서기관들이 있었다. 사마리아인들이 올린 상소문(앞 절)은 이들에게 전달되었고 이들은 아닥사스다 왕에게 상소문을 올렸다. 이들이 왕에게 올린 상소문의 내용은 예루살렘 성민들이 건축하는 성곽은 절대로 건축돼서는 안 된다는 내용이었다.

스 4:9-10. 방백 르훔과 서기관 심새와 그의 동료 디나 사람과 아바삿 사람과 다블래 사람과 아바새 사람과 아렉 사람과 바벨론 사람과 수산 사람과 데해 사람과 엘람 사람과 그 밖에 백성 곧 존귀한 오스납발이 사마리아 성과 유브라데 강 건너편 다른 땅에 옮겨 둔 자들과 함께 고발한다 하였더라.

그 때에 상소를 올린 사람은 "방백 르훔과 서기관 심새와 그의 동료 디나 사람과 아바삿 사람과 다블래 사람과 아바새 사람과 아렉 사람과 바벨론 사람과 수산 사람과 데해 사람과 엘람 사람들"이었다. 이들은 '르훔과 심새와 함께 예루살렘 성벽을 건축해서는 안 된다고 고소한 9지역의 사람들이다. "디나 사람들"('재판관들'이라는 뜻)은 에스라의 성전 재건을 반대하여 아닥사스다 왕에게 편지한 자들이다(4:9). "아바삿('관리'라는 뜻) 사람들"은 '메대와 바사의 경계지역 사람들'이다. "다블래 사람들"은 앗수르인들이 사마리아로 이주시킨 사람들을 가리킨다(4:9). "아바새 사람들"은 사마리아로 이민시킨 앗수르의 속국 사람들이었다(4:9). "아렉 사람들"은 앗수르 왕에 의해 사마리아로 강제 이주한 자들이며 스룹바벨의 예루살렘 성전 재건을 반대한 사람들이었다(4:9이하). "바벨론 사람"은 말 그대로 바벨론 사람을 지칭한다. "수산 사람들"은 '수산의 주민들'을 지칭한다. "데해 사람들"은 바사 북방 해변의 주민들을 지칭한다. "엘람('하나님께서 꾸미셨다'는 뜻) 사람들"은 엘람 지역의 사람들을 지칭한다(9절). 그리고 귀족 오스납발이 사마리아의 여러 성과 유프라테스 강 서쪽(유브라데 강 서편을 말하는 것으로 수리아, 베니게, 팔레스틴 지역을 지칭한다) 여러 지방에 이주시킨 민족들이었다(이상 10절).

위와 같이 많은 사람들이 예루살렘 성곽 재건을 막기 위해 바사 왕에게 상소했다. 사단의 세력은 점점 커간 것을 볼 수 있다. 이렇게 세상의 세력이 점점 불어간 것은 이스라엘이 하나님을 의지하여 기도하라는 신호였다. 오늘 교회는 문제가 커질수록 간절히 하나님께 기도해야 할 것이다. 사람의 손으로 막으려다가 오히려 문제가 눈 덩이처럼 커지는 것을 경험하게 된다.

스 4:11. 아닥사스다 왕에게 올린 그 글의 초본은 이러하니 강 건너편에 있는 신하들은.

본절은 아닥사스다 왕에게 올린 그 상소문의 복사 본(원본을 베낀 것)은 다음과 같다는 내용을 보여준다. 즉, 유브라데 강의 서편 지역의 백성들이 바사 왕에게 올린 상소문의 내용은 다음과 같다는 것이다.

스 4:12. 왕에게 아뢰나이다 당신에게서 우리에게로 올라온 유다 사람들이 예루살렘에 이르러 이 패역하고 악한 성읍을 건축하는데 이미 그 기초를 수축하고 성곽을 건축하오니.

임금님께 아뢸 것은 "바벨론 지방에서 흩어져서 살던 유대 사람들이 우리가 사는 예루살렘으로 올라와서 자리를 잡고 범죄와 반역을 일삼던 악한 성읍 예루살렘을 지금 다시 세우고 있는데 지금 기초를 다시 다지고 성벽을 쌓아 올리고 있습니다". 이들의 상소문 내용에는 바사 왕이 유대 사람들을 석방한 것이 잘못된 것이었다는 분위기를 드러내고 있는 듯하다.

"패역하고 악한 성읍"이란 '예루살렘'을 지칭하는 말인데 과거에 여호야김 왕 때(왕하 24:1)나 시드기야 왕 때(왕하 24:20) 유대인들이 바벨론 왕을 배반한 사실을 지칭하는 것으로 보인다. 상소하는 사람들은 그 상소가 효력이 있게 하기 위해 무슨 일을 침소봉대하여 말하고 있는 것이다.

스 4:13. 이제 왕은 아시옵소서 만일 이 성읍을 건축하고 그 성곽을 완공하면 저 무리가 다시는 조공과 관세와 통행세를 바치지 아니하리니 결국 왕들에게 손해가 되리이다.

본절은 "이제 임금님께서 아셔야 할 것은 만일 유대 사람들이 이 예루살렘 성을 건축하고 그 성곽을 완공하는 경우 유대인들이 다시는 조공(속국이 종주국에게 예물을 바치던 일)도 바치지 않을 것이고 관세(나라의 세관을 통과할 때 내는 세금)와 통행세(승객에게 부과하던 세금)도 바치지 아니하여 결국 임금님께서 통치하는 바사 국에 손해가 될 것이라는 것을 아실 필요가 있습니다"는 내용이었다.

스 4:14. 우리가 이제 왕궁의 소금을 먹으므로 왕이 수치 당함을 차마 보지 못하여 사람을 보내어 왕에게 아뢰오니.

"우리가 나라에서 녹을 타먹는 입장으로 임금님께 불명예스러운 일이 미칠 일을 그냥 보고만 있을 수 없어서 이렇게 상소문을 올리어서 임금님께 아뢴다"는 것이었다. "왕궁의 소금을 먹는다"는 말은 '왕국으로부터 부양을 받는다' 혹은 '녹을 먹는다'는 뜻이다. 이런 입장에서 왕에게 손해가 될 일을 그냥 보고만 있을 수 없다는 뜻이었다.

스 4:15. 왕은 조상들의 사기를 살펴보시면 그 사기에서 이 성읍은 패역한 성읍이라 예로부터 그 중에서 항상 반역하는 일을 행하여 왕들과 각 도에 손해가 된 것을 보시고 아실지라 이 성읍이 무너짐도 이 때문이니이다.

"임금님께서 선조들의 사기(역사적인 사실을 기록한 책)를 살펴보시면 바사 왕의 역사책에서 이 예루살렘 성은 패역한 성읍이라는 사실을 잘 아실 수 있으실 것입니다. 옛날로부터 그 성읍 중에서 항상 반역행위(왕하 24:1; 왕하 24:20)가 있어서 왕들과 각 도에 손해가 된 것을 보시면 아실 것입니다. 이 예루살렘이 무너진 것도 그들의 반역행위 때문이라는 것을 아실 수 있으실 것입니다"라는 내용을 올렸다. 사실 이 예루살렘 성읍이 무너진 것은 바사나라에 대한 반역 때문이 아니라 여호와 하나님께 대한 반역 때문이었다.

스 4:16. 이제 감히 왕에게 아뢰오니 이 성읍이 중건되어 성곽이 준공되면 이로 말미암아 왕의 강 건너편 영지가 없어지리이다 하였더라.

상소 자들은 왕 앞에서 최대한 예의를 갖추고 있다. "이제 감히 왕에게 아뢰오니"란 말은 상소 자들이 왕 앞에 예의를 갖춘 말이다. 상소문을 전달한 사람들은 예루살렘 성이 준공되는 경우 끔찍한 손해가 바사 국에 임할 것이라고 말해준다. 즉, 준공되고 나면 바사 국의 서편 팔레스틴 지역이 없어질 것이라고 말한다.

스 4:17. 왕이 방백 르훔과 서기관 심새와 사마리아에 거주하는 그들 동관들과 강 건너편 다른 땅 백성에게 조서를 내리니 일렀으되 너희는 평안할지어다

바사 왕(아닥사스다 왕)은 상소 장을 올린 글을 받고 본절부터 23절까지의 글로 답변한다. "왕은 방백 르훔과 서기관 심새와 사마리아에 거주하는 그들 동관들과 강 건너편 다른 땅 백성(상소문을 올린 그룹)에게 조서를 내린다"는 것이다. 왕은 그들의 조서에 감사하면서 그들에게 먼저 평안을 기원한다.

스 4:18-19. 너희가 올린 글을 내 앞에서 낭독시키고 명령하여 살펴보니 과연 이 성읍이 예로부터 왕들을 거역하며 그 중에서 항상 패역하고 반역하는 일을 행하였으며.

이 부분(18-19절)은 상소문에 대한 바사의 아닥사스다 왕의 반응이다. 바사왕은 사마리아인들이 올린 상소문을 자기 앞에서 낭독시켜 보았더니 그 상소문이 말하는 대로(12,15절)였다는 반응이다. 즉, 과연 이 예루살렘 성이 옛날로부터 바벨론 왕을 거역한 것이 사실이고 또 항상 패역하고 반역하는 일을 해온 것이 사실이라고 인정한다는 것이었다.

스 4:20. 옛적에는 예루살렘을 다스리는 큰 군왕들이 있어서 강 건너편 모든 땅이 그들에게 조공과 관세와 통행세를 다 바쳤도다.

본절도 역시 바사의 아닥사스다 왕의 반응이다. 즉, 한때는 강한 왕들(다윗이나 솔로몬 등)이 그 곳 예루살렘을 다스리면서, 유브라데 강 서쪽 지방을 장악하고 조공과 세금과 통행세(13절 주해 참조)를 거두기도 했다는 것을 알게 되었다는 입장이다. 유대 나라의 두 왕(다윗이나 솔로몬)은 넓은 지역을 다스렸고 또 각종 조공을 받았다는 것이 확인되는 입장이었다는 것이다.

스 4:21. 이제 너희는 명령을 전하여 그 사람들에게 공사를 그치게 하여 그 성을 건축하지 못하게 하고 내가 다시 조서 내리기를 기다리라.

이제 바사 왕은 상소문을 올린 사람을 향하여 자신(바사 왕)의 명령을 전하여 예루살렘 성전 재건과 성벽 재건 공사를 그치게 하라고 명령한다. 바사 왕이 이렇게 예루살렘 성전 공사를 급히 중단시킨 것은 상소문에 담긴 사마리아인들의 간교한 공작 때문이었고 또 한 가지 다른 이유는 당시 바사 나라의 변방의 반란 때문에 왕의 신경이 심히 예민해졌기 때문인 것으로 보인다.

바사 왕은 상소문을 올린 사람들에게 일단은 재건 공사를 중단시키고 있으면서 자신의 무슨 다른 조서를 기다리라는 것이었다. 바사 왕이 이렇게 변덕을 부리는 일을 두고 학자들은 주장하기를 바사 왕의 조서에는 없는 일이었는데 본서 저자가 훗날 아닥사스다 왕이 성전 재건 허락을 할 것(느 2:1-9)을 알고 다른 조서를 기다리라는 말을 삽입했다고 주장한다(Galling, Rudolph, Williamson).

그러나 우리는 조서에 저자가 삽입했다는 삽입 설을 지지할 수는 없는 일이다. 차라리 하나님의 섭리로 보아야 할 것이다. 하나님은 성도들의 기도를 들으시고 그의 뜻을 변경하시는 것을 성경에서 자주 보게 된다. 하나님은 유대 나라의 성도들의 기도를 들으시고 훗날 아닥사스다 왕의 입을 통하여 공사 재개의 허락을 하신 것이다(느 2:1-9). 오늘 우리는 세상 역사를 바꾸는 것은 성도의 기도 때문인 것으로 알아 부지런히 기도해야 할 것이다.

스 4:22. 너희는 삼가서 이 일에 게으르지 말라 어찌하여 화를 더하여 왕들에게 손해가 되게 하랴 하였더라.

"당신들은 성전 재건을 중단시키는 일에 전심하도록 하시오. 잘 못해서 성전과 성벽 공사를 끝내게 되면 다시 그곳에서 반역을 시도하는 일이 생겨서 왕실이 화를 입거나 손해를 보는 일이 생길 터이니 조심해서 그런 일이 없도록 하시오"라고 독촉한다.

스 4:23. 아닥사스다 왕의 조서 초본이 르훔과 서기관 심새와 그의 동료 앞에서 낭독되매 그들이 예루살렘으로 급히 가서 유다 사람들을 보고 권력으로 억제하여 그 공사를 그치게 하니.

르훔과 심새 서기관(8,9절 참조)과 동료 관리들은 아닥사스다 왕의 편지를 읽고 즉시 예루살렘으로 올라가서 유대 사람들이 일을 하지 못하게 무력을 써서 막았다. 사람들은 파괴하는 일에는 그 행동이 아주 민첩하다. 아닥사스다 왕의 조서 복사본이 내려오자 상소문을 올린 사람들(르훔과 서기관 심새와 그의 동료)은 낭독하는 소리를 듣자마자 불같은 열심으로 예루살렘으로 급히 가서 유대 사람들이 하고 있는 공사를 즉시 중단시켰다. 성벽 재건을 중단시킨 것은 B.C. 444년 느헤미야가 포로의 입장에서 벗어나 귀환할 때까지 계속되었다.

4. 건축을 재개하다 4:24-6:22

이 부분(4:24-6:22)은 건축이 중단된 일과 학개와 스가랴의 격려로 다시 건축을 시작 한 일(4:24-5:2), 바사 왕 다리오 때의 유브라데강 서편 총독이며 예루살렘의 재건을 반대한 닷드내가 심문한 일(5:3-5), 닷드내가 다리오에게 편지를 보낸 일(5:6-17), 다리오가 고레스의 칙령을 발견한 일(6:1-5), 다리오가 닷드내에게 답신을 보낸 일(6:6-12), 성전 재건을 완성한 일(6:13-15), 성전을 봉헌한 일(6:16-18), 새 성전에서 첫 번째로 유월절을 보낸 일(6:19-22) 등이 진술된다.

ㄱ. 건축이 중단된 일과 학개와 스가랴의 격려로 다시 시작 하다 4:24-5:2

성전 공사가 대략 16년간 중단되어 있다가 예언자 학개와 스가랴가 백성을 격려하여 성전 공사가 재개된다(4:24-5:3).

스 4:24. 이에 예루살렘에서 하나님의 성전 공사가 바사 왕 다리오 제 이년까지 중단되니라.

그들의 반대로 인하여 예루살렘에 있는 하나님의 성전 공사는 바사 왕 다리오 2년까지 중단되었다. 다리오의 치세는 주전 521-486년간이었다. 그리고 다리오 2년은 주전 520년경이었다. 성전 공사는 지대만 놓은 다음 주전 536년부터 520년까지 대략 16년간 중단되고 있었다. 그 당시 성도들의 부르짖음이 약한 탓으로 돌려야 할 것이다.

제 5 장

스 5:1. 선지자들 곧 선지자 학개와 잇도의 손자 스가랴가 이스라엘의 하나님의 이름으로 유다와 예루살렘에 거주하는 유다 사람들에게 예언하였더니.

"학개"는 '축제'라는 뜻이다. 그는 다리오 왕 2년, 곧 B.C. 520년경에 예언했으며 그 예언은 전적으로 성전 재건을 독려하는 말씀이었다(학 1-2장). "스가랴"는 '여호와가 기억하신다'는 뜻이다. 스가랴 역시 다리오 2년에 예언했는데 그 역시 성전 재건을 격려하는 예언이었다(슥 8:3). 두 선지자의 예언은 성전을 재건하라는 예언으로 백성들을 격려했다.

스 5:2. 이에 스알디엘의 아들 스룹바벨과 요사닥의 아들 예수아가 일어나 예루살렘에 있던 하나님의 성전을 다시 건축하기 시작하매 하나님의 선지자들이 함께 있어 그들을 돕더니.

선지자들이 하나님의 성전 재건을 독려하자 스알디엘의 아들 스룹바벨(유대 총리)과 요사닥의 아들 예수아(대제사장)가 예루살렘에 있는 하나님의 성전 건축 공사에 착수했는데, 그 때 하나님의 두 예언자(학개와 스가랴)도 그들을 도왔다.

ㄴ. 닷드내가 심문하다 5:3-5

닷드내는 바사왕 다리오 때의 유브라데 강 서편 총독이며 예루살렘의 재건을 반대한 총독으로(3-6절) 성전을 건축하는 자들에게 나아와 누가 성전을 재건하라고 했느냐고 심문한다.

스 5:3. 그 때에 유브라데 강 건너편 총독 닷드내와 스달보스내와 그들의 동관들이 다 나아와 그들에게 이르되 누가 너희에게 명령하여 이 성전을

건축하고 이 성곽을 마치게 하였느냐 하기로.

바로 그 때에 유브라데 강 서쪽 지방의 닷드내 총독[4]이 스달보스내[5]('빛나는 별'이라는 뜻)와 동료 관리들을 데리고 성전 재건을 시작한 자들에게 와서 누가 그 성전을 다시 지으라고 하였는지, 누가 성벽 공사를 마치라고 하였는지를 물었다. 아주 사무적으로 질문했다.

스 5:4. 우리가 이 건축하는 자의 이름을 아뢰었으나.

유대인들은 강 서편 총독의 질문에 대하여 건축자의 이름을 고했다. 아마도 세스바살(스룹바벨)의 이름과 대제사장 예수아의 이름을 대주었을 것이다.

스 5:5. 하나님이 유다 장로들을 돌보셨으므로 그들이 능히 공사를 막지 못하고 이 일을 다리오에게 아뢰고 그 답장이 오기를 기다렸더라.

"그러나 하나님이 유대의 원로들을 돌보아 주셨으므로 아무도 그 일을 막을 수가 없었다. 바사 관리들은 이 일을 다리오 왕에게 알리고 회답을 기다리는 수밖에 없게 되었다". 바사의 관리들은 방백 르훔처럼 강제로 공사를 방해하지 않고 비교적 유순하게 공사를 지연시키려고 한 것이다. 이것도 역시 하나님의 섭리였다.

ㄷ. 닷드내가 다리오에게 편지(상소문)를 보내다 5:6-17

강 서편 총독 닷드내가 다리오 왕에게 다음과 같이 올린 상소문은 비교적 상세했다.

스 5:6. 유브라데 강 건너편 총독 닷드내와 스달보스내와 그들의 동관인 유브

---

4) 당시 바사에는 127도가 있었고(에 1:1), 20명의 총독이 지배했다. 스룹바벨은 유대의 총독이었다.

5) 스달보스내: 그는 바사 왕국의 관리이며(5:3), 다리오 왕 때 성전 재건 공사가 재개되자 총독 닷드내와 함께 공사를 방해하고자 하였으나 오히려 다리오 왕은 그들에게 공사의 자유뿐만 아니라 물질적 후원까지도 하게 하였다(5:3-5; 6:6-8,13).

라데 강 건너편 아바삭 사람이 다리오 왕에게 올린 글의 초본은 이러하니라.

유브라데 강 서쪽 지방의 닷드내 총독은 스달보스내(닷드내 총독의 서기관인 듯)와 동료 관리들인 유브라데 강 서쪽 지방의 관리들과 함께 다리오 왕에게 다음과 같이 글을 올렸다.

스 5:7. 그 글에 일렀으되 다리오 왕은 평안하옵소서.

그 상소문의 내용은 다음과 같았다. "다리오 임금님께서 평안하시기를 빕니다". 편지의 서두에는 편지를 받는 측의 평안을 비는 것은 언제나 같다.

스 5:8. 왕께 아뢰옵나이다 우리가 유다 도에 가서 지극히 크신 하나님의 성전에 나아가 본즉 성전을 큰 돌로 세우며 벽에 나무를 얹고 부지런히 일하므로 공사가 그 손에서 형통하옵기에.

"다리오 임금님께 아룁니다. 우리가 유대 도(바사의 127도 중의 한 도였다)에 가서 지극히 크신 하나님의 성전에 나아가 본 결과 성전을 큰 돌로 세우며 벽에 나무(레바논의 백향목이었을 것이다)를 얹고 부지런히 일하는 고로 공사가 그들의 손에서 형통한 것을 보았습니다". 곧, 그들의 손에서 건축이 잘 진행되고 있는 것을 보았다는 것이었다.

스 5:9. 우리가 그 장로들에게 물어보기를 누가 너희에게 명령하여 이 성전을 건축하고 이 성곽을 마치라고 하였느냐 하고.

"그래서 우리가 유대 장로들(장로 직은 모세시대에도 있었고 그 제도는 귀환기 이후에도 그대로 있었다)에게 물어보기를 누가 당신들에게 명령해서 이 성전을 건축하고 이 성곽을 완성하라고 했느냐"고 물어보았다.

스 5:10. 우리가 또 그 우두머리들의 이름을 적어 왕에게 아뢰고자 하여 그들의 이름을 물은즉.

"또한 임금님께 공사 책임자들의 명단을 만들어서 알려 드리려고 그들의 이름도 물었다"고 했다.

스 5:11. 그들이 우리에게 대답하여 이르기를 우리는 천지의 하나님의 종이라 예전에 건축되었던 성전을 우리가 다시 건축하노라 이는 본래 이스라엘의 큰 왕이 건축하여 완공한 것이었으나.

"공사를 진척시키는 자들이 우리에게 대답하여 이르기를 우리는 천지의 하나님의 종이라. 예전에 건축되었던 성전을 우리가 다시 재건하고 있습니다. 이 성전은 본래 이스라엘의 큰 왕(솔로몬을 이름이다)이 건축하여 완공한 것이었는데 바벨론 왕이 이 성전을 주전 586년에 파괴한 것을 귀환민이 귀환하여 이제 다시 재건합니다"라는 답변이었다.

성전을 재건하고 있는 종들은 하나도 주눅들 것도 없이 자기들을 "천지의 하나님의 종"이라고 드러낸다. 우리는 우리를 세상에 완전히 드러내면서 하나님을 드러내야 할 것이다.

스 5:12. 우리 조상들이 하늘에 계신 하나님을 노엽게 하였으므로 하나님이 그들을 갈대아 사람 바벨론 왕 느부갓네살의 손에 넘기시매 그가 이 성전을 헐며 이 백성을 사로잡아 바벨론으로 옮겼더니.

성전 공사를 진척시키는 사람들은 아무 것도 숨길 필요 없이 역사적으로 적나라하게 드러내고 있다. 즉, "유대 민족의 조상들이 하늘에 계신 하나님을 노엽게 했으므로 하나님께서 유대 민족의 조상들을 갈대아 사람(바빌로니아의 주민을 지칭하는 말) 바벨론 왕 느부갓네살의 손에 넘기시매 바벨론 왕이 이 성전을 헐며 이 백성을 사로잡아 바벨론으로 옮겼다"고 말한다(왕하 23:12-13; 24:3-4). 비참했던 과거의 역사를 하나도 숨김이 없이 그대로 드러냈다.

스 5:13. 바벨론 왕 고레스 원년에 고레스 왕이 조서를 내려 하나님의 이

성전을 다시 건축하게 하고.

성전을 재건하는 자들이 성전을 재건하게 된 경위를 밝힌다. 즉, "바벨론 왕 고레스 원년에 고레스 왕이 조서를 내려 하나님의 이 성전을 다시 건축하게 했습니다"(1:1 주해 참조)라고 말한다.

본절에서 성전을 재건하는 유대인들은 바사 왕을 "바벨론 왕"이라고 부른다. 바사 나라 스스로가 자신들을 바벨론의 합법적이고 정통적인 계승자로 자처했던 점을 감안한다면 아주 자연스런 것이다. 여기서 유대 사람들이 고레스를 "바벨론 왕"이라고 말한 까닭은 성전 재건을 허락한 고레스를 느부갓네살과 직접 연결 지으려고 한 의도 때문일 것이다(Fensham).

스 5:14. 또 느부갓네살이 예루살렘 하나님의 성전 안에서 금, 은 그릇을 옮겨다가 바벨론 신당에 두었던 것을 고레스 왕이 그 신당에서 꺼내어 그가 세운 총독 세스바살이라고 부르는 자에게 내주고.

"그뿐만 아니라 고레스는 느부갓네살이 예루살렘 성전에서 바벨론 신전으로 가지고 간 성전의 금 그릇과 은 그릇을 그 신전에서 꺼내어 돌려주기까지 하였습니다. 그 때에 고레스 왕께서는 세스바살(스룹바벨)을 총독으로 임명하고 그 그릇들을 가져가라고 내어 주었습니다".

하나님께서는 유대를 망하게 하실 때도 바벨론의 느부갓네살을 통하여 하셨고 또 하나님께서 유대를 석방하실 때도 바벨론의 후신(後身)인 바사 왕 고레스를 통하여 하시는 중에 하나님은 고레스 왕에게 바벨론 신당에서 예루살렘 성전의 모든 기물을 돌려주게 하셨다. 하나님은 사랑이시다(요 3:16; 요일 4:8,16).

스 5:15. 일러 말하되 너는 이 그릇들을 가지고 가서 예루살렘 성전에 두고 하나님의 전을 제자리에 건축하라 하매.

성전 재건 공사를 하는 사람들이 답변하기를 "고레스 왕이 세스바살(스룹바벨)에게 그것들(모든 기명들)을 모두 예루살렘으로 가지고 가서 성전에 두라고 하셨습니다. 또 하나님의 성전을 제자리에 다시 세우라고 말씀하셨습니다"라고 답한다.

본절의 "제자리에 건축하라"는 말은 '원래 예루살렘 성전이 서 있던 자리에 건축하라'는 뜻이다. 그 자리는 아브라함이 아들 이삭을 바쳤던 곳이고(창 22:2; 히 11:17-19), 다윗이 재앙을 만난 다음 제사를 드렸던 곳이며(삼하 24:16-18), 솔로몬이 성전을 세운 곳이었다(왕상 8:10-11). 이렇게 예루살렘 성전을 원래의 제자리에 세우라는 것은 하나님은 회복의 하나님이시라는 것을 보여주기 위함이다. 과거의 제자리에 세우지 않고 딴 곳에 성전을 세우는 것은 원전 회복이 아님을 보여주는 의미였을 것이다.

스 5:16. 이에 이 세스바살이 이르러 예루살렘 하나님의 성전 지대를 놓았고 그 때로부터 지금까지 건축하여 오나 아직도 마치지 못하였다 하였사오니.

"바로 그 세스바살(스룹바벨)이 예루살렘으로 와서 하나님의 성전 기초를 놓았습니다(3:8-10). 그 때부터 오늘까지 줄곧 일을 하였으나 아직 다 마치지 못하였습니다"라고 했다.

스 5:17. 이제 왕께서 좋게 여기시거든 바벨론에서 왕의 보물전각에서 조사하사 과연 고레스 왕이 조서를 내려 하나님의 이 성전을 예루살렘에 다시 건축하라 하셨는지 보시고 왕은 이 일에 대하여 왕의 기쁘신 뜻을 우리에게 보이소서 하였더라.

본절은 닷드내(바사왕 다리오 때의 유브라데강 서편 총독)가 다리오에게 말한 것으로서 "아뢰옵기 황송하오나, 임금님께서 바빌론의 왕실 문서 창고(왕실의 문서 창고가 바벨론에 있었음이 증명되는 말이다)를 살펴보시고, 정말 고레스 왕께서 예루살렘에다가 하나님의 성전을 다시 지으라고 칙령을 내리신 적이 있는지 알아보시는 것이 좋겠습니다. 그런 다음에, 이 일을 어떻게 하면 좋을지를 결정하시고 왕의 의견을 일러주시기 바랍니다"라고 전한다.

고레스가 바벨론을 B.C. 538년에 함락시키고, 곧 유대인들에게 귀환명령을 내렸고 그 조서의 원본이 바벨론에 보관된 듯이 보인다.

제 6 장

ㄹ. 고레스의 칙령(조서)을 발견하다 6:1-5

닷드내가 올린 상소문에 입각하여 다리오 왕은 바벨론의 왕실 문서 창고를 조사하여 고레스 왕의 칙령(임금의 명령)을 발견했다.

스 6:1. 이에 다리오 왕이 조서를 내려 문서창고 곧 바벨론의 보물을 쌓아둔 보물전각에서 조사하게 하여.

닷드내 총독의 상소문을 받은 다리오 왕이 조서(명령)를 내려 바벨론의 문서 창고(옛날의 귀중본들을 두는 서고)에서 고레스 왕의 조서가 있는지 조사하도록 했다.

다리오 왕이 이렇게 즉시 명령을 내려 고레스 왕의 명령이 있었는지를 조사하게 한 것은 다리오 왕이 예루살렘에 대한 그의 호의를 나타낸 것이었다. 다시 말해 하나님께서 유대인들에 대한 호의를 다리오를 통해 드러낸 것이었다. 우리가 하나님을 사랑하며 살 때 하나님은 범사에 우리를 향하여 사랑을 드러내신다(롬 8:32).

스 6:2. 메대도 악메다 궁성에서 한 두루마리를 찾았으니 거기에 기록하였으되.

메대 지방 악메다[6](옛날 메대 왕국의 수도로 고레스가 B.C. 550년에 정복했다) 궁에서 두루마리 하나를 발견했는데 거기에 다음과 같이 적혀 있었다는 것이었다.

---

6) "악메다": 악메다는 메데의 수도이며, 이곳에서 고레스 왕의 조서가 기록된 두루마리가 발견되었다(6:2-5). 악메다는 고레스 왕에게 정복된 후부터 바사 왕들의 여름 별장지가 되었으며, 7개의 동심원(중심을 같이 하면서도 반지름이 다른 두 개 이상의 원)을 이루는 성벽으로 둘러싸인 견고하고 아름다운 요새지였다.

당시 바사 왕은 여러 곳에 궁들을 짓고 옮겨가며 살았다고 한다. 즉, 바벨론에 동궁이, 수산에는 춘궁이, 그리고 악메다에는 하궁이 있었으며, 다리오 자신도 수산에 화려한 궁을 건축하였다 한다. 다리오 왕의 칙령에 의해 여러 궁들을 조사하던 중 악메다 궁에서 고레스의 조서가 발견된 것이다(이상근). 이렇게 고레스의 칙령을 발견하게 된 것도 하나님의 도움이었다.

스 6:3-4. 고레스 왕 원년에 조서를 내려 이르기를 예루살렘에 있는 하나님의 성전에 대하여 이르노니 이 성전 곧 제사 드리는 처소를 건축하되 지대를 견고히 쌓고 그 성전의 높이는 육십 규빗으로, 너비도 육십 규빗으로 하고 큰 돌 세 켜에 새 나무 한 켜를 놓으라 그 경비는 다 왕실에서 내리라.

고레스 왕의 칙령을 발견하고 조사해 보니 고레스 왕 원년(B.C. 538년)에 내린 것이 확인되었다. 고레스 왕의 조서에 씌여 있기를 "예루살렘에 있는 하나님의 성전에 대하여 이르노니 희생 제사를 드리던 바로 그 곳에 성전을 다시 세워라. 기초를 튼튼히 다지고, 성전의 높이와 너비는 각각 60규빗(약 28m)이 되게 하고(이상 3절), 벽은 돌 세 겹에 나무 한 겹씩 쌓아라. 비용은 국고에서 대주어라"는 내용이었다.

고레스의 조서에 기록되어 있는 성전은 높이(高)에서 솔로몬의 성전(60x20x30 규빗, 왕상 6:2) 보다 컸다. 이렇게 큰 성전을 지으라고 명령을 내렸는데 그러나 실제로는 그런 성전을 짓지 못했다. 아마 경비 때문이었을 것이다.

스 6:5. 또 느부갓네살이 예루살렘 성전에서 탈취하여 바벨론으로 옮겼던 하나님의 성전 금, 은 그릇들을 돌려보내어 예루살렘 성전에 가져다가 하나님의 성전 안 각기 제자리에 둘지니라 하였더라.

"느부갓네살이 예루살렘에 있는 성전에서 꺼내어 바벨론으로 가지고 온 성전의 금 그릇과 은 그릇을 돌려보내어, 예루살렘 성전으로 옮기게 하고, 성전 안 본래 있던 자리에 두도록 하라"고 조서를 내렸다. 는 5:14과 내용이 똑 같다. 이렇게 성전 기명들을 돌려주라고 한 것은 하나님께서 고레스의 마음에 감동을 주신 때문이었다. 하나님께서 이렇게 모든 것을 돌려주도록 고레스에게 명령하신 것은 하나님은 회복의 하나님이심을 보여주는 것이었다. 우리는 언제나 하나님은 사랑의 하나님, 회복의 하나님이심을 알게 된다.

ㅁ. 다리오가 닷드내에게 보낸 답신 6:6-12

고레스 왕의 조서를 발견한 다음 다리오는 닷드내에게 예루살렘 성전 재건을 도우라는 조서를 보낸다.

스 6:6. 이제 유브라데 강 건너편 총독 닷드내와 스달보스내와 너희 동관 유브라데 강 건너편 아바삭 사람들은 그 곳을 멀리하여.

다리오는 고레스의 칙령을 찾았을 뿐 아니라 또 유브라데 강 서쪽 지방의 닷드내 총독과 스달보스내와 동료 관리들과 유브라데 강 서쪽 지방에 있는 관리들에게 건축 공사를 방해하지 말고 적극적으로 도울 것을 명한다. 이는 하나님의 간섭이었다.

스 6:7. 하나님의 성전 공사를 막지 말고 유다 총독과 장로들이 하나님의 이 성전을 제자리에 건축하게 하라.

다리오는 닷드내와 스달보스내와 동료 관리들과 유브라데 강 서쪽 지방에 있는 관리들에게 성전 공사를 막지 말고 유대 총독과 장로들이 일하는 것을 도와 하나님의 성전을 제자리에 건축하게 도우라고 말한다.

스 6:8. 내가 또 조서를 내려서 하나님의 이 성전을 건축함에 대하여 너희가 유다 사람의 장로들에게 행할 것을 알리노니 왕의 재산 곧 유브라데 강 건너편에서 거둔 세금 중에서 그 경비를 이 사람들에게 끊임없이 주어 그들로 멈추지 않게 하라.

다리오는 또 한 가지를 부탁한다. 유브라데 강 건너편에서 거둔 세금 중에서 그 경비를 유대 총독과 장로들에게 계속해서 주어 그들로 하여금 성전 재건을 하는데 경비가 부족하지 않도록 하라고 명령한다. 경비까지 염려해 준 것은 큰 도움이 아닐 수 없었다. 이는 하나님의 사랑이었다.

스 6:9. 또 그들이 필요로 하는 것 곧 하늘의 하나님께 드릴 번제의 수송아지와 숫양과 어린 양과 또 밀과 소금과 포도주와 기름을 예루살렘 제사장의 요구대로 어김없이 날마다 주어.

다리오 왕은 성전 재건뿐 아니라 예루살렘의 제사장들이 하늘의 하나님께 번제를 드리는 데 필요하다고 하는 것들은 무엇이든지(수송아지, 숫양, 어린 양, 또 밀, 소금, 포도주, 기름 등) 드리라고 명령한다. 예루살렘의 제사장들이 필요하다고 하는 대로 어김없이 날마다 주라고 말한다. 하나님께서 다리오에게 명령하신 것을 다리오는 닷드내에게 명령한다.

스 6:10. 그들이 하늘의 하나님께 향기로운 제물을 드려 왕과 왕자들의 생명을 위하여 기도하게 하라.

그렇게 해서 그들이 하늘의 하나님이 기뻐하시는 희생 제사를 드리게 하고, 왕과 왕자들이 잘 살 수 있도록 기도하게 하라고 부탁한다. 고대의 바사의 종교 정책은 여호와 종교를 향해서만 풍성하게 하도록 허락한 것은 아니었고 어떤 종교를 가진 사람이라도 풍성히 하도록 배려했다.

스 6:11. 내가 또 명령을 내리노니 누구를 막론하고 이 명령을 변조하면 그의 집에서 들보를 빼내고 그를 그 위에 매어달게 하고 그의 집은 이로 말미암아 거름더미가 되게 하라.

다리오 왕은 자기가 내린 명령을 절대로 변경시키지 말라고 강력하게 말한다. 만일 누구라도 다리오 왕의 명령을 변조하면 그의 집을 부셔버리고 그를 죽이며 그의 집을 거름더미가 되게 만들라고 말한다. 고대 바사 왕의 조서는 그 누구도 변경할 수도 없었고 또 왕 자신도 변경할 수도 없었다(에 1:19; 단 6:8,12). 그러니까 다리오 왕이 예루살렘 성전 관련으로 내린 모든 명령을 절대로 변경할 수 없다는 것이었다. 이는 하나님의 간섭이었다.

스 6:12. 만일 왕들이나 백성이 이 명령을 변조하고 손을 들어 예루살렘 하나님의 성전을 헐진대 그 곳에 이름을 두신 하나님이 그들을 멸하시기를 원하노라 나 다리오가 조서를 내렸노니 신속히 행할지어다 하였더라.

"어떤 왕들이나 어떤 민족이 이 칙령을 거역하여 이것을 고치거나 예루살렘 성전을 파괴하면 거기에 이름을 두신 하나님이 그들을 없애 버릴 것이다. 이것은 나 다리오의 명령이니 당신들은 필히 실시하기 바란다"고 조서를 내렸다. 의 "그곳에 이름을 두신 하나님"(신 12:11; 14:23; 느 1:9; 렘 7:12)이란 말은 '하나님께서 백성들로부터 경배를 받으시기 위해 그들 중에 임재하신다'는 뜻이다. 하나님은 오늘날 어느 한곳에 이름을 두시지 않고 온 우주에 충만하신 하나님이시고 온 우주에서 경배를 받으신다.

ㅂ. 성전 재건을 완성하다 6:13-15

하나님께서 정치가들을 주장하셔서 예루살렘 성전 재건을 주장하신 결과 재건을 완성한다.

스 6:13. 다리오 왕의 조서가 내리매 유브라데 강 건너편 총독 닷드내와 스달보스내와 그들의 동관들이 신속히 준행하니라.

유브라데 서쪽 지방의 닷드내 총독과 스달보스내('빛나는 별'이라는 뜻)와 그들의 동료 관리들은, 다리오 왕이 내린 조서의 지시대로 신속하게 도왔다.

스달보스내는 그는 바사 왕국의 관리이며(5:3), 다리오 왕 때 성전 재건 공사가 재개되자 총독 닷드내와 함께 공사를 방해하고자 하였으나 오히려 다리오 왕은 그들에게 공사의 자유뿐만 아니라 물질적 후원까지도 하게 하였다(5:3-5; 6:6-8,13). 하나님은 다리오 왕을 사용하셨다.

스 6:14. 유다 사람의 장로들이 선지자 학개와 잇도의 손자 스가랴의 권면

을 따랐으므로 성전 건축하는 일이 형통한지라 이스라엘 하나님의 명령과 바사 왕 고레스와 다리오와 아닥사스다의 조서를 따라 성전을 건축하며 일을 끝내되.

성전 재건 공사가 빨리 진척된 경위에 대해 진술한다. 첫째, 유대의 장로들이 선지자 학개와 잇도의 아들 스가랴의 권면을 따랐다는 점. 둘째, 그들은 이스라엘의 하나님의 명과 바사 왕 고레스(1:1-3)와 다리오(6:6-12)와 아닥사스다(B.C. 465-424 통치)의 칙령(7:12-17; 느 2:1-8)을 힘입어 성전 짓는 일을 빨리 끝낼 수 있었다. 여기 아닥사스다의 칙령은 후대의 것인데 성전 건축과 성곽 건축을 함께 취급하는 본서에서 여기에 함께 취급한 것으로 보인다. 모든 것이 잘 들어맞은 것이다(롬 8:28).

스 6:15. 다리오 왕 제 육년 아달월 삼일에 성전 일을 끝내니라.

성전 건축이 끝난 것은 다리오 왕 6년 아달월 삼일이었다. 다리오 왕의 6년은 B.C. 516년이었다. "아달월"은 종교력으로 12월이었다. 성전 재건이 시작된 때는 다리오 왕 2년 6월 24일이었으므로(학 1:15) 성전을 재 착공한 후 4년 5월 10일 만에 완공한 것이다(Rawlinson, 이상근). 예루살렘 성전이 파괴된 때부터 꼭 70년 후에 재건되었다.

ㅅ. 재건한 성전을 봉헌하다 6:16-18

스 6:16. 이스라엘 자손과 제사장들과 레위 사람들과 기타 사로잡혔던 자의 자손이 즐거이 하나님의 성전 봉헌식을 행하니.

성전 봉헌식을 행한 사람들이 누구인가를 말한다. "이스라엘 자손과 제사장들과 레위 사람들과 기타 사로잡혔던 자의 자손"이 즐거이 하나님의 성전 봉헌식을 행했다고 말한다.

초두의 "이스라엘 자손"이란 '유대 자손을 포함한 북쪽 이스라엘 자손 전체를 포함'하는 말이다. 실제로 남쪽의 유대 자손이 참 이스라엘 자손이었다. 그리고 의 "사로잡혔던 자의 자손"이란 말이 성경 곳곳에 나와 귀환 민들을 지칭하고 있다. 이들 모두가 "즐거이" 하나님의 성전 봉헌식을 행했다. 이 성전은 스룹바벨[7] 성전 혹은 제 2성전이라고 불린다. 이렇게 성전의 재건을 보는 사람들은 하나님은 회복을 주시는 하나님이심을 깨닫게 된다.

스 6:17. 하나님의 성전 봉헌식을 행할 때에 수소 백 마리와 숫양 이백 마리와 어린 양 사백 마리를 드리고 또 이스라엘 지파의 수를 따라 숫염소 열두 마리로 이스라엘 전체를 위하여 속죄제를 드리고.

하나님께 이 성전을 봉헌하면서 그들은 수소 100마리와 숫양 200마리와 어린 양 400마리를 바치고 또 온 이스라엘을 위한 속죄 제물로는 이스라엘 지파의 수대로 숫염소 12마리를 바쳤다. 성전 봉헌식 때 바친 희생제물은 모두 712마리였다. 솔로몬의 헌당 때에는 142,000마리였다(왕상 8:63). 그 때에 비해서는 많이 부족했으나 사로잡혔던 자들이 드린 것으로는 비교적 정성을 다한 것이었다.

스 6:18. 제사장을 그 분반대로, 레위 사람을 그 순차대로 세워 예루살렘에서 하나님을 섬기게 하되 모세의 책에 기록된 대로 하게 하니라.

성전을 하나님께 바친 다음에 그들은 제사장을 24반차로 분반해서 세웠고(대상 24:1-19) 또 레위 사람을 모세의 책에 기록된 대로(출 29장; 레 8장; 민 3장) 24반차로 나눠 세워서(대상 25:9-31) 예루살렘 성전에서 하나님을 섬기는 일을 맡아 보게 하였다. 반차로 나누어 봉사하게 한 이유는 1) 공평하

---

7) 스룹바벨은 주전 약 537년경 고레스의 허락 하에 바벨론 포로에서 귀환한 유대인들의 시민 지도자(파하트[통치자]로 불리웠음, 학 1:14, 학 2:2, 학 2:21)로서 최초의 귀환하는 포로 대열을 인도하였다. 성전의 재건은 주전 536년경 시작되었으나(3:8-13), 이 일은 기초가 완성된 직후에 중단되었다(4:24). 16년 후(주전 520년, 다리오 왕 이년, 학 1:1, 슥 1:1), 학개와 스가랴가 설교하기 시작하여 성전 재건의 재개시를 촉구하였다. 스룹바벨은 대제사장 예수아와 함께 이에 응하였다(5:1-2; 학 1:12). 이 역사는 주전 515년 초엽에 완공되었다. 스룹바벨은 재건을 주도하는 이외에도 제사장과 레위인의 반차(스 6:18)와 그들의 유지를 위한 필수품의 공급을 부활시켰다(느 12:47). 성전의 완성 이후의 스룹바벨에 관하여 알려진 바가 전혀 없으며 그의 죽음에 관한 어떠한 기록도 없다(바이블렉스 8.0).

게 분담시켜서 그 어떤 불평도 없게 하기 위함이었고, 2) 성전 제사가 효율적이고도 원활히 드려지도록 하기 위함이었다.

ㅇ. 새 성전에서의 첫 번째 유월절 6:19-22

스 6:19. 사로잡혔던 자의 자손이 첫째 달 십사일에 유월절을 지키되

바벨론에 사로잡혔다가 돌아온 자들의 자손이 새 성전에서 유월절[8)]을 지킨 때는 첫째 달 14일이었다. 이들이 첫째 달 14일에 지킨 것은 모세의 법대로 한 것이었다(출 12:6-11). 이들이 바벨론에서부터 구출되어 나온 것은 제 2의 출애굽이라 할 수 있는 사건이었다. 그런고로 바벨론에서 나와서 유월절을 지킨 날도 첫째 달 14일에 지킨 것이다.

스 6:20. 제사장들과 레위 사람들이 일제히 몸을 정결하게 하여 다 정결하매 사로잡혔던 자들의 모든 자손과 자기 형제 제사장들과 자기를 위하여 유월절 양을 잡으니.

유월절을 지키기 위해 제사장들과 레위 사람들이 행한 일은 먼저 몸을 정결하게 하는 일이었다. 여기 정결하게 한다는 것은 몸을 물로 씻고 의복을 빨며 여자를 가까이 하지 않고 시체를 만지지 않는 것(레 21:1)이었다. 그리고 다음으로는 사로잡혔던 자들의 모든 자손과 제사장들과 레위 사람들이 자기들이 먹을 것을 위하여 유월절 양을 잡는 일이었다.

---

8) 유월절: 출 12장에 의하면 유월절은 한 해의 첫 달(아빕월 = 3월/4월) 15일에 거행하게 되었다. 그 달 제 10일에 각 가정이 흠 없는 1년 된 어린양 수컷을 취한다. 이 어린양을 14일 황혼 때에 잡아, 고기를 먹는 그 집의 두 문설주와 인방에 그 피를 뿌렸다. 다음날인 15일에 무교절이 시작되었다. 이스라엘이 애굽을 떠나기에는 보름달 밤이 매우 유리하였다. '유월절 어린양'은 이스라엘 족속의 조상들이 애굽을 떠날 준비를 하면서 멸망의 천사가 그 피를 보고 그들의 거처를 넘어가도록, 어린 양을 잡아먹고 집 문설주에 그 피를 바르라고 하나님이 명하시고 이스라엘 백성이 그렇게 한 그 날을 기념하여, 이스라엘 족속이 관습적으로 니산월(유대력의 첫 달) 제 14일에 잡아서 먹었던 어린양을(출 12장 이하, 민 9장, 신 16장) 가리킨다(막 14:12, 눅 22:7, 출 12:21).

십자가에 못 박혀 죽으신 그리스도가 죽임 당한 유월절 어린양에 비유된다(고전 5:7). 유월절 희생제사(제물)는 이렇게 하여 애굽으로부터 이스라엘 백성이 구원된 것을 기념하여 드리는 것이다.

스 6:21. 사로잡혔다가 돌아온 이스라엘 자손과 자기 땅에 사는 이방 사람의 더러운 것으로부터 스스로를 구별한 모든 이스라엘 사람들에게 속하여 이스라엘의 하나님 여호와를 찾는 자들이 다 먹고.

사로잡혀갔다가 돌아온 이스라엘 자손들이 유월절 양고기를 먹었다. 그 땅에 살던 이방 사람들에게서 부정을 탔다가 그 부정을 떨어버리고 이스라엘의 하나님을 찾아온 이들도 그들과 함께 유월절 양고기를 먹었다.

스 6:22. 즐거움으로 이레 동안 무교절을 지켰으니 이는 여호와께서 그들을 즐겁게 하시고 또 앗수르 왕의 마음을 그들에게로 돌려 이스라엘의 하나님이신 하나님의 성전 건축하는 손을 힘 있게 하도록 하셨음이었더라.

그들은 7일 동안 무교절을 즐겁게 지켰다. 즐겁게 지킬 수 있었던 이유는 하나님께서 그들을 즐겁게 하셨기 때문이고 또 여호와께서 앗수르 왕의 마음을 돌이켜서 이스라엘의 하나님의 성전을 다시 지을 수 있도록 힘 있게 하셨기 때문이었다. 항상 기쁨은 하나님으로부터 온다. 하나님은 우리에게 즐거움을 주시고 또 우리의 환경을 주장하셔서 즐겁도록 하시니 우리가 즐겁다. 오늘날 억지로 기쁨을 산출하는 사람들이 많이 있다. 맛있는 음식을 탐함으로, 또 이성 친구들을 사귀어서, 또 즐거운 게임을 실행해서 즐겁게 살려는 사람들이 많이 있다. 잠시의 즐거움 밖에 없고 지나가면 허무하기 짝이 없는 일이다.

본문에 "앗수르 왕"의 마음을 사로잡혔던 자의 자손에게로 돌리셨다는 말씀이 나온다. 이 말은 바사 왕 다리오를 지칭하는 것이 분명하다. 바사 왕은 옛 앗수르의 영토를 지배했었고 또 그 땅은 "앗수르 땅"이라 불렸기 때문이다(K.&D.). 이처럼 바사 왕은 때로는 "앗수르 왕"이라 때로는 "바벨론 왕"이라 불린다(5:13 주해 참조).

제 7 장

II. 에스라의 인도 하에 진행된 두 번째 귀환과 종교개혁 7-10장

7-10장은 본서의 제 2부로 에스라의 인도 하에 진행된 두 번째 귀환(7-8장)과 종교개혁을 진술한다(9-10장).

A. 에스라의 인도 하에 진행된 두 번째 귀환 7-8장

이 부분(7-8장)은 에스라의 족보와 귀환한 일(7:1-10), 아닥사스다왕이 명령한 일(7:11-26), 에스라가 감사한 일(7:27-28), 귀환한 가장(家長)들의 명단(8:1-14), 성전 요인들을 징발한 일(8:15-20), 평탄한 여행을 위해 하나님께 간구한 일(8:21-23), 보물을 맡은 자들이 성전에 바친 예물들(8:24-30), 귀환자들이 예루살렘 도착한 일들(8:31-36)이 진술된다.

1. 에스라의 족보와 귀환 7:1-10

스 7:1. 이 일 후에 바사 왕 아닥사스다가 왕위에 있을 때에 에스라라 하는 자가 있으니라 그는 스라야의 아들이요 아사랴의 손자요 힐기야의 증손이요.

본문 초두의 "이 일 후에"란 말은 어떤 시간적 선후를 가리는 접속사가 아니고 어떤 사건을 연결하는 말로서 특별한 뜻은 없다. 는 "바사 왕 아닥사스다가 왕위에 있을 때에" 에스라가 귀환했다는 역사적 사건을 전하는 말이다.

여기서는 에스라의 족보를 자세히 진술하고 있다. 에스라는 스라야[9]('여호와께서 주장하신다'는 뜻)의 아들[10]이요 아사랴[11]('여호와께서 도우셨다'

9) "스라야"(Seraiah): 그는 힐기야의 아들이며 바벨론 포로에서 귀환 후에 예루살렘에 거하였다(느 11:11; 12:1; 12:12).

는 뜻)의 손자요 힐기야[12]('여호와의 분깃'이라는 뜻)의 증손이라는 것을 밝힌다.

스 7:2. 살룸의 현손이요 사독의 오대 손이요 아히둡의 육대 손이요.

에스라의 "윗대는 살룸[13]('평화'라는 뜻)이요, 그 윗대는 사독[14]('의로운'이란 뜻)이요, 그 윗대는 아히둡[15]('나의 형제는 선하다'라는 뜻)이라"고 한다.

스 7:3. 아마랴의 칠대 손이요 아사랴의 팔대 손이요 므라욧의 구대 손이요.

"그 윗대는 아마랴[16]('여호와께서 말씀하셨다'는 뜻)요, 그 윗대는 아사랴[17]('여호와께서 도우셨다'는 뜻)요, 그 윗대는 므라욧[18]('반역'이란 뜻)이었다".

스 7:4. 스라히야의 십대 손이요 웃시엘의 십 일대 손이요 북기의 십 이대 손이요.

그 윗대는 스라히야('여호와께서 일어나셨다'는 뜻)요, 그 윗대는 웃시엘('하나님의 힘'이라는 뜻)이요, 그 윗대는 북기('여호와로 말미암아 입증된

---

10) 여기 "아들"이란 말은 직계 아들이란 뜻도 있으나 "자손"이란 뜻으로 사용되는 수가 많이 있다.

11) "아사랴": 힐기야의 아들이며 제사장이다(7:1; 대상 6:13,14).

12) "힐기야": 살룸의 아들. 그는 요시야 왕 때 대제사장이며(7:1-2; 대상 6:13), 성전을 수리하는 중에 율법 책을 발견하였으며(대하 34:15,18) 요시야의 개혁을 도왔다(왕하 23:2). 또한 아사랴의 아버지이며, 전승에 의하면 예레미야의 형제라 한다(대상 6:1,13).

13) "살룸": 레위 지파 사람 힐기야의 아버지(7:2; 대상 6:12,13).

14) "사독": 제사장이며 아히둡의 아들(7:2; 대상 6:12; 9:11; 느 11:11).

15) "아히둡": 그는 제사장 아마랴의 아들이며 또한 제사장 사독의 아버지이다(삼하 8:17; 대상 6:7-8).

16) "아마랴": 아히둡의 아버지. 그는 솔로몬 성전의 제사장이며 에스라의 선조이다(대상 6:11).

17) "아사랴": 제사장 아마랴의 아버지(7:3; 대상 6:10).

18) "므라욧": 그는 아론 계통의 제사장으로, 서기관 에스라의 조상이다(7:3). 그는 엘르아살의 후손이며, 아히둡의 조부이다(대상 6:6,7,51,52).

자'라는 뜻)였다.

스 7:5. 아비수아의 십 삼대 손이요 비느하스의 십 사대 손이요 엘르아살의 십 오대 손이요 대제사장 아론의 십 육대 손이라.

그 윗대는 아비수아('나의 아버지는 부유하시다'는 뜻)요, 그 윗대는 비느하스('용감한 얼굴'이라는 뜻)요, 그 윗대는 엘르아살('하나님께서 도우셨다'는 뜻)이요, 그 윗대는 대제사장 아론('총명한'이란 뜻)이다.

스 7:6. 이 에스라가 바벨론에서 올라왔으니 그는 이스라엘의 하나님 여호와께서 주신 모세의 율법에 익숙한 학자로서 그의 하나님 여호와의 도우심을 입음으로 왕에게 구하는 것은 다 받는 자이더니.

바로 그 에스라가 바벨론에서 돌아왔다. 그는 이스라엘의 하나님 여호와께서 주신 모세의 율법에 능통한 학자로서 여호와 하나님이 그를 잘 보살피셨으므로 왕은 에스라가 요청하는 것은 무엇이나 다 주었다.

에스라가 바벨론에서 돌아오게 된 것은 아주 잘된 일이었는데 그것은 그가 이스라엘의 하나님 여호와께서 주신 모세의 율법에 익숙한 학자로서 앞으로 백성들에게 모세의 율법을 가르칠 사람이었기 때문이다(10절). 하나님의 말씀을 잘 가르칠 수 있는 사람이 있다는 것은 그 백성 전체에 엄청난 복이 아닐 수 없었다.

그가 또 바벨론에서 올라오게 된 것이 유익했던 것은 여호와 하나님께 기도하여 구하는 것은 다 받는 사람이었기 때문이다. 그가 하나님께 드리는 기도는 왕을 통하여 다 이루어졌다. 에스라는 율법의 사람이었고 기도의 사람이었다.

스 7:7-8. 아닥사스다 왕 제 칠년에 이스라엘 자손과 제사장들과 레위 사람들과 노래하는 자들과 문지기들과 느디님 사람들 중에 몇 사람이 예루살렘으로 올라올 때에 이 에스라가 올라왔으니 왕의 제 칠년 다섯째 달이라.

아닥사스다 왕(B.C. 465-424 통치) 제 7년(B.C. 458년)에 일부 이스라엘 자손들과 몇몇 제사장들과 레위 사람들과 찬양대원들과 성전 문지기들과 느디님 사람들(성전 막일꾼들)이 예루살렘에 이를 때에 에스라도 그들과 함께 올라왔다. 그가 예루살렘에 도착한 것은 아닥사스다 왕이 다스린 지 7년이 된 해의 다섯째 달(5월은 아브월이었는데 태양력으로는 7-8월에 해당했다) 이었다.

에스라가 예루살렘에 도착한 것은 5월 초 하루였다(9절). 에스라 일행이 바벨론을 떠난 것은 정월 초하루였으니 만 5개월만이었다. 여행거리가 약 800km인 것을 감안하면 많이 지체된 셈이다. 이렇게 지체 된 이유는 1) 레위인을 데리고 오기 위해서 도중에서 얼마간 머물렀기 때문이었고(8:15-20,31), 2) 일행 중 어린 아이들이 많았기 때문이었으며(8:21), 3) 사막 지대를 피하기 위해 북부 수리아 지역을 거쳐 여행했기 때문이었을 것이다(Fensham).

이 때에 에스라는 혼자 예루살렘에 귀환한 것이 아니라 바벨론에 있던 몇몇 부류들과 함께 올라갔는데 이렇게 그가 다른 몇몇 사람들, 대략 1,800 (장정만 1,773명, 8:1-14)명의 사람들과 함께 올라갔던 이유는 종교개혁을 염두에 두고 올라갔다. 종교개혁을 하면 다시는 나라가 외국으로부터 침략을 당하거나 망하지 않을 것으로 알고 사람들을 모집해서 올라간 것이었다. 에스라가 올라간 것이 제 2의 귀환이라고 불린다. 제 1차 귀환은 B.C. 537년 때에 있었다.

스 7:9. 첫째 달 초하루에 바벨론에서 길을 떠났고 하나님의 선한 손의 도우심을 입어 다섯째 달 초하루에 예루살렘에 이르니라.

에스라가 바벨론을 떠난 것은 첫째 달 1일이었다. 하나님이 그를 잘 보살펴 주셔서 5월 1일에 예루살렘에 은혜 중에 닿을 수 있었다.

에스라 일행은 만 4개월 만에 예루살렘에 이른 것이다. 에스라 일행이 4개월이라는 좀 긴 시간을 걸려 도착했어도 하나님의 도우심으로 은혜 중에 도착한 것은 에스라의 일행 중에는 노약자들이 많았는데 큰 어려움이 없이 도착하게 하신 하나님께 감사하기 위함이었다. 우리는 범사에 감사하며 살아야 하는 것을 보여주는 대목이다. 에스라가 이 시기(첫째 달-5월)를 택해야 했던 이유는 바벨론에서 팔레스틴으로 가는 길에는 반드시 거쳐야 하는 사막지대의 폭염을 피하기 위함이었다(Fensham).

스 7:10. 에스라가 여호와의 율법을 연구하여 준행하며 율례와 규례를 이스라엘에게 가르치기로 결심하였었더라.

에스라는 여호와의 율법을 친히 연구하여 자신도 준행하며 또 율례와 규례를 이스라엘 사람들에게 가르치기로 결심했다. 여호와의 말씀대로 사는 것은 자신도 살고 민족도 살리는 일이니 이처럼 귀한 일은 세상에 없다.

2. 아닥사스다 왕의 명령 7:11-26

이 부분(11-26절)은 아닥사스다 왕이 에스라에게 내린 조서를 기록한 것이다. 이 조서는 에스라가 여행을 잘 하도록 내린 것이고 또 예루살렘 성에 들어가서 사역을 잘 하도록 내린 조서로 에스라에 대한 왕의 후의가 듬뿍 담긴 조서이다.

스 7:11. 여호와의 계명의 말씀과 이스라엘에게 주신 율례 학자요 학자 겸 제사장인 에스라에게 아닥사스다 왕이 내린 조서의 초본은 아래와 같으니라.

본절은 아닥사스다 왕이 에스라에게 조서를 내렸다는 것을 말하는 중 조서를 받는 에스라가 어떤 사람인지를 설명하는 말로 가득 차 있다. 즉, 에스라는 여호와의 계명의 말씀에 정통한 학자이고, 율례 학자이며(6절), 또 아론의 16대 손인 제사장(5절)이라는 것이다. 오늘 우리는 성경 말씀 학자이며 동시에 제사장으로 하나님 앞에 자유롭게 나아갈 수 있는 제사장이 되어야 할 것이다(히 4:16). 목사나 일반 신자나 성경학자가 되고 또 하나님의 보좌 앞에 담대히 나아가는 제사장(신약 시대의 모든 성도는 제사장이다. 히 4:16)이 되어야 한다.

스 7:12. 모든 왕의 왕 아닥사스다는 하늘의 하나님의 율법에 완전한 학자 겸 제사장 에스라에게.

왕 중의 왕 아닥사스다가 하늘의 하나님의 율법에 완전한 학자 에스라 제사장에게 칙령을 내린다. 본절은 명령을 내리는 아닥사스다 왕과 조서를 받는 에스라의 호칭에 특별한 낱말들이 붙어 있음을 볼 수 있다. 즉, 아닥사스다 왕에게는 "왕 중 왕"이라는 호칭이 붙었다. "왕 중 왕"이란 칭호를 붙인 것은 바사 나라가 여러 왕들을 정복했기에 생긴 칭호였다. 아닥사스다가 자신의 칭호에 "왕 중 왕"이라는 칭호를 붙인(단 2:37) 것은 당시 바사가 여러 왕국을 제압한 위엄스러운 존재였음을 보여주는 말이다.

그리고 에스라의 호칭에 붙여준 "완전한"이란 말을 붙인 것을 두고 그 해석에 두 가지 견해가 있다. 1) "완전한"이란 단어가 의 마지막 부분에서 "평강"이란 낱말과 합해져서 "완전한 평안이 있을지어다"라는 인사말이었는데 필사자의 실수로 "평강"이란 말이 탈락된 것으로 보고 "평안"이란 말이 보태져서 "완전한 평안이 있을지어다"라는 인사말로 보는 견해(NJKV, Kidner, Williamson, 이상근). 2) 낱말 그대로 "완전한" 혹은 "통달한"이란 뜻으로 보는 견해(표준 번역, 박윤선). 박윤선박사는 "완전한"이란 말은 아닥사스다 왕이 에스라를 칭찬하는 의미로 사용했다고 보는 것이다. 2번의 견해를 택하는 것이 바를 것으로 보인다. 이유는 "완전한"이란 말을 인사로 보기 위해 "평강"이란 단어를 필사자의 실수로 빠뜨렸다고 주장하는 것은 1번의 견해에 너무나 큰 실수를 돌리는 것으로 보인다. 아닥사스다 왕은 자신을 크게 보아 "왕 중 왕"이라고 자기를 과대 포장했을 뿐 아니라 에스라에 대해서도 "완벽한" 제사장으로 칭찬한 것으로 보는 것이 자연스러울 것이다.

스 7:13. 조서를 내리노니 우리나라에 있는 이스라엘 백성과 그들 제사장들과 레위 사람들 중에 예루살렘으로 올라갈 뜻이 있는 자는 누구든지 너와 함께 갈지어다.

아닥사스다 왕은 에스라에게 조서를 내리기를 "내가 다스리는 나라에 사는 이스라엘 사람 가운데서 그대와 함께 예루살렘으로 가고자 하는 사람은 제사장이든지 레위 사람이든지 누구든지 함께 가기를 바란다"고 했다. 이런 조서 때문에 예루살렘으로 귀환한 자는 제사장과 레위인과 성전 봉사자와 유다와 베냐민족속들이 주동이 되어 귀환했다.

스 7:14. 너는 네 손에 있는 네 하나님의 율법을 따라 유다와 예루살렘의 형편을 살피기 위하여 왕과 일곱 자문관의 보냄을 받았으니.

아닥사스다 왕은 에스라에게 "나와 나의 일곱 보좌관이 그대를 보내는 것이니 그대가 잘 아는 하나님의 율법에 따라서 유대와 예루살렘이 어떠한지를 살펴보라"고 했다. 아닥사스다 왕이 에스라를 보내는 것은 왕의 측근자들이었던 최고의 자문기관이었던 일곱 모사와 함께 결의 한 것으로 보인다. 왕은 에스라의 손에 있는 하나님의 율법으로 보아 유대와 예루살렘의 형편이 어떤지 살펴야 했다.

"하나님의 율법을 따라 유대와 예루살렘의 형편을 살피"는 것은 에스라에게 아주 중요한 일이었다. 하나님의 율법에 근거하여 나라의 형편이 어떤지 살피는 것만큼 중요한 일은 없었다. 오늘도 한 나라의 형편이 율법에 근거하여 보아 백성들이 율법(하나님의 법)에 맞추어 살고 있는지 살피는 것은 아주 중요한 일이다.

스 7:15. 왕과 자문관들이 예루살렘에 거하시는 이스라엘 하나님께 성심으로 드리는 은금을 가져가고.

"또 그대는 나와 나의 보좌관들이 예루살렘에 계시는 이스라엘의 하나님께 기쁜 마음으로 드리는 은과 금을 가지고 가시오"라고 했다.

스 7:16. 또 네가 바벨론 온 도에서 얻을 모든 은금과 및 백성과 제사장들이 예루살렘에 있는 그들의 하나님의 성전을 위하여 기쁘게 드릴 예물을

가져다가.

"또 그대는 바벨론 모든 지방에서 얻을 수 있는 은과 금도 가지고 가고 또한 백성과 제사장들이 예루살렘에 있는 하나님의 성전을 위하여 기쁘게 드리는 예물도 가지고 가시오"라고 했다.

스 7:17. 그들의 돈으로 수송아지와 숫양과 어린 양과 그 소제와 그 전제의 물품을 신속히 사서 예루살렘 네 하나님의 성전 제단 위에 드리고.

"그들이 바친 돈으로는 반드시 수송아지와 숫양과 어린 양을 사고, 곁들여 곡식제물(곡물 제사)과 부어 드리는 제물(부어드리는 제사)도 신속히 사서 그것들을 예루살렘에 있는, 그대가 섬기는 하나님의 성전의 제단 위에 제물로 드리시오"라고 했다.

스 7:18. 그 나머지 은금은 너와 너의 형제가 좋게 여기는 일에 너희 하나님의 뜻을 따라 쓸지며.

"그 나머지 은과 금은 그대가 섬기는 하나님의 뜻에 따라서 그대와 그대의 동료 유대 사람들이 가장 좋다고 생각하는 일에 쓰도록 하시오"라고 했다.

스 7:19. 네 하나님의 성전에서 섬기는 일을 위하여 네게 준 그릇은 예루살렘 하나님 앞에 드리고.

"그대의 하나님의 성전에서 섬기는 일을 위하여 우리가 그대에게 준 그릇은 예루살렘 하나님 앞에 드리시오"라고 명령했다.

성전의 기명들은 느부갓네살이 탈취해 온 기명들은 아니었다. 그 기명들은 이미 제 1차 귀환 때 여호와께 바친 기명들이었기 때문에 본절에서 언급되는 기명들은 아니었다. 본절에서 말하는 기명들은 왕과 모든 백성들이 따로 바치는 기명들이었다(8:25-27).

스 7:20. 그 외에도 네 하나님의 성전에 쓰일 것이 있어서 네가 드리고자

하거든 무엇이든지 궁중창고에서 내다가 드릴지니라.

"그 밖에도 그대가 섬기는 하나님의 성전에서 써야 할 것이 있어서 더 드리고 싶은 것이 있으면 궁중창고에서 공급받도록 하시오". 여기 개역 판의 "내탕고"란 번역과 개역개정판의 "궁중창고"란 번역의 말은 '왕이 세금을 징수하여 모아둔 보물 창고'를 뜻한다. 이런 궁중 창고는 수도에만 있었던 것이 아니라 지방에도 있었던 것으로 에스라는 자유로이 그 창고들에서 꺼내어 쓸 수 있는 사람이었던 것으로 보인다.

스 7:21. 나 곧 아닥사스다 왕이 유브라데 강 건너편 모든 창고지기에게 조서를 내려 이르기를 하늘의 하나님의 율법 학자 겸 제사장 에스라가 무릇 너희에게 구하는 것을 신속히 시행하되.

"나 아닥사스다 왕은 유브라데 강 서쪽 지방의 모든 창고지기들에게 명령을 내립니다. 하늘의 하나님의 율법에 통달한 학자 겸 제사장 에스라가 당신들에게 요청하는 것은 무엇이든지 어김없이 그에게 신속히 주도록 하시오"라고 했다. 그러니까 에스라는 유브라데 강 동쪽에서나 서쪽에서 왕의 두터운 신임이 있었다. 하나님의 사랑이 왕을 통하여 에스라에게 온 것이다.

스 7:22. 은은 백 달란트까지, 밀은 백 고르까지, 포도주는 백 밧까지, 기름도 백 밧까지 하고 소금은 정량 없이 하라.

아닥사스다 왕은 강 서편의 창고지기들에게 다섯 가지 물품에 대하여 지출할 한계를 정하여 준다. 은은 100달란트(3,400kg)까지, 밀은 100고르(100섬)까지, 포도주는 100밧(100통)까지 기름도 100밧(100통)까지 주고 소금은 무제한으로 주라는 것이었다. 1달란트는 약 34kg이니 100달란트는 3,400kg이다. "고르"는 약 220리터이니 100고르는 22,000정도이다. 1밧은 22.7리터였으므로 포도주와 기름은 2,270리터까지 주라는 것이었다. 소금을 무제한으로 주라는 말은 강 서편에서는 소금이 많이 나기 때문에 많이 줄 수 있었다. 하나님께서 바사 왕에게 이렇게 엄청난 양의 물질을 주도록 허락하신 것은 하나님의 무한한 은혜를 보여주는 것이었다.

스 7:23. 무릇 하늘의 하나님의 전을 위하여 하늘의 하나님이 명령하신 것은 삼가 행하라 어찌하여 진노가 왕과 왕자의 나라에 임하게 하랴.

"하늘의 하나님의 성전에 관하여 하늘의 하나님이 명령하신 것은 하나도 어기지 말고 그대로 지켜라. 나와 내 자손이 다스릴 나라에 하나님의 진노가 내리도록 그대로 둘 수는 없기 때문이다"라고 한다.

22절의 물질 분량은 아닥사스다 왕이 정한 것이 아니라 하늘의 하나님께서 정한 것이라는 것이 본절의 설명이다. 하늘의 하나님께서 정하셔서 왕에게 명령하신 것이니 그대로 따를 수밖에 없다는 것이다. 그대로 순종하지 않으면 하나님의 진노가 바사에 내린다는 것이었다.

스 7:24. 내가 너희에게 이르노니 제사장들이나 레위 사람들이나 노래하는 자들이나 문지기들이나 느디님 사람들이나 혹 하나님의 성전에서 일하는 자들에게 조공과 관세와 통행세를 받는 것이 옳지 않으니라 하였노라.

아닥사스다 왕은 강 건너편 모든 창고지기들(21절)에게 "그대들은 또한 제사장들이나 레위 사람들이나 노래하는 사람들이나 성전 문지기들이나 성전 막일꾼들이나 성전에서 일하는 그 어떤 다른 일꾼들(7절; 2:36,40,43)에게라도 조공(속국이 종주국에게 예물을 바치던 일)이나 관세(나라의 세관을 통과할 때 내는 세금)나 통행세(승객에게 부과하던 세금)를 물려서는 안 된다"고 명령했다. 즉, 세금을 면제하라는 조서이다. 조공과 관세와 통행세의 주해를 위해 4:13 주해를 참조하라.

이런 조서는 하나님의 감동으로 이루어진 조서임에 틀림없다. 오늘 우리는 범사에 하나님의 돌보심으로 살고 있는 것이 아닌가. 염려할 것이 전혀 없다(빌 4:4-7).

스 7:25. 에스라여 너는 네 손에 있는 네 하나님의 지혜를 따라 네 하나님의 율법을 아는 자를 법관과 재판관을 삼아 강 건너편 모든 백성을 재판하게 하고 그 중 알지 못하는 자는 너희가 가르치라.

아닥사스다 왕은 에스라에게 "에스라여!, 그대가 섬기는 하나님이 그대에게 주신 지혜(율법)를 따라 그대가 섬기는 하나님의 율법을 잘 아는 사람들 가운데서 법관들과 판사들을 뽑아 세워 유브라데 강 서쪽에 있는 모든 백성의 재판을 맡아 보게 하시오. 그리고 율법을 잘 알지 못하는 사람들은 그대들이 가르치기를 바라오". 본절의 "에스라여!"라는 호칭은 친절이 묻어있는 호칭임에 틀림없다. 하나님의 사랑의 감동이 있었음에 틀림없다.

본절은 바사 왕이 에스라에게 두 가지를 부탁하는 조서이다. 하나는 유브라데 강 서편 팔레스틴에 도착하면 에스라가 인사권을 가지고 율법을 아는 자들 중에서 법관들과 판사들을 뽑아 세워 모든 백성들의 재판을 맡아보게 하라는 조서이고, 또 하나는 하나님의 율법을 모르는 사람들에 대해서는 율법을 모르는 채 그냥 두지 말고 에스라 자신과 또 에스라가 보기에 율법을 아는 자들을 세워 율법 교육을 하라는 권한을 주는 조서이다. 그러니까 율법을 아는 자들에게 나라의 일을 맡기라는 것이고 율법에 무식한 자들을 위해서는 율법 교육을 하라는 조서이다. 이런 정도로 세밀하게 조서를 꾸민 것은 하나님의 간섭임에 틀림없다. 이런 조서를 내리는 세상 왕이 어디 있는가.

스 7:26. 무릇 네 하나님의 명령과 왕의 명령을 준행하지 아니하는 자는 속히 그 죄를 정하여 혹 죽이거나 귀양 보내거나 가산을 몰수하거나 옥에 가둘지니라 하였더라.

아닥사스다 왕은 "그대의 하나님의 율법과 왕의 명령대로 수행하지 아니하는 자는 속히 그 죄를 정한 다음 반드시 죽이거나 귀양을 보내거나 재산을 몰수하거나 옥에 가두거나 해서 범법자를 엄하게 다스리시오"라고 했다.

다리오 왕도 과거에 범법자들을 엄하게 다스리라는 조서를 내린 적이 있었다(6:11-12). 아무튼 에스라는 제사장의 위치에서 엄청난 사법권까지 받았다. 그러니까 에스라는 아닥사스다 왕으로부터 인사권(25절), 교육권(25절), 사법권(본절) 등 제반 권한을 가지고 귀환하게 되었다.

3. 에스라의 감사 7:27-28

아닥사스다 왕의 후의(厚意, 11-26절)에 넘치는 조서를 받고 에스라는 넘치는 감사를 드린다.

스 7:27. 우리 조상들의 하나님 여호와를 송축할지로다 그가 왕의 마음에 예루살렘 여호와의 성전을 아름답게 할 뜻을 두시고.

에스라는 "주 우리 조상의 하나님을 찬양하자. 하나님께서 왕의 마음에 예루살렘에 있는 여호와의 성전을 영화롭게 하려는 마음을 두셨으니 말이다". 에스라는 하늘에 계신 하나님께서 아닥사스다 왕의 마음속에 여호와의 성전을 영화롭게 하려는 뜻을 두신 것을 생각할 때 견딜 수 없는 감사가 생긴 것이다. 하나님은 오늘도 우리 주위 사람들에게 교회를 영화롭게 할 마음을 주시기도 하신다. 우리는 감사를 넘치게 드려야 할 것이다.

스 7:28. 또 나로 왕과 그의 보좌관들 앞과 왕의 권세 있는 모든 방백의 앞에서 은혜를 얻게 하셨도다 내 하나님 여호와의 손이 내 위에 있으므로 내가 힘을 얻어 이스라엘 중에 우두머리들을 모아 나와 함께 올라오게 하였노라.

본절에 에스라는 "나"라는 일인칭 대명사로 표기하기 시작해서 9장 말까지 이어가고 있다. 그래서 주석가들은 "나"라고 표기한 이 부분을 '에스라의 회상록'(Ezra Memories)이라 부른다.

본절을 해석하면 "하나님은 나(에스라)에게 자비를 베푸셔서 내(에스라)가 왕과 보좌관들과 권세 있는 고관들에게 총애를 받게 하여 주셨다. 그리고 내 하나님의 손이 내 위에 있으므로 나는 힘을 얻어서 이스라엘 백성 가운데서 지도자들을 불러 모아, 함께 예루살렘으로 올라올 수 있게 하신 것을 생각하니 감사하자"고 했다.

에스라는 앞 절(27절)에서는 여호와 하나님께서 바사 왕의 마음속에 예루살렘 성전을 영화롭게 하려는 마음을 주신 것을 생각하면서 감사했고, 본 절에서는 두 가지 일 때문에 감사하는 것이다. 하나는 하나님께서 왕과 보좌관들과 권세 있는 모든 지도자들 앞에서 에스라 자신에게 은혜를 얻게 하신 것을 알고 넘치는 감사를 드리고 있고 또 다른 하나는 "내 하나님 여호와의 손이 내 위에 있으므로 에스라 자신이 힘을 얻어 이스라엘 중에 우두머리들을 모아 나(에스라)와 함께 귀환할 수 있게 해주셨으니 넘치는 감사를 드리자"는 것이었다.

에스라는 여호와 하나님께서 왕들이나 보좌관들이나 모든 지도자들을 통해서 에스라 자신에게 큰 후의를 베푸신 것을 감사하고 있고, 또 여호와의 손(능력)이 에스라 위에 있기 때문에 언제든지 에스라가 기도하여 힘을 얻어 바사 왕국에 있었던 유대인 우두머리들을 모아 예루살렘으로 귀환할 수 있었다는 것을 생각하고 감사가 넘친 것이었다. 오늘 우리의 머리 위에도 여호와의 능력의 손이 있는 것을 알고 힘이 필요할 때마다 힘을 얻어 필요한 일을 해낼 수 있는 것을 알고 무한 감사와 찬양을 드려야 할 것이다.

제 8 장

4. 귀환한 가장(家長)들의 명단 8:1-14

드디어 본서 저자 에스라를 따라 족장들이 제 2차로 귀환한 내용이 전개된다. 두 번째로 귀환한 사람들은 제사장들, 레위인들, 노래하는 자들, 문지기들, 성전봉사자들 등 각 족장들의 명단이다.

스 8:1. 아닥사스다 왕이 왕위에 있을 때에 나와 함께 바벨론에서 올라온 족장들과 그들의 계보는 이러하니라.

에스라는 "아닥사스다 왕이 왕위에 있을 때(B.C. 465-424 통치 7년째 해, 즉 B.C. 458년)에, 나(에스라)와 함께 바벨론을 떠나서 이리로 올라온 각 가문의 우두머리와 그들의 계보는 다음과 같다"고 말한다.

아닥사스다 왕은 에스라에게 많은 호의를 베풀어준 왕이다. 에스라는 왕의 호의를 받으며 그냥 바벨론에서 거주한 것이 아니라 그가 왕의 후의를 입을 수 있을 때에 유대를 개혁하여 하나님께 바치려고 족장들을 대동하고 바벨론을 떠나 유대로 올라간 것이다. 그가 족장들을 대동하고 그들의 이름을 기록해 둔 것은 역사에 남아 그의 족적이 되었다.

스 8:2. 비느하스 자손 중에서는 게르솜이요 이다말 자손 중에서는 다니엘이요 다윗 자손 중에서는 핫두스요.

비느하스 자손 가운데서는 게르솜[19]('나그네'라는 뜻)이요 이다말 자손 가운데서는 다니엘[20]('하나님의 심판'이란 뜻)이요 다윗 자손 가운데서는 핫

---

19) "게르솜": 아론의 셋째 아들인 엘르아살(비느하스)의 자손이다.
20) "다니엘": 아론의 넷째 아들인 이다말의 자손이다.

두스[21])였다.

스 8:3. 스가냐 자손 곧 바로스 자손 중에서는 스가랴니 그와 함께 족보에 기록된 남자가 백오십 명이요.

스가냐(앞 절의 핫두스의 조상, 대상 3:22) 자손 곧 바로스 자손 가운데서는 스가랴('여호와가 기억하신다'는 뜻)니 그와 함께 족보에 기록된 남자가 150명이었다.

스 8:4. 바핫모압 자손 중에서는 스라히야의 아들 엘여호에내니 그와 함께 있는 남자가 이백 명이요.

바핫모압('모압의 통치자'라는 뜻) 자손 가운데서는 스라히야('여호와는 뛰어나시다'는 뜻)의 아들 엘여호에내('나의 눈이 여호와를 향하고 있다'는 뜻) 및 그와 함께 등록된 남자가 200명이었다. 본절 주해를 위해서는 2:6주해를 참조하라.

스 8:5. 스가냐 자손 중에서는 야하시엘의 아들이니 그와 함께 있는 남자가 삼백 명이요.

대부분의 학자들은 "스가냐 자손 중에서는"이란 진술이 70인역(LXX)에 근거하여 '삿두 자손 스가냐'로 표기 되어야 한다고 주장한다. 이로 보아 본절의 "스가냐의 자손" 앞에는 "삿두의 자손"이란 말이 빠진 것으로 보고 있다. 그래서 본절 해석은 "삿두('빛남'이란 뜻) 자손 가운데서는 야하시엘('하나님께서 보신다'는 뜻)의 아들 스가냐('여호와께서 그의 거처를 잡으셨다'는 뜻)와 그와 함께 등록된 남자가 300명이었다"로 되어야 한다.

---

21) "핫두스": 스마야의 아들. 그는 다윗의 자손이며 에스라와 함께 바벨론 포로에서 귀환한 사람이다(2절; 대상 3:22).

스 8:6. 아딘 자손 중에서는 요나단의 아들 에벳이니 그와 함께 있는 남자가 오십 명이요.

아딘 자손 가운데서는 요나단의 아들 에벳('하나님의 종'이란 뜻) 및 그와 함께 등록된 남자 오십 명이었다. "아딘 자손"은 대부분 첫 번째 귀환 때 돌아왔으나(2:15주해) 아직 남은 자가 있어 2차 귀환 때 돌아왔다.

스 8:7. 엘람 자손 중에서는 아달리야의 아들 여사야니 그와 함께 있는 남자가 칠십 명이요.

엘람 자손 가운데서는 아달리야('여호와는 존귀하시다'는 뜻)의 아들 여사야('여호와께서 구원하셨다'는 뜻) 및 그와 함께 등록된 남자가 70명이었다. "엘람 자손"을 알기 위해 2:7주해를 참조하라.

스 8:8. 스바댜 자손 중에서는 미가엘의 아들 스바댜니 그와 함께 있는 남자가 팔십 명이요.

스바댜 자손 가운데서는 미가엘('누가 하나님과 같은가'라는 뜻)의 아들 스바댜('여호와께서 심판하셨다'는 뜻) 및 그와 함께 등록된 남자가 80명이었다. 스바댜 자손의 주해를 위해 2:4주해를 참조하라.

스 8:9. 요압 자손 중에서는 여히엘의 아들 오바댜니 그와 함께 있는 남자가 이백십팔 명이요.

요압('여호와는 아버지이시다'라는 뜻) 자손 가운데서는 여히엘('하나님이여, 영원무궁 하옵소서'라는 뜻)의 아들 오바댜('주님의 종'이라는 뜻) 및 그와 함께 등록된 남자가 218명이었다.

스 8:10. 슬로밋 자손 중에서는 요시뱌의 아들이니 그와 함께 있는 남자가 백육십 명이요.

70인역(LXX)에는 "바니의 자손 가운데서는 슬로밋의 아들 요시바"로

되어 있다. 그러니까 본절은 "바니의 자손 가운데서는 슬로밋의 아들 요시뱌 및 그와 함께 등록된 남자 160명이었다"라는 뜻이다. 여기 "바니"는 족장일 것이다(2:10).

스 8:11. 베배 자손 중에서는 베배의 아들 스가랴니 그와 함께 있는 남자가 이십팔 명이요.

베배 자손 가운데서는 베배의 아들 스가랴('여호와가 기억하신다'는 뜻) 및 그와 함께 등록된 남자가 28명이었다. "베배"가 2:11에는 "브배"로 기록되어 있다.

스 8:12. 아스갓 자손 중에서는 학가단의 아들 요하난이니 그와 함께 있는 남자가 백십 명이요.

아스갓('운명은 강하다'는 뜻) 자손 가운데서는 학가단('작은 자'라는 뜻)의 아들 요하난('주님의 은혜'라는 뜻) 및 그와 함께 등록된 남자가 110명이었다. 본절 주해를 위해서 2:12 주해를 참조하라.

스 8:13. 아도니감 자손 중에 나중 된 자의 이름은 엘리벨렛과 여우엘과 스마야니 그와 함께 있는 남자가 육십 명이요.

아도니감('나의 주께서 일어나신다'는 뜻) 자손 가운데서는 남은 아들들 곧 엘리벨렛('해방의 하나님'이라는 뜻)과 여우엘('하나님께 휩쓸려갔다'는 뜻)과 스마야('듣는다'라는 뜻) 및 이들과 함께 등록된 남자가 60명이었다. "나중 된 자"란 첫 번째 귀환하고 아직 귀환하지 않고 바사 땅에 그대로 남아 있던 자들을 지칭한다.

스 8:14. 비그왜 자손 중에서는 우대와 사붓이니 그와 함께 있는 남자가 칠십 명이었느니라.

비그왜('행복하다'는 뜻) 자손 가운데서는 우대('돕는다'는 뜻)와 사붓

('주어지다'는 뜻) 및 이들과 함께 등록된 남자 70명이었다. 본절 주해를 위해서 2:14주해를 참조하라.

3-14절에 진술된, 두 번째로 돌아온 12자손의 총수는 1,686명이었다. 이들 1,686명은 모두 첫 번째 돌아온 가족들(2장)과 같고, 제 1차 귀환 때 가족에서 남아 있던 자들이 이번에 제 2차로 에스라와 함께 돌아온 것이다.

5. 성전 요인(레위인)들을 징발(강제로 거두어들임)하다 8:15-20

아하와로 흐르는 강변에서 일행은 야숙하며 레위인을 찾아 함께 돌아왔다.

스 8:15. 내가 무리를 아하와로 흐르는 강가에 모으고 거기서 삼 일 동안 장막에 머물며 백성과 제사장들을 살핀즉 그 중에 레위 자손이 한 사람도 없는지라.

에스라는 사람들을 아하와 강가에 모으고 거기에다가 장막을 치고 사흘 동안 묵으면서 그 곳에 모인 사람들을 살펴보았는데 백성과 제사장 가운데 레위 사람이 한 사람도 없음을 알게 되었다. 레위인이 이렇게 없는 것을 확인한 에스라는 성전 봉사에 제일 중요한 사람이 없다는 것을 알고 레위인들을 찾아오기 위해 다음 절과 같이 사람을 보낸다.

본절의 아하와 강은 동쪽으로부터 흘러와서 유브라데 강으로 흘러들어가던 지류이다. 이 지류가 만나는 곳에 아하와라는 마을이 있었다. 현재는 그 강이 '이스 강'이란 명칭으로 불리고 있다(Rawlinson). 에스라가 이 강가에서 "삼 일 동안 장막에 머물렀던" 것은 레위인들을 찾는 작업이 너무 중요하다는 것을 보여준다. 레위인이야 말로 유대인을 살리는 족속이었다. "레위 자손이 한 사람도 없었다"는 것은 에스라가 하려는 종교개혁에 큰 문제로 등장한 것을 보여준다.

스 8:16. 이에 모든 족장 곧 엘리에셀과 아리엘과 스마야와 엘라단과 야립과 엘라단과 나단과 스가랴와 므술람을 부르고 또 명철한 사람 요야립과 엘라단

을 불러.

에스라는 모든 족장(9명과 명철한 두 사람)을 불렀다. 즉, "엘리에셀('하나님은 도움이시다'는 뜻)과 아리엘('하나님의 사자'라는 뜻)과 스마야('듣는다'라는 뜻)와 엘라단('하나님은 주시는 분'이란 뜻)과 야립('그가 다툴 것이다'는 뜻)과 엘라단('하나님은 주신다'는 뜻)과 나단('주다'라는 뜻)과 스가랴('여호와께서 기억하셨다'는 뜻)와 므술람('동행한'이란 뜻)을 부르고 또 명철한 사람 요야립('여호와께서 아신다'는 뜻)과 엘라단('하나님은 주신다'는 뜻)"을 불러 가시뱌 지방으로 보냈다(다음 절).

스 8:17. 가시뱌 지방으로 보내어 그 곳 족장 잇도에게 나아가게 하고 잇도와 그의 형제 곧 가시뱌 지방에 사는 느디님 사람들에게 할 말을 일러 주고 우리 하나님의 성전을 위하여 섬길 자를 데리고 오라 하였더니.

가시뱌 지방(이 지방은 아하와에서 멀지 않은 바벨론의 성읍이다)의 지도자 잇도(레위인과 느디님들을 통솔하던 레위인)에게 보냈다. 에스라는 그들에게 잇도와 가시뱌 지방에 사는 느디님 사람들(성전 막일꾼)인 그의 친족들에게 부탁하여, 우리 하나님의 성전에서 일할 일꾼들을 데려오라고 하였다. 그러니까 에스라는 잇도와 또 느디님 사람들을 찾아 레위인들을 소집했다.

스 8:18. 우리 하나님의 선한 손의 도우심을 입고 그들이 이스라엘의 손자 레위의 아들 말리의 자손 중에서 한 명철한 사람을 데려오고 또 세레뱌와 그의 아들들과 형제 십팔 명과.

하나님이 에스라를 보살펴 주셔서 에스라가 보낸 사람들이 레위인들을 데려왔다. 그들이 데려온 사람들은 레위의 아들이며 이스라엘의 손자인 마흘리('연약하다'는 뜻, 대상 23:21) 자손으로서, 하나님의 지혜와 분별력을 지닌 사람 세레뱌('여호와께서 보내신 찌는 듯한 더위'라는 뜻)를 데려왔고 또 그의 아들 및 친족 18명을 데려왔다.

"우리 하나님의 선한 손의 도우심"이란 말은 에스라가 즐겨 사용하던 어구로(7:6,9,28; 8:31)서 '우리 하나님의 선한 능력의 도우심을 입어' 사람들을 찾아왔다는 뜻이다. 우리 하나님의 선한 손(능력)의 도우심은 언제나 우리 머리 위에 있다. 우리 자신들이 능력이 없음을 고백하고 구하기만 하면 하나님의 능력을 얻을 수 있는 것이다.

본문의 "명철한 사람"이란 '하나님의 지혜와 분별력을 지닌 사람'이란 뜻이다. 에스라가 보낸 사람들이 하나님의 지혜와 분별력을 지닌 한 사람 세레뱌를 데려왔고 또 그 아들들 및 친족들 18명을 데려온 것은 큰 공헌이었다.

스 8:19. 하사뱌와 므라리 자손 중 여사야와 그의 형제와 그의 아들들 이십 명을 데려오고

보냄을 받은 사람들(앞 절)이 하사뱌(므라리의 자손이고 므라리는 레위의 셋째 아들, 대상 6:44-45)를 데려왔고 또 므라리 자손 가운데서 여사야(하사뱌 가족의 므라리 자손)와 그의 형제들 및 그들의 아들들 20명을 데려왔다.

스 8:20. 다윗과 방백들이 레위 사람들을 섬기라고 준 느디님 사람 중 성전 일꾼은 이백이십 명이었는데 그들은 모두 지명 받은 이들이었더라.

위에 데려온 사람 말고도, 성전 막일꾼 220명을 데려왔는데, 이들은 다윗과 그의 관리들이 레위 사람을 도우라고 임명한 성전 막일꾼들이었다. 그들은 모두 지명을 받은 이들이었다.

"다윗과 방백들이 레위 사람들을 섬기라고 준 느디님 사람들"이란 말은 '다윗과 지도자들이 느디님 사람들(2:43)을 레위 사람들을 섬기라고 배정해 주었다'는 말인데 여기 처음 나온다. 느디님 사람들은 성전 봉사에 참여할 수 있을만한 자격이 있었다.

6. 평탄한 여행을 위해 하나님께 간구하다 8:21-23

떠날 준비를 다 해놓은 에스라 일행은 이제 중도의 무사를 위해 하나님께 간구한다.

스 8:21. 그 때에 내가 아하와 강가에서 금식을 선포하고 우리 하나님 앞에서 스스로 겸비하여 우리와 우리 어린 아이와 모든 소유를 위하여 평탄한 길을 그에게 간구하였으니.

그 곳 아하와 강가에서 에스라는 모두에게 금식하라고 선언하였다. 에스라 일행은 하나님 앞에서 우리와 우리 자녀들 모두가 재산을 가지고 안전하게 돌아갈 수 있도록 하나님이 보살펴 주시기를 엎드려서 빌었다.

문장 초두의 "그때에"(then)란 말은 '떠날 준비를 완료하고 떠나려는 순간에'란 뜻이다. "내가 아하와 강가에서 금식을 선포했다"는 말은 '아하와로 흐르는 강가에서 도중에 무사하기를 빌기 위해 함께 금식하면서 기도하자고 금식 령을 선포했다'는 뜻이다. 구약성경은 보통 금식할 때 기도와 함께 했다(삼상 7:5-6; 대하 20:3-13; 에 4:16). 그런데 금식하고 기도할 때 "우리 하나님 앞에서 스스로 겸비했다"는 것이다. 금식 기도를 하는 자가 취해야 할 마음의 자세를 낮추었다는 것이다. 우리는 금식 기도할 때 언제든지 마음을 낮추어야 할 것이다. 에스라 일행은 "우리와 우리 어린 아이와 모든 소유를 위하여 평탄한 길을 그에게 간구했다". 즉, '우리 자신만 아니라 우리의 어린 아이들, 여자들, 노인들뿐 아니라 우리가 가는 길에 모든 소유를 위하여 안전한 길이 되도록 기도했다'. 준비를 다 해놓고도 하나님의 선한 손이 함께 하시도록 기도하는 것은 당연한 일이다. 어떤 이들은 철저한 준비를 한 다음에는 준비한 것만 믿고 하나님께 기도하지 않는다. 그런 이들은 자기들을 지나치게 믿는 죄에 빠진 것이다.

스 8:22. 이는 우리가 전에 왕에게 아뢰기를 우리 하나님의 손은 자기를 찾는 모든 자에게 선을 베푸시고 자기를 배반하는 모든 자에게는 권능과 진노를 내리신다 하였으므로 길에서 적군을 막고 우리를 도울 보병과 마병을 왕에게 구하기를 부끄러워하였음이라.

본절은 에스라 일행이 금식 기도한 이유를 말하는 대목이다. 그 이유는 바사를 떠나기 전에 왕에게 큰 소리를 치기를 "우리 하나님의 손은 자기를 찾는 모든 자에게 선을 베푸시고 자기를 배반하는 모든 자에게는 권능과 진노를 내리신다 하였기" 때문이었다. 하나님은 하나님 자신을 찾는 모든 사람들에게는 선을 베푸시고 자기를 배반하는 모든 자에게는 진노를 내리신다고 공언했기 때문에 금식하고 기도했다는 것이다.

에스라 일행이 금식하고 기도한 이유는 "길에서 적군을 막고 우리를 도울 보병과 마병을 왕에게 구하기를 부끄러워하였기" 때문이었다. 에스라는 아닥사스다 왕에게 길에서 적군을 막고 에스라 자신과 일행을 도울 보병과 마병을 왕에게 구할 수는 있었으나 하나님의 위대하심을 말해 놓았기 때문에 구하기를 부끄러워했다는 것이다. 느헤미야는 군대의 호위를 받았으나(느 2:9) 에스라는 아닥사스다 왕에게 하나님의 위대하심과 능력을 말해 놓았기에 왕에게 그런 것들을 위해 도움을 요청하지 않고 하나님께 구한 것이다. 우리는 하나님께 구하고 영광을 돌려야 할 것이다.

스 8:23. 그러므로 우리가 이를 위하여 금식하며 우리 하나님께 간구하였더니 그의 응낙하심을 입었느니라.

그러므로 에스라 일행은 금식하면서, 안전하게 귀국할 수 있도록 보살펴 주시기를 하나님께 간절히 기도했으며, 하나님은 우리의 기도에 응답해 주셔서 무사히 예루살렘에 귀환했다는 것이다.

7. 보물을 맡은 자들 8:24-30

에스라 일행은 예루살렘을 향하여 떠나기 전 아하와 강가에서 떠날 준비를 더 하는 중에 보물을 맡길 자를 준비하고 있다.

스 8:24. 그 때에 내가 제사장의 우두머리들 중 열두 명 곧 세레뱌와 하사뱌와 그의 형제 열 명을 따로 세우고(Then I set apart twelve of the leading priests: Sherebi'ah, Hashabi'ah, and ten of their kinsmen with them-ESV).

본절은 다시 번역되어야 한다. 즉, "그 때에 나(에스라)는 제사장들 가운데서 지도급에 속하는 사람 12명과 세레뱌('여호와께서 보내신, 찌는 듯한 더위'라는 뜻)와 하사뱌(므라리의 자손이고 므라리는 셋째 아들, 대상 6:44-45)와 그들의 형제 12 명을 뽑아 따로 세웠다"라고 번역되어야 한다. 만일 한글 개역을 그대로 따른다면 "세레뱌와 하사뱌"는 제사장이 되게 마련이다. 그러나 "세레뱌와 하사뱌"는 레위인임이 분명하다(18절). 에스라가 제사장들과 레위인들을 구별한 이유는 제사장들은 거룩한 물건들(금, 은, 기명들)을 취급하는 책임자라는 점에서, 한편 레위인들은 그것들을 운반하는 등의 부수적 일을 담당해야 하는 책임자라는 점에서 구별될 필요가 있었기 때문이었다.

스 8:25. 그들에게 왕과 모사들과 방백들과 또 그 곳에 있는 이스라엘 무리가 우리 하나님의 성전을 위하여 드린 은과 금과 그릇들을 달아서 주었으니.

금과 은과 그릇들을 달아서 제사장들과 레위인들에게 맡겼다. 그것은 왕과 보좌관들과 관리들과 거기에 있는 모든 이스라엘 사람(아직도 바벨론에 남아 있었던 이스라엘 사람들)이 주 우리 하나님의 성전을 짓는 데에 쓰라고 예물로 바친 것들이었다. 본절에 진술되어 있는 금과 은과 그릇들은 바벨론 사람들이 준 것도 포함되어 있을 것이다.

스 8:26. 내가 달아서 그들 손에 준 것은 은이 육백오십 달란트요 은그릇이 백 달란트요 금이 백 달란트며.

에스라가 그들(제사장들과 레위인들, 24,30절)에게 달아 준 것은, 은이 650달란트요, 은그릇이 100달란트요, 금이 100달란트였다.

1 달란트는 대략 34.2g임으로 은(銀) 650달란트는 22.23kg이었고, 은그릇 100달란트는 3.42kg이었으며, 금 100달란트는 3.42kg이었다.

스 8:27. 또 금잔이 스무 개라 그 무게는 천 다릭이요 또 아름답고 빛나 금

같이 보배로운 놋그릇이 두 개라.

전체의 무게가 1,000다릭 되는 금 그릇이 20개요, 귀한 금처럼 번쩍거리는 놋그릇이 2개였다.

본절의 "금잔"은 성전에서 사용하던 금기명이 아니다(7:20절 참조). 본절의 "다릭"이란 바사(페르샤)의 금화의 단위로 약 8.4g 정도가 되는 것으로 추정된다. 1,000다릭은 영화(英貨) 약 11,000파운드에 해당한다(2:69). "아름답고 빛나 금 같이 보배로운 놋그릇"이 무엇을 가리키는지 분명하지 않으나 학자들은 이 금속을 구리와 아연의 합금인 황동으로 만들어진 그릇으로 추정한다(Driver).

스 8:28. 내가 그들에게 이르되 너희는 여호와께 거룩한 자요 이 그릇들도 거룩하고 그 은과 금은 너희 조상들의 하나님 여호와께 즐거이 드린 예물이니.

에스라는 그들에게 말하기를 "여러분(제사장과 레위인)은 여호와께 속한 거룩한 사람들이고(출 29:1; 39:30; 레 21:6; 민 3:12-13) 이 그릇들도 주님께 바친 것이니 거룩한 기물입니다. 이 은과 금은 사람들이 여러분의 조상이 섬긴 여호와 하나님께 바친 자원예물입니다"라고 했다.

여기 제사장들이나 레위인들이 거룩하다고 하는 것은 그들이 하나님께 쓰임을 받는다는 뜻에서 거룩한 것이고 또 그릇들이나 은과 금이 거룩하다는 말은 하나님께 바쳐졌다는 의미에서 거룩하다고 말하는 것이다.

스 8:29. 너희는 예루살렘 여호와의 성전 골방에 이르러 제사장들과 레위 사람의 우두머리들과 이스라엘의 족장들 앞에서 이 그릇을 달기까지 삼가 지키라.

에스라는 "여러분은 이것들을 예루살렘에 있는 여호와의 성전 골방(성전의 본당 양쪽에 있는 방들)으로 가져가서 거기에서 이것들을 제사장들의 두목과 레위 사람들의 두목과 이스라엘 각 가문의 족장들 앞에서 저울에 달아서 넘겨 줄 때까지 삼가 잘 보살피도록 하십시오"라고 했다. 저울에 달아서 넘겨줄 때까지는 제사장들과 레위인들은 그 보물을 조심하여 취급하라는 것이었다.

스 8:30. 이에 제사장들과 레위 사람들이 은과 금과 그릇을 예루살렘 우리 하나님의 성전으로 가져가려 하여 그 무게대로 받으니라.

"그래서(so) 제사장들과 레위 사람들은 예루살렘에 있는 하나님의 성전으로 가져가려고 달아 놓은 은과 금과 그릇들을 넘겨받았다". 그리하여 제사장들과 레위인들은 아주 조심하여 취급하면서 예루살렘까지 운반했다.

8. 귀환자들의 예루살렘 도착 8:31-36

에스라 일행은 정월 12일에 아하와 강가를 떠나 약 4개월 만에 예루살렘에 도착한다.

스 8:31. 첫째 달 십이 일에 우리가 아하와 강을 떠나 예루살렘으로 갈 새 우리 하나님의 손이 우리를 도우사 대적과 길에 매복한 자의 손에서 건지신지라.

첫째 달 12일에 우리(에스라 일행)는 아하와 강을 떠나서 예루살렘으로 가려고 길을 나섰는데 가는 도중에 하나님이 우리를 잘 보살펴 주셔서 매복한 자들의 습격을 벗어날 수 있었다.

에스라 일행은 정월 1일에 바벨론을 떠났고(7:9), 아하와 강변에서 약 10일을 머물면서 레위인을 모집해서 예루살렘으로 떠난 것이다. 군대의 호위도 없었으나(22절) "하나님의 손의 도움으로"(18절 주해 참조) 무사히 예루살렘에 이르렀다. 우리는 범사에 하나님의 손의 도움을 의식하고 하나님께 간구하여 평안한 길을 걸어야 할 것이다.

스 8:32. 이에 예루살렘에 이르러 거기서 삼 일 간 머물고.

에스라 일행은 예루살렘에 이르러 사흘 동안 쉬었다. 쉬는 것도 하나님의 일 중에 꼭 필요한 것이다. 에스라 일행이 부녀자를 동반했고, 귀중품을 휴대한 채 3개월 반 정도 여행을 했으니 비교적 빠르게 온 것이었다.

스 8:33. 제 사일에 우리 하나님의 성전에서 은과 금과 그릇을 달아서 제사장 우리아의 아들 므레못의 손에 넘기니 비느하스의 아들 엘르아살과 레위 사람 예수아의 아들 요사밧과 빈누이의 아들 노아댜가 함께 있어.

"나흘째 되는 날에 우리는 하나님의 성전에서 은과 금과 그릇들을 달아서 우리야의 아들 므레못('높임'이라는 뜻) 제사장의 손에 넘겨주었다. 그 자리에는 비느하스[22]의 아들 엘르아살('하나님의 도우심'이란 뜻)과 레위 사람 예수아의 아들 요사밧('여호와는 심판자이시다'는 뜻)과 빈누이의 아들 노아댜('증거'라는 뜻)가 함께 있었다". 이렇게 여러 사람이 함께 한 것은 바르게 그리고 신중하게 일을 처리하기 위함이었다. 이런 일에는 될 수 있는 한 한 사람이라도 더 참여하는 것이 다른 사람들에게라도 믿음을 준다.

스 8:34. 모든 것을 다 세고 달아 보고 그 무게의 총량을 그 때에 기록하였느니라.

모든 것을 하나하나 갯수와 무게를 달아보고 그 자리에서 전체의 무게를 적었다. 하나하나 세어보고 또 무게를 달아보았으나 이상이 없음을 알게 되었다. 하나님께서 함께 하셨다는 증거이다. 하나님께 부탁하면 하나님은 시종일관 함께해 주신다.

스 8:35. 사로잡혔던 자의 자손 곧 이방에서 돌아온 자들이 이스라엘의 하나

---

22) "비느하스": 비느하스는 아론의 셋째 아들 엘르아살의 아들이다(7:5; 8:2; 출 6:25; 대상 6:50). 그는 이스라엘에서 음행을 제거하여 하나님의 분노를 풀었으며(민 25:7-11), 의로운 행동으로 칭송을 받았다(시 106:30). 그와 그의 후손이 영원한 제사장의 직분을 맡게 되었으며(민 25:11 이하), 미디안 족속과 싸워 승리하고(민 31:6 이하), 요단강변의 제단 문제를 수습했다(수 22:13,30-31). 그는 이스라엘 백성이 베냐민 지파와 싸워야 할 것인지 어떤지에 대하여 여호와께 물었다(삿 20:26,28). 그는 성막 문지기를 관리했다(대상 9:20).

님께 번제를 드렸는데 이스라엘 전체를 위한 수송아지가 열두 마리요 또 숫양이 아흔여섯 마리요 어린 양이 일흔일곱 마리요 또 속죄제의 숫염소가 열두 마리니 모두 여호와께 드린 번제물이라.

사로잡혀 갔던 사람들의 자손이 이방 땅에서 돌아온 후 비로소 이스라엘의 하나님께 번제를 드렸다. 온 이스라엘을 위하여 수송아지 12마리와 숫양 96마리와 어린 양 77마리를 바쳤고 속죄 제물로는 숫염소 12마리를 모두 주님께 번제로 드렸다.

이번의 두 번째 귀환한 자들이 첫 번째 귀환했을 때와 마찬가지로(3:3; 6:17) 하나님께 번제와 속죄제를 드렸다. 수송아지 12마리와 숫염소 12마리는 모두 이스라엘 12지파를 위하여 드린 것이었다. 그리고 숫양 96마리와 어린 양 77마리도 모두 만수 개념이다.

스 8:36. 무리가 또 왕의 조서를 왕의 총독들과 유브라데 강 건너편 총독들에게 넘겨주매 그들이 백성과 하나님의 성전을 도왔느니라.

무리는 왕의 조서(7:12-24)를 왕의 총독들과 유브라데 강 서쪽 지방의 총독들에게 보냈더니 명령을 받은 관리들은 돌아온 사람들(에스라 일행)로 하여금 하나님의 성전을 다시 지을 수 있도록 도왔다. 하나님의 성전을 재건할 수 있도록 한 것은 하나님의 능력의 손이었고 또 하나님께서 주장하신 왕의 조서였다. 항상 제1은 하나님이었고 다음은 하나님에 의해서 감동받은 왕이나 지도자들이었다.

제 9 장

B. 에스라가 이룩한 종교 개혁 9-10장

이 부분(9-10장)은 에스라가 종교 개혁을 이룩한 것을 진술한 부분이었는데 에스라의 귀에 잡혼 소식들이 들려왔고(9:1-5), 잡혼 소식들을 듣고 에스라가 회개기도를 했으며(9:6-15), 이방여인들과 이혼하겠다고 약속했고(10:1-4), 회중들이 결단했으며(10:5-17), 잡혼 자들의 명단(10:18-44)등이 진술된다.

1. 에스라의 귀에 들려온 잡혼 소식 9:1-5

에스라가 종교개혁을 하려고 이스라엘에 왔는데 에스라에게 잡혼 소식이 들려왔다.

스 9:1. 이 일 후에 방백들이 내게 나아와 이르되 이스라엘 백성과 제사장들과 레위 사람들이 이 땅 백성들에게서 떠나지 아니하고 가나안 사람들과 헷 사람들과 브리스 사람들과 여부스 사람들과 암몬 사람들과 모압 사람들과 애굽 사람들과 아모리 사람들의 가증한 일을 행하여.

이러한 일들을 마친 후에 지도자들이 나에게 와서 말하기를 "이스라엘 백성은 제사장들과 레위 사람들마저도 이방 백성과 관계를 끊지 않고 가나안 사람들과 헷 사람들과 브리스 사람들과 여부스 사람들과 암몬 사람들과 모압 사람들과 애굽 사람들과 아모리 사람들이 하는 가증한 일을 따라서 한다"는 소식을 듣게 되었다.

본절 초두의 "이 일 후에"란 말은 '이스라엘 민족이 5월 1일에 예루살렘에 도착한 후에'(7:9)란 뜻이다. 그러나 에스라가 잡혼의 소식을 듣고 회개하며 잡혼한 사람으로 하여금 이방인 여인을 내보낸 것은 9월 20일이었기 때문에(10:1,8-9) 상당한 시간이 지난 후였다.

제사장들과 레위인들 마저도 이방 사람들과 관계를 끊지 않고 가증한 일을 행했다는데 문제의 심각성이 있었다. 이방 사람들과 관계를 끊지 않는 것은 우상숭배를 뜻하는 말이다. "이방 백성과 관계를 끊지 않았다"는 것은 영적인 죽음을 의미한다. 우리는 이 세대를 본받지 말고 오직 마음을 새롭게 함으로 변화를 받아야 하는 것이다(롬 12:2).

스 9:2. 그들의 딸을 맞이하여 아내와 며느리로 삼아 거룩한 자손이 그 지방 사람들과 서로 섞이게 하는데 방백들과 고관들이 이 죄에 더욱 으뜸이 되었다 하는지라.

에스라의 귀에 들려온 소식은 이스라엘 백성들이 이방 사람들의 딸을 맞이하여 아내를 삼고 며느리로 삼아 거룩한 자손이 그 지방 사람들과 서로 섞이는데 지도자들과 고관들이 이방인과 섞이는 죄에 더욱 앞장섰다는 것을 듣게 되었다.

스 9:3. 내가 이 일을 듣고 속옷과 겉옷을 찢고 머리털과 수염을 뜯으며 기가 막혀 앉으니.

"내(에스라)가 이스라엘 사람들이 이방인들과 잡혼을 해서 산다는 소식을 듣고 너무나 기가 막혀서 겉옷과 속옷을 찢고 머리카락과 수염을 뜯으면서 주저앉아 있었다".

여기 "겉옷(속옷 위에 두르는 큰 천이다)과 속옷(통으로 만든 옷, 이상근)을 찢었다"는 말은 극심한 슬픔이나 마음의 충격이 밖으로 나타나서 보인 태도이다(창 37:29; 왕하 18:37). 그리고 에스라가 "머리털과 수염을 뜯은 것"은 더욱 심한 충격을 표현하는 행위이다. 또 "기가 막혀"(!me/vm])란 말은 너무 큰 충격에 빠져 어이없는 상태에 빠진 상태를 가리킨다. 에스라의 반응은 오늘날 사람들의 반응과는 사뭇 다른 반응이다. 오늘날은 전도한다는 뜻으로 불신자와 결혼한다. 그러나 오늘날에도 성경은 결혼은 주안에서만

해야 한다고 말씀하고 있다(고전 7:39). 이 말은 결국 신자와 결혼하라는 뜻이다(Chrysostom, Meyer, Godet, Plummer, 박윤선, 이상근, 이순한).

스 9:4. 이에 이스라엘의 하나님의 말씀으로 말미암아 떠는 자가 사로잡혔던 이 사람들의 죄 때문에 다 내게로 모여 오더라 내가 저녁 제사 드릴 때까지 기가 막혀 앉았더니.

"그때에 이스라엘의 하나님의 말씀으로 두려워하는 사람들도 있었다. 내가 저녁 제사 때까지 넋을 잃고 앉아 있는 동안에 그들은 포로로 잡혀 갔다가 되돌아온 백성이 저지른 큰 배신을 보고서 나에게로 모여들었다"는 것이다. "저녁 제사"란 '아침저녁으로 드리는 제사 중에 저녁 제사를 지칭하는 것'으로 오후 3시경에 드리는 제사였다(민 28:3-10). "하나님의 말씀으로 두려워 떠는 자들"이란 '하나님의 말씀을 경외하는 자들'이란 뜻이다. 우리는 하나님의 말씀이나 하나님 앞에서 두려워 떨어야 한다. 에스라는 아침부터 오후 3시까지 기가 막힌 자세로 앉아 있었는데 에스라의 그 태도를 보고 하나님의 말씀 앞에서 떠는 자들이 떠는 심정으로 모여든 것이다.

참으로 세상 사람들은 너무도 다르다. 어떤 이는 포로로 잡혔다가 돌아오고도 정신을 못 차리고 이방 여자와 결혼했고, 또 에스라 같은 이는 그 죄를 두려워하여 기가 막혀 고통 하는 자가 있다는 것이다. 우리는 하나님의 말씀 앞에 두려워 떨어야 한다.

스 9:5. 저녁 제사를 드릴 때에 내가 근심 중에 일어나서 속옷과 겉옷을 찢은 채 무릎을 꿇고 나의 하나님 여호와를 향하여 손을 들고

"나(에스라)는 슬픔을 억제하지 못한 채로 앉아 있다가 저녁 제사 때가 되었을 때에 일어나서 찢어진 겉옷과 속옷을 몸에 그대로 걸치고 무릎을 꿇고 나의 하나님 여호와를 향하여 두 손을 들고서" 다음과 같이 회개의 기도를 드렸다.

여기 성경에서 말하는 기도의 태도 중에 하나가 나온다. 즉, 무릎을 꿇고 기도하는 자세이다(엡 3:15). 다른 기도의 자세로는 서서 하는 기도의 자세가 있고(막 11:1; 눅 18:11), 또 엎드려 하는 기도가 있으며(10:1; 눅 18:13), 손을 들고 기도하는 자세가 있다(애 2:19; 눅 18:11; 딤전 2:8). 우리는 어떤 자세로 기도하든지 간절한 기도의 자세를 취하고 기도해야 할 것이다.

2. 에스라의 회개기도 9:6-15

에스라는 1-5절에서는 회개하는 자의 태도를 보여주었고, 이제 이 부분(6-15절)에서는 입으로 그의 회개를 발설한 것을 보여주고 있다.

스 9:6. 말하기를 나의 하나님이여 내가 부끄럽고 낯이 뜨거워서 감히 나의 하나님을 향하여 얼굴을 들지 못하오니 이는 우리 죄악이 많아 정수리에 넘치고 우리 허물이 커서 하늘에 미침이니이다.

입으로 말하기를 "나의 하나님이여! 너무나도 부끄럽고 낯이 뜨거워서 감히 나의 하나님 앞에서 얼굴을 들 수 없습니다. 이는 우리의 죄가 커서 머리 끝에 넘치고 저지른 잘못은 하늘에까지 닿았습니다"라고 했다. 에스라는 백성의 죄를 자기 죄로 알고 중보 기도를 드리고 있는 것이다. "죄악이 많아 정수리에 넘쳤다"는 말과 "우리 허물이 커서 하늘에 미쳤다"는 말은 동의절이다. 동의절은 뜻을 강조하기 위해 사용한다.

스 9:7. 우리 조상들의 때로부터 오늘까지 우리의 죄가 심하매 우리의 죄악으로 말미암아 우리와 우리 왕들과 우리 제사장들을 여러 나라 왕들의 손에 넘기사 칼에 죽으며 사로잡히며 노략을 당하며 얼굴을 부끄럽게 하심이 오늘날과 같으니이다.

"우리들의 조상 때로부터 오늘에 이르기까지 우리가 저지른 잘못이 너무나도 큽니다. 우리가 지은 죄 때문에 우리뿐만 아니라 우리의 왕들과 제사장들까지도 여러 나라 왕들의 칼에 맞아 죽고 사로잡혀 가며 재산도 다 빼앗기고 온갖 수모를 겪었습니다. 이런 일은 오늘에 와서도 마찬가지입니다"라고 했다.

에스라가 깨달은 이스라엘의 죄(왕하 23:12-14; 24:3-4)는 역사적인 것이었고 또 그 죄는 이스라엘에게 칼을 맞게 했고 포로가 되게 했으며 모두를 약탈당하게 했고 온갖 부끄러움을 당하게 했다는 것이다. 그런데도 이스라엘인들은 아직도 정신을 차리지 못하고 계속해서 죄를 짓고 있다는 것이었다.

스 9:8. 이제 우리 하나님 여호와께서 우리에게 잠시 동안 은혜를 베푸사 얼마를 남겨 두어 피하게 하신 우리를 그 거룩한 처소에 박힌 못과 같게 하시고 우리 하나님이 우리 눈을 밝히사 우리가 종노릇 하는 중에서 조금 소생하게 하셨나이다.

"그러나 우리 하나님 여호와께서는 우리에게 잠시 동안 자비를 베푸셔서 우리 가운데서 얼마쯤을 귀환하게 하셨습니다. 또한 주님께서 거룩하게 여기시는 곳에(성전) 우리가 살아갈 든든한 터전을 마련하여 주셨습니다. 하나님께서는 우리 눈에서 생기가 돌게 하시고 잠시나마 종살이에서 벗어나게 하여 주셨습니다"라고 했다.

에스라는 여호와께서 이스라엘 민족에게 귀환의 은총을 베푸신 것을 알았고 또 예루살렘 성전에서 살아갈 은총을 주신 것을 알고 감사한다. 하나님은 이스라엘 민족에게 살아갈 소망을 주신 것을 알고 감사하고 있다.

스 9:9. 우리가 비록 노예가 되었사오나 우리 하나님이 우리를 그 종살이하는 중에 버려두지 아니하시고 바사 왕들 앞에서 우리가 불쌍히 여김을 입고 소생하여 우리 하나님의 성전을 세우게 하시며 그 무너진 것을 수리하게 하시며 유다와 예루살렘에서 우리에게 울타리를 주셨나이다.

"우리가 비록 종살이를 하였지만 하나님께서는 우리를 언제까지나 종살이를 하도록 내버려 두지 않으시고 오히려 바사 왕들 앞에서 사랑을 받게 하여 주시고 또 우리로 하여금 하나님의 성전을 다시 짓게 하셨으며 무너진 곳을 다시 쌓아 올리게 하셔서 유대와 예루살렘에서 우리가 이처럼 보호를 받으면서 살아갈 수 있게 하셨습니다"라고 했다. 에스라의 역사적인 지식은 그로 하여금 감사가 넘치게 했다.

스 9:10. 우리 하나님이여 이렇게 하신 후에도 우리가 주의 계명을 저버렸사오니 이제 무슨 말씀을 하오리이까.

"우리 하나님이여! 하나님께서 우리를 이처럼 사랑하셔서 살게 하신 후에도 우리가 주님의 계명을 저버리게 되었으니 우리가 지금에 와서 무슨 말을 더 하겠는가"고 말한다. 입이 100개라도 변명 한마디 할 수 없게 되었다는 것이다.

스 9:11. 전에 주께서 주의 종 선지자들에게 명령하여 이르시되 너희가 가서 얻으려 하는 땅은 더러운 땅이니 이는 이방 백성들이 더럽고 가증한 일을 행하여 이 끝에서 저 끝까지 그 더러움으로 채웠음이라.

본절은 이스라엘이 이방인들과의 잡혼을 금해야 할 이유를 말한다. 즉, "전에 주님께서 주님의 종 선지자들에게 경계하여 이르시기를 당신들이 가서 기업으로 얻으려 하는 땅은 더러운 땅이다. 이유는 이방 백성들이 그 땅 위에서 더럽고 가증한 일을 행하여(우상 숭배를 하여) 땅 이 끝에서 저 끝까지를 더럽게 만들었기 때문이다"(레 18:25; 20:22; 신 4:5)라고 했다는 것이다.

스 9:12. 그런즉 너희 여자들을 그들의 아들들에게 주지 말고 그들의 딸들을 너희 아들들을 위하여 데려오지 말며 그들을 위하여 평화와 행복을 영원히 구하지 말라 그리하면 너희가 왕성하여 그 땅의 아름다운 것을 먹으며 그 땅을 자손에게 물려주어 영원한 유산으로 물려주게 되리라 하셨나이다.

"우리의 딸들을 그들의 아들들에게 시집보내지도 말고 그들의 딸들을 우리의 며느리로 맞아들이지도 말라(신 7:3)고 하셨습니다[23]. 우리가 강해져서 그 땅에서 나는 좋은 것을 먹으며 그 땅을 우리 자손에게 영원한 유산으로 물려주기 위해서는 그 땅에 있는 백성이 번영하거나 성공할 틈을 조금도 주지 말아야 한다"(신 23:6)고 하셨습니다[24].

스 9:13. 우리의 악한 행실과 큰 죄로 말미암아 이 모든 일을 당하였사오나 우리 하나님이 우리 죄악보다 형벌을 가볍게 하시고 이만큼 백성을 남겨 주셨사오니.

"우리가 당한 일은 모두 우리가 지은 죄와 우리가 저지른 크나큰 잘못 때문입니다. 그렇지만 주 우리의 하나님은 우리가 지은 죄에 비하여 가벼운 벌을 내리셔서 우리 백성을 이만큼이나마 살아남게 하셨습니다"라고 했다.

에스라는 그들이 당한 고난은 그들의 죄 때문인 것을 고백하고(6-7절), 또 하나님의 형벌이 그들의 죄보다 가볍다는 것을 여러 차례 강조한다.

스 9:14. 우리가 어찌 다시 주의 계명을 거역하고 이 가증한 백성들과 통혼하오리이까 그리하면 주께서 어찌 우리를 멸하시고 남아 피할 자가 없도록 진노하시지 아니하시리이까.

"어찌 다시 우리가 주님의 계명을 어길 수가 있겠습니까. 어찌 역겨운 일을 저지르는 이방 백성들과 다시 통혼할 수가 있겠습니까. 이제 주님께서 분노하셔서 한 명도 남기지 않고 없애 버리신다고 해도 드릴 말씀이 없습니다".

에스라는 감히 이스라엘이 이방인과 통혼하는 범죄를 저지를 수 있겠는가고 말한다. 통혼하는 범죄가 다시 일어나면 하나님께서 자기들을 치셔서 남는 자가 없도록 치시지 않겠는가고 말한다.

스 9:15. 이스라엘의 하나님 여호와여 주는 의로우시니 우리가 남아 피한

---

23) 신자들은 불신자와의 통혼이 배격되고 있다(고전 7:39; 고후 6:14).

24) 본 문구는 '그들의 평화와 행복을 바라지 말라'고 번역될 수가 있다. 구체적으로는 이스라엘 백성들이 우상을 섬기는 이방인들과 평화와 행복을 공유하지 말아야 할 것, 즉 그들과 교제하지 말아야 할 것을 뜻한다(Ridderbos).

것이 오늘날과 같사옵거늘 도리어 주께 범죄하였사오니 이로 말미암아 주 앞에 한 사람도 감히 서지 못하겠나이다 하니라.

에스라는 기도의 결론에서 "이스라엘의 하나님 여호와여! 주님은 의로우셔서 우리를 이렇게 살아남게 하셨습니다. 진정으로 우리는 우리의 허물을 주님께 자백합니다. 우리 가운데서 어느 누구도 감히 주님 앞에 나설 수 없습니다".

에스라는 하나님께서 의로우셔서 언약을 지키셨기 때문에 이스라엘 민족을 이만큼 살려주셨다고 말한다. 하나님의 의로우심은 우리의 삶의 근거가 된다는 것이다.

에스라는 하나님께서 의로우셔서 인간을 살려주셨는데도 사람들은 도리어 주님께 범죄하게 되어 우리의 허물을 자백할 수밖에 없다고 말한다. 우리는 우리의 죄악 때문에 주님 앞에 한 사람도 나설 수가 없는 존재가 되었다고 고백한다.

제 10 장

3. 이방여인들과 이혼하겠다는 약속 10:1-5

에스라가 회개하니 백성들도 따라서 회개한다. 백성들이 회개하면서 이방인 여인들과의 관계를 끊기로 하고 내 보낸다. 여기 그 남자들의 명단이 나타난다.

스 10:1. 에스라가 하나님의 성전 앞에 엎드려 울며 기도하여 죄를 자복할 때에 많은 백성이 크게 통곡하매 이스라엘 중에서 백성의 남녀와 어린 아이의 큰 무리가 그 앞에 모인지라.

9장말까지 에스라 자신을 1인칭으로 묘사하다가 이제는 제 3인칭으로 묘사한다. "에스라가 하나님의 성전 앞에 엎드려 울면서 기도하며 죄를 자백할 때에 이스라엘 사람도 많은 사람이 통곡하고 백성의 남녀와 어린 아이의 큰 무리가 에스라 앞에 모여서 큰소리로 슬피 울었다". 에스라의 회개는 다른 이들에게 큰 공감을 일으켜 눈물바다를 이룰 정도가 되었다. 오늘 우리의 죄 자백이 다른 이들에게까지 번져 가야 할 것이다.

스 10:2. 엘람 자손 중 여히엘의 아들 스가냐가 에스라에게 이르되 우리가 우리 하나님께 범죄하여 이 땅 이방 여자를 맞이하여 아내로 삼았으나 이스라엘에게 아직도 소망이 있나니.

본절은 엘람 자손(2:7; 8:7; 10:26) 중 여히엘('하나님께서 살리신다'는 뜻)의 아들 스가냐[25]('여호와께서 그의 거처를 잡으셨다'는 뜻)가 에스라에

---

25) "스가냐": 스가냐는 바벨론 유배 생활 때에 이방 여인과 결혼했으며 이방인 아내와 이혼할 것을 제의했다(10:2-3).

게 소망을 주는 말을 건넨 것을 기록한 것이다. 즉, "우리가 우리 하나님께 범죄하여 이 땅 이방 여자를 맞이하여 아내로 삼았으나 이스라엘에게 아직도 소망이 있다"고 말한다. 그 소망스런 내용은 다음 절들(3-4절)에 진술되어 있다. 스가냐는 난처한 가운데에서도 소망을 발견하고 에스라에게 소망의 말을 던져준다. 우리가 하나님을 믿을 때에 항상 소망이 있음을 알아야 할 것이다.

에스라 한 사람이 회개하니 많은 사람이 감동을 받고 결실을 맺어갔다. 교회에 문제가 생기면 먼저 지도자 한 사람이 깊은 회개를 하면 그것이 모든 성도들에게 큰 감동으로 옮겨간다. 교회의 회원 중에 별 이름도 없는 사람(스가냐 같은 사람)이 감동을 받고 지도자에게 나타나 이방여자를 맞이하여 사는 사람들은 모두 이방 부인들과 인연을 끊고 내 보내자는 소망의 말을 한다. 부인을 내보는 것만큼 어려운 일이 없는데 그것을 실행하자고 하는 건의는 에스라에게 큰 힘이 아닐 수 없었다. 그런고로 소망이란 다른 것이 아니다. 회개하면 된다는 말이다. 회개해도 안 되는 것이 있다면 소망이 끊긴 것이다. 그러나 우리 성도들은 항상 소망이 넘치는 사람들이다.

스 10:3. 곧 내 주의 교훈을 따르며 우리 하나님의 명령을 떨며 준행하는 자의 가르침을 따라 이 모든 아내와 그들의 소생을 다 내보내기로 우리 하나님과 언약을 세우고 율법대로 행할 것이라.

본절과 다음 절(4절)은 스가냐가 주장한 말이다. 여기 "내 주의 교훈을 따른다"는 말을 두고 견해가 갈린다. 1) 하나님과의 언약에 충실한 것을 뜻하는 것이라고 보는 견해(이상근). 2) 에스라의 교훈을 따르는 것이라는 견해(박윤선, 호크마 주석, 그랜드종합주석). 문맥으로 보아 2번의 견해가 바른 것으로 본다.

스가냐는 내 주(에스라)의 가르침을 따르며 우리 하나님의 명령을 떨며 준행하는 자의 가르침을 따라 이 모든 아내와 그들의 아이를 다 내보내기로 우리 하나님과 언약을 세우고 율법대로 행하자고 주장한다. 스가냐는 이스라엘에게 소망이 없는 듯이 보이지만 잘 못 맺어진 결혼과 또 거기에서 생산된 아이들을 내 보내면 하나님으로부터 구원이 있을 것을 알았다.

스 10:4. 이는 당신이 주장할 일이니 일어나소서 우리가 도우리니 힘써 행하소서 하니라.

스가냐는 "일을 되게 하는 것은 에스라 지도자가 할 일이니 일어나서 주장하소서. 우리가 도울 것이니 힘껏 일을 진행해 나가소서"라고 말한다. 에스라의 종교개혁은 에스라의 회개기도로부터 시작된 것이다. 에스라의 회개기도로부터 시작하여 여러 사람에게 퍼져 나가서 결실을 맺게 된 것이었다.

스 10:5. 이에 에스라가 일어나 제사장들과 레위 사람들과 온 이스라엘에게 이 말대로 행하기를 맹세하게 하매 무리가 맹세하는지라.

에스라는 일어나 스가냐의 제안대로 제사장들과 레위 사람들과 온 이스라엘 사람들에게 맹세를 시켰다. 그 맹세는 스가냐의 제안을 따라 이방인 처들과 그들에게서 탄생한 소생들을 내어 보내자는 것이었다. 이렇게 해서 에스라의 종교개혁은 성공을 거두었다.

4. 회중들의 결단 10:6-17

에스라는 9월 20일에 백성들을 성전 광장에 모아 놓고 종교 개혁을 할 것을 공포한다. 한편의 반대는 으레 있는 것으로 알아 기도하는 중에 종교개혁을 성취한다.

스 10:6. 이에 에스라가 하나님의 성전 앞에서 일어나 엘리아십의 아들 여호하난의 방으로 들어가니라 그가 들어가서 사로잡혔던 자들의 죄를 근심하여 음식도 먹지 아니하며 물도 마시지 아니하더니.

"이에", 즉 '무리가 맹세한 다음에' 에스라가 하나님의 성전 앞에서 일어나 엘리아십의 아들 여호하난('은혜를 주는 자'라는 뜻')의 방으로 들어간 후에도 사로 잡혔다가 돌아온 자들의 죄를 근심하여 음식도 먹지 아니하며 물도 마시지 아니했다.

여기 "여호하난"은 '엘리아십'의 손자로서(느 12:22) 당시의 대제사장이었던 것 같다(Rawlinson). 여기 "방"은 성전의 양쪽에 있던 방들 중의 하나이다. 이 방은 제사장들이나 혹은 레위인들이 봉사를 준비하던 공간이었을 것으로 보인다.

에스라는 그 방에 들어갔어도 사로 잡혔다가 돌아온 자들의 죄를 근심하여 음식도 먹지 아니하며 물도 마시지 아니했다. 에스라의 이 같은 금식은 먹는 것만을 금하는 금식보다는 훨씬 강도가 높은 의미를 나타낸다(삼상 1:7; 20:34; 삼하 3:15). 에스라는 종교개혁이 완성되기까지는 마음에 평안이 없었다.

스 10:7. 유다와 예루살렘에 사로잡혔던 자들의 자손들에게 공포하기를 너희는 예루살렘으로 모이라.

에스라는 유대와 예루살렘에서 거주하는, 사로잡혔다가 돌아온 자들에게 공포하기를 "당신들은 예루살렘으로 모이시오"라고 했다. 이렇게 모이라고 한 이유는 종교 개혁을 하려는 계획 때문이었다.

스 10:8. 누구든지 방백들과 장로들의 훈시를 따라 삼일 내에 오지 아니하면 그의 재산을 적몰하고 사로잡혔던 자의 모임에서 쫓아내리라 하매.

에스라는 공포하기를 "누구든지 지도자들과 장로들의 훈시를 따라 3일 안에 오지 아니하면 첫째, 그의 재산을 몰수하고, 둘째, 사로잡혔던 자의 모임에서 쫓아낼 것이라고" 했다. 에스라는 아닥사스다 왕으로부터 사법권과 인사권까지 부여받았기 때문에(7:11-28) 두 가지 벌칙을 가할 수 있었다.

스 10:9. 유다와 베냐민 모든 사람들이 삼 일 내에 예루살렘에 모이니 때는 아홉째 달 이십일이라 무리가 하나님의 성전 앞 광장에 앉아서 이 일과 큰 비 때문에 떨고 있더니.

당시의 귀환 민들은 유대와 베냐민 지역 내에 살았기에 3일내에 쉽게 모일 수 있었다. 이들이 모인 때는 9월 기슬르월(느 1:1), 양력으로는 11-12월 그 달 20일이었다. 이때는 이른 비가 오는 때였고, 때로는 우리 본문과 같이 큰 비가 내리기도 했다. 귀환 민들은 그들이 지은 죄와 또 큰 비로 인하여 두려워 떨었다. 아마도 큰 비는 자기들이 지은 죄 때문에 당하는 징벌로 여겼을 것이다(이상근).

스 10:10. 제사장 에스라가 일어나 그들에게 이르되 너희가 범죄하여 이방 여자를 아내로 삼아 이스라엘의 죄를 더하게 하였으니.

여기 에스라라는 이름에 "제사장"이라는 낱말이 붙은 것은 에스라가 어떤 자격으로 종교개혁을 이룩하는지를 보여주기 위한 저자의 의도 때문이었을 것이다. 에스라는 제사장 자격으로 "일어나서" 귀환 민들 앞에서 개혁을 이루고 있는 것을 보여준다.

에스라는 모여든 귀환민들에게 이르기를 "당신들이 범죄하여 이방 여자를 아내로 삼아 이스라엘의 죄를 더하게 했다"고 선언한다. 신자들이 이방 결혼을 하지 않았어도 원래 지은 죄가 있었는데 불신 여자와 결혼했으니 분명히 죄에 죄를 더하게 되었다는 것을 알려주었다. 그러니까 불신 결혼이 분명한 죄라는 것을 드러낸 것이다. 에스라는 이방인 여자를 성도의 가정에 들여놓는 일이야 말로 죄라는 것을 드러내고 개혁을 일으키려고 한 것이었다.

스 10:11. 이제 너희 조상들의 하나님 앞에서 죄를 자복하고 그의 뜻대로 행하여 그 지방 사람들과 이방 여인을 끊어 버리라 하니.

문장 초두에 나오는 "이제"란 말은 에스라가 앞 절에서 이방인 여자를 취한 것이 분명한 죄라고 알려주었으니 이제는 다음 단계로 죄를 자복하라는 것을 말하기 위하여 내 세운 말이다.

에스라는 귀환민들에게 "너희 조상들의 하나님 앞에서 죄를 자복하라"고 권고한다. "죄를 자복한다"는 말은 '죄를 고백한다'는 뜻이다. 오늘 우리도 자신이 무슨 죄를 지었는지 안 다음에는 많이 자복해야 한다. 아는 것만 가지고는 안 된다. 자복하는 일은 쉬운 일이 아니다. 아무튼 죄 고백은 심각해야 한다.

에스라는 죄를 자복하라고 한 다음 "그(하나님)의 뜻대로 행하여 그 지방 사람들과 이방 여인을 끊어 버리라"고 명령한다. "그의 뜻대로 하라"는 말은 '그 분을 기쁘시게 하라'고 번역할 수도 있다(Fensham). 이 말은 "그 지방 사람들과 이방 여인을 끊어 버리라"는 말과 동의절로 사용된 것이다. 하나님의 뜻대로 한다는 것은 결국 그 지방 사람들과 이방 여인을 끊어버리는 것이다. 함께 살던 여인과 헤어지는 것이 하나님을 기쁘시게 하는 것이다. 이것은 눈을 빼는 일이나 팔을 끊는 일이나 다름없는 일이었다(마 5:29-30). 우리가 죄를 끊는다는 것은 우리의 신체의 일부를 도려내거나 끊는 것이나 마찬가지였다.

스 10:12. 모든 회중이 큰 소리로 대답하여 이르되 당신의 말씀대로 우리가 마땅히 행할 것이니이다.

모든 회중이 큰 소리로 대답하여 "당신(에스라)의 말씀대로 우리가 마땅히 행할 것입니다"고 말한 것은 에스라의 기도의 영향이라고 할 수 있다. 이는 그들이 이제야 자기들이 잘 못했다는 가책과 또 하늘에서 내리는 큰 비가 하나님의 진노의 결과라고 여긴 탓이었다. 오늘날 교회의 지도자들이 이 시대를 바라보면서 기도하고 통회한다면 더 큰 반향이 있지 않을까.

스 10:13. 그러나 백성이 많고 또 큰 비가 내리는 때니 능히 밖에 서지 못할

것이요 우리가 이 일로 크게 범죄하였은즉 하루 이틀에 할 일이 아니오니.

모든 회중이 에스라의 말씀대로 하겠다고 큰 소리로 화답(앞 절)은 했으나 이 문제를 당장 해내기에는 세 가지로 난관이 생겼다. 첫째, 사람이 많다는 것, 둘째, 큰 비가 내리는 장마철이니 야외에 서서 간단히 처리할 일이 아니라는 것, 셋째, 자기들의 죄가 간단히 처리할 작은 문제가 아니라는 것이었다. 그러니 시간을 잡아서 신중하게 처리할 일이라고 말한다.

스 10:14. 이제 온 회중을 위하여 우리의 방백들을 세우고 우리 모든 성읍에 이방 여자에게 장가든 자는 다 기한에 각 고을의 장로들과 재판장과 함께 오게 하여 이 일로 인한 우리 하나님의 진노가 우리에게서 떠나게 하소서 하나.

단숨에 해결할 수 있는 형편은 아니니(13절), 이제 개혁을 보다 잘 추진하기 위해서는 첫째, 온 회중의 범법자 관리를 위하여 방백들(담당자들)을 세워 사무를 보게 하자고 제안한다. 둘째, 모든 성읍에 범법자들을 소환하여 조사함으로써 시간 낭비를 없애고 철저를 기하자고 제안을 한다. 셋째, 범죄자만 소환하는 것이 아니라 범법자가 사는 마을의 행정, 사법 책임자도 함께 동행 하게 하자고 제안한다. 이렇게 하는 것은 범법자가 허위진술을 못하도록 막고 판결 혹은 서약 내용의 준수 여부를 계속 지켜보면서 감독할 사람이 필요했기 때문이었다. 이렇게 철저히 개혁을 하는 이유는 하나님의 진노로 인한 민족 멸절을 방지하기 위해 민족적인 죄를 과감히 도려내려는 것이었다.

스 10:15. 오직 아사헬의 아들 요나단과 디과의 아들 야스야가 일어나 그 일을 반대하고 므술람과 레위 사람 삽브대가 그들을 돕더라.

본절은 에스라의 개혁 운동에 직접적으로 반대한 두 사람이 있었다는 것과 간접적으로 반대한 두 사람이 있었다는 것을 말한다. 오늘도 어느 교회든지 반대자가 두어 사람이 있음을 상기시켜 준다. 한 사람은 제일 앞장서서 반대하고 또 다른 사람은 간접적으로 반대한다. 이런 반대는 지도자로 하여금 더욱 기도하도록 하나님께서 허락하신 것이니 기도를 많이 하면 그 반대는 꺾이게 마련이다.

"오직 아사헬의 아들 요나단('하나님이 주신'이란 뜻)과 디과의 아들 야스야가 일어나 그 일을 직접적으로 반대했다". 여기 "그 일"이 무엇이냐를 두고 견해가 갈린다. 1) '에스라의 개혁안', 즉 이방인 부인들을 내 보내자는 안(案)이라는 견해(Lange, Batten, Schultz, Rawlinson, 이상근). 2) 회중들이 제시한 방법(13-14절)에 대한 반대라는 견해(Fensham, Williamson, Myers). 2번의 견해가 바른 것으로 본다. 이유는 이들이 역시 에스라의 견해에 모두 찬성한("당신의 말씀대로 우리가 마땅히 행할 것이이니다") 이상 에스라의 견해를 반대하지는 않았을 것이고, 또 만일 이방인 부인들을 내보내자는 개혁안에 반대하는 것이라면 반대 사실을 12절 뒤에 그들의 반대를 진술했을 것이다. 그런고로 이들의 반대 의견은 회중들이 제시한 방법에 대해서 반대한 것이라고 보아야 할 것이다.

스 10:16-17. 사로잡혔던 자들의 자손이 그대로 한지라 제사장 에스라가 그 종족을 따라 각각 지명된 족장들 몇 사람을 선임하고 열째 달 초하루에 앉아 그 일을 조사하여 첫째 달 초하루에 이르러 이방 여인을 아내로 맞이한 자의 일 조사하기를 마치니라.

포로로 사로잡혀 갔다가 돌아온 백성들은 에스라의 의견을 따르기로 하였다. 제사장 에스라가 각 가문의 족장 한 사람씩을 우두머리로 뽑아서 (2:3-61) 그들에게 책임을 맡겼다. 이방 여자와 결혼한 사람들에 대한 조사를 10월 1일에 시작하여 다음해 1월 1일에 끝났다. 3개월이 걸린 것이다. 잡혼 자는 최종적으로 110명 정도였으니 조사는 아주 신중하게 진행된 것이었다.

5. 잡혼 자들의 명단 10:18-44

스 10:18. 제사장의 무리 중에 이방 여인을 아내로 맞이한 자는 예수아 자손 중 요사닥의 아들과 그의 형제 마아세야와 엘리에셀과 야립과 그달랴라 (Now there were found some of the sons of the priests who had married foreign women: Ma-aseiah, Eliezer, Jarib, and Gedaliah, some the sons of Jeshua the son of Jozadak and his brothers-ESV).

제사장의 자손들 가운데서 이방 여자와 결혼한 사람들은 곧, 요사닥의 손자인 예수아의 아들들과 그 형제들인 마아세야와 엘리에셀과 야립과 그달리야였다.

본절은 쉽게 말해 "요사닥의 아들 예수아의 자손과 형제들"로 읽는 것이 바람직할 것이다(RSV, ESV). 예수아(Joshua)는 제 1차 귀환 때의 대제사장이었고(2:2a), 요사닥(Jozadak)은 그의 아버지였다(3:2).

본절은 대제사장의 가문에서 4인이나 이방인 여자와 잡혼을 했다는 것을 보여준다. 이는 이 당시 잡혼이 보편화 되었다는 것을 보여준 사례였다. 이런 현상은 오늘날 우리 교회에서도 일어나고 있다.

스 10:19. 그들이 다 손을 잡아 맹세하여 그들의 아내를 내보내기로 하고 또 그 죄로 말미암아 숫양 한 마리를 속건제로 드렸으며.

그들(예수아의 가족 4명)은 모두 손을 들어서 아내를 내보내겠다고 서약하고, 지은 죄를 속하기 위하여 각자 숫양 한 마리씩을 잡아서 속건 제물로 바쳤다. "손을 들어 맹세하는 것"은 맹세의 한 자세였다(왕하 10:15; 겔 17:18).

속건제의 주해를 위해서 레 5-6장 주해 참조. 속건제는 보통 비고의적(非故意的)인 죄를 속하기 위해 드려졌다(레 5:14-16). 대제사장의 가문에서 속건제를 드린 것은 "속죄제"와의 분명한 차이를 알지 못했기 때문이라는 것을 알 수 있다.

여기 아내를 내보내기로 한 것은 불신 아내(이방인 아내)와 이스라엘 남편과의 결혼은 한 몸이 아님을 알 수 있다. 부부가 한 몸이 된다는 것은 신자와 신자의 결합에서만 발견할 수 있는 현상이다. 원래 두 몸이었으니 여자를 내 보낼 수 있었다.

스 10:20-22. 또 임멜 자손 중에서는 하나니와 스바댜요 하림 자손 중에서는 마아세야와 엘리야와 스마야와 여히엘과 웃시야요 바스훌 자손 중에서는 엘료에내와 마아세야와 이스마엘과 느다넬과 요사밧과 엘라사였더라.

임멜, 하림, 바스훌에 대해 2:36-39주해를 참조하라. 20-22절의 명단은 제사장들로 임멜 자손이 하나니와 스바댜요(2명), 하림 자손이 마아세야, 엘리야, 스마야, 여히엘, 웃시야(5명), 바스훌 자손이 엘료에내와 마아세야, 이스마엘, 느다넬, 요사밧, 엘라사(6명)였다. 그래서 도합 13명이었다. 이들 전체의 귀환자가 4,289명이었고 그 중 13명이 잡혼 자였다.

스 10:23. 레위 사람 중에서는 요사밧과 시므이와 글라야라 하는 글리다와 브다히야와 유다와 엘리에셀이었더라.

레위 사람의 귀환자는 74명이었는데(2:40) 그 중에 잡혼 자가 요사밧, 시므이, 글라야, 브다히야, 유다, 엘리에셀(6명)이었다.

스 10:24. 노래하는 자 중에서는 엘리아십이요 문지기 중에서는 살룸과 델렘과 우리였더라.

2:41에 의하면 노래하는 자의 귀환자는 128명이었는데, 그 중에 잡혼 자는 엘리아십 1사람이었다. 2:42에 의하면 문지기의 귀환자는 139명이었는데 그 중에 잡혼 자는 살룸, 델렘, 우리(3명)였다. 어떤 이들은 바벨론 포로에서 귀환해서 개혁에 동참해서 수고한 이들이 있었는가 하면 어떤 이들은 이처럼 잡혼을 하여 세상을 즐기고 있었으니 차이가 나도 너무 나는 것을 볼 수 있다.

스 10:25. 이스라엘 중에서는 바로스 자손 중에서는 라먀와 잇시야와 말기야와 미야민과 엘르아살과 말기야와 브나야요.

이스라엘의 일반 백성 중 바로스 자손 중에서는 라먀, 잇시야, 말기야, 미야민, 엘르아살, 말기야, 브나야(7명)였다. 바로스 자손에 대해 2:3 주해 참조. 바로스 자손의 귀환민은 2,172명이었다. 이 사람들 중 잡혼 자는 7명이었다.

스 10:26. 엘람 자손 중에서는 맛다냐와 스가랴와 여히엘과 압디와 여레못과 엘리야요.

엘람 자손 중에는 잡혼 자가 맛다냐, 스가랴, 여히엘, 압디, 여레못, 엘리야(6명)였다. 엘람 자손의 귀환자는 1,254명이었다. 엘람 자손에 대해 2:7 주해를 참조하라.

스 10:27. 삿두 자손 중에서는 엘료에내와 엘리아십과 맛다냐와 여레못과 사밧과 아시사요.

삿두 자손에 대해서는 2:7주해 참조. 삿두 자손 중의 귀환자는 945명이었는데 잡혼자가 6명이었다.

스 10:28. 베배 자손 중에서는 여호하난과 하나냐와 삽배와 아들래요.

베배 자손의 귀환 자는 623명이었는데 잡혼 자는 4명이었다. 본절 주해를 위해 2:11 주해를 참조하라.

스 10:29. 바니 자손 중에서는 므술람과 말룩과 아다야와 야숩과 스알과 여레못이요.

바니 자손의 귀환자는 642명이었는데 잡혼 자는 6명이었다. 2:10 주해를 참조하라.

스 10:30. 바핫모압 자손 중에서는 앗나와 글랄과 브나야와 마아세야와 맛다냐와 브살렐과 빈누이와 므낫세요.

바핫모압 자손의 귀환자는 2,812명이었는데 그 중 잡혼 자는 8명이었다. 본절 주해를 위해 2:8주해를 참조하라.

스 10:31-32. 하림 자손 중에서는 엘리에셀과 잇시야와 말기야와 스마야와 시므온과 베냐민과 말룩과 스마랴요.

하림 자손의 귀환자는 320명이었는데 그 중 잡혼 자는 8명이었다. 2:32주해를 참조하라.

스 10:33. 하숨 자손 중에서는 맛드내와 맛닷다와 사밧과 엘리벨렛과 여레매와 므낫세와 시므이요.

하숨 자손의 귀환자는 223명이었는데 잡혼 자는 7명이었다. 본절 주해 위해 2:19주해를 참조하라.

스 10:34-42. 바니 자손 중에서는 마아대와 아므람과 우엘과 브나야와 베드야와 글루히와 와냐와 므레못과 에랴십과 맛다냐와 맛드내와 야아수와 바니와 빈누이와 시므이와 셀레먀와 나단과 아다야와 막나드배와 사새와 사래와 아사렐과 셀레먀와 스마랴와 살룸과 아마랴와 요셉이요.

34-42절 전체 인명은 모두 바니 자손 중의 잡혼 자였는데 27명이었다. 바니 자손 귀환자는 642명이었는데 바니 자손은 잡혼 자가 가장 많은 가족이었다. 이 부분 주해를 위해서는 2:10주해를 참조하라. 이 가족은 영적 분위기가 좋지 않았던 것으로 보인다. 오늘도 가족마다 그 분위기가 많이 다름을 볼 수가 있다. 이는 주로 그 가정의 대표자에게 달려 있다.

스 10:43. 느보 자손 중에서는 여이엘과 맛디디야와 사밧과 스비내와 잇도와

요엘과 브나야더라.

느보 자손의 귀환자는 52명이었는데 잡혼 자는 7명이었다. 본절 주해를 위해 2:29 주해를 참조하라.

스 10:44. 이상은 모두 이방 여인을 아내로 맞이한 자라 그 중에는 자녀를 낳은 여인도 있었더라.

이상의 가족들은 모두 "이방 여인"을 아내로 맞이한 자였다. "그 중에는 자녀를 낳은 여인"도 있었다. 여기 자녀를 낳은 여인도 있었다는 말은 그들의 죄악의 밤이 더 깊어졌다는 것을 보여주는 말이다. 그들 모두가 하나님과 연관되어 살려는 마음은 있었던 것으로 보인다. 그들의 이름 거의 대부분이 "여호와"나 혹은 "하나님"과 연관되어 있음을 보여준다. 마음은 원이로되 믿음이 약하여 죄를 지어 바벨론에까지 간 것이다. 오늘 우리도 마음은 하나님과 가까이 살려하나 실제적으로 믿음이 약하면 별수 없이 세상 속으로 끌려간다는 것을 알 수 있다. 우리는 끊임없이 하나님의 말씀을 읽고 또 읽고 듣고 또 듣고 하여(롬 10:17) 믿음이 성장해야 세상에 끌려가지 않게 될 것이다.

"자녀를 낳은 여인도 있었다"는 말은 에스라의 개혁이 그만큼 힘든 개혁이었다는 것을 보여준다. 아이까지 낳았는데 그 여인을 내보낸다는 것은 엄청난 아픔이었을 것이다. 그러나 개혁해야 할 것은 과감하게 개혁해야 했다. 그들이 깨우침을 받은 후에 그 죄악을 청산했으니 에스라의 개혁의 힘이 아주 강했다는 것을 보여주었다. 오늘 교회의 개혁은 한 가지 문제도 해결하지 못하는 것을 볼 수 있다. 이것은 사회의 차이 때문이기도 하지만 주로 지도자의 차이로 보아야 할 것이다.

"자녀를 낳은 여인도 있었다"는 말은 참으로 힘든 개혁상황이 되었더라도 하나님의 언약이 승리했다는 것을 보여준 것이었다. 하나님은 그의 자녀들이 깊이 타락했다 하더라도 하나님께서 한번 언약하신 이상 그의 자녀를 버리시지 않고 찾아오셨다는 것을 보여주었다. 하나님은 바벨론에서 그의 자녀들을 석방하셔서 멀리 이스라엘에까지 자녀들을 옮기시고 또 회개운동을 허락하셔서 정화시켜 주셨다.

-에스라서 주해 끝-

느헤미야서 주해

Exposition of Nehemiah

■ 총 론

느헤미야서의 책 제목은 어떻게 해서 생겼나

히브리어 원본에서 에스라서와 느헤미야서는 한권으로 되어 있으며 "에스라의 책(a~r:z][)"아라 불린다. 70인역 역시 두 책을 하나로 취급하며 "에스라 2서"라 불렀으나 벌게이트(Valgate)는 두 책을 분리했다. 본서를 "에스라의 둘째 책, Liber Secundus Esdrae"이라 했으며, 히브리어 원전도 1448년 이후의 것은 나누는 편을 택하고 있다(이상근). 본서의 책 제목은 본서의 중심인물이며 저자인 느헤미야의 이름을 따른 것이다.

느헤미야서의 저자는 누구인가

본서가 에스라서와 한권으로 되어 있기 때문에 에스라가 그 저자일 것이라고 주장하는 학자가 있으나(Zoekler) 느헤미야의 저작이라는 설이 압도적이다(Keil, Lange, Young). 그 이유는 첫째, 본서에 느헤미야는 자신을 제 1인칭으로 부르고 있는 것, 둘째, 본서의 대부분의 내용이 느헤미야에 관한 기사인 것을 들 수 있다.

느헤미야서는 언제 기록되었는가

많은 비평학자들은 12:11,22에 등장하는 얏두아를 알렉산더 대왕 시절에 유대의 대 제사장이었던(B.C. 351-331) 얏두아와 동일 인물로 보고 본서의 기록 연대를 B.C. 300년대로 잡는다. 그러나 본서의 저자가 느헤미야라고 하면 본서는 얏두아가 젊었을 때 즉 느헤미야의 말년(B.C. 421-400)에 기록된 것으로 추정할 수 있다.

느헤미야서는 무엇을 담고 있는가

본서는 느헤미야의 예루살렘 성전 재건(1-7장)과 에스라와 느헤미야의 종교개혁(8-13장)으로 양분된다. 앞부분은 느헤미야의 단독활동이 진술되어 있고 후편은 에스라와의 합작으로 되어 있다. 더구나 8-10장은 에스라서와도 흡사하다.

느헤미야서의 기록 목적은 무엇인가

본서는 에스라서에 이어 귀환민들이 예루살렘성을 재건한 것과 종교개혁을 단행한 사실을 전하는데 그 목적이 있다. 그리고 본서는 에스라서와 더불어 하나님의 신실하심이 강조되어 있다. 하나님은 고레스, 다리오 및 아닥사스다 등 바사의 왕들과 에스라, 느헤미야, 학개, 스가랴, 스룹바벨 및 예수아 등을 사용하셔서 하나님의 구원의 큰 목적을 달성하시는 자취를 전하고 있는 것이다.

느헤미야서의 특징은 무엇인가

1. 이스라엘의 귀환기에 느헤미야의 활동으로 예루살렘 성곽의 재건 기사를 생생히 전하는 것이 특징이다.

2. 느헤미야 당시의 시대 상황이 자세히 전해진 것이 특징이다.

3. 본서에 에스라의 종교개혁도 취급되어(8-10장) 본서와 에스라서의 긴밀한 연관성이 나타난 것이 특징이다.

4. 본서의 1인칭이 특징적이고, 또 귀환기의 느헤미야의 공적이 부각되고 있는 점이 특이하다.

느헤미야서에 나타난 느헤미야는 그리스도를 예표하고 있는가

본서의 중심인물이자 저자인 느헤미야가 바사 제국 내에서의 높은 지위를 포기하고 언약 공동체의 회복을 위해 온갖 역경에 동참했다는 점에서, 그리고 회복이라고 하는 특별한 사명을 감당했다는 점에서 예수 그리스도를 예표하고 있다고 할 수 있을 것이다.

느헤미야서의 주요 주제들은 무엇인가

1. 느헤미야서에는 강한 자기 부인의 자세가 등장하고 있다. 느헤미야는 대제국의 고관이라는 안락한 지위를 버리고 강림하사 성도들을 구하신 예수님의 사역을 예표하며, 하나님의 사역자들이 가져야 할 자기 부인의 자세를 보여주고 있다.

2. 세상의 주관자 되신 하나님은 당신을 알지 못하는 이방 제국의 왕의 마음까지 움직이셔서 사람이 모르게 당신의 뜻을 이루어 가신다.

3. 신앙 재건을 위해서는 많은 어려움이 따름을 볼 수 있다. 성전 재건이나 성벽재건에서도 볼 수 있었듯이 신앙을 다시 회복하려는 사람에게는 큰 어려움이 따른다. 그러나 하나님의 존재와 역사의 비젼을 분명히 깨달은 자라면 어려움을 이겨내며 하나님 앞에서 자신을 바로 세워 나아가야 할 것이다.

4. 느헤미야서에는 언약의 갱신이란 주제가 크게 부각되고 있다. 언약의 갱신은 말로만의 갱신이 아니라 실생활의 갱신까지도 요청된다. 따라서 새 언약 하에 살아가는 성도는 삶의 모든 영역에서 항상 하나님의 뜻에 합당하게 살아가야 할 것이다.

■ 참고 도서

강병도 편. *호크마종합주석 12, 에스라-에스더,* 서울특별시: 기독지혜사, 1991.

김수홍. *그리스도의 말씀이 연합에 미친 영향.* 용인시: 도서출판 목양. 2011.

______. *사사기, 룻기 주해,* 경기도 수원시: 도서출판 언약, 2016.

박윤선. *성경주석, 에스라서, 느헤미야서, 에스더서,* 서울특별시: 영음사, 1979년 초판 발행.

이상근. *구약주해, 에스라-욥,* 대구광역시: 성등사, 1998.

장춘식. *성서주석 14, 에스라, 느헤미야,* 서울: 대한기독교서회, 2007년.

제자원 편. *그랜드종합주석 제 7권: 역대상, 역대하, 에스라, 느헤미야, 에스더,* 경기도: 고양시, 2004.

Baxter, J. Sidlow. *Explore the Book.* Grand Rapids: Zondervan Publishing House, 1966.

Black, Matthew & Rowley, H.H. *Peake's Commentary on the Bible,* Nashville: Thomas Nelson, 1962.

Blenkinsopp, Joseph. *Ezra-Nehemiah,* Westminster John Knox, 1988. moderate mainline perspective; exegetical, textual, historical value; lengthy introduction, innovative, yet conservative.

Breneman, Mervin. *Ezra, Nehemiah, Esther* (New American Commentary), Broadman and Holman, 1993.

Calvin, John. *Calvin's Commentaris,* Edinburgh, 1847.

Clarke, Adam. *Clarke's Commentary*, Nashville: Abingdon.

Clines, David J. A. *Ezra, Nehemiah, Esther* (New Century Bible), Eerdmans, 1984.Fensham, Charles. *The Books of Ezra and Nehemiah* (NICOT), Eerdmans, 1994.

Guthrie D. & Motyer, J.A. *The New Bible Commentary*, Grand Rapids: Eerdmans, 1970.

Jamieson, R. Fausset, A.R. & Brown D. *Commentary on the Whole Bible,* Grand Rapids: Zondervan, 1976.

Keil & Delitzsch. *Ezra, Nehemiah, Esther*. Grand Rapids: Eerdmans.

Kidner, Derek. *Ezra and Nehemiah* (Tyndale), Inter Varsity, 1979.Klein, Ralph W. "Ezra, Nehemiah" in *The New Interpreter's Bible*, vol. III, Abingdon, 1999.

Lange, John Peter. *Commentary on the Whole Scripture*, Grand Rapids: Zondervan, 1876.

Leupold, H.C. *Barnes on the Old Testament*, Grand Rapids: Baker Book House, 1942.

Maclaren, Alexander. *Expositions of Holy Scripture*, Grand Rapids: Baker Book House, 1984.

McConville, J. Gordon. *Ezra, Nehemiah, Esther* (Daily Study Bible), Westminster John Knox, 1985.

Morgan, G. Campbell. *An Exposition of the Whole Bible*, Old Tapen: Fleming H. Revell, 1959.

Myer, F.B. *Bible Commentary*, Wheaton: Tyndale, 1984.

Myers, Jacob M. *The Anchor Bible, Ezra & Nehemiah,* New York: Doubleday & Company, 1965.

Nicoll W. Robertson ed. *The Expositor's Bible*, Chicago: W.P. Blessing Co.

Throntveit, Mark A. *Ezra-Nehemiah* (Interpretation), Westminster John Knox Press, 1992.

Unger, M. F. *Unger's Commentary on the Old Testament, vol.1* Genesis-Song of Solomon, Chicago: Moody Press, 1981

Walvoord, John F. & Zuck Roy B. ed. *The Bible Knowledge Commentary*, Wheaton: Victor, 1985.

Williamson, H. G. M. *Ezra-Nehemiah* (Word), Word Books, 1984.

Yamauchi, Edwin. "Ezra Nehemiah" in *Expositor's Bible Commentary*, 4, Zondervan, 1988.

【사전류】

바이블렉스 8.0

데릭 윌리엄스, *IVP 성경사전*, 이정석 외 한국기독학생회 출판부 역, 한국기독학생회 출판부(IVP), 1992,

Achtemeier, Paul J. *Harper's Bible Dictionary*, New York: A Division of Harper Collins Publishers, 1985.

Baker, David W. *Dictionary of the Old Testament: Pentatuch,* Leichester: InterVarsity Press, 2003.

Douglas, J. D. *New Bible Dictionary*, (2nd edition), Wheaton: Tyndale House Publishers, 1982.

Tenney, Merrill C. *The Zondervan Pictorial Bible Dictionary,* Grand Rapids: Regency, 1967.

Tregelles, Samuel Prideaux. *Gesenius' Hebrew and Chaldee Lexicon,* Grand

Rapids: Eerdmans, 1969.

Unger, M. F. *Unger's Bible Dictionary.* Chicago: Moody, 1957.

【지도】

Personal Map Insert. Ft. Smith: Son Light Publishers, Inc, 1997.

내용 분해

I. 느헤미야가 예루살렘 성벽을 건설하다 1-6장

A. 느헤미야가 예루살렘 소식을 듣고 기도하다 1장

ㄱ. 느헤미야가 예루살렘 소식을 듣다 1:1-3

ㄴ. 느헤미야가 기도하다 1:4-11

B. 느헤미야의 귀환 2장

ㄱ. 느헤미야의 사명 2:1-10

ㄴ. 느헤미야가 성벽을 순시하다 2:11-20

C. 성벽 작업을 나누어 감당하다 3:1-32

D. 사마리아인들의 반대 4장

ㄱ. 사마리아인들의 반응 4:1-3

ㄴ. 느헤미야의 기도 4:4-6

ㄷ. 적들의 계획된 행동과 느헤미야가 취한 행동 4:7-23

E. 내부문제를 해결하다 5장

ㄱ. 노예문제를 제기하다 5:1-5

ㄴ. 노예문제를 해결하다 5:6-13

ㄷ. 느헤미야가 모범적인 삶을 살다 5:14-19

F. 성벽을 완성하다 6장

ㄱ. 함정에 빠뜨리기 위한 시도 6:1-4

ㄴ. 위협하고 고소하다 6:5-9

ㄷ. 거짓 선지자를 이용하여 장난하다 6:10-14

ㄹ. 성벽을 완성하다 6:15-16

ㅁ. 도비야와 서신을 교환하다 6:17-19

II. 예루살렘에 다시 사람들이 거주하다 7장

A. 예루살렘을 다스릴 관리들을 임명하다 7:1-4

B. 첫 번째 귀환한 사람들의 족보 7:5-73

III. 에스라의 종교개혁 8-10장

A. 율법을 낭독하다 8:1-12

B. 초막절을 지키다 8:13-18

C. 금식 일을 가지다 9:1-5

D. 회개 기도를 하다 9:6-37

E. 언약을 세우다 9:38-10:39

ㄱ. 견고한 언약을 세워 인봉하다 9:38

ㄴ. 언약서에 조인한 사람들 10:1-27

ㄷ. 세 가지 언약을 지키기로 맹세하다 10:28-33

ㄹ. 헌물을 규정하다 10:34-39

IV. 느헤미야의 전 민족 개혁 11-13:3

A. 예루살렘에 백성들을 정착하게 하다 11장

ㄱ. 예루살렘의 새로운 인구들 11:1-2

ㄴ. 예루살렘에 거주하는 세속인들 11:3-9

ㄷ. 제사장들 11:10-14

ㄹ. 레위인들 11:15-18

ㅁ. 다른 집단의 사람들 11:19-24

B. 유대와 베냐민 성읍들 11:25-36

C. 귀환한 제사장들과 레위인들 12:1-26

ㄱ. 스룹바벨과 함께 귀환한 제사장과 레위인들 12:1-9

ㄴ. 대제사장 족보 12:10-11

ㄷ. 요야김 시대의 제사장과 레위인 12:12-26

a. 제사장 명단 12:12-21

b. 레위인들 명단 12:22-26

D. 예루살렘 성벽을 봉헌하다 12:27-43

ㄱ. 레위인들과 제사장들의 준비 12:27-30

ㄴ. 오른편으로 가는 사람들 12:31-37

ㄷ. 왼편으로 가는 사람들 12:38-39

ㄹ. 성전에서의 봉헌식 12:40-43

ㅁ. 제사장과 레위인들의 생활 안정책 12:44-47

ㅂ. 이방인들을 제외시키다 13:1-3

V. 느헤미야의 두 번째 종교 개혁 13:4-31

A. 엘리아십과 도비야를 반대하는 조치 13:4-9

B. 제사장과 레위인의 생활 안정을 도모하다 13:10-14

C. 안식일 회복 13:15-22

D. 이방인들과의 잡혼 금지 13:23-29

E. 느헤미야의 개혁의 요약 13:30-31

느헤미야서 주해

느헤미야서는 느헤미야를 통한 예루살렘 도시 재건(1-7장)과 에스라를 통한 종교개혁(8-10장), 및 전 민족의 개혁(11-13장)으로 3분 된다. 느헤미야를 통한 예루살렘 성 재건이나 에스라를 통한 종교개혁이나 전 민족을 상대한 모든 개혁들은 하나님의 언약이 갱신된 것을 보여주는 것이다. 이런 개혁이 없는 것은 실패만 보여주는 것이다.

I. 느헤미야가 예루살렘 성벽을 건설하다 1-6장

1-6장은 느헤미야가 예루살렘 성이 붕괴했다는 소식을 듣고 울고 슬퍼하며 하나님 앞에 금식하며 간구하는 중 왕의 호의로 예루살렘에 돌아가 많은 반대들을 극복하며 그 예루살렘 성을 재건한 것을 기록한 것이다.

이 부분(1-6장)의 내용은 느헤미야가 예루살렘으로 귀환한 일(1-2장), 성벽 작업을 할당한 일(3장), 사마리아인들이 반대한 일(4장), 내부문제를 해결한 일(5장), 및 성벽을 완성한 일(6장) 등이 진술된다.

제 1 장

A. 느헤미야가 귀국하다 1장

느헤미야가 예루살렘 소식을 듣게 되자(1:1-3), 곧 기도한다(1:4-11).

느 1:1. 하가랴의 아들 느헤미야의 말이라. 아닥사스다 왕 제이십년 기슬르월에 내가 수산 궁에 있는데.

본절은 두 가지를 진술하고 있다. 하나는 본서의 표제인 "하가랴('하나님이 혼란시킨자'라는 뜻)의 아들 느헤미야의 말이라"는 말이 제일 앞에 나온다(렘 1:1; 호 1:2; 암 1:1). 이 표제는 본서를 에스라에서부터 독립시키며, 본서의 저자가 느헤미야인 것을 알려준다.

또 하나는 느헤미야가 아닥사스다(B.C. 465-424 재위) 왕 제 20년(B.C. 445년) 기슬르월(교력으로 9월, 민력으로 3월, 양력으로는 11-12월이다)에 수산 궁에 있었다는 말을 한다. 요세푸스(Josephus)에 의하면 느헤미야의 귀국은 실제로 주전 444년으로 본다. 여기 "수산"이란 말은 '백합'이라는 뜻으로 바사 만에서 대략 240km 북쪽에 위치하며 아닥사스다 왕의 봄 여름 궁전이 있던 곳이었다(이상근). 이곳은 바로 구 "엘람"의 왕도였다(스 6:2 주 참조). 느헤미야가 수산 궁에 있었다는 말은 그가 상당한 지위에 있었음을 보여준다.

느 1:2. 내 형제들 가운데 하나인 하나니가 두어 사람과 함께 유다에서 내게 이르렀기로 내가 그 사로잡힘을 면하고 남아 있는 유다와 예루살렘 사람들의 형편을 물은즉.

내 형제들 가운데 하나인 하나니('여호와는 은혜로우시다'라는 뜻, 훗날 예루살렘의 문지기가 되었다)가 다른 사람들과 함께 유대에서 왔기에, 이리로 사로잡혀 오지 않고, 그 곳에 남아 있는 유대 사람들은 어떠한지 그리고 예루살렘 사람들의 형편은 어떠한지를 물어 보았는데 다음 절과 같은 기가 막힌 대답을 들은 것이다.

본절의 "하나니"는 느헤미야의 친동생으로 추정된다(Fensham, Schultz). 나중에 그는 느헤미야와 함께 예루살렘으로 귀환해서 느헤미야를 돕는 관리로 임명되었다. 하나니가 몇 사람과 함께 멀리 수산 궁까지 찾아온 것은 예루살렘의 비참 상을 바사의 고위직에 있었던 느헤미야에게 알리려는 의도 때문이었다.

느헤미야는 "그 사로잡힘을 면하고 남아 있는 유대와 예루살렘 사람들의 형편을 물었다". 여기 "그 사로잡힘을 면하고 남아 있는 유대와 예루살렘 사람들"이란 말이 누구냐에 대해서는 세 가지 견해가 있다. 1) '결코 포로가 되어 본 적이 없이 유대에 그대로 남아 있는 사람들'을 지칭한다는 견해(Myers, 이상근). 그러나 2절에서 사용되고 있고 또 우리가 스 8:35; 9:8에서 이미 논의한바 있는 용어에 입각해서 살펴볼 때 이런 해석은 적절하지 않은 것으로 보인다(Fensham). 2) 느헤미야는 생존자들과 귀환자들을 구분하지 않고 국가 재건의 역경 속에서 고난 받고 있던 유대 백성 전체의 안부를 묻고 있는 것으로 보아야 한다는 견해(장춘식). 3) 이 말은 이방인의 땅에 계속해서 남아 있었던 이들과 대조하여 "유대로 돌아온 사람들"을 지칭한다는 견해(K.&D., Fensham, Rudolphe, H.G.M. Williamson). 이 세 견해 중에 3번의 견해가 타당하다고 보인다. 다시 말해 "사로잡힘을 면한" 자들은 귀환해서 이제는 더 이상 포로에 사로잡히지 않은, 포로로 잡혔던 자들을 지칭한다는 견해로 보아야 할 것이다. 느헤미야가 안부를 물을 때 어느 한 그룹의 안부를 물었을 것으로 보니 3번의 견해가 타당할 것으로 보는 것으로 보인다.

느 1:3. 그들이 내게 이르되 사로잡힘을 면하고 남아 있는 자들이 그 지방 거기에서 큰 환난을 당하고 능욕을 받으며 예루살렘 성은 허물어지고 성문들은 불탔다 하는지라.

본절은 하나니 일행이 느헤미야의 질문에 답한 내용을 기록한 내용이다. 하나니 일행의 대답은 "사로잡힘을 면하고 남아 있는 자들이 그 지방 거기에서 큰 환난을 당하고 능욕을 받으며 예루살렘 성은 허물어지고 성문들은 불탔다"는 것이다. "큰 환난을 당한다"는 말은 '큰 고생을 한다'는 뜻이다. 또 "능욕을 받는다"는 말은 '수치를 당한다'는 뜻이다. 큰 고생을 하는 것은 육체적으로 심한 고난을 받는 것을 말하고, 수치를 당하는 것은 정신적으로 인근 주민들로부터 부끄러움을 당한다는 뜻이다. 육체적으로 정신적으로 고난을 당하는 것은 견디기 힘든 것이다. 그리고 또 한편으로 "예루살렘 성은 허물어졌다"는 말은 '최근 르훔에 의하여 예루살렘 성이 파괴된 것'을 지칭할 것이다(스 4:23-24, Rawlinson). 그리고 "성문들은 불탔다"는 말은 최근에 예루살렘 성을 불태운 사실을 지칭한다.

ㄴ. 느헤미야가 기도하다 1:4-11

하나니 일행으로부터 예루살렘과 유대의 소식을 들은 느헤미야는 기도한다(스 9장; 단 9장 참조). 느헤미야는 예루살렘과 유대의 비참상을 듣고 민족의 죄를 자복한다.

느 1:4. 내가 이 말을 듣고 앉아서 울고 수일 동안 슬퍼하며 하늘의 하나님 앞에 금식하며 기도하여.

느헤미야는 예루살렘과 유대에 대한 소식을 듣고 울고 수일 동안 슬퍼했다. 여기 "수일 동안"이란 말은 '여러 날들'이란 뜻이다. 그는 기슬르월(일반 월력으로 12월)부터 니산월(일반 월력으로 3,4월)까지 슬픔 중에 간절한 기도를 드렸다. 우리는 어떤 슬픈 일을 만나 잠시만 기도할 것이 아니라 하나님의 응답을 받기까지 기도해야 할 것이다.

느헤미야는 "하늘의 하나님 앞에 금식하며 기도했다". 그는 기도할 때 금식 중에 기도했다. 기도를 더욱 깊이 하기 위해 금식한 것이다(5-11절). 우리는 하나님의 사랑을 얻기까지 끊임없이 기도해야 한다.

느 1:5. 이르되 하늘의 하나님 여호와 크고 두려우신 하나님이여 주를 사랑하고 주의 계명을 지키는 자에게 언약을 지키시며 긍휼을 베푸시는 주여 간구하나이다.

느헤미야는 본절에서 기도의 대상을 세밀하게 말한다. 하나님은 "하늘의 하나님"이라고 말한다. 다시 말해 '하늘을 지으신 하나님이고 하늘을 통치하시는 하나님'이라는 것이다. 또한 느헤미야는 "크고 두려우신 하나님"이라고 말한다. 하나님은 세상의 그 어떤 세력과도 달리 '크시고 두려우신 하나님'이시다. 하나님은 회개하지 않는 사람에게는 크시고 두려우신 하나님이시지만 "주를 사랑하고 주의 계명을 지키는 자에게 언약을 지키시며 긍휼을 베푸시는 주"이시다. 즉, 여호와를 사랑하고 여호와의 계명을 지키는 자에게는 하나님께서 언약을 지키셔서 긍휼을 베푸시는 하나님이시다. 우리가 죄를 지었을 때 빨리 회개하고 죄를 자복하면 언약을 빨리 지키셔서 긍휼을 베푸신다.

느 1:6-7. 이제 종이 주의 종들인 이스라엘 자손을 위하여 주야로 기도하오며 우리 이스라엘 자손이 주께 범죄한 죄들을 자복하오니 주는 귀를 기울이시며 눈을 여시사 종의 기도를 들으시옵소서 나와 내 아버지의 집이 범죄하여 주를 향하여 크게 악을 행하여 주께서 주의 종 모세에게 명령하신 계명과 율례와 규례를 지키지 아니하였나이다.

6절과 7절은 느헤미야 자신과 이스라엘 자손이 주야로 기도하고 범죄한 죄들을 자복하는 것을 보시고 여호와께서는 귀를 기울이시며 눈을 여셔서 기도를 들어주시고 느헤미야 자신과 이스라엘 자손이 범한 죄(주께서 주의 종 모세에게 명령하신 계명과 율례와 규례를 지키지 아니한 것)를 용서해 주시라는 것이다. "주께서 주의 종 모세에게 명령하신 계명과 율례와 규례"란 말은 '모세 율법'을 지칭하는 말이다(신 5:31; 6:1; 11:1). "계명"이란 '율법 조문 하나 하나'를 지칭하는 말이고, "율례"란 '성문화한 율법'을 지칭하는 말이며, "규례"란 '율법을 보충하는 규례'를 뜻한다.

느 1:8. 옛적에 주께서 주의 종 모세에게 명령하여 이르시되 만일 너희가 범죄하면 내가 너희를 여러 나라 가운데에 흩을 것이요.

느헤미야는 여호와께서 모세를 통하여 옛날에 하신 말씀을 본절과 다음 절에 드러내면서 그 말씀에 근거하여 기도한다. 즉, 일단 범죄하면 여호와께서 이스라엘 민족을 여러 나라에 흩으신다고 하셨다는 것이다(레 26:27-45; 신 30:1-5). 여호와께서 이 말씀에 근거하여 이스라엘 민족을 주전 722년에 앗수르로 포로되게 하셨고, 또 남쪽 나라 유대를 주전 586년에 바벨론으로 포로가 되게 하셨다는 것이다.

느 1:9. 만일 내게로 돌아와 내 계명을 지켜 행하면 너희 쫓긴 자가 하늘 끝에 있을지라도 내가 거기서부터 그들을 모아 내 이름을 두려고 택한 곳에 돌아오게 하리라 하신 말씀을 이제 청하건대 기억하옵소서.

본절은 윗 절과 반대로 하나님의 백성들이 만일 여호와께로 돌아와 여호와의 계명을 지켜 행하면(=언약을 지키면) 하나님의 백성들이 멀리 쫓겨 갔을지라도 여호와께서 거기서부터 하나님의 백성들을 모아서 하나님의 이름을 두시려고 택한 곳 예루살렘에 돌아오게 하리라고 하셨는데 이제 그대로 되게 해주십사고 기도한다. 하나님의 백성은 한번 돌아오고 마는 것이 아니라 매일 하나님 앞에 더욱 죄를 자복하고 돌아올 때 은혜를 넘치게 받는다. 죄인 중 괴수라고 부르짖을 때 큰 은혜 중에 들어가는 것이다(딤전 1:15).

느 1:10. 이들은 주께서 일찍이 큰 권능과 강한 손으로 구속하신 주의 종들이요 주의 백성이니이다.

"그들을 모아 내 이름을 두려고 택한 곳에 돌아오게 하셔야 할(9절)" 이유가 본절에 기록되어 있다. 그 이유는 이스라엘 민족은 주께서 일찍이 "큰 권능과 강한 손으로 구속하신 주의 종들이요 주의 백성"이라는 것이다. 여기 "큰 권능"이란 말과 "강한 손"이란 말은 동의어로 사용되었고(출 6:1; 9:11; 신 3:24; 9:29; 26:8), "주의 종들"이란 말과 "주의 백성"이란 말도 동의어로 사용되었다.

느 1:11. 주여 구하오니 귀를 기울이사 종의 기도와 주의 이름을 경외하기를 기뻐하는 종들의 기도를 들으시고 오늘 종이 형통하여 이 사람들 앞에서 은혜를 입게 하옵소서 하였나니 그 때에 내가 왕의 술 관원이 되었느니라.

느헤미야는 자신이 드리는 간구와 또 주님의 이름을 진심으로 두려워하는 주님의 종들(하나니 일행)의 간구를 들어 주시기를 기도한다. 그 기도 응답으로 이제 자신이 하는 모든 일을 형통하게 하여 주시고 왕에게 은혜를 입게 하여 주십사고 기도한다. 그 때에 느헤미야 자신은 왕에게 술잔을 받들어 올리는 일을 맡아 보고 있었다.

느헤미야와 하나니 일행의 기도한 일, 즉 "종이 형통하기"를 빈 것은 자기 개인의 일이 잘 되기를 소원한 것이 아니라 '자기 자신이 예루살렘에 가기를 허락 받는 일이 잘 되기를 기도한 것이었고 또 예루살렘이 잘 되기'를 기도한 것이었다. 오늘 우리는 우리 개인의 형통보다도 교회가 잘 되기를 더욱 기도해야 할 것이다. 교회가 형통하면 내 개인의 일도 잘 된다.

또 여기 "이 사람들"이란 '아닥사스다 왕 자신'을 지칭한다. 느헤미야가 "이 사람(왕) 앞에서 은혜를 입게 하옵소서"라고 기도한 것은 아닥사스다 왕이 느헤미야와 하나니 일행의 소청을 들어줄 수 있는 전권(全權)을 가지고 있었음을 보여준다. 그러나 아닥사스다 왕 자신도 하나님의 손에 의해서 움직여지는 사람이니 "이 사람"이라고 묘사한 것이다. 우리는 세상 만사를 하나님께서 주장하시는 줄 알고 항상 하나님을 향하여 기도해야 할 것이다.

"그 때에 내가 왕의 술 관원이 되었느니라"는 말을 쓴 것은 두 가지를 말하기 위함이었을 것이다. 하나는 "이 사람"이 누구였는가를 드러내기 위함이었고, 또 하나는 느헤미야가 아닥사스다 왕에게 접근해서 그의 은혜를 입을 수 있도록 해 줄 그의 직책이 무엇이었는지 밝히기 위함이었다(G.Rawlinson).

고대 세계에서 왕의 술 맡은 관원은 술을 선택하는 기술이 있어야 했고 포도주를 드리는 일이나 독이 있는지를 검사하기 위해 술을 맛보는 것만이 아니라 왕에게 쾌활하고 재치 있는 친구가 되어야 하는 일을 감당해야 했다(Williamson). 느헤미야는 술 맡은 관원이었으니 가장 신임이 두터운 관직이었다.

제 2 장

B. 느헤미야의 귀환 2장

느헤미야는 자신과 하나니 일행의 기도의 응답으로 왕의 특명을 받아 예루살렘에 귀환한다(1-10절). 귀환한 다음 예루살렘 성을 순시하며 중건의 계획을 세운다(11-20절).

ㄱ. 느헤미야의 사명 2:1-10

느헤미야는 왕 앞에서 얼굴에 수심이 있는 것이 왕에게 발견되어 왕의 질문에 답하게 되어 느헤미야는 귀환의 소원을 말하고 귀환에 필요한 왕의 조서를 청원하였으며 왕의 허락을 받아 귀환한다.

느 2:1. 아닥사스다 왕 제이십년 니산월에 왕 앞에 포도주가 있기로 내가 그 포도주를 왕에게 드렸는데 이전에는 내가 왕 앞에서 수심이 없었더니.

문장 초두의 "아닥사스다 왕 제 20년 니산월"은 '아닥사스다 왕(B.C. 465-425 통치)의 통치 20년(주전 445년) 정월'이다. 이때는 하나니 일행이 바사에 도착했던 기슬르월(9월, 1:1)로부터 3,4개월이 지난 때였다. 이 시간이 지나는 동안에 느헤미야와 하나니 일행은 계속해서 일이 잘 진행되도록 기도했을 것이다. 아무튼 느헤미야의 얼굴에는 예전에 수심이 없었는데 그가 하나니로부터 예루살렘의 형편을 듣고 수심이 생긴 것이다.

느 2:2. 왕이 내게 이르시되 네가 병이 없거늘 어찌하여 얼굴에 수심이 있느냐 이는 필연 네 마음에 근심이 있음이로다 하더라 그 때에 내가 크게 두려워하여.

왕이 느헤미야에게 "자네의 안색이 좋지 않은 것 같네, 어디 아픈 것 같지는 않은데, 무슨 걱정되는 일이라도 있나" 하고 물었다. 나는 너무나도 황공해서 다음과 같이 대답했다.

본절의 "수심"이라는 낱말과 "근심"이라는 낱말은 동의어이다. 얼굴에 수심이 있는 것은 마음에 근심이 있는 증거이다.

느 2:3. 왕께 대답하되 왕은 만세수를 하옵소서 내 조상들의 묘실이 있는 성읍이 이제까지 황폐하고 성문이 불탔사오니 내가 어찌 얼굴에 수심이 없사오리이까 하니.

느헤미야가 왕께 대답하기를 "만수무강하시기(장수하시기)를 빕니다". "소신의 조상이 묻힌 성읍이 폐허가 되고 성문들이 모두 불에 탔다는 소식을 듣고서 울적한 마음을 어떻게 가눌 수가 있겠습니까" 하고 아뢰었다.

바사 왕이 이렇게 느헤미야에게 관심을 쏟는 것은 기도의 결과로 하나님께서 섭리하시는 것이었다. 기도하면 하나님께서 사람들을 주장하셔서 역사하신다.

느 2:4. 왕이 내게 이르시되 그러면 네가 무엇을 원하느냐 하시기로 내가 곧 하늘의 하나님께 묵도하고.

아닥사스다 왕이 느헤미야에게 "그러면 네가 무엇을 원하느냐"고 묻기에

느헤미야는 바로 이것이 하나님께서 역사하시는 기회인 것을 알고 잠시 하나님께 소리 없이 묵도를 하고 다음 절처럼 답했다. 이것을 보면 느헤미야는 항상 기도하고 무슨 일을 처리해 나간 것을 알 수 있다(1:5-11; 4:9; 5:19; 6:9,14; 8:14,13-31). 우리는 항상 기도하고 낙망치 말아야 할 것이다(빌 4:6).

느 2:5. 왕에게 아뢰되 왕이 만일 좋게 여기시고 종이 왕의 목전에서 은혜를

얻었사오면 나를 유다 땅 나의 조상들의 묘실이 있는 성읍에 보내어 그 성을 건축하게 하옵소서 하였는데.

왕에게 아뢰기를 "임금님께서 소인을 좋게 여기시면 소인의 조상이 묻혀 있는 유대의 그 성읍으로 저를 보내 주셔서 그 성읍을 다시 세우게 하여 주시기를 바랍니다"라고 했다. 느헤미야는 하나님께서 주신 좋은 기회를 놓치지 않고 잡아서 그의 소원을 말했다.

느 2:6. 그 때에 왕후도 왕 곁에 앉아 있었더라 왕이 내게 이르시되 네가 몇 날에 다녀올 길이며 어느 때에 돌아오겠느냐 하고 왕이 나를 보내기를 좋게 여기시기로 내가 기한을 정하고.

그 때에 왕후도 왕 옆에 앉아 있었다. 왕은 "그렇게 다녀오려면 얼마나 걸리겠느냐? 언제쯤 돌아올 수 있겠느냐?" 하고 느헤미야에게 물었다. 왕이 기꺼이 허락하시는 줄 알고 느헤미야는 얼마간 기한을 정하여 말했다.

느헤미야가 자신의 소원을 말씀드릴 때 왕후가 왕 곁에 앉아 있었다는 것은 하나님의 섭리였다. 왕후 한 사람이 왕 곁에 앉아 있었으니 왕의 기분이 아주 좋았을 것이다. 그래서 느헤미야의 일을 결정하는 일에 왕이 아주 기분 좋은 환경에서 정할 수 있었다.

느 2:7. 내가 또 왕에게 아뢰되 왕이 만일 좋게 여기시거든 강 서쪽 총독들에게 내리시는 조서를 내게 주사 그들에게 나를 용납하여 유다에 들어가기까지 통과하게 하시고.

본절부터 8절까지는 느헤미야가 왕에게 소원하는 것을 하나씩 말한 내용이다. 왕후도 곁에 앉아 있었고 또 왕이 기쁨으로 느헤미야를 보내주려는 때에 느헤미야는 본절에서는 "강 서쪽 총독들에게 내리시는 조서를 내게 주사 그들에게 나를 용납하여 유대에 들어가기까지 통과하게 하시기를" 소원했다. 느헤미야는 유대까지 가는 도중에 유브라데 강 서편 총독들(강 서편에는 여러 총독들이 있었다)에게 주어야 할 조서를 자신에게 달라는 것이었다.

조서를 전달해 줄 때 느헤미야를 잘 통과하게 해 달라는 요청도 함께 한 것이다.

느 2:8. 또 왕의 삼림 감독 아삽에게 조서를 내리사 그가 성전에 속한 영문의 문과 성곽과 내가 들어갈 집을 위하여 들보로 쓸 재목을 내게 주게 하옵소서 하매 내 하나님의 선한 손이 나를 도우시므로 왕이 허락하고.

또 왕의 삼림(레바논의 삼림) 감독 아삽에게도 나무를 공급하라고 친서를 내리셔서 "제가 그 나무로 성전 옆에 있는 성채 문짝도 짜고 성벽도 쌓으며 소인이 살 집도 짓게 하여 주시기 바랍니다"라고 아뢰었다. 나의 하나님이 선하신 손길로 나를 잘 보살펴 주셔서 왕이 나의 청을 들어주었다. 우리는 세상에서 세상사람 상대하여 무엇을 요청할 때에도 기도하고 청원해야 할 것이다.

느 2:9. 군대 장관과 마병을 보내어 나와 함께 하게 하시기로 내가 강 서쪽에 있는 총독들에게 이르러 왕의 조서를 전하였더니.

왕은 나에게 군대 장교들과 마병(기병대)을 딸려 보내어 나와 함께 동행하게 하였다. 그래서 나는 길을 떠나 유프라테스 서쪽 지방의 총독들에게로 가서 왕의 친서를 전하였다.

느헤미야가 왕이 주는 장교들과 마병을 받은 것은 에스라와는 판이하게 달랐다(스 8:22). 이것은 각자의 신앙에 따라 달리 할 수 있는 것이었다. 우리는 세상 사람에게 무엇을 구하는 것을 부끄럽게 생각할 수도 있고 혹은 세상 사람이 주는 것을 담대히 받을 수도 있는 것이다.

느 2:10. 호론 사람 산발랏과 종이었던 암몬 사람 도비야가 이스라엘 자손을 흥왕하게 하려는 사람이 왔다 함을 듣고 심히 근심하더라.

호론(예루살렘 서북 19km 지점의 벧호론) 사람 산발랏('비밀의 숲'이라는 뜻, 사마리아 총독)과 종노릇을 하던 암몬 사람 도비야('여호와의 선'이라는 뜻)에게 이 소식이 들어갔다. 그들은 어떤 사람이 이스라엘 자손의 형편을 좋게 하려고 왔다함을 알고서 몹시 근심하였다. 이 두 사람(산발랏, 도비야)은 느헤미야의 예루살렘 성전 재건을 극력 반대한 주역들이었다(4:1; 6:1).

ㄴ. 느헤미야가 성벽을 순시하다 2:11-20

느헤미야는 예루살렘에 도착하여 무너진 성곽을 순시하고 재건을 계획했는데 적들은 성곽 재건을 조롱한다.

느 2:11. 내가 예루살렘에 이르러 머무른 지 사흘 만에.

느헤미야는 예루살렘에 이르러 거기에서 3일 동안 쉬고 나서 다음 절(12절)과 같이 행동했다. 1,400km의 긴 여정을 왔으니 3일간 쉰 것이다. 이는 에스라도 마찬가지였다(스 8:32). 오늘 목회자들에게도 휴식이 필요한 것을 보여준다.

느 2:12. 내 하나님께서 예루살렘을 위해 무엇을 할 것인지 내 마음에 주신 것을 내가 아무에게도 말하지 아니하고 밤에 일어나 몇몇 사람과 함께 나갈새 내가 탄 짐승 외에는 다른 짐승이 없더라.

느헤미야는 밤에 몇몇 동행자들을 데리고 예루살렘을 순찰했다. 하나님이 나의 마음을 움직이셔서 예루살렘을 위해 무슨 일을 할 것인지 알려주신 것을 느헤미야는 그 때까지 어느 누구에게도 말하지 아니했다. 느헤미야에게 짐승이라고는 느헤미야가 탄 것밖에 없었다.

느헤미야가 여러 사람을 데리고 예루살렘을 순시하지 않고 몇몇 사람만(자신의 동생 하나니 일행) 데리고 순시한 것은 외적한테 발각되지 않기 위해서였다. 또 느헤미야가 하나님께서 그의 마음에 예루살렘을 위해서 무슨 일을 해야 할지 알려주신 것을 다른 이들에게 말하지 않은 것도 역시 외부에 발설하면 적들의 귀에까지 들어가서 혼란을 일으킬 것이기 때문이었다. 그리고 느헤미야는 오직 혼자만 짐승을 탄 것도 사람들의 눈에 띄지 않기 위함이었다. 거사를 할 때는 조용히 하는 것이 좋다. 그리고 느헤미야는 나귀를 타고 예루살렘 성곽을 순시했을 것이다. 말(馬)은 큇소리를 내기 때문에 느헤미야는 나귀를 타고 순시했을 것으로 보인다(Fensham).

느 2:13. 그 밤에 골짜기 문으로 나가서 용정으로 분문에 이르는 동안에 보니 예루살렘 성벽이 다 무너졌고 성문은 불탔더라.

느헤미야는 3일간 쉰 다음 "밤"에 예루살렘 성곽을 순찰했다. 적에게 노출되지 않기 위함이었다. 느헤미야는 골짜기 문을 통과해서 밖으로 나갔다. 여기 "골짜기 문"(the gate of valley)은 예루살렘 서남쪽의 힌놈의 골짜기 위를 아래로 내려다보이는 문이다. 느헤미야가 이 문을 택한 이유는 아마도 그 문이 인적이 드물었기 때문이었을 것이다. 느헤미야의 순찰은 골짜기 문에서 시작하여 골짜기 문에서 끝냈다(15절). 본문의 "용정"(dragon well)이란 말은 '용의 샘'이란 뜻이다. 용정(龍井)은 남쪽 성벽의 중간쯤에 위치해 있다. "용정으로"란 말은 문자적으로 '용정의 앞쪽으로'란 뜻이다. 그리고 "분문"(the dung gate)은 '오물을 통과시키는 문'이란 뜻인데 예루살렘의 모든 오물을 이 문을 통하여 힌놈의 골짜기에 버려졌다. 이 분문(糞門)은 골짜기 문으로부터 450m 거리에 있다(3:13). 이 분문은 예루살렘 최남단에 위치해 있으며 예루살렘의 각종 오물을 이 문을 통해서 힌놈의 골짜기에 버려졌다(렘 7:31-32).

느헤미야 일행이 성의 골짜기 문에서 빠져나와 분문에 이르기까지 순시하는 중에 발견한 것은 "예루살렘 성벽이 다 무너졌고 성문은 불탔다"는 것이었다. 이런 비참상은 느헤미야의 동생 하나니의 보고 내용과 동일하다(1:3).

느 2:14. 앞으로 나아가 샘문과 왕의 못에 이르러서는 탄 짐승이 지나갈 곳이 없는지라.

좀 더 앞으로 나아가[26] 샘 문과 왕의 연못에 이르렀을 때에는 느헤미야가 탄 짐승이 더 나아갈 길이 없었다. 여기 "샘 문"은 분문(the dung gate) 앞 약 120m 정도에 위치해 있으며 그 바로 앞에는 실로암이 있었다. 한편 "왕의 못"은 3:15에서는 '셀라 못'으로 지칭되고 있는 실로암 못이다.

본문의 "탄 짐승이 지나갈 곳이 없었다"는 말은 무너져버린 성벽의 잔해 및 온갖 쓰레기 등으로 메워져 있었음을 암시한다. 오늘날의 고고학자들의 발굴 작업을 통하여 본절의 이 기록이 실제 사실이었음을 증명했다(호크마 주석).

느 2:15. 그 밤에 시내를 따라 올라가서 성벽을 살펴본 후에 돌아서 골짜기 문으로 들어와 돌아왔으나.

그래서 그 날 밤에 나는 시내(예루살렘 동편에 있는 기드론 시내)를 따라 올라가면서(북상하여) 성벽을 둘러보고 다시 '골짜기 문'(13절)을 지나 되돌아왔다.

느 2:16. 방백들은 내가 어디 갔었으며 무엇을 하였는지 알지 못하였고 나도 그 일을 유다 사람들에게나 제사장들에게나 귀족들에게나 방백들에게나 그 외에 일하는 자들에게 알리지 아니하다가.

본절은 느헤미야의 조사가 은밀히 진행되었음을 드러낸다. 느헤미야는 말하기를 "그 때에 내가 유대 사람들이나, 제사장들이나, 귀족들이나, 관리들이나, 그 밖에 직책을 가진 어느 누구에게도 이것을 말하지 아니하였으므로 관리들은, 내가 어디를 다녀왔는지 그리고 무엇을 하였는지, 아무도 알지 못하였다"는 내용이다. 누구한테 이야기를 하면 아무래도 적들의 귀에 들어갈 염려가 있으니 아무에게도 말하지 않은 것이다. 아주 신중한 태도였다.

느 2:17. 후에 그들에게 이르기를 우리가 당한 곤경은 너희도 보고 있는 바라

---

26) "앞으로 나아가"라는 말은 '우측, 즉 동쪽으로 기드론 골짜기를 내려다보면서 북쪽으로 나아간 것'을 지칭한다.

예루살렘이 황폐하고 성문이 불탔으니 자, 예루살렘 성을 건축하여 다시 수치를 당하지 말자하고.

느헤미야가 성의 형편을 돌아보고 난 다음에 그는 비로소 관리들에게 이렇게 말했다. "여러분이 아는 바와 같이 우리는 지금 어려움에 빠져 있습니다. 예루살렘은 폐허가 됐고 성문들은 불탔습니다. 이제 예루살렘 성벽을 다시 쌓읍시다. 남에게 이런 수모를 받는 일이 다시는 없어야 할 것입니다(겔 22:4 참조)"라고 했다.

느 2:18. 또 그들에게 하나님의 선한 손이 나를 도우신 일과 왕이 내게 이른 말씀을 전하였더니 그들의 말이 일어나 건축하자 하고 모두 힘을 내어 이 선한 일을 하려 하매.

느헤미야는 17-18절의 이야기를 한 다음에 예루살렘 관리들을 격려하여 예루살렘 성을 재건하기 위하여 "그들에게 하나님의 선한 손이 자신을 도우신 일과 바사 왕이 자신에게 한 말을 그들에게 전하였더니 그들은 격려를 받아 일어나 예루살렘 성을 재건하자 하고 모두 힘을 내어 이 선한 일을 하려고 했다". 하나님은 느헤미야의 마음을 격동시켜 느헤미야가 오랫동안 기도해 온 것을 이루시기 위하여 느헤미야에게 새로운 힘을 주어 그 동안에 있었던 일을 말하게 하신 것이었다. 우리가 기도해 놓은 것은 하나님께서 반드시 이루신다.

느 2:19. 호론 사람 산발랏과 종이었던 암몬 사람 도비야와 아라비아 사람 게셈이 이 말을 듣고 우리를 업신여기고 우리를 비웃어 이르되 너희가 하는 일이 무엇이냐 너희가 왕을 배반하고자 하느냐 하기로.

느헤미야가 이제는 예루살렘 성을 재건하기로 하고 백성들을 격동시키니 적들이 가만히 있을 리가 없었다. 즉, "이 일이 호론 사람 산발랏과 종노릇을 하던 암몬 사람 도비야와 아랍 사람 게셈에게 알려지니 그들(위의 세 사람)은 우리에게로 와서 '당신들은 지금 무슨 일을 하고 있는 거요? 왕에게 반역이라도 하겠다는 것이오?' 하면서 우리를 업신여기고 비웃었다". 본절의 산발랏과 도비아에 대하여 10절 주해 참조. 그리고 "아라비아 사람 게셈(Geshem, '나그네'란 뜻)"은 요단 강 동편을 지배하던 사람이었다(Rawlinson). 이 사람도 역시 예루살렘의 재건을 시기하던 자였다. 이 사람들은 처음에는 유대인들을 조롱했고, 다음 단계에 가서는 성을 재건하려는 사람들을 위협했다. 사실 이들이 아무리 느헤미야를 위협하려 해도 느헤미야는 이미 왕의 조서를 가지고 있었으니 그들의 위협은 무용지물이었다.

느 2:20. 내가 그들에게 대답하여 이르되 하늘의 하나님이 우리를 형통하게 하시리니 그의 종들인 우리가 일어나 건축하려니와 오직 너희에게는 예루살렘에서 아무 기업도 없고 권리도 없고 기억되는 바도 없다 하였느니라.

본절은 두 가지를 말하고 있다. 하나는 하늘의 하나님이 우리를 형통하게 하실 것이므로 우리가 일어나 예루살렘 성을 건축할 것이니 공연히 덤비지 말라고 말한다. 또 하나는 너희 사마리아 사람과 아라비아 사람은 "예루살렘에서 아무 기업도 없고 권리도 없고 기억되는 바도 없다"고 못 박아 주었다. '그들은 예루살렘에서 그들이 거할 기업도 없고, 또 그들이 간섭할 권리도 없으며 또 그럴 명분도 없다'고 아주 딱 잘라 거부했다(이상근). 느헤미야는 하나님을 의지했고 또 왕의 조서를 가지고 있었으니 하등 주눅들 것도 없었고 두려울 것도 없었다. 느헤미야는 그들 세 사람들이 와서 위협하는 것을 보고 아주 작은 사람들임을 직감했을 것이다.

제 3 장

C. 성벽 작업을 나누어 감당하다 3:1-32

느헤미야가 성벽을 순시한(2:11-20) 다음 예루살렘 성의 중수를 42구역으로 나누어 감당한바 예루살렘의 북쪽 성벽을 중건한 자들(1-5절), 서쪽 성벽을 중건한 자들(6-13절), 남동쪽 성벽을 중건한 자들(14-19절), 동쪽 성벽을 중건한 자들로 구분하여 감당한 것을 진술한다(20-32절). 느헤미야가 이렇게 예루살렘 성벽을 중수한 것을 진술한 것은 하나님의 언약이 이루어졌다는 것을 드러내기 위함이었다.

1-5절: 북쪽 성벽을 중건한 자들.

느 3:1. 그 때에 대제사장 엘리아십이 그의 형제 제사장들과 함께 일어나 양문을 건축하여 성별하고 문짝을 달고 또 성벽을 건축하여 함메아 망대에서부터 하나넬 망대까지 성별하였고.

문장 초두의 "그 때에"란 말은 히브리 원문에는 없는 말이다. 대제사장 엘리아십('회개의 하나님'이라는 뜻, 3:20,21; 12:10,22,23; 13:4; 스 10:6)은 예수아(스룹바벨과 동역한 사람)의 손자이다. 엘리아십이 동료 제사장들과 함께 나서서 양문(羊門)을 만들어 하나님께 바치고 문짝을 제자리에 단 것은 아주 모본적인 일이었다. 성직자의 사역상 효과는 그가 백성들과 간격을 두는 것이 아니라 백성들과 같아져야 한다(박윤선). 히 2:14 참조. 그런데 얼마 후에는 그가 타락하여 원수와 타협하고 성전 골방을 원수에게 내어주는 과오를 범했다. "양문"은 양을 제물로 바치기 위해 양을 끌어들이는 문이었다.

"함메아 망대와 하나넬 망대"는 예루살렘의 동북 모퉁이에 있었다. 이렇게 두 망대를 세운 것은 적의 침입이 북편에서 왔기 때문에 이와 같이 북편에 세웠다. 12:39; 렘 31:38 참조. 이 두 망대는 어문과 양문 사이에 있었다. "성별했다"는 말은 하나님께 바쳤다는 뜻이다. 엘리아십과 동료제사장들의 수고는 신본주의에서 나온 것이었다.

느 3:2. 그 다음은 여리고 사람들이 건축하였고 또 그 다음은 이므리의 아들 삭굴이 건축하였으며.

그 다음(바로 그 옆을 뜻하는 말이다)은 여리고 사람들이 중수하였고 또 그 다음은 이므리의 아들인 삭굴이 건축했다. 여기 "그 다음"이란 말은 제사장들이 중수한 하나넬 망대 다음으로 북쪽 성벽을 서향하면서 중수했다는 뜻이다. 본문의 "여리고 사람들이 건축했다"는 말은 여리고 출신의 예루살렘 거민들이 중수했다는 뜻이다. 그리고 다음은 이므리의 아들 삭굴이 중수했다. 여기 "삭굴"('염두에 둔다'는 뜻)은 이므리의 아들로서 예루살렘 성벽 재건 공사를 도운 사람이다(3:2). 이렇게 예루살렘 성을 중수하는데 있어서 나누어 감당한 것은 오늘 우리의 사역에도 큰 교훈을 준다.

느 3:3. 어문은 하스나아의 자손들이 건축하여 그 들보를 얹고 문짝을 달고 자물쇠와 빗장을 갖추었고.

어문(물고기 문)은 하스나아의 자손이 세웠다. 문틀을 얹고 문짝을 달고, 빗장과 빗장둔테를 만들어 달았다. 여기 "어문"이란 갈릴리 바다나 요단강에서 잡은 물고기를 들여오는 문이므로 이렇게 부른 듯하다. 므낫세가 여기에 외성을 쌓았다(12:39; 대하 33:14; 습 1:10 참조). 본문의 "하스나아"는 '스나아'라는 곳에 살던 사람으로 보인다(스 2:34, Kidner). 이 사람들의 자손들이 제 4구를 건축했다. "그 들보를 얹고 문짝을 달고 자물쇠와 빗장을 갖추었다"는 말은 '성문을 완성했다'는 뜻이다.

느 3:4. 그 다음은 학고스의 손자 우리아의 아들 므레못이 중수하였고 그 다음은 므세사벨의 손자 베레갸의 아들 므술람이 중수하였고 그 다음은 바아

나의 아들 사독이 중수하였고.

그 다음은 학고스의 손자요 우리야의 아들인 므레못이 보수하였고, 그 다음은 므세사벨의 손자요 베레갸의 아들인 므술람이 보수하였으며, 그 다음은 바아나의 아들인 사독이 보수했다. 여기 므레못[27]('다툼'이란 뜻)이나 므술람[28]('친구'라는 뜻)이나 사독은 제 5구와 제 6구의 보수자들이었다. "사독"('의'라는 뜻)은 에스라의 언약 문에 인을 친 사람이다(10:21).

느 3:5. 그 다음은 드고아 사람들이 중수하였으나 그 귀족들은 그들의 주인들의 공사를 분담하지 아니하였으며.

그 다음은 드고아 사람들이 보수하였는데, 그들 집안의 어떤 유력자들은 주인들의 공사를 협조하지 않았다. "드고아"[29]는 아모스의 고향이었는데(암 1:1) 드고아 지방의 일반 사람들도 예루살렘의 성 재건에 협력했다. 그런데 드고아 지방의 높은 관리들은 예루살렘 성 재건에 협력하지 않았다는 것이다. 본서 저자는 귀족들은 그들의 주인들이 예루살렘 성 재건에 협조하지 않았다고 은근히 지적한다. 하나님의 일을 하는데 있어서는 이 세상 지위에 구애됨이 없이 다 함께 낮아져서 협력해야 한다. 사실상 하나님 나라에서는 섬기는 자가 큰 자이다(막 10:43-44, 박윤선).

6-13절: 서쪽 성벽을 중건한 자들.

느 3:6. 옛 문은 바세아의 아들 요야다와 브소드야의 아들 므술람이 중수하여 그 들보를 얹고 문짝을 달고 자물쇠와 빗장을 갖추었고.

옛 문은 바세아의 아들인 요야다와 브소드야의 아들인 므술람이 보수하

---

27) "므레못": 에스라가 귀환할 때 가져온 물품을 인수해서 정리한 제사장이었다(스 8:33).

28) "므술람": 제사장(30절)이었으나 그의 딸을 도비야의 며느리로 주어 비난을 받은 자였다(2:10,19; 6:18).

29) "드고아": 예루살렘 남쪽 약 20km 지점이었으며 사해 표준으로 하면 1,200m나 높은 지대다. 드고아 사람들이 제 7구를 중수하였으나 그들 중에 귀족들(고위층 관리들)은 참여하지 않았다.

였다. 문틀을 얹고 문짝을 달고 자물쇠와 빗장을 만들어 달았다. 본절에서부터 11절까지는 대략 600m가량의 성벽 보수 작업에 대해서 언급한다.

본절의 문장 초두의 "옛 문"(the old gate)이란 '오래 됐다는 문'이란 뜻인데, 로린슨(Rawlinson)에 의하면 현재의 다메섹 문이거나 아니면 그 부근의 문일 것이다. 로린슨의 주장이 옳다면 그 문은 다메섹으로 통하는 문이며, 예루살렘에서 가장 중요한 문이다. 이 문은 왕하 14:13; 렘 31:38의 '모퉁이 문'과 동일시된다(Edwin Yamauchi). 본문의 "요야다"(Jehoiada)는 '여호와께서 알고 계신다'라는 뜻이며, "므술람"(Meshullam)은 '동맹한다'는 뜻이다.

이 한 개의 문을 두 사람이 중수한 것은 이들 사정이 거기에 합당하기 때문이었을 것이다. 아무튼 두 사람이 협력해서 주님의 일을 한다는 것은 아주 바람직스럽다(전 4:9-12 참조).

느 3:7. 그 다음은 기브온 사람 믈라댜와 메로놋 사람 야돈이 강 서쪽 총독의 관할에 속한 기브온 사람들 및 미스바 사람들과 더불어 중수하였고(And next to them repaired Melatiah the Gibeonite and Jadon the Meronothite, the men of Gibeon and of Mizpah, the seat of the governor of the province Beyond the River-ESV**)**.

그 다음은 기브온 사람 믈라댜와 메로놋 사람 야돈이 유브라데 서쪽 지방의 총독 아래에 있는 기브온 사람들과 미스바 사람들을 데리고 보수하였다.

여기 "기브온 사람"(Gibeonite)은 출신 지역에 따라 분류된 포로 귀환자 명단(스 2:20-35)에 들어있다. 이 "기브온"은 예루살렘 서북방 9km 지점에 위치해 있는 지역이름이다. "믈라댜"(Melatiah)는 '꿀'이라는 뜻을 가지고 있는, 이곳에만 나타나는 사람이다.

"메로놋"(Meronothite)은 기브온 동북방 5km지점에 위치해 있다. 그리고 "야돈"(Jadon)은 '여호와께서 지배하신다'는 뜻을 가지고 있는, '여도니아'의 단축형이다.

"강 서쪽 총독의 관할에 속한"이란 말은 유브라데 강 서편의 총독의 지배하의 기브온 사람들과 미스바 사람들이라는 뜻이다(K.&D., Rawlinson, Kidner). 그리고 "미스바"(Mizpah)는 예루살렘 서북방 8km지점이다. 이 기브온 사람들과 미스바 사람들이 다른 지역에 살면서도 함께 제 9구를 중수했다. 오늘날 하나님 나라의 일을 함에 있어서 지역이 다른 곳 사람끼리도 얼마든지 협력할 수 있음을 보여준다.

느 3:8. 그 다음은 금장 색 할해야의 아들 웃시엘 등이 중수하였고 그 다음은 향품 장사 하나냐 등이 중수하되 그들이 예루살렘의 넓은 성벽까지 하였고.

그 다음은 세공장이 할해야의 아들 웃시엘('하나님의 힘'이라는 뜻)이 보수하였고, 그 다음은 향품 장사 하나냐('은혜'라는 뜻) 등이 보수하였다. 그들은 '넓은 벽'에 이르기까지 예루살렘을 복구하였다.

여기 "금장색"은 금으로 장신구를 만드는 사람이었고, "향품 장사"는 향품을 매매하는 사람이었다. 이들은 돈이 많은 사람들이었으니 예루살렘 성 보수를 위해 크게 도움을 주었을 것이다. 이런 사실은 이 세상의 부자들도 좋은 일에 협력해야 할 것을 보여준다.

"예루살렘의 넓은 성벽까지 중수했다"는 말은 예루살렘 성의 서북쪽의 넓은 성벽까지 중수했다는 뜻이다. 서북쪽의 특히 넓은 성벽은 국방상 필요에 의해 건축했는데, 요시야 시대에 약 200m가량 헐렸다가(왕하 14:13), 히스기야 때에 개축되었다(대하 32:5, 이상근).

느 3:9. 그 다음은 예루살렘 지방의 절반을 다스리는 후르의 아들 르바야가 중수하였고.

그 다음은 예루살렘의 반쪽 구역의 책임자이며 후르의 아들인 르바야가 보수하였다. 다시 말해 바로 그 옆은 예루살렘의 반쪽을 책임지고 있던 르바야('의사'라는 뜻), 곧 후르의 아들이 보수했다. 당시 예루살렘 전체의 책임자는 느헤미야였다. 느헤미야의 관할 하에 예루살렘은 둘로 나뉘어 한 구역은 르바야가 관할했고 또 다른 한 구역은 살룸(12절)이 관할한 듯하다(Batten). 나라의 지도자들도 선한 일에 협력할 수가 있어야 한다.

느 3:10. 그 다음은 하루맙의 아들 여다야가 자기 집과 마주 대한 곳을 중수하였고 그 다음은 하삽느야의 아들 핫두스가 중수하였고.

그 다음은 하루맙의 아들인 여다야('여호와를 찬양하는 자'라는 뜻)가 보수하였는데 그가 보수한 곳은 바로 자기 집 맞은쪽이었다. 그 옆은 하삽느야의 아들 핫두스가 보수하였다. 이곳은 예루살렘 성 서쪽의 급경사지로 추측된다. 그들은 자기 집 방어에 힘을 쓴 것으로 보인다.

느 3:11. 하림의 아들 말기야와 바핫모압의 아들 핫숩이 한 부분과 화덕 망대를 중수하였고.

하림의 아들인 말기야와 바핫모압의 아들인 핫숩은 한 부분과 '화덕 망대'까지 합쳐서 보수했다. 말기야의 아버지 하림이나 핫숩의 아버지인 바핫모압은 스룹바벨의 제 1차 귀국 때 돌아온 사람들이었다(스 2:6,32). 이 두 사람의 세대는 가고 이제는 하림의 아들인 말기야와 바핫모압의 아들인 핫숩이 한 부분과 화덕 망대를 중수했다. 본문의 "한 부분"이란 문자적으로 '두 번째 부분'이란 말로 이미 배정되었던 몫 이외의 또 다른 부분을 가리킨다. 그러니까 말기야와 핫숩은 이 부분 외에 다른 부분의 중수도 부여받았던 것으로 보인다(23절 참조).

"화덕 망대"란 예루살렘 성의 서북 코너에 있는 망대로 서북쪽 문을 방위하기 위해서 만든 것이었다. 이 "화덕 망대"는 웃시야 왕이 중수했다(12:38; 대하 26:9).

느 3:12. 그 다음은 예루살렘 지방 절반을 다스리는 할로헤스의 아들 살룸과 그의 딸들이 중수하였고.

본절부터 13절까지는 서남쪽 성벽을 중수한 자들에 대해서 진술한다. 여기 서북 코너의 화덕 망대에서 “그 다음”은 서편 성벽이다. 그 바로 옆은 예루살렘의 반쪽 구역의 책임자이며 할로헤스의 아들인 살룸이 자기 딸들과 함께 보수하였다. “예루살렘의 반쪽 구역의 책임자”의 뜻을 위해 9절 주해 참조. 그는 르바야와 함께 예루살렘을 절반씩 다스렸다. 본문의 “살룸”(‘평화롭다’는 뜻)은 그의 딸들이 중수하는 일에 협조했다. 여자가 예루살렘 중수에 협력한 것은 살룸의 딸들뿐이었다.

느 3:13. 골짜기 문은 하눈과 사노아 주민이 중수하여 문을 세우며 문짝을 달고 자물쇠와 빗장을 갖추고 또 분문까지 성벽 천 규빗을 중수하였고.

“골짜기 문”은 하눈과 사노아에 사는 사람들이 보수하였다. 문틀을 얹고 문짝을 달고, 빗장과 빗장둔테를 만들어 달았다. 그들은 또한 “거름 문”까지 성벽 1,000규빗(450m)을 보수하였다.

본문의 “골짜기 문”이란 말의 주해를 위해 2:13주해를 참조하라. 이 골짜기 문은 서편 성곽의 문으로 욥바에 이르는 문이므로 “욥바 문”이라고도 한다. “하눈”(Hanun)은 ‘은혜롭다’는 뜻이고, “사노아”(Zanoah)는 예루살렘 서편 16km 지점에 위치해 있는 작은 읍(邑)이다. “문틀을 얹고 문짝을 달고, 빗장과 빗장둔테를 만들어 달았다”는 말을 위해서 3절 주해를 참조하라.

14-19절: 남동쪽 성벽을 중건한 자들.

느 3:14. 분문은 벧학게렘 지방을 다스리는 레갑의 아들 말기야가 중수하여 문을 세우며 문짝을 달고 자물쇠와 빗장을 갖추었고.

‘거름 문’(the dung gate)은 벧학게렘 구역의 책임자이며 레갑의 아들인 말기야(‘나의 왕은 여호와이시다’라는 뜻)가 보수하였다. 그는 문틀을 얹고 문짝을 달고, 빗장과 빗장둔테를 만들어 달았다. 2:13에 의하면 “분문”은 남쪽 성곽의 중간 지점이다. “말기야”는 예루살렘 성문을 중수한 레갑의 아들이다.

"벧학게렘(Bethhacerem)지방"이란 "벧학게렘"이라는 성읍과는 전혀 다르다. 여기서 "지방"이란 말은 어떤 성읍과 인접해 있는, 혹은 둘러싸여 있는 지역을 가리키기 때문이다(9절). "벧학게렘"은 예루살렘 서남방 약 6km 지점에 있다.

느 3:15. 샘문은 미스바 지방을 다스리는 골호세의 아들 살룬이 중수하여 문을 세우고 덮었으며 문짝을 달고 자물쇠와 빗장을 갖추고 또 왕의 동산 근처 셀라 못 가의 성벽을 중수하여 다윗 성에서 내려오는 층계까지 이르렀고.

"샘 문"(the Fountain Gate, 샘터로 나가는 문)은 미스바 구역의 책임자이며 골호세('모든 것을 보는 자'라는 뜻)의 아들인 살룬[30)]이 보수하였다. 살룬은 문틀을 얹고 지붕을 덮은 다음에 문짝을 달고 빗장과 빗장둔테(빗장이 꽂히도록 구멍을 뚫어서 댄 기름한 나무토막)를 만들어 달았다. 그가 왕의 동산 옆 "셀라 연못" 가의 성벽을 다윗 성에서 내려오는 층계까지 보수하였다.

"샘문"은 분문(the dung gate, 샘터로 나가는 문) 앞 약 120m 정도에 위치해 있으며 그 바로 앞에는 실로암이 있다(2:14 주해 참조). "미스바 지방"이란 "미스바"와는 전혀 다르다(14절 주해 참조). "미스바"는 예루살렘 북쪽 약 12,8km에 위치해 있고, '파숫군'이라는 뜻이다.

"또 왕의 동산 근처 셀라 못 가의 성벽을 중수하여 다윗 성에서 내려오는 층계까지 이르렀다"(he built the wall of the Pool of Shelah of the king's garden, as far as the stairs that go down from the City of David-ESV).

여기 "왕의 동산"이란 '왕의 못(2:14) 곁에 있는 동산'을 말한다. 이 왕의 동산은 힌놈의 골짜기와 기드론 골짜기가 만나는 지점에 위치한 왕의 소유 동산이다. 그리고 본절의 "다윗 성"은 다름이 아니라 '예루살렘 전체의 별명'

---

30) "살룬": 살룬은 미스바 지방을 다스리는 골호세의 아들이며 샘문과 왕의 동산 근처 셀라 못가의 성벽을 중수했다(15절).

이다(삼하 5:9).

느 3:16. 그 다음은 벧술 지방 절반을 다스리는 아스북의 아들 느헤미야가 중수하여 다윗의 묘실과 마주 대한 곳에 이르고 또 파서 만든 못을 지나 용사의 집까지 이르렀고.

그 바로 다음으로 이어지는 부분은 벧술('반석의 집'이라는 뜻, 예루살렘 남쪽 20km지점) 지방 절반을 다스리는 아스북의 아들인 느헤미야(본서를 저작한 느헤미야는 아니다)가 보수하여 다윗의 묘지와 마주 대한 곳에 이르고 또 파서 만든 못을 지나 '용사의 집'에까지 이르렀다. "다윗의 묘지들"은 다윗과 그의 자손의 묘지가 있던 곳으로 성전 부근에 있었다. "파서 만든 못"은 히스기야가 앗수르 군에게 포위되었을 때 기혼의 샘물을 예루살렘 성 내로 끌어들여 식수로 사용하기 위해 만든 못이었다(왕아 20:20). 또 "용사의 집"은 '다윗 왕의 경호원들이 거하던 집'이었다.

느 3:17. 그 다음은 레위 사람 바니의 아들 르훔이 중수하였고 그 다음은 그일라 지방 절반을 다스리는 하사뱌가 그 지방을 대표하여 중수하였고.

그 바로 옆으로 이어지는 부분은 레위 사람 바니의 아들 르훔('자비롭다'는 뜻)이 보수하였다. 또 그 옆은 그일라의 반쪽 구역의 책임자인 하사뱌가 자기 구역을 맡아서 보수하였다. "레위 사람 바니의 아들 르훔"이 성전 봉사에 바쁜 레위 사람이 성곽 보수에도 앞장섰다.

"그일라"(Keilah)는 예루살렘 서남쪽 24km지점에 위치해 있는데 다윗이 블레셋 사람들로부터 탈환한 곳이었다(삼상 23:1-3). "하사뱌"(Hashabiah)는 그가 관할하는 지방을 대표하여 예루살렘 성 중수에 나섰다.

느 3:18. 그 다음은 그들의 형제들 가운데 그일라 지방 절반을 다스리는 헤나닷의 아들 바왜가 중수하였고.

그 바로 옆으로 이어지는 부분은 그일라의 다른 반쪽 구역의 책임자이며 헤나닷의 아들인 바왜가 친족들과 함께 보수했다. 바왜(본절)와 하사뱌(17절)는 그일라 지방을 절반씩 나누어 다스리는 지도자로서 예루살렘 성 재건에 협력했다.

느 3:19. 그 다음은 미스바를 다스리는 예수아의 아들 에셀이 한 부분을 중수하여 성 굽이에 있는 군기고 맞은편까지 이르렀고.

그 다음 잇닿은 한 부분을 성 모퉁이에 있는 무기창고 비탈 앞까지 보수한 것은 미스바를 다스리는 예수아(제 1차로 귀환한 대제사장은 아니다)의 아들 에셀('도움'이라는 뜻)이었다.

"성 굽이"는 예루살렘 성 동남쪽 끝에 있는 성 모퉁이를 뜻한다. 용사의 집(16절) 북편에 있다. 이 용사의 집까지 남쪽 벽이고, 그 다음은 동쪽 벽이다. 이 곳에 예루살렘의 여러 군기고의 하나가 있다.

20-32절: 동쪽 성벽을 중건한 자들.

느 3:20. 그 다음은 삽배의 아들 바룩이 한 부분을 힘써 중수하여 성 굽이에서부터 대제사장 엘리아십의 집 문에 이르렀고.

그 다음에 이어지는 둘째 부분 곧 성 굽이로부터 대제사장 엘리아십의 집 문까지는 삽배(이방여인을 아내로 취했다가 회개한 자였다. 스 10:28)의 아들 바룩('축복 받은 자'라는 뜻, 이는 제사장이다)이 힘써 보수했다. 이 바룩은 대제사장 엘리아십을 따라 성곽 보수에 협력했는데(1절 참조), 여기 또 별도로 "한 부분을 힘써 중수했다". 우리는 하나님의 일에 빠져서는 안 되고 오히려 한 부분을 더 담당하는 사람들이 되어야 할 것이다.

느 3:21. 그 다음은 학고스의 손자 우리야의 아들 므레못이 한 부분을 중수하여 엘리아십의 집 문에서부터 엘리아십의 집 모퉁이에 이르렀고.

그 다음에 이어지는 둘째 부분 곧 엘리아십의 집 문에서부터 엘리아십의 집 맨 끝까지는 학고스의 손자이며 우리야의 아들인 므레못('높임'이란 뜻)

이 보수했다. 므레못은 이미 한 부분을 맡아(4절 주해 참조), 그것을 끝내고 또 한 구역을 더 한 것이다. 좋은 일에 열심이 있었던 사람이었다. "엘리아십의 집 문에서부터 엘리아십의 집 맨 끝까지"라는 표현을 보면 엘리아십의 집이 컸던 것으로 보인다(K.&D.).

느 3:22. 그 다음은 평지에 사는 제사장들이 중수하였고.

그 다음에 이어지는 부분은 평지에 사는 제사장들이 보수했다. 여기 "평지에 사는 제사장들"은 '예루살렘에 사는 제사장'은 아니다. 이들이 누구냐를 두고 두 가지 견해가 있다. 1) 요단강 유역의 여리고 지역에서 거주하는 제사장들이라는 견해(K.&D., Rawlinson, Schultz). 2) 예루살렘 유역의 농경지에 거주하는 제사장들이라는 견해(12:28; Fensham, Williamson). 오늘 본문에는 2번의 견해가 더 타당한 것으로 보인다. 이유는 1) "평지에 사는"이란 말이 에브라임 산지에 대해서도 적용되었으며(삼하 18:23), 2) 특히 본서에서도 사용되었다(12:28)는 점에서 2번의 견해가 더 타당한 것으로 보인다.

느 3:23 그 다음은 베냐민과 핫숩이 자기 집 맞은편 부분을 중수하였고 그 다음은 아나냐의 손자 마아세야의 아들 아사랴가 자기 집에서 가까운 부분을 중수하였고.

그 다음으로 이어지는 부분은 "베냐민('오른 손의 자식'이라는 뜻)과 핫숩('사려 깊다'는 뜻) 두 사람이 자기 집 맞은편 부분을 중수했다. 그 다음에 이어지는 부분은 아나냐의 손자요 마아세야의 아들인 아사랴('여호와께서 도우셨다'는 뜻, 3:23; 스 10:18, 10:31-32)가 보수하였는데, 그 곳은 그의 집 옆쪽이었다.

베냐민은 하림의 자손이다(3:23; 스 10:18,31-32). 핫숩은 이미 풀무 망대를 중수했는데(11절), 여기서 또 한 부분을 담당했다. 우리는 할 수만 있다면 많은 것을 감당하는 사람들이 되어야 한다.

"아사랴가 자기 집에서 가까운 부분을 중수했다"는 말에서 '가까운 부분' 이란 말은 대부분 '옆에' 혹은 '곁에'로 번역되는 단어이다(창 39:16; 삼상 5:2; 왕상 10:19). 그러나 문맥상 19절의 '맞은 편'과 동일한 의미로 이해된다. 느헤미야는 성곽 보수와 관련해서 공사 담당자의 편의를 최대한 고려해 준 것으로 보인다.

느 3:24. 그 다음은 헤나닷의 아들 빈누이가 한 부분을 중수하되 아사랴의 집에서부터 성 굽이를 지나 성 모퉁이에 이르렀고.

그 다음에 이어지는 부분은 아사랴의 집에서(아사랴의 집 끝에서부터) 성 굽이를 지나 성 모퉁이까지는 헤나닷의 아들인 빈누이('건축하다'라는 뜻)가 보수했다.

"빈누이"(Binnui)는 18절의 "헤나닷의 아들 바왜"와 동일 인물이다(이상근). 그 사람도 역시 두 구역을 중수한 열심가였다. "성 굽이를 지나 성 모퉁이까지"라는 묘사에서 "성 굽이"는 예루살렘 성벽의 처음 꺾인 부분을 지칭하고(19절 주해 참조), "성 모퉁이"도 '굽이'와 같은 뜻으로서 본문에서는 성의 꺾였던 부분이 원래의 방향대로 다시 꺾인 부분을 가리킨다.

느 3:25. 우새의 아들 발랄은 성 굽이 맞은편과 왕의 윗 궁에서 내민 망대 맞은편 곧 시위청에서 가까운 부분을 중수하였고 그 다음은 바로스의 아들 브다야가 중수하였다(and to the corner. Palal the son of Uzai repaired opposite the Angle and the tower projecting from the upper house of the king at the court of the guard. After him Pedaiah the son of Parosh).

우새의 아들 발랄은 성 굽이 맞은쪽과 윗 대궐에서 쑥 내민 망대 맞은쪽 곧 시위 청에서 가까운 부분을 보수하였다. 그 다음에 이어지는 부분은 바로스의 아들인 브다야('여호와께서 속량하셨다'는 뜻)가 중수했다.

"발랄"('하나님께서 심판하셨다'란 뜻)은 구약 성경 중 이곳에만 나오는 이름이다. "우새"도 이곳에만 나오는 이름으로 '여호와께서 들으셨다'는 뜻이다. "왕의 윗 궁에서 내민 망대"에서 '윗'이란 말은 '높은'이란 뜻으로 '왕궁'을 수식한다기보다는 '망대'를 수식한다고 보는 것이 더 무난하다(Rawlinson). 여기 "왕궁"은 '솔로몬의 왕궁'으로 보는 것(Schultz)이 바를 것이다. 그리고 "내민 망대"는 솔로몬의 왕궁 외곽을 경비하기 위하여 세워진 망대의 하나이다.

"시위청에서 가까운 부분"이란 시(市) 외곽을 감싸는 성벽의 일부라는 뜻이 아니라, 솔로몬 왕궁 외곽의 내민 망대와 연결된 내성벽(內城壁)의 일부이다(호크마 주석). 그리고 "시위청"은 '감옥'을 뜻하는 말이다(12:39; 렘 32:2). "바로스의 아들 브다야"란 말에서 "바로스"는 스룹바벨과 함께 귀환했던 한 가족의 조상이었다(스 2:3).

느 3:26. (그 때에 느디님 사람은 오벨에 거주하여 동쪽 수문과 마주 대한 곳에서부터 내민 망대까지 이르렀느니라).

오벨에 살고 있는, 낮은 계급의 성전 막일꾼들이 동쪽 수문 맞은쪽, 쑥 내민 망대가 있는 곳까지 보수했다.

"느디님 사람"은 성전의 잡일을 감당하는 낮은 계급의 종들이었다(스 2:43). "오벨"(Ophel)은 '팽창'이란 뜻이며 언덕을 지칭한다. 이 말은 예루살렘 성전 부근의 언덕을 가리킬 것으로 본다. "동쪽 수문"이란 성전 동편에 있던 수문을 지칭한다. 시민들은 여기서 식수를 얻었다. 에스라가 바로 이 수문 앞에서 설교를 했다(8:1).

느 3:27. 그 다음은 드고아 사람들이 한 부분을 중수하여 내민 큰 망대와 마주 대한 곳에서부터 오벨 성벽까지 이르렀느니라.

그 옆에 이어지는 부분은 드고아 사람들이 한 부분을 중수하여 내민 큰 망대와 마주 대한 곳에서부터 오벨 성벽까지 이르렀다.

드고아 사람들이 이미 한 구역을 담당했는데(5절 주해 참조), 여기 다시 왕궁의 망대에서 오벨의 성벽까지를 담당했다. 하나님의 일은 많이 담당할수록 좋은 것이다.

느 3:28. 마문 위로부터는 제사장들이 각각 자기 집과 마주 대한 부분을 중수하였고.

"말 문"(馬門) 위쪽으로는 제사장들이 각각 자기 집 맞은쪽을 보수했다. 본문의 마문은 동편 서편에 있는 문으로 말이나 말을 탄 사람이 출입하는 문이었다(왕상 11:26). 제사장의 집들은 성전 부근 높은 곳에 있었다. 저들은 자기 집의 맞은 편을 각각 보수했다.

느 3:29. 그 다음은 임멜의 아들 사독이 자기 집과 마주 대한 부분을 중수하였고 그 다음은 동문지기 스가냐의 아들 스마야가 중수하였고.

그 옆으로 이어지는 부분은 임멜(제 1차 귀환 때 스룹바벨과 함께 귀환한 사람. 스 2:37)의 아들인 사독('정의'라는 뜻)이 보수했는데, 자기 집 맞은 쪽이었다. 그 다음에 이어지는 부분은 동쪽문의 문지기인 스가냐[31]('여호와께서 그의 거처를 잡으셨다'는 뜻)의 아들인 스마야('듣는 자'라는 뜻)가 보수했다.

느 3:30. 그 다음은 셀레먀의 아들 하나냐와 살랍의 여섯째 아들 하눈이 한 부분을 중수하였고 그 다음은 베레갸의 아들 므술람이 자기의 방과 마주 대한 부분을 중수하였고.

그 옆으로 이어지는 한 부분을 셀레먀의 아들 하나냐(하나냐는 이미 한 부분을 담당했다. 8절)와 살랍의 여섯째 아들 하눈이 중수했고, 그 바로 옆은 베레갸의 아들 므술람이 자기의 방과 마주 대한 부분을 중수했다.

"살랍의 여섯째 아들 하눈이 중수했다"는 말 속에는 첫째부터 다섯째까지는 가담하지 않았다는 뜻을 내포한다. 이처럼 공동사역은 남들보다 두배

---

31) "스가냐": 다윗의 후손으로 스마야의 아버지이다.

세배 하는 사람도 있고 또 어떤 이는 손 하나 까딱하지 않는 사람도 있다. 우리는 1당 100의 사람들이 되어야 할 것이다.

또 하눈이 담당한 공사 옆 자리는 베레갸의 아들 므술람(4절의 므술람과 동일 인물임)이 중수했다. 따라서 본절의 므술람도 두 구역을 중수한 것이다. 므술람은 자기의 방과 마주 대한 부분을 중수했다. 여기 "자기의 방"이란 말이 '일반적인 의미의 방'이란 뜻으로 사용하지만 또 특별하게는 성전에 속한 여러 방들을 지칭할 때도 사용하는 단어이다(Fensham. 12:44; 13:7). 휀샴(Fensham)의 견해가 맞다면 "자기의 방"이란 말은 므술람이 제사장이었음을 보여주는 말이다. 그렇다면 '자기 방과 마주 대한 부분'은 성전과 가까운 성곽을 지칭할 것이다.

느 3:31. 그 다음은 금장 색 말기야가 함밉갓 문과 마주 대한 부분을 중수하여 느디님 사람과 상인들의 집에서부터 성 모퉁이 성루에 이르렀고(After him Malchijah, one of the goldsmiths, repaired as far as the house of the temple servants and of the merchants, opposite the Muster Gate, and to the upper chamber of the corner-RSV, ESV).

그 다음에 이어지는 부분은 금장 색(금으로 장신구를 만드는 사람, 단수) 말기야(Malchiah, '왕'이라는 뜻)가 함밉갓 문(the Muster Gate, 소집 문, 이 문의 위치는 '동편 수문'과 연결된 성벽에서 북쪽으로 약 90m 지점이다)과 마주 대한 부분('마주 대한 부분'은 동쪽 바깥 성벽의 거의 북쪽 끝부분이 된다)을 중수했다. 그래서 느디님 사람(성전의 잡일을 하는 사람들)과 상인들의 집에서부터 "성 모퉁이 성루"(성벽의 북동쪽 부분에 있었던 다락방)에까지 이르렀다.

느 3:32. 성 모퉁이 성루에서 양문까지는 금장 색과 상인들이 중수하였느니라.

성 모퉁(이곳은 동북편 모퉁이일 것이다)이 "누각에서 양 문까지"(이곳이 최종 공사 구간이었을 것이다)는, 세공장이(금으로 장신구를 만드는 사람)와 상인들이 보수했다.

이렇게 해서 성곽 보수 공사는 시계 바늘이 도는 반대 방향으로 한 바퀴를 돌았다. 본서 저자 느헤미야는 예루살렘 성 외곽 보수공사를 간략히 설명하지 않고 처음부터 끝까지 모든 부분에 걸쳐 보수한 사람의 이름을 기록한 것은 하나님의 언약이 실현되었음을 강조하기 위함이었을 것이다. 하나님의 언약이 실현되기 위해서 하나님은 전 민족적으로 사람들을 동원하셔서 예루살렘 성의 성곽을 재건하신 것이다.

제 4 장

D. 사마리아인들의 반대 4장

사마리아 인들이 방해하고 조롱했다. 이 부분(4장)은 사마리아인들의 반응이 등장하고(1-3절), 느헤미야가 기도한 일(4-6절), 적들이 계획한 행동과 느헤미야가 취한 행동(7-23절)이 진술된다.

ㄱ. 사마리아인들이 비웃다 4:1-3

유대인들이 성곽 보수를 한 것을 두고 사마리아인들이 조소한다. 사마리아인들은 유대인들이 점점 복구되는 것을 싫어했다.

느 4:1. 산발랏이 우리가 성을 건축한다 함을 듣고 크게 분노하여 유다 사람들을 비웃으며(Now when Sanballat heard that we were building the wall, he was angry and greatly enraged, and he jeered at the Jews-ESV).

유대인들이 성벽을 다시 쌓아 올리고 있다는 소식을 들은 산발랏이 분개하며 몹시 화를 내며 유대 사람을 비웃었다.

산발랏(Sanballat, '비밀의 숲'이라는 뜻)은 사마리아 총독이었다. 그는 유대인들이 예루살렘 성을 보수한다는 소식을 듣고 마음으로 몹시 화를 냈다. 그는 예루살렘 성전 재건에 관한 소식을 듣기 전부터 마음이 불편했다. 그는 유대인들에 대해서 소식통을 가지고 있었기 때문에 일찍부터 유대인들이 예루살렘 성전을 재건한다는 소식을 듣고 마음이 편치 않았다. 그러다가 실제로 성을 보수한다는 소식을 듣고 그는 실제로 유대 사람들을 비웃었다. 비웃은 내용은 2절에 진술되어 있다. 사람은 마음으로부터 시작하여 말로 표출하고 훗날에 가서는 느헤미야를 살해하려고까지 했다(6:2). 우리는 마음에 있는 나쁜 불씨를 꺼야 할 것이다. 그러지 않으면 말로 옮겨지고 드디어는 행동으로까지 실행하게 된다.

느 4:2. 자기 형제들과 사마리아 군대 앞에서 일러 말하되 이 미약한 유다 사람들이 하는 일이 무엇인가, 스스로 견고하게 하려는가, 제사를 드리려는가, 하루에 일을 마치려는가 불탄 돌을 흙무더기에서 다시 일으키려는가 하고.

산발랏이 자기 동료들과 함께 사마리아인들로 구성된 그의 사병들이 듣는 데서 말하기를 "힘도 없는 유대인들이 도대체 무슨 일을 하려는 것이냐? 이 성벽을 다시 쌓고 여기에서 제사를 지내겠다는 거냐? 하루 만에 일을 끝낸다는 거냐? 불타 버린 돌을 흙무더기 속에서 다시 꺼내서 쓸 수 있다는 거냐?"하고 빈정거렸다. 아무튼 있는 소리 없는 소리 모두 동원하여 유대인들을 조롱했을 것이다.

느 4:3. 암몬 사람 도비야는 곁에 있다가 이르되 그들이 건축하는 돌 성벽은 여우가 올라가도 곧 무너지리라 하더라.

그의 곁에 서 있는 암몬 사람 도비야도 한 마디 거들어 말하기를 "다시 돌로 성벽을 쌓는다지만, 여우 한 마리만 올라가도 곧 무너지고 말 겁니다"라고 했다.

본절 초두의 "암몬 사람 도비야(산발랏의 직속 참모)"에 대해 2:10주해를 참조하라. "여우"라는 짐승은 아주 작은 네발 달린 짐승으로 재빠른 짐승이다. 이들이 올라가도 곧 무너질 것이란 말은 아주 약한 성곽이라는 조롱의 표현이다.

ㄴ. 느헤미야의 기도 4:4-6

느헤미야는 산발랏이 자기 동료들과 사마리아 군대 앞에서 유대인들이 하는 성곽 공사를 비웃고 또 암몬 사람 도비야도 함께 맞장구치는 소리를 듣고 대꾸하거나 싸움을 하는 대신 위대하신 하나님을 향하여

기도를 시작한다.

느 4:4. 우리 하나님이여 들으시옵소서 우리가 업신여김을 당하나이다 원하건대 그들이 욕하는 것을 자기들의 머리에 돌리사 노략거리가 되어 이방에 사로잡히게 하시고.

느헤미야는 "우리 하나님이여! 들으시옵소서. 우리가 업신여김을 당하나이다" 라고 기도한다. 그런고로 그 해결책으로 "그들이 욕하는 것을 자기들의 머리에 돌리셔서 노략거리가 되어 이방 땅에 사로잡히게 해 주십시오"라고 기도한다.

본문의 "들으시옵소서"라는 말은 우리도 평소에 많이 사용해야 한다(1:4-11; 5:19; 6:14; 13:14,22). 하나님께서 인생의 소리를 들으셔야 할 이유는 "우리가 업신여김을 당하기 때문이라"는 것이다. "우리가 업신여김을 당했다"란 말은 '모욕당했다'는 뜻이다. 인생이 모욕을 당했기 때문에 돌아보아 주시라는 것이었다. 느헤미야는 그들이 유대인들을 모욕한대로 모욕을 당하도록 기도한다. 이때의 느헤미야의 기도는 이기주의에서 나온 것도 아니고 독선주의에서 나온 것도 아니었다. 그것은 산발랏에게 대한 정당한 심판선언이었다(박윤선). 우리는 우리가 당한대로 정당한 심판 선언을 할 수 있다.

느 4:5. 주 앞에서 그들의 악을 덮어 두지 마시며 그들의 죄를 도말하지 마옵소서 그들이 건축하는 자 앞에서 주를 노하시게 하였음이니이다 하고.

느헤미야는 "주 앞에서 그들의 죄를 용서하지 마시고 그들의 죄를 못 본 것으로 하지 마십시오. 그들이야말로 성을 쌓고 있는 우리 앞에서 주님을 모욕한 자들입니다"라고 기도한다.

하나님께서는 회개하는 자의 죄는 덮어두시기도 하시고 도말해 주시기도 하신다(미 7:18-19). 그러나 그와 반면에 회개하지 않고 죄악을 쌓는 악인의 죄는 도말하시지 않으신다(롬 2:4-5). 느헤미야는 진리대로 기도했다. 오늘 우리도 진리대로 기도해야 할 것이다.

느 4:6. 이에 우리가 성을 건축하여 전부가 연결되고 높이가 절반에 이르렀으니 이는 백성이 마음 들여 일을 하였음이니라.

우리는 성 쌓는 일을 계속하였다. 백성이 마음을 모아서 열심히 일하였으므로, 성벽 두르기는 마칠 수 있었으나, 높이는 절반에 이르렀다.

문장 초두의 "이에"란 말은 '그래서'(so)란 뜻이다. 다시 말해 느헤미야가 하나님께 기도하니 본절처럼 성이 건축되어 전부가 연결되고 높이가 절반에 이르렀다는 것이다. 이렇게 된 것은 하나님의 은혜로 공사가 잘 진행되었을 뿐 아니라 또 "백성이 마음 들여 일을 하였기 때문이라"고 한다. 하나님의 은혜가 나타나면 백성들도 마음을 들여 일하게 마련이다. 하나님의 은혜가 아니면 백성들도 힘 있게 일하지 못한다.

ㄷ. 적들의 계획된 행동과 느헤미야가 취한 행동 4:7-23

일이 잘 진행되니(6절), 적들은 가만히 있지 않았다. 공사장을 습격하여 공사를 방해했고, 유대인들은 적을 방비도 하고 또 한편으로 공사를 진행시켜 나갔다.

느 4:7. 산발랏과 도비야와 아라비아 사람들과 암몬 사람들과 아스돗 사람들이 예루살렘 성이 중수되어 그 허물어진 틈이 메꾸어져 간다 함을 듣고 심히 분노하여.

그때에 산발랏과 도비야와 아랍 사람들과 암몬 사람들과 아스돗 사람들은 예루살렘 성벽 재건이 잘 되어가고 있으며, 군데군데 무너진 벽을 다시 잇기 시작하였다는 소식을 듣고 몹시 화를 냈다. 여기 적들의 숫자도 점점 많아지는 것을 보게 된다. "산발랏과 도비야"에 대해서 2:10주해 참조. "아라비아 사람들"은 바사가 중동을 제패했을 때 팔레스틴의 동부 요단 동편과 남부인 네게브 지방을 거주지로 삼았다. 바로 이 족속의 한 분파를 다스리던 자가 '게셈'이었다(2:19). "암몬 사람들"은 그 당시 요단의 동쪽 지역 및 심지어는 요단의 서쪽 강변에서도 살던 민족이었다. "아스돗 사람들"은 블레셋 족속들이 거주했던 지역 어디든지 살고 있었다. 이들 모두는 남이 잘 되어 가는 것을 보고 감사해야 하는데 몹시 화를 냈다는 것은 마귀적이었다.

느 4:8. 다 함께 꾀하기를 예루살렘으로 가서 치고 그 곳을 요란하게 하자 하기로.

이들은 다 함께 예루살렘으로 가서 치고 그 곳을 요란하게 하자고 꾀했다. 여기 "꾀했다"(וַיִּקְשְׁרוּ)는 말은 '음모했다'는 뜻으로 집단적인 이기심에 따라 배반하는 행위를 하는 것을 지칭한다(삼상 22:8; 왕상 16:16). 세상 세력은 음모하는 것으로 일을 삼는다.

느 4:9. 우리가 우리 하나님께 기도하며 그들로 말미암아 파수꾼을 두어 주야로 방비하는데.

느헤미야는 "산발랏과 도비야와 아라비아 사람들과 암몬 사람들과 아스돗 사람들"의 방해 공작을 막기 위해 한편으로는 하나님께 기도했고 또 다른 한편으로는 파수꾼을 두어 주야로 방비했다. 사람이 할 수 있는 일을 다 한 것이다(2:4,5, 13절). 느헤미야가 만일 하나님께만 기도하고 전적으로 사람들은 공사에만 전념했더라면 하나님의 이적으로 막아주셨을 것이다.

느 4:10. 유다 사람들은 이르기를 흙무더기가 아직도 많거늘 짐을 나르는 자의 힘이 다 빠졌으니 우리가 성을 건축하지 못하리라 하고.

그런데 유대 사람들 사이에서 이런 말이 퍼지고 있었다. "흙더미는 아직도 산더미 같은데 짊어지고 나르다 힘이 다 빠졌으니 우리 힘으로는 이 성벽을 다 쌓지 못 하겠네". 적들이 공사를 방해하니 유대인들 사이에 낙담하는 소리가 들린 것이었다. 여기 "흙무더기"는 성이 앞서 파괴될 때 생긴 것인데 그 무더기도 치워야 하고 성도 보수해야 하는데 적들이 습격하려 하니 거의 절망상태라는 것이었다.

느 4:11. 우리의 원수들은 이르기를 그들이 알지 못하고 보지 못하는 사이에 우리가 그들 가운데 달려 들어가서 살륙하여 역사를 그치게 하리라 하고.

유대 사람들은 적들의 방해 때문에 절망하고 있는 중에(앞 절) 우리 유대인들의 원수들은 쥐도 새도 모르게 쳐들어가서 유대인들을 죽여서 일을 못하게 하려고 계획하고 있었다. 그러나 느헤미야는 적들의 비밀계획을 미리 알고 대책을 세우고 있었다.

느 4:12. 그 원수들의 근처에 거주하는 유다 사람들도 그 각처에서 와서 열 번이나 우리에게 말하기를 너희가 우리에게로 와야 하리라 하기로.

그 원수들 가까이에서 사는 유대 사람들(외곽에서 살고 있는 유대 사람들)이 우리에게 올라와서 열 번이나 우리에게 말하기를 너희(유다 중심에 살고 있는 유대인들)가 우리에게로(유대 땅 외곽에 살고 있는 우리에게로) 와야 하리라고 했다. 원수들 가까이서 살고 있는 유대인들은 산발랏 등의 군사적 움직임에 불안을 느낀 나머지 원수들의 공세를 방어할 목적으로 성벽 재건에 참여해서 일을 하고 있는 유대 사람들을 자신들이 사는 곳으로 데려가려고 한 것이다. 그러나 이것은 사실 산발랏 일당의 계략이었다. 결국 유대인들의 의견은 둘로 갈라지고 만 것이다.

본절의 "원수들"이란 '북쪽의 산발랏을 위시한 사마리아 사람들, 동쪽의 암몬 사람들, 남쪽의 아라비아 사람들, 또 서쪽의 아스돗 사람들'(7절)을 지칭한다. 그들의 "근처에 거주하는 유대 사람들"은 '유대 땅의 외곽 지역에 거주하던 유대인들'을 지칭한다. 민족이 이렇게 분열되었을 때는 성령으로 하나가 되어야 한다(엡4:3).

느 4:13. 내가 성벽 뒤의 낮고 넓은 곳에 백성이 그들의 종족을 따라 칼과 창과 활을 가지고 서 있게 하고.

그래서 나(느헤미야)는 백성 가운데서 얼마를 가문별로, 칼과 창과 활로 무장시켜서, 성벽 뒤의 낮고 넓은 빈터에 배치하였다.

느헤미야가 유대인 중 얼마를 종족별로 성벽 뒤의 낮고 넓은 빈터에 무장시켜 놓은 이유는 가문별로 혹은 씨족별로 무장시켜 놓는 경우 협조가 잘 되는 것을 목표하고 가문별로 뭉쳐놓았을 것이다.

느 4:14. 내가 돌아본 후에 일어나서 귀족들과 민장들과 남은 백성에게 말하기를 너희는 그들을 두려워하지 말고 지극히 크시고 두려우신 주를 기억하고 너희 형제와 자녀와 아내와 집을 위하여 싸우라 하였느니라.

느헤미야는 백성이 두려워하는 것을 보고 그들의 염려를 살피고 난 후 그는 귀족들과 관리들과 그 밖의 백성들을 격려하여 말하기를 "그들을 두려워하지 마시오. 위대하시고(גָּדוֹל) 두려우신 주님을 기억하고, 당신들의 형제자매와 자식과 아내와 가정을 위하여 힘써 싸우시오"라고 했다.

문장 초두의 "돌아보다"란 말의 뜻이 무엇이냐에 대해서는 몇 가지 견해가 있다. 1) 주변을 돌아보았다는 뜻이라고 보는 견해. 다시 말해 느헤미야가 산발랏 등의 동정을 살피기 위해 주변을 살폈다는 뜻이라고 한다 (Rawlinson). 2) 느헤미야가 백성들의 무장 상태를 살폈다는 뜻으로 보는 견해(K.&D.). 3) 느헤미야가 백성들의 염려를 살폈다는 뜻으로 보는 견해 (Fensham, Schultz). 문맥으로 보아 3번의 견해가 가장 타당한 것으로 볼 수 있다.

느 4:15. 우리의 대적이 우리가 그들의 의도를 눈치 챘다 함을 들으니라 하나님이 그들의 꾀를 폐하셨으므로 우리가 다 성에 돌아와서 각각 일하였는데 (When our enemies heard that it was known to us and that God had frustrated their plan, we all returned to the wall, each to his work-RSV, ESV).

드디어 우리의 원수들은 자기들의 음모가 우리에게 새나갔다는 것을 알게 되었다. 하나님이 그들의 음모를 헛되게 하셨으므로 우리는 모두 성벽으로 돌아와서 저마다 하던 일을 계속하였다.

우리의 대적이 자기들의 공격 계획을 우리(느헤미야 등)가 미리 알게 되고 또 우리가 그 방비에 나섰다는 것을 미리 알게 되어 원수들의 계획은 수포로 돌아가서 예루살렘 시민은 다시 성으로 돌아와 건축 일도 계속한 것이었다.

느 4:16. 그 때로부터 내 수하 사람들의 절반은 일하고 절반은 갑옷을 입고 창과 방패와 활을 가졌고 민장은 유다 온 족속의 뒤에 있었으며.

그 날부터는 내가 데리고 있는 젊은이 가운데서 반은 일을 하게 했고, 나머지 반은 창(공격무기)과 방패(방패무기)와 활(공격무기)과 갑옷으로 무장을 하였다. 관리들은 성벽을 쌓고 있는 유대 백성 뒤에 진을 쳤다.

산발랏의 계획이 일단 중단되기는 했으나 아직 완전히 방심할 수는 없기 때문에 이날부터 느헤미야는 자신이 데리고 일하는 젊은이를 두 반으로 나누어 한반은 전적으로 공사에 종사하게 했고, 한반은 공격무기와 방어무기를 가지고 방비하게 했다. 민장들도 유대 온 족속의 배후에서 공사를 독려했다.

느 4:17. 성을 건축하는 자와 짐을 나르는 자는 다 각각 한 손으로 일을 하며 한 손에는 병기를 잡았는데.

성을 건축하는 자들은 앞장서서 건축을 했고, 짐을 나르는 이들은 다 한 손으로는 일을 하며 다른 한 손으로는 무기를 잡고 일을 했다.

짐을 나르는 자가 한 손으로 일을 하며 한 손에는 병기를 잡은 이유는 1) 그들은 자신들의 직업의 성격상 성 밖에서도 일을 해야 했던 관계로 호신을 위한 노력이 필요했다. 2) 또 그 일의 성격상 한 손에 병기를 잡을 수 있었기 때문이었다(Fensham, Rawlinson). 그리고 본절의 "병기"란 말은 '돌을 날려 보낼 수 있는 무기'를 의미한다.

느 4:18. 건축하는 자는 각각 허리에 칼을 차고 건축하며 나팔 부는 자는 내 곁에 섰었느니라.

성벽을 쌓는 이들은 저마다 허리에 칼을 차고 일을 하였다. 나팔수는 느헤미야의 곁에 있게 하였다. 여기 "건축하는 자"는 '짐을 나르는 자'와는 달리 성곽을 쌓는 일을 담당했던 자들이었다. 그들은 두 손을 모두 사용해야만 하는 일의 성격 때문에 칼을 허리에 찰 수밖에 없었다.

"나팔 부는 자가 내(느헤미야) 곁에 섰었던" 이유는 위급한 상황이 벌어졌을 경우 그 사실을 예루살렘 외곽에 흩어져서 성을 쌓고 있는 모든 사람에게 알릴 수 있도록 하기 위함이었다(19,20절).

느 4:19-20. 내가 귀족들과 민장들과 남은 백성에게 이르기를 이 공사는 크고 넓으므로 우리가 성에서 떨어져 거리가 먼즉 너희는 어디서든지 나팔 소리를 듣거든 그리로 모여서 우리에게로 나아오라 우리 하나님이 우리를 위하여 싸우시리라 하였느니라.

느헤미야는 나팔수를 바로 자기 곁에 둔 이유를 말한다. 즉, 느헤미야는 귀족들과 관리들과 그 밖의 백성(백성 전체)에게 지시하였다. "하여야 할 일이 많은데다 일하는 지역이 넓으므로, 우리는 성벽을 따라서 서로 멀리 떨어져 있다. 당신들은 어디에서든지 나팔 소리를 들으면 그 소리가 나는 곳으로 모여와서, 우리와 합세합시다. 우리 하나님이 우리 편이 되어서 싸워 주실 것이라"고 했다.

느 4:21. 우리가 이같이 공사하는데 무리의 절반은 동틀 때부터 별이 나기까지 창을 잡았으며.

본절은 16절의 내용이 약간 다른 모양으로 다시 언급되고 있음을 볼 수 있다. 즉, 우리는 이른 새벽부터 밤이 되어 별이 보일 때까지 일을 했는데, 우리 가운데 반수는 성을 쌓고, 반수는 창을 들고 그들을 호위했다. 이들은 하나님께 대하여 충성을 다했다.

느 4:22. 그 때에 내가 또 백성에게 말하기를 사람마다 그 종자와 함께 예루살렘 안에서 잘지니 밤에는 우리를 위하여 파수하겠고 낮에는 일하

리라 하고.

그 때에 나는 또 백성에게 명령하기를 "밤에는 사람마다 자기가 데리고 있는 부하들(종들)과 함께 집으로 돌아가지 말고 예루살렘 성 안으로 들어와 지내면서 경계를 서고, 낮에는 일을 하기 바란다"고 했다.

느 4:23. 나나 내 형제들이나 종자들이나 나를 따라 파수하는 사람들이나 우리가 다 우리의 옷을 벗지 아니하였으며 물을 길으러 갈 때에도 각각 병기를 잡았느니라.

느헤미야도, 느헤미야의 형제들 곧 하나니를 비롯한 그의 형제들도, 느헤미야가 데리고 있는 젊은이들도, 나를 따르는 경비병들도, 우리 가운데 어느 누구도 잘 때에도 옷을 벗지 않았으며, 물을 길으러 갈 때에도 무기를 들고 다녔다. 하루 24시간 임전태세였다.

제 5 장

E. 내부문제를 해결하다 5장

빈민층에서 노예문제가 제기된 일(1-5절), 노예문제를 해결한 일(6-13절), 느헤미야가 모범적인 삶을 산 일(14-19) 등을 진술한다.

ㄱ. 노예문제를 제기하다 5:1-5

빈민층에서 여러 문제들이 제기되고, 특별히 노예문제가 일어난다. 오늘날이나 당시나 비슷한 일이 발생한 것이다.

느 5:1. 그 때에 백성들이 그들의 아내와 함께 크게 부르짖어 그들의 형제인 유다 사람들을 원망하는데.

그때 적들의 방해를 잘 대비하여 성곽 공사를 힘겹게 잘 진행하고 있을 때 유대 백성들이 그들의 부인들과 함께 유대인 동포를 원망하는 소리가 크게 일고 있었다.

이렇게 크게 떠들고 일어난 백성들은 빈민층 백성들이었는데, 이들은 좀 안정적으로 살고 있는 유대인 동포들을 향하여 잠잠히 있지 못하고 경제문제로 인하여 좀 나은 유대인들을 향하여 불평을 터뜨린 것이다.

느 5:2. 어떤 사람은 말하기를 우리와 우리 자녀가 많으니 양식을 얻어먹고 살아야 하겠다 하고.

어떤 사람은 이렇게 울부짖었다는 것이다. “우리 아들 딸들, 거기에다 우리까지, 이렇게 식구가 많으니 입에 풀칠(먹고 사는 것을 뜻하는 말)이라도 하고 살아가려면 곡식이라도 가져와야 하지 않겠는가!” 여기 첫 번째 호소는 생활고로 말미암은 것이었다.

느 5:3. 어떤 사람은 말하기를 우리가 밭과 포도원과 집이라도 저당 잡히고 이 흉년에 곡식을 얻자 하고.

또 어떤 이들은 "배가 고프니 곡식을 얻기 위해서는 밭도 포도원도 집도 다 저당 잡혀서 이 흉년을 넘어가야 하지 않겠는가!"는 것이었다. 백성들의 두 번째 원망은 흉년을 대비하기 위해서는 자기들에게 남아 있는 재산(밭, 포도원, 집)을 저당이라도 잡히고 곡식을 마련하자는 것이었다.

느 5:4. 어떤 사람은 말하기를 우리는 밭과 포도원으로 돈을 빚내서 왕에게 세금을 바쳤도다.

또 어떤 이들은 "우리는 왕에게 세금을 낼 돈이 없어서 밭과 포도원을 잡히고 돈을 꾸어야만 했다!"는 것이었다. 셋째 문제는 중세(重稅)의 문제로 떠들었다.

바사의 세제(稅制)는 공정했으나 세리들의 착취가 가해지면 중세가 되기 마련이었다. 아무리 흉년이 되어도 세금은 그대로 과세되므로 백성들은 아주 곤란에 빠져 고리 대금 업자들에게 재산을 저당 잡히고 빚내어 납세해야 했다는 것이었다.

느 5:5. 우리 육체도 우리 형제의 육체와 같고 우리 자녀도 그들의 자녀와 같거늘 이제 우리 자녀를 종으로 파는도다 우리 딸 중에 벌써 종 된 자가 있고 우리의 밭과 포도원이 이미 남의 것이 되었으나 우리에게는 아무런 힘이 없도다 하더라.

유대인들이라고 하면 잘 살거나 잘 못 살거나 똑 같은 것인데 못사는 백성들이 자기의 자녀를 종으로 팔아야 하니 아우성이었다. 현실은 빚 때문에 벌써 종으로 팔려간 딸들이 생겼고 또 밭과 포도원이 이미 남의 것이 되어 버렸는데 그것들을 다시 회복할 힘이 없다고 아우성이었다. 빚이 있어 할 수 없이 인신매매를 한다는 것은 비참한 일이었다. 빚을 갚기 위해 사람을 파는 일이야 말로 가슴 아픈 일이 아닐 수 없었다. 아우성치는 것은 당연한 일이었다. 예수님은 우리의 죄의 빚을 갚기 위해 십자가에서 피를 흘려주셨다.

ㄴ. 느헤미야가 노예문제를 해결하다 5:6-13

느헤미야가 백성들 중에 노예 문제가 발생한 것을 두고 사람을 노예로 산 부자들을 책망했고 또 이자를 못 받게 했으며 저당 잡은 것을 반환하게 했다.

느 5:6. 내가 백성의 부르짖음과 이런 말을 듣고 크게 노하였으나.

느헤미야는 가난한 자들의 울부짖음과 탄식을 듣고, 분노가 치밀어 참을 수가 없었다. 느헤미야의 분노는 부자 층에 대한 것이었으니 공분이었다. 그는 사사로이 분노를 표출한 것은 아니었다.

느 5:7. 깊이 생각하고 귀족들과 민장들을 꾸짖어 그들에게 이르기를 너희가 각기 형제에게 높은 이자를 취하는도다 하고 대회를 열고 그들을 쳐서.

느헤미야는 가난한 자들이 울부짖는 내용을 신중하게 살핀 다음에 귀족들과 관리들(돈 놀이를 한 사람들)에게 어찌하여 같은 겨레끼리 돈놀이를 해서 높은 이자를 취하느냐고 호되게 나무랐다. 그리고 이 문제를 다루어야 하겠기 때문에 나는 대회를 열고서 공중 앞에서 귀족들과 관리들을 꾸짖었다. 이런 식으로 하면 돈 놀이를 한 부자들은 꼼짝 못했을 것이다.

느 5:8. 그들에게 이르기를 우리는 이방인의 손에 팔린 우리 형제 유다 사람들을 우리의 힘을 다하여 도로 찾았거늘 너희는 너희 형제를 팔고자 하느냐 더구나 우리의 손에 팔리게 하겠느냐 하매 그들이 잠잠하여 말이 없기로.

귀족들과 관리들에게 말하기를 "우리는 이방 사람들에게 팔려서 종이 된 우리 형제 유대인 동포를 애써 몸값을 치르고 데려왔는데 지금 당신들은 동포를 또 팔고자 하오. 더구나 우리의 손에 팔고자 합니까? 이제 우리더러 그들을 다시 사오라는 말이오?" 이렇게 말하였으나 그들 가운데 대답하는 사람이 아무도 없다. 그들에게도 할 말이 없을 것이다.

느 5:9. 내가 또 이르기를 너희의 소행이 좋지 못하도다 우리의 대적 이방 사람의 비방을 생각하고 우리 하나님을 경외하는 가운데 행할 것이 아니냐.

느헤미야가 말을 계속하기를 "당신들이 한 처사는 옳지 않습니다. 우리의 대적 이방인 원수들에게 웃음거리가 되지 않으려거든 하나님을 두려워하면서 살아야 할 것 아닙니까?"라고 했다.

느 5:10-11. 나와 내 형제와 종자들도 역시 돈과 양식을 백성에게 꾸어 주었거니와 우리가 그 이자 받기를 그치자 그런즉 너희는 그들에게 오늘이라도 그들의 밭과 포도원과 감람원과 집이며 너희가 꾸어 준 돈이나 양식이나 새 포도주나 기름의 백분의 일을 돌려보내라 하였더니.

느헤미야는 10절과 11절에서 이제 앞으로 어떻게 할 대책을 제안한다. 즉, "나도 나의 친족도 그리고 내 아랫사람들도 백성에게 돈과 곡식을 꾸어 주고 있는데, 이제부터는 백성에게서 이자 받는 것을 그만둡시다. 그러니 당신들도 그들의 밭과 포도원과 올리브 밭과 집을 오늘 당장 다 돌려주는 것이 좋겠네요. 돈과 곡식과 새 포도주와 올리브 기름을 꾸어 주고서 받는 비싼 이자도 당장 돌려줍시다"고 했다. 느헤미야는 자신이 솔선수범하고 권하고 있다. 지도자는 솔선수범하고 권해야 한다.

느 5:12. 그들이 말하기를 우리가 당신의 말씀대로 행하여 돌려보내고 그들에게서 아무것도 요구하지 아니하리이다 하기로 내가 제사장들을 불러 그들에게 그 말대로 행하겠다고 맹세하게 하고.

지도자의 솔선수범에 피지도자들은 꼼짝없이 따르겠다고 한다. 그들은 말하기를 "우리가 당신의 말씀대로 행하여 돌려보내고 그들에게서 아무것도 요구하지 아니 하겠습니다"라고 말한다. 느헤미야는 그들의 말만 듣고 만족하지 않고 제사장들을 불러 증인으로 삼고 그들에게 맹세시켰다. 이렇게 맹세까지 시킨 것을 어기면 벌을 받게 했다.

느 5:13. 내가 옷자락을 털며 이르기를 이 말대로 행하지 아니하는 자는 모두 하나님이 또한 이와 같이 그 집과 산업에서 털어 버리실지니 그는 곧 이렇게 털려서 빈손이 될지로다 하매 회중이 다 아멘 하고 여호와를 찬송하고 백성들이 그 말한 대로 행하였느니라.

느헤미야는 또 나의 주머니를 털어 보이면서 말하기를 "이 서약을 지키지 않는 사람은 하나님이 그 집과 재산을 이렇게 다 털어 버리실 것이오. 그런 자는 털리고 털려서 마침내 빈털터리가 되고 말 것입니다"라고 했다. 느헤미야가 이렇게 말하자, 거기에 모인 모든 사람이 "아멘!" 하며 주님을 찬양하였다. 백성은 약속을 지켰다. 이렇게 해서 빈민들의 아우성은 해결되었다.

ㄷ. 느헤미야가 모범적인 삶을 살다 5:14-19

느헤미야는 가난한 자들의 아우성을 해결했다. 그리고 그 자신은 결백한 삶을 살면서 모범을 보였다. 그는 12년간 총독으로 있으면서 나라에서부터 녹을 받지 아니했고 오직 예루살렘 성곽 건설에만 전념했다.

느 5:14. 또한 유다 땅 총독으로 세움을 받은 때 곧 아닥사스다 왕 제이십년부터 제 삼십 이년까지 십이 년 동안은 나와 내 형제들이 총독의 녹을 먹지 아니하였느니라.

느헤미야는 아닥사스다 왕 20년에 유대 땅 총독으로 임명을 받고서 아닥사스다 왕 32년까지 12년(그 때는 주전 444년-432년까지) 동안 총독으로 있으면서 느헤미야 자신과 친척들은 느헤미야가 총독으로서 받아야 할 녹의 혜택을 받지 않았다.

느 5:15. 나보다 먼저 있었던 총독들은 백성에게서 양식과 포도주와 또 은 사십 세겔을 그들에게서 빼앗았고 또한 그들의 종자들도 백성을 압제하였으나 나는 하나님을 경외하므로 이같이 행하지 아니하고.

그런데 느헤미야보다 먼저 총독을 지낸 이들(여러 총독)은 백성에게 힘겨운 세금(증세를 가하여 압제 한 것)을 물리고 양식과 포도주와 그 밖에 하루에 은 40세겔씩(457g)을 백성에게서 거두어들였다. 그리고 총독들 밑에 있는 사람들도 백성을 착취하였다. 그러나 느헤미야는 하나님을 경외함(יִרְאַת אֱלֹהִים)으로 그렇게 하지 않았다. 우리는 하나님을 경외하는 힘으로 모든 점에서 선을 베풀어야 할 것이다.

느 5:16. 도리어 이 성벽 공사에 힘을 다하며 땅을 사지 아니하였고 내 모든 종자들도 모여서 일을 하였으며.

느헤미야는 성벽 쌓는 일에만 힘을 기울였다. 느헤미야의 아랫사람들도 뜻을 모아서 성벽 쌓는 일에만 마음을 썼다. 그렇다고 느헤미야와 그를 따르는 사람들도 밭떼기를 모은 것(땅을 사는 것 같은 일)도 아니었다. 오늘 우리도 하나님을 경외하는 일에 전념하여 하나님께서 모든 일에 복을 주실 줄 믿고 딴 일에 신경 쓰지 않아야 할 것이다.

느 5:17-18. 또 내 상에는 유다 사람들과 민장들 백오십 명이 있고 그 외에도 우리 주위에 있는 이방 족속들 중에서 우리에게 나아온 자들이 있었는데 매일 나를 위하여 소 한 마리와 살진 양 여섯 마리를 준비하며 닭도 많이 준비하고 열흘에 한 번씩은 각종 포도주를 갖추었나니 비록 이같이 하였을지라도 내가 총독의 녹을 요구하지 아니하였음은 이 백성의 부역이 중함이었더라.

느헤미야의 식탁에서는 주변 여러 나라에서 느헤미야에게로 온 이들 외에도 유대 사람들과 관리들 150명이 느헤미야와 함께 먹어야 했으므로 하루에 황소 1마리와 기름진 양 6마리, 닭도 여러 마리를 잡아야 했다. 또 열흘에 한 차례씩은 여러 가지 포도주도 모자라지 않게 마련해야만 하였다. 이렇게 많은 음식을 준비해야 했기에 총독의 녹을 요구해야 했으나 만일 그렇게 한다면 백성들에게 큰 부담이 되었을 것이므로 나는 그들에게 부담을 주기를 원하지 않았다. 느헤미야의 대단한 희생이었다.

느 5:19. 내 하나님이여 내가 이 백성을 위하여 행한 모든 일을 기억하사 내게 은혜를 베푸시옵소서.

느헤미야는 "나의 하나님!, 내가 이 백성을 위하여 하는 모든 일을 기억하시고 은혜를 베풀어 주옵소서"라고 기도했다. 느헤미야가 하나님께 원한 은혜는 물질적이기 보다는 영적인 은혜였다. 즉, 백성들이 그의 의도를 이해하고 예루살렘 성곽 건축이 하루 빨리 완성되는 일이었다(이상근).

제 6 장

F. 성벽을 완성하다 6장

본장은 성벽이 완성되기 전에 있었던 일들, 곧 산발랏 등이 방해 공작을 시도한 일(1-4절), 느헤미야를 위협하고 고소한 일(5-9절), 거짓 선지자를 이용하여 장난한 일(10-14절)이 진술되었고, 다음으로는 성벽을 완성한 일(15-16절)과 도비야와 서신을 교환한 일 등(17-19절)이 진술된다.

ㄱ. 함정에 빠뜨리기 위한 시도 6:1-4

느 6:1. 산발랏과 도비야와 아라비아 사람 게셈과 그 나머지 우리의 원수들이 내가 성벽을 건축하여 허물어진 틈을 남기지 아니하였다 함을 들었는데 그 때는 내가 아직 성문에 문짝을 달지 못한 때였더라.

산발랏과 도비야(산발랏의 부하)와 아라비아 사람 게셈(산발랏과 도비야와는 관계없는 사람)과 그 밖의 원수들이 느헤미야가 성벽을 쌓아 올려 무너진 곳을 다 연결했다는 말을 들었다. 그러나 그 때까지도 성문들의 문짝은 만들어 달지 못하고 있었다.

"산발랏과 도비야와 아라비아 사람 게셈"에 대한 주해는 2:10; 4:1,7주해 참조. 이들은 예루살렘 성벽을 허무는 데만 열심 하는 사람들이었다. 오늘도 교회를 파괴하는 일에만 열심 하는 사람들이 있다. 그 배후는 사탄이다. 산발랏과 도비야와 게셈과 원수들은 느헤미야가 예루살렘의 허물어진 틈을 남기지 않고 온전히 재건했다는 소문을 들었으니 얼마나 초조했겠는가. 가만히 있을 수는 없는 일이었다.

그러나 이들이 방해를 계속하기 위해서 사람을 보낸 때는 느헤미야가 아직 성문의 문짝을 달지 못한 때였다. 이들은 모든 일이 끝난 줄로 알았지만 사탄은 아직 끝나지 않은 것을 알고 사람을 파견한 것이다. 사탄은 하나님의 일이 어떻게 돌아가고 있는지 잘 알고서 간섭한다. 우리는 하나님 편에 딱 붙어 있어야 한다.

느 6:2. 산발랏과 게셈이 내게 사람을 보내어 이르기를 오라 우리가 오노 평지 한 촌에서 서로 만나자 하니 실상은 나를 해하고자 함이었더라.

산발랏(사마리아 총독)과 게셈(아라비아 총독)이 유대 총독인 느헤미야에게 사람을 보내 왔다. "우리가 오노 들판의 한 마을에서 좀 만납시다."고 했다. 느헤미야는 그 말 속에 그들(두 총독)이 유대 영토의 밖 오노 평지에서 느헤미야 자신을 해치려는 흉계가 있는 줄 알았다. "오노 평지"는 예루살렘 서북쪽 약 33km 지점이다. 이는 사마리아와 블레셋 땅의 중간쯤이다.

산발랏과 게셈이 느헤미야에게 사람을 보내어 오노 평지에서 "서로 만나자"고 제안한 것을 두고 느헤미야가 해석하기를 "나를 해하고자 함이었다"고 알게 된 것은 하나님께서 알려주신 것이었다. 오늘 우리들도 역시 성령님이 함께 하시면 사탄의 움직임을 알게 된다. 우리가 예수님(성령님)을 따라가면 사탄의 꾀임을 알아서 속지 않는다.

느 6:3. 내가 곧 그들에게 사자들을 보내어 이르기를 내가 이제 큰 역사를 하니 내려가지 못하겠노라 어찌하여 역사를 중지하게 하고 너희에게로 내려가겠느냐 하매.

느헤미야가 그들(산발랏과 게셈)에게 사람을 보내어 대답하기를 "나는 지금 큰 공사를 하고 있으므로 내려갈 수 없소. 어찌하여 이 일을 중단하고 이곳을 떠나서 당신들에게로 내려가겠소"라고 했다. 사실 느헤미야가 공사를 중단하고 갈 수도 없었고 또 그곳에 가면 느헤미야를 해할 것이 분명하니 못 간 것이었다. 이 두 가지 중요한 이유 중에서 느헤미야는 공사 중단은 안 된다는 만을 내세웠고, 느헤미야 자신을 해할 것이기 때문에 안 간다는 말은 피했다. 말하지 않고 숨기는 것은 죄가 아니다(잠 25:2).

느 6:4. 그들이 네 번이나 이같이 내게 사람을 보내되 나는 꼭 같이 대답하였더니.

그들(산발랏과 게셈)은 똑같은 것을 네 번씩이나 요구해 왔고 그 때마다 느헤미야도 똑같은 말로 대답하였다는 것이다.

사탄은 한번 시도한 일을 중단하지 않고 네 번이나 했다. 끈질긴 영물이다. 그래서 느헤미야도 똑 같은 대답을 네 번이나 했다. 우리가 사탄을 이기려고 할 때는 우리 스스로는 이길 수 없으니 성령의 힘을 입어야 한다.

ㄴ. 위협하고 고발하다 6:5-9

산발랏과 게셈은 느헤미야에게 네 번까지 사람을 보내어 오노 평지에서 만나자고 했으나 느헤미야가 듣지 않자 산발랏이 다섯 번째는 편지를 보내어 위협한다.

느 6:5. 산발랏이 다섯 번째는 그 종자의 손에 봉하지 않은 편지를 들려 내게 보냈는데.

다섯 번째는 산발랏이 자기의 심부름꾼의 손에 봉하지 않은 편지(양피지나 파피루스 종이에 써서 봉하지 않은 채 보내어 온 편지)를 들려 느헤미야에게 보냈다. 편지를 보낸 것은 분명한 위협이었다. 더욱이 편지를 봉하지 않은 것은 백성들을 위협하고 선동하려는 의도였다(왕하 18:27-33). 산발랏은 백성을 위협하는 수단으로 다섯 번째로 편지를 보내왔다.

느 6:6. 그 글에 이르기를 이방 중에도 소문이 있고 가스무도 말하기를 너와 유다 사람들이 모반하려 하여 성벽을 건축한다 하나니 네가 그 말과 같이 왕이 되려 하는도다.

그 편지 내용에 "당신과 유대 사람들이 반역을 모의하고 있고, 당신이 성벽을 쌓는 것도 그 때문이라는 소문이 여러 민족 사이에 퍼져 있소. 가스무도 이 사실을 확인하였소. 더구나 이 보고에 따르면, 당신은 그들의 왕이 되려고 하고 있다는 것이오"라고 썼다. 본절의 "가스무"(Gashum)는 아라비아인 "게셈"(Geshem)의 아라비아 음(音)일 것이다(1절; 2:19, Rawlinson, Bowman). 느헤미야가 성을 쌓는 이유는 두 가지 이유라는 것이다. 하나는 유대인들이 바사 왕을 반역하여 독립하려는 것이고 또 하나는 느헤미야가 왕이 되려는 심산이라는 것이다.

느 6:7. 또 네가 선지자를 세워 예루살렘에서 너를 들어 선전하기를 유다에 왕이 있다 하게 하였으니 지금 이 말이 왕에게 들릴지라 그런즉 너는 이제 오라 함께 의논하자 하였기로.

산발랏이 느헤미야에게 보낸 편지 내용에 "예루살렘에서 당신을 왕으로 떠받들고서 '유대에 왕이 있다'고 선포하게 할 예언자들까지 이미 임명하였다는 말을 들었소. 이러한 일은 이제 곧 바사 왕에게까지 들릴 것이니 만나서 함께 이야기합시다"고 쓰여 있었다.

느 6:8. 내가 사람을 보내어 그에게 이르기를 네가 말한바 이런 일은 없는 일이요 네 마음에서 지어낸 것이라 하였나니.

느헤미야는 사람을 그에게 보내어 "당신이 말한 것은 사실이 아니오. 당신이 마음대로 생각하여 꾸며낸 것일 뿐이오"라고 했다. 느헤미야의 담대한 이 같은 말은 느헤미야가 신앙인이기 때문에 가능했던 것이고, 또 아닥사스다 왕의 그에 대한 신임도 두터웠기 때문이었을 것이다(이상근).

느 6:9. 이는 그들이 다 우리를 두렵게 하고자 하여 말하기를 그들의 손이 피곤하여 역사를 중지하고 이루지 못하리라 함이라 이제 내 손을 힘 있게 하옵소서 하였노라(For they all wanted to frighten us, thinking, "Their hands will drop from the work, and it will not be done." But now, O God, strengthen thou my hands-ESV).

이런 편지를 보낸 것은 그들 모두가 우리를 놀라게 하기를 원했기 때문이었다. 그렇게 하면 우리가 겁을 먹고 공사를 중단하여, 끝내 완성하지 못할 것이라고 생각한 것이다. "하나님! 나에게 힘을 주십시오!" 느헤미야는 기회 있을 때마다 먼저 기도했다(1:4; 4:4 주해 참조).

ㄷ. 거짓 선지자를 이용하여 장난하다 6:10-14

적들의 외부적 위협이 실패하자 적들은 거짓 예언자에게 뇌물을 주어 거짓 예언을 하여 우리의 내부적인 분열을 꾀했으나 이 분열책동도 실패하고 만다. 성령님의 인도 따라 가는 자 앞에서는 마귀의 계획은 모두 실패하기 마련이다.

느 6:10. 이 후에 므헤다벨의 손자 들라야의 아들 스마야가 두문불출하기로 내가 그 집에 가니 그가 이르기를 그들이 너를 죽이러 올 터이니 우리가 하나님의 전으로 가서 외소 안에 머물고 그 문을 닫자 저들이 반드시 밤에 와서 너를 죽이리라 하기로.

하루는 느헤미야가 스마야('듣는 자'라는 뜻)를 만나려고 그의 집으로 찾아갔다. 그는 들라야의 아들이며, 므헤다벨의 손자인데, 문밖출입을 하지 않고 있었다. 스마야가 느헤미야에게 이렇게 말한다. "하나님의 성전으로 갑시다. 성소 안으로 들어가서 성소 출입문들을 닫읍시다. 자객들이 그대를 죽이러 올 것입니다. 그들이 밤에 와서 반드시 그대를 죽일 것입니다"라고 떠들어댔다.

스마야는 거짓 선지자였는데 그는 도비야와 산발랏에게서 뇌물을 받고 느헤미야를 속여 죄를 짓게 하려고 계책을 꾸민 것이었다. 그가 자기 집에서 "두문불출"(עָצוּר)한 것은 느헤미야도 '갇혀 있으라'는 뜻인데 느헤미야가 성전 안에 들어가 숨으라는 뜻이었을 것이다(K.&D.). 스마야가 느헤미야에게 "우리가 하나님의 전으로 가서 외소 안에 머물고 그 문을 닫자"고 말한 것은 느헤미야로 하여금 '율법의 규례를 범하게 하려고 유도'한 행위였다(Gesenius).

느 6:11. 내가 이르기를 나 같은 자가 어찌 도망하며 나 같은 몸이면 누가 외소에 들어가서 생명을 보존하겠느냐 나는 들어가지 않겠노라 하고(But I said, "Should such a man as I flee? And what man such as I could go into the temple and live? I will not go in"-RSV).

느헤미야는 스마야의 숨으라는 말(10절)을 듣지 않았다. 다시 말해 자기가 피신한다는 것은 절대로 생각할 수 없다고 대답했다. 첫째, "나(느헤미야) 같은 자가 어찌 사명을 버리고 숨겠느냐"고 말하면서 숨으라는 권고를 거부한다. 바사왕의 명령으로 유대 총독의 사명을 맡은 느헤미야는 총독의 신분으로 숨을 수는 없다고 말한다. 우리가 사명을 맡았다면 그 사명을 버리고 개인의 안녕을 도모해서는 안 될 것이다.

둘째, "나 같은 몸이면 누가 외소에 들어가서 생명을 보존하겠느냐 나는 들어가지 않겠노라"고 말한다. 총독의 신분으로서 성소에 들어가는 것은 있을 수가 없다고 한 것이다. 성소에는 제사장만이 들어갈 수 있기 때문이었다(Lange, Ewald). 따라서 제사장이 아닌 느헤미야는 성소에 들어가서 죽음을 피할 생각은 없었다. 느헤미야는 자기의 사명과 신분에 알맞게 행동했다.

6:12. 깨달은즉 그는 하나님께서 보내신 바가 아니라 도비야와 산발랏에게 뇌물을 받고 내게 이런 예언을 함이라.

느헤미야는 그 때에 스마야의 말을 듣고 그가 하나님이 보내신 예언자가 아니라는 것을 얼른 깨달았다. 성령님의 인도를 받는 사람들은 다른 이의 메시지와 행위를 보자 곧 그가 참 선지자인지 거짓 선지자인지를 알아 볼 수가 있다.

스마야는 도비야와 산발랏에게 뇌물을 받고 느헤미야를 해치는 예언을 하였다. 여기 "뇌물을 받고"(שְׂכָרו)란 말이 원래 '고용하다' 혹은 '보답하다'는 의미로서 어떤 악한 일을 애써 해주는 대신 그에 대한 삯을 받는 것을 가리킨다(신 23:4; 삿 9:4; 왕하 7:6, 호크마 주석). 그런데 혹자는 이 단어가 단수라는 점을 들어 도비야와 산발랏 두 사람 중에 뒷 단어 산발랏이 필사자의 실수로 기록됐다고 보고 그 이름을 탈락시켜야 할 것을 주장한다(Rudolph). 그러나 휀샴(Fensham)은 주어를 두 사람 언급하면서 단수 어미의 동사를 사용한 것은 두 사람 중 먼저 언급된 사람의 역할을 특별히 강조하려는 의도 때문인 듯하다는 것이다. 그렇다면 도비야는 거짓 선지자 스마야를 매수하는데 있어서 계획부터 실행 과정까지 직접 담당했으며, 산발랏은 그것을 후원했다고 볼 수 있다.

느 6:13. 그들이 뇌물을 준 까닭은 나를 두렵게 하고 이렇게 함으로 범죄하게 하고 악한 말을 지어 나를 비방하려 함이었느니라.

그들이 스마야에게 뇌물을 주어 매수한 이유는 첫째, "나(느헤미야)를 두렵게 하고 이렇게 함으로 범죄 하게 하려 함이었다". 다시 말해 느헤미야를 두렵게 하여 범죄하게 하려 한 것이었다. 둘째, "악한 말을 지어 나를 비방하려 함이었다". 제사장도 아니면서 성소에 들어가게 하여 범죄함으로 백성의 비방을 받아 공사를 중단하게 하려는 것이었다.

느 6:14. 내 하나님이여 도비야와 산발랏과 여선지 노아댜와 그 남은 선지자들 곧 나를 두렵게 하고자 한 자들의 소행을 기억하옵소서 하였노라.

느헤미야는 "도비야와 산발랏과 여선지 노아댜('증거'라는 뜻)와 그 남은 선지자들 곧 나(느헤미야)를 두렵게 하고자 한 자들의 소행을 기억하옵소서"라고 기도했다. 본절에 "그 남은 선지자들"이란 말은 당시에 노아댜 외에 남은 가짜 선지자들이 있었다는 뜻이다. 어느 시대에나 가짜 선지자들이 있다. 이렇게 여러 사람이 동원된 것은 느헤미야가 큰 사람이었다는 것을 보여준다.

느헤미야가 이들 도비야와 산발랏 그리고 노아댜와 일행 가짜 선지자들과 직접 싸우지 않고 이들의 소행을 기억하시기를 위해 하나님께 기도한 것은 느헤미야가 큰 신앙가였음을 보여준다. 우리는 세상의 세력이 아무리 커도 하나님께 기도함으로 해결해야 하는 것이다. 우리는 어떻게 처치해 주십사고 구체적으로 기도하지 말고 하나님께서 기억만 하시면 될 줄 알아야 한다.

ㄹ. 성벽을 완성하다 6:15-16

느헤미야는 예루살렘 성벽을 52일만에 완성하니 성벽 공사를 방해하던 적들은 놀라움을 금치 못하고 낙담한다.

느 6:15. 성벽 역사가 오십이 일 만인 엘룰월 이십오일에 끝나매.

성벽 공사는 오십이 일 만인 엘룰월 25일에 끝이 났다. "엘룰월"은 교력으로 6월, 민력으로는 12월, 양력으로는 8-9월이다. 공사가 52일만에 끝났고, 그 날이 6월 25이라면 착공은 5월 3일에 한 것이다(이상근). 이렇게 성벽 착공 날짜를 기록한 것은 이 사건이 역사적이었음을 보여준다.

느 6:16. 우리의 모든 대적과 주위에 있는 이방 족속들이 이를 듣고 다 두려워하여 크게 낙담하였으니 그들이 우리 하나님께서 이 역사를 이루신 것을 앎이니라.

우리의 모든 원수와 주변의 여러 민족들이 이 소식을 듣고 그제야 우리의 원수는 이 공사가 우리 하나님의 도움으로 이루어진 것임을 깨달았다. 그래서 그들은 크게 낙담했다.

우리 하나님께서 주장하신 공사, 우리 하나님께서 도우신 역사마다 적들이 놀라기에 충분하다. 우리 대한민국의 과거 70년간의 눈부신 발전은 하나님께서 이루신 역사였다. 그래서 세계가 놀라고 있다. 하나님을 신뢰하지 않는 사람들은 우리나라가 왜 그렇게 빨리 성장했는지 알지 못하고 어리둥절하고 있다.

ㅁ. 도비야와 서신을 교환하다 6:17-19

느 6:17. 또한 그 때에 유다의 귀족들이 여러 번 도비야에게 편지하였고 도비야의 편지도 그들에게 이르렀으니.

그 무렵에 유대의 귀족들이 여러 번 도비야에게 편지를 보냈고 도비야도 그들에게 편지를 보내곤 하였다. 유대의 귀족들이 느헤미야의 일을 도왔어야 했는데 그러지를 않고 오히려 성벽 공사를 방해하던 도비야에게 편지해서 연락했고 또 도비야도 그 유대인들과 내통하고 있었다. 도비야는 서신으로 내통했고 또 혼인관계로 유대인과 내통했다. 이렇게 유대인들이 도비야와 내통하면서 썩어 있었는데도 하나님은 도비야에게 유대를 맡기지 않으셨다. 오늘 이 세상은 썩어 있다. 그러나 하나님은 부패한 사람들에게 이 나라를 맡기지 않으시고 붙들고 계신다.

느 6:18. 도비야는 아라의 아들 스가냐의 사위가 되었고 도비야의 아들 여호하난도 베레갸의 아들 므술람의 딸을 아내로 맞이하였으므로 유다에서 그와 동맹한 자가 많음이라.

도비야는 아라의 아들인 스가냐의 사위인데다가, 도비야의 아들 여호하난도 베레갸의 아들인 므술람의 딸과 결혼하였으므로 유대에는 그와 동맹을 맺은 사람들이 많았다. 본절은 도비야가 혼인 관계로 유대인들과 상당한 연락이 있음을 보여주고 있다. 그래도 하나님은 적들에게 유대를 맡기시지 않고 느헤미야를 붙들고 일하셨다.

느 6:19. 그들이 도비야의 선행을 내 앞에 말하고 또 내 말도 그에게 전하매 도비야가 내게 편지하여 나를 두렵게 하고자 하였느니라.

그들(도비야와 동맹한 사람들)은 내 앞에서도 서슴없이 도비야를 칭찬했고 내가 하는 말은 무엇이든지 다 그에게 전해주었다. 그래서 도비야는 나에게 협박 편지를 여러 통 보내서 두렵게 하고자 했다.

친 도비야 파들이 느헤미야 앞에서 서슴없이 도비야를 칭찬한 것은 도비야의 영향력을 키우려는 속셈이었다. 그들은 도비야에게서 뇌물을 받고 도비야의 여러 가지 선행들을 느헤미야에게 말해서 느헤미야로 하여금 주눅 들게 만들었다. 그리고 또 그들은 느헤미야가 행한 일을 도비야에게 전해서 느헤미야가 행한 일을 다 알게 해주었다. 그런고로 도비야는 느헤미야가 어떤 일을 하는지 잘 알아서 느헤미야에게 편지하여 느헤미야를 두렵게 했다.

제 7 장

II. 예루살렘에 다시 사람들이 거주하다 7장

본 장은 느헤미야가 예루살렘을 다스릴 관리들을 임명한 일(1-4절), 그리고 기록한 첫 번째 귀환 민들의 족보(5-73절)를 기록한 일을 진술하고 있다.

A. 예루살렘을 다스릴 관리들을 임명하다 7:1-4

느헤미야는 그 아우 하나니등에게 예루살렘을 다스리게 하면서 특히 예루살렘의 안보를 당부한다.

느 7:1. 성벽이 건축되매 문짝을 달고 문지기와 노래하는 자들과 레위 사람들을 세운 후에.

본절은 6:15,16절과 직접 연결되는 말이다. 문짝까지 달게 됨으로써 성전 재건 사업이 마침내 마무리 되자 이제 이 귀한 성벽을 파수할 사람들을 물색하게 되었다. 느헤미야는 성전 문지기와 노래하는 사람과 레위 사람들을 세워야 했다. 예루살렘 성의 외부 공사가 끝나자 느헤미야는 문지기와 노래하는 자들과 레위 사람들을 세운 것이다(호크마 주석). 문지기를 세웠다는 말은 성벽 문의 문지기와 성문의 문지기를 동시에 뜻하는 말로 보인다. 여기 또 노래하는 자들이란 말은 성전 안에서 사역하는 찬양대원들을 지칭한다. 그리고 레위 사람들을 세웠다는 말은 성전에서 봉사하는 레위인들을 세웠다는 것을 지칭한다. 이들은 일반 잡역에 봉사하는 레위인과는 구별되고 있다.

느 7:2. 내 아우 하나니와 영문의 관원 하나냐가 함께 예루살렘을 다스리게 하였는데 하나냐는 충성스러운 사람이요 하나님을 경외함이 무리 중에서 뛰

어난 자라.

느헤미야는 그의 아우 하나니와 성채 지휘관 하나냐('은혜'라는 뜻)에게 예루살렘을 다스리게 했는데 하나냐는 충성스런 사람이고 남다르게 하나님을 두려워하는 사람이었다.

하나니는 느헤미야의 친동생으로 추정되며 바사의 왕실에서 술 맡은 관원으로 있던 느헤미야에게 예루살렘의 참담한 상황을 알리기 위하여 먼 길을 마다하지 않고 찾아왔던 충성스런 사람이었다(1:2). 그리고 바로 "하나냐" 소개가 나온다. "영문"이란 말은 '궁전', '성채', '요새'를 뜻하며 "관원"이란 말은 '군대 조직의 책임자'를 의미한다. "하나냐"가 "영문의 관원"이었다는 말은 예루살렘 성벽 중간 중간 망대(3:1,11,25,27)에 배치된 파수꾼의 총책임자였을 것이다(호크마 주석). 하나냐가 "충성스럽다"(אֱמֶת)는 말은 '진실하다'는 뜻이다. 그리고 "하나님을 경외함이 무리 중에서 뛰어난 자"였다는 말은 '하나님을 참으로 두려워했다'는 뜻이다. 성경에 여호와를 경외하는 것은 악을 미워하는 것이요(잠 8:13), 삶의 토대요(잠 14:27), 생명에 이르게 하며(잠 19:23), 그리고 장수하게 한다(잠 10:27)고 말한다.

느헤미야는 두 사람(충성스러운 하나니와 역시 진실하면서도 하나님을 두려워하는 사람 하나냐)에게 예루살렘을 다스리는 직책을 부여했다. 우리는 참으로 진실해야 하고 하나님을 두려워하는 자가 되어야 한다. 그럴 때 하나님께서 쓰신다.

느 7:3. 내가 그들에게 이르기를 해가 높이 뜨기 전에는 예루살렘 성문을 열지 말고 아직 파수할 때에 곧 문을 닫고 빗장을 지르며 또 예루살렘 주민이 각각 자기가 지키는 곳에서 파수하되 자기 집 맞은편을 지키게 하라 하였노니.

느헤미야가 그들에게 예루살렘을 경비하는 요령을 지시했다. 즉, "해가 떠서 환해지기 전에는 예루살렘 성문들을 열지 말고, 해가 아직 높이 있을 때에 성문들을 닫고 빗장을 지르도록 하고 예루살렘 성곽수호는 파수꾼에게 맡기지 말고 각자가 자기 집 맞은 편 성곽을 책임지고 경비를 서게 하라"고 했다.

느 7:4. 그 성읍은 광대하고 그 주민은 적으며 가옥은 미처 건축하지 못하였음이니라.

본절은 예루살렘을 지키는 일이 어렵다는 것을 말한다. 느헤미야는 "그 성읍은 광대하고 그 주민은 적다"고 말한다. 즉, 그 성읍 예루살렘이 크고 넓으며 인구가 적어서 지켜내기가 힘이 든다는 것이었고 또 "가옥은 미처 건축하지 못하여" 집이 얼마 되지 않아 각자 자기 집 앞을 지켜내야 하는데 그렇게 지켜내기가 힘 든다는 것이었다. 그 지역의 넓이에 비하여 인구가 너무 적으면 그 지역을 지켜내는데 힘이 든 것은 사실이었다.

B. 첫 번째 귀환 민들의 족보 7:5-73(스 2:1-70)

이 부분(5-73절)은 유대 총독 스룹바벨의 인솔 하에 바벨론으로부터의 첫 번째 귀환민의 명단을 기록한 것이다. 스 2:1-70절 내용과 거의 동일하다. 이 부분(5-73절)의 내용은 먼저 인솔자 명단(5-7절), 가족별 명단(8-38절), 제사장, 레위인, 노래하는 자, 문지기 명단(39-45절), 느디님 사람들의 명단(46-56절), 솔로몬의 종들의 명단(57-60절), 계보가 불확실한 자들(61-65절), 귀환자 총수와 예물의 총계(66-73절) 등이 진술되어 있다.

느 7:5. 내 하나님이 내 마음을 감동하사 귀족들과 민장들과 백성을 모아 그 계보대로 등록하게 하시므로 내가 처음으로 돌아온 자의 계보를 얻었는데 거기에 기록된 것을 보면.

문장 초두의 "내 하나님이 내 마음을 감동하사"란 말은 문자적으로 '내 하나님이 그것을 내 마음 속에 넣어주셨다'고 번역된다. 이는 하나님께서 느헤미야에게 7절 이하에 기록된 명단과 수효가 성령의 감동으로 기록된 것임을 말해준다. 하나님께서 감동하셨다는 말씀은 본장의 족보의 중요성을 드러내 주시는 말씀이다. 그런고로 우리는 이 족보를 읽으면서도 은혜를 받을 수 있음을 알아야 할 것이다.
마찬가지로 스 2:1-70절의 말씀을 읽을 때에도 똑 같이 은혜를 받을 수 있다.

그리고 "귀족들과 민장들과 백성"은 모든 백성을 가리키는 말이다(4:14). 하나님은 유대 모든 백성들의 명단을 기록에 남겨두시기를 원하셔서 느헤미야를 감동하셨다. 하나님은 오늘도 그의 백성 모두를 기억하시며 돌보신다.

"그 계보대로 등록하게 하셨다"는 말은 '족보에 등록하게 하셨다'는 뜻이다. 그리고 "내가 처음으로 돌아온 자의 계보를 얻었다"는 말은 '스룹바벨과 함께 제일 처음으로 돌아온 사람들(스 2:3-62)의 등록부를 얻었다'는 뜻이다. 느헤미야가 이렇게 "계보(족보)"가 필요했던 이유는 자신들이 마땅히 살아야 할 곳에 살지 않고 다른 지방에 가서 사는 사람들을 찾아내야 했기 때문이다. 이들을 찾아서 예루살렘에 이주시켜 예루살렘 성 치안 확보에 유력하게 사용해야 했다. 예루살렘 성은 그 면적에 비하여 인구가 너무 적어서 치안 확보에 아주 어려움이 많았다. 그래서 하나님께서는 느헤미야의 마음속에 바벨론으로의 포로 전에 예루살렘에 살았고 또 제일 먼저 귀환한 사람들이 예루살렘에서 살기를 두려워해서 다른 지역으로 가서 살고 있는 사람들을 이제는 성벽이 재건된 예루살렘으로 이주시켜야 했다. 그러기 위해서는 그들을 찾아내기 위해 객관적 자료가 될 "처음 돌아온 자들의 계보"가 필요했다.

느 7:6. 옛적에 바벨론 왕 느부갓네살에게 사로잡혀 갔던 자들 중에서 놓임을 받고 예루살렘과 유다에 돌아와 각기 자기들의 성읍에 이른 자들 곧.

바빌론 왕 느부갓네살에게 사로잡혀 바벨론으로 끌려간 사람들 가운데서 많은 사람들이 바벨론의 각 지방을 떠나 자기들 고향 땅 예루살렘과 유대로 돌아온 자들은 7절 이하에 기록된 바와 같다. 본절에 대한 주해는 스 2:1

주해를 참조하라.

느 7:7. 스룹바벨과 예수아와 느헤미야와 아사랴와 라아먀와 나하마니와 모르드개와 빌산과 미스베렛과 비그왜와 느훔과 바아나와 함께 나온 이스라엘 백성의 명수가 이러하니라.

본절에 등장하는 12명의 백성들의 지도자들은 백성들의 귀환을 지도했던 자들이다(스 2:2). 스 2:2절과 다른 점은 본절에 "나하마니"가 첨가되었다는 것이고, 몇 사람(아사랴, 라아먀, 미스베렛, 느훔)의 이름 철자가 약간 다르다는 점이다.

느 7:8-24. 이 부분(8-24절)은 평신도 귀환자들 중 공인된 가문 등록부(대상 5:7-9,22)를 잃어버리지 않고 보존했기에 자신들의 혈통을 입증한 사람들의 명부이다. 마이어스(Myers)에 의하면 고대 이스라엘 사회에서는 가문의 재산 등에 관한 권리는 가문 등록부에 의해서만 증명될 수 있었다. 따라서 백성들은 지방 관헌들에 의해서 보관되는 가문 등록부(대상 5:17)나 가문에서 보관하는 가문 등록부 둘 중 최소한 그 하나에 의해서 그 혈통을 확인받아야 자신이 어떤 가문에 속했으며 또한 그 가문에서 할당한 권리가 무엇인지 입증할 수 있었다(호크마 주석).

느 7:25-38. 이 부분(25-38절)은 평신도 귀환자 중 가문 등록 부를 분실함으로써 자신들이 이스라엘 혈통임을 입증하지 못한 사람들의 명부이다. 그러나 이들은 자신들의 조상이 포로 시대 이전에 살았던 지방을 앎으로써 자신들이 이스라엘 사람들임을 확인받을 수 있었다. 그러나 34-38절에 수록된 자들은 가문별로 분류된 것인지 아니면 거주 지역별로 분류된 것인지 다소 애매하다.

느 7:39-42. 이 부분(39-42절)은 제사장 계급의 명부이다(스 2:36-39).

느 7:43-45. 이 부분(43-45절)은 세 종류의 레위 사람들에 대한 명부이다(스 2:4-42).

느 7:46-56. 이 부분(46-56절)은 느디님 사람들의 명부이다. 느디님 사람들은 본래 이방인이었으나 이스라엘에 포로로 끌려온 후 성전의 막일을 맡게 된 사람들이다. 이들은 이스라엘 사회에서 비천한 신분으로 여겨졌었다. 이들은 바벨론에서의 삶이 육신적으로는 더 편할 수 있었다. 그럼에도 불구하고 이스라엘 사람들과 함께 팔레스틴으로 귀환하였다(스 2:43-54).

느 7:57-60. 이 부분(57-60절)은 원래 이방인이었다가 이스라엘 포로로 잡혀 왕궁의 경비원으로 종사하도록 된 자들의 명부이다. 이들은 느디님 사람들처럼 이스라엘 사회에서 천민 계급으로 분류된 사람들이다(스 2:55-58).

느 7:61-62. 이 부분(61-62절)은 평신도 귀환자들 중 가문 등록부를 분실했고, 동시에 조상들이 살던 지방도 알지 못해 자신들이 이스라엘 사람들임을 확인할 수 없는 사람들이다. 이런 사람들은 언약 공동체의 '회중'(스 2:59-60)에 편입될 수 없었다.

느 7:63-65. 이 부분(63-65절)은 바벨론에서 돌아온 제사장 중 가문 등록부의 분실로 인해 자신들이 제사장의 후손들임을 입증할 수 없는 자들의 명단을 진술하고 있다(스 2:61-63).

느 7:66-69. 이 부분(66-69절)은 이스라엘 회중과 그들의 모든 소유물들의 총계를 밝힌다(스 2:64-67).

느 7:70-72. 이 부분(70-72)은 백성들이 성전 재건을 위하여 자발적으로 드린 헌금행위가 묘사되고 있다(스 2:68-69). 이 부분에 기록된 헌물의 수량이 에스라서의 기록(스 2:68-69)과 다르다. 그러나 이것이 문제될 것은 없다. 두 기록이 각 저자의 관점에서 그 수량을 기록했으니만큼 서로 다르게 된 것뿐이다(박윤선).

느 7:73. 이와 같이 제사장들과 레위 사람들과 문지기들과 노래하는 자들과 백성 몇 명과 느디님 사람들과 온 이스라엘 자손이 다 자기들의 성읍에 거주하였느니라.

본절은 각계각층의 귀환자들의 족보의 결론이다. 스 2:70과 병행한다. 본절은 귀환한 백성들이 포로 시대 이전의 조상들이 살았던 곳으로 돌아갔음을 말하는 것이다. 이스라엘 민족이 하나님께서 그 예언자들을 통하여 예언하신대로 성취되었다. 사 44:26-28 참조.

"온 이스라엘 자손이 다 자기들의 성읍에 거주하였다"는 말은 '모든 이스라엘 자손이 자기들의 조상 때부터 살아왔던 바로 그 성읍에서 거주하게 되었다'는 뜻이다. 이것은 회복의 은혜를 말하는 것이다. 하나님은 회복시켜 주시는 분이시다. 우리가 죄를 깊이 자복하면 우리의 원래의 상태로 회복시켜 주신다.

III. 에스라의 종교개혁 8-10장

이 부분(8-10장)은 본서의 후반부에 해당하는 부분으로 에스라가 앞장선 종교개혁을 다룬다. 에스라의 종교개혁은 이스라엘의 역사에서 B.C. 621년의 요시야의 종교개혁(왕하 23장)에 비견될만한 큰 사건이다. 이 부분의 내용은 에스라가 율법을 낭독한 일(8:1-12), 초막절을 지킨 일(8:13-18), 금식일을 가진 일(9:1-5), 회개 기도를 한 일(9:6-37), 율법 준수의 언약을 세운 일(9:38-10:39) 등이 진술된다.

제 8 장

A. 율법을 낭독하다 8:1-12

느헤미야 관할인 예루살렘 성곽이 완성된 후 에스라 관할인 종교개혁을 앞두고 먼저 율법을 낭독한다. 에스라는 율법을 낭독할 뿐 아니라 해석함으로 백성은 크게 즐거워한다. 어느 시대에나 성경말씀을 읽고 해석하는 일이 없이는 개혁이 일어나지 않는다.

느 8:1. 이스라엘 자손이 자기들의 성읍에 거주하였더니 일곱째 달에 이르러 모든 백성이 일제히 수문 앞 광장에 모여 학사 에스라에게 여호와께서 이스라엘에게 명령하신 모세의 율법 책을 가져오기를 청하매.

느헤미야 관할인 성곽 공사를 마치고(B.C. 444년 6월 25일, 6:15) 이스라엘 자손이 각자 자신들의 성읍에 거주하고 있는 중 일곱째 달(7월은 교력으로 티쉬리월, Tisri, 민력으로는 1월, 양력으로는 9-10월에 해당, 이상근)에는 1일에 나팔절, 10일에 대 속죄일, 15-22일에 초막절이 있다.

"수문 앞 광장"은 성전 동문과 성벽 사이의 공터를 가리키는 것으로 보인다. 수문 앞 광장은 에스라 10:9의 "하나님의 전 앞 광장"과 동일한 장소로 짐작된다(Rawlinson). 이스라엘 자손이 "학사 에스라에게 여호와께서 이스라엘에게 명령하신 모세의 율법 책을 가져오기를 청한" 것을 보면 당시에 이스라엘 백성들이 심각한 영적 기갈상태에 놓였음을 보여준다(삼상 7:2). 여기 "모세의 율법 책"은 '모세 5경'을 지칭하는 말일 것이다. 오늘 우리는 신구약 성경에 항상 목이 말라 있어야 한다. 그래서 매일 읽기도 하고 묵상하기도 해야 할 것이다.

느 8:2. 일곱째 달 초하루에 제사장 에스라가 율법 책을 가지고 회중 앞 곧 남자나 여자나 알아들을 만한 모든 사람 앞에 이르러.

"일곱째 달 초하루에" 즉, '종교력 7월 초 하루'에 제사장 에스라가 모세 5경을 가지고 회중 앞 곧 남자나 여자나 간에 알아들을만한 모든 사람 앞에 이르렀다. 율법 책을 읽어주고 또 해석해주려는 의도에서였다. 알아들을 만한 모든 사람 앞에 이르렀으니 알아들을 수 없는 어린 아이들은 모이지 않은 것으로 보인다.

느 8:3. 수문 앞 광장에서 새벽부터 정오까지 남자나 여자나 알아들을 만한 모든 사람 앞에서 읽으매 뭇 백성이 그 율법 책에 귀를 기울였는데.

모든 백성이 수문 앞 광장에 모여 있는데서 새벽부터 정오까지 오랜 시간 성경을 낭독했다. 새벽부터 정오까지라면 무려 6시간이 된 것이다. 성경을 낭독하는 에스라의 열심도 대단했고 듣고 있는 백성들도 대단했다. 이렇게 성경 듣는 일에 열심인 것은 개혁의 시작이다.

성경을 많이 읽으시는 분들은 개혁을 주도할만한 분들이다. 과거 1907년 평양 부흥을 일으키신 길선주 목사는 구약 30독, 신약 100독, 요한계시록 10,000독을 하셨다는 것이다. 박윤선 목사는 미국 유학길에 오르실 때에 배 안에서 요한계시록을 완전히 외우셨다는 것이다. 오늘날 목사들은 어떻게 하는 것이 부흥의 길인 것을 알지 못하는 분들이 많다.

느 8:4. 그 때에 학사 에스라가 특별히 지은 나무 강단에 서고 그의 곁 오른쪽에 선 자는 맛디댜와 스마와 아나야와 우리야와 힐기야와 마아세야요 그의 왼쪽에 선 자는 브다야와 미사엘과 말기야와 하숨과 하스밧다나와 스가랴와 므술람이라.

학자 에스라는 임시로 만든 높은 나무 단 위에 섰다. 그 오른쪽으로는 맛디댜와 스마와 아나야와 우리야와 힐기야와 마아세야가 섰고, 왼쪽으로는 브다야와 미사엘과 말기야와 하숨과 하스밧다나와 스가랴와 므술람이 섰다.

여기 "단"(מִגְדָּל)이란 말은 '탑', '망대', '성곽'이란 뜻이다(창 11:4; 삿 8:9; 왕하 9:17; 대하 26:9). 에스라는 나무로 만든 높은 강단 위에서 멀리까지 볼 수 있게 그리고 그 목소리가 멀리까지 들릴 수 있게 만들어놓고(Fensham) 모세 율법을 읽었다. 좌우편에 선 사람들이 누구인지는 확실히 알 수는 없지만 아마도 제사장들이었을 것이다. 이들 13명은 좌우편에 서서 에스라가 읽는 율법 책을 교대로 읽었을 것이다. 새벽부터 정오까지 6시간 동안 어떻게 에스라 혼자 읽었을 수 있을 것인가.

느 8:5. 에스라가 모든 백성 위에 서서 그들 목전에 책을 펴니 책을 펼 때에 모든 백성이 일어서니라.

에스라가 "모든 백성 위에 섰다"는 말은 강단이 그만큼 높았다는 것을 뜻한다. 그리고 "그들 목전에 책을 폈다"는 말도 역시 그들이 에스라의 책 펴는 모습을 볼 수 있을 만큼 강단이 높았다는 것을 뜻한다. 에스라가 "책을 펼 때에 모든 백성이 일어섰다"는 말은 '그들이 하나님의 말씀 앞에서 겸손하게 경청할 자세를 갖추었다'(삿 3:20; 욥 29:8; 겔 2:1)는 것을 뜻한다. 우리는 하나님의 말씀 앞에서 항상 자세를 낮추고 순종할 자세를 갖추어야 할 것이다.

느 8:6. 에스라가 위대하신 하나님 여호와를 송축하매 모든 백성이 손을 들고 아멘 아멘 하고 응답하고 몸을 굽혀 얼굴을 땅에 대고 여호와께 경배하니라 (Then Ezra blessed the LORD, the great God, and all the people answered, "Amen, Amen," lifting up their hands. Then they bowed their heads and worshiped the LORD with their faces to the ground-RSV)**.**

에스라는 율법을 가르치기 직전에 먼저 하나님을 칭송했다. 에스라는 하나님을 칭송할 때 "위대하신 하나님"(9:32; 신 10:17; 렘 32:18)을 칭송했다. 유대인들의 회당 예배에서도 성경 말씀을 봉독하고 해석하기 전에 여호와를 송축하는 절차가 있었다(Edwin Yamauchi). 바람직한 절차였다. 본절의 "위대하신 하나님"이란 말은 '사랑이 크시고 권능이 크시다는 것'을 지칭하는 말이다. 에스라나 오늘 우리는 사랑이 무한하시고 권능이 무한하신 하나님을 찬양하는 사람들이 되어야 할 것이다.

에스라의 하나님 송축에 백성들은 "손"을 들고(기도의 자세였다. 스 9:5; 시 28:2) 입으로는 "아멘"(진실로 그러합니다)으로 응답했다. 손을 든 것은 광대하신 하나님께 의지할 수밖에 없을 만큼 부족함을 시인하는 외적 표현이다(Williamson, 스 9:5; 시 28:2; 134:2). 백성들이 이렇게 아멘으로 응답한 다음 "몸을 굽혀 얼굴을 땅에 대고 여호와께 경배했다". 몸을 굽혀 얼굴을 땅에 대고 여호와께 예배한 것은 하나님께 대한 공경심의 외적인 표현이다(대하 9:3). 여기 "몸을 굽혔다"는 말은 구약 성경에 15회 등장하며, 항상 "경배한다"는 말과 함께 언급된다(창 24:26; 48:43; 43:28; 출 4:31; 12:27 등).

느 8:7. 예수아와 바니와 세레뱌와 야민과 악굽과 사브대와 호디야와 마아세야와 그리다와 아사랴와 요사밧과 하난과 블라야와 레위 사람들은 백성이 제자리에 서 있는 동안 그들에게 율법을 깨닫게 하였는데.

레위 사람인 예수아('그가 구원하실 것이다'는 뜻)와 바니('세워진'이란 뜻, 르훔의 부친, 3:17)와 세레뱌('여호와께서 뜨거움을 보내셨다'는 뜻, 에스라와 함께 귀환한 사람, 스 8:18)와 야민('오른 손'이란 뜻)과 악굽('교활한'이란 뜻)과 사브대('안식일에 태어난 자'라는 뜻)와 호디야('여호와의 장엄'이란 뜻)와 마아세야('여호와의 역사'라는 뜻)와 그리다(이방여인을 취한 자였다)와 아사랴('여호와께서 도우신다'는 뜻)와 요사밧('여호와는 심판자이시다'라는 뜻, 에스라 귀환 때에 헌물 접수자였다. 스 8:33)과 하난('은혜'라는 뜻)과 블라야('여호와께서는 기적을 행하셨다'는 뜻, 느헤미야와 함께 언약 문서에 인을 친 사람, 느 10:10)와 그 밖의 레위 사람들은 백성들이 제자리에 서 있는 동안에 그들에게 율법을 깨닫게 하여 주었다. 그러니까 여기 13명의 보조 교사들은 에스라가 높은 강단에서 율법을 읽으면 그 율법을 일반 백성들에게 설명해주는 교사였다. 오늘도 교회 안에는 성경교사들이 있어 일반 신도들에게 좋은 역할을 하고 있다.

느 8:8. 하나님의 율법 책을 낭독하고 그 뜻을 해석하여 백성에게 그 낭독하는 것을 다 깨닫게 하니.

하나님의 율법 책이 낭독될 때에 그들이 통역을 하고 뜻을 밝혀 설명하여 주었으므로 백성은 내용을 잘 알아들을 수 있었다. 에스라가 하나님의 율법 책을 낭독한 것을 보조교사들이 통역해주고 또 그 뜻을 설명해 주었으니 백성들은 그 내용을 잘 이해할 수 있었다. 율법의 말씀을 잘 이해할 수 있게 해 준다는 것은 아주 중요한 일이었다.

느 8:9. 백성이 율법의 말씀을 듣고 다 우는지라 총독 느헤미야와 제사장 겸 학사 에스라와 백성을 가르치는 레위 사람들이 모든 백성에게 이르기를 오늘은 너희 하나님 여호와의 성일이니 슬퍼하지 말며 울지 말라 하고.

13명의 보조 교사들(7절)이 에스라가 낭독하는 율법의 말씀을 번역해주고 설명해 주는 것을 백성들이 듣고 깨달았을 때 모두 울었다. 그들이 운 것은 통회하는 울음이었다(스 10:1). 그들이 운 것은 과거에 하나님의 말씀대로 살지 않았고 또 우상숭배를 했으며 그 죄 값으로 포로 생활을 한 것을 알고 원통했을 것이다.

이렇게 울고 있을 때 "총독 느헤미야와 제사장 겸 학사 에스라와 백성을 가르치는 레위 사람들이 모든 백성에게 이르기를 오늘은 너희 하나님 여호와의 성일이니 슬퍼하지 말며 울지 말라"고 당부했다. 여기 총독 느헤미야와 제사장 겸 학사 에스라가 동시에 기록된 것은 그들이 동시대 인물이었음을 보여준다. 이 두 사람 중에 느헤미야가 먼저 기록된 것은 백성의 운동에는 느헤미야가 더 주도적이었던 것으로 보인다.

느헤미야와 에스라, 그리고 레위 사람 보조교사들이 모든 백성에게 이르는 말은 "오늘은 너희 하나님 여호와의 성일이니 슬퍼하지 말며 울지 말라" 고 권한다. 여기 오늘은 나팔 절(7월 1일)을 의미하는 것으로 나팔 절은 마땅히 기뻐하며 즐거워해야 할 절기였다(레 23:24,25; 민 29:1-6; 신 12:7,12).

느 8:10. 느헤미야가 또 그들에게 이르기를 너희는 가서 살진 것을 먹고 단 것을 마시되 준비하지 못한 자에게는 나누어 주라 이 날은 우리 주의 성일이니 근심하지 말라 여호와로 인하여 기뻐하는 것이 너희의 힘이니라 하고 (Then he said to them, "Go your way, eat the fat and drink sweet wine and send portions of them to those for whom nothing is prepared, for this day is holy to our LORD; and do not be grieved, for the joy of the LORD is your strength"-NRSV).

느헤미야가 또 그들에게 이르기를 "돌아가서 짐승들을 잡아 맛있는 부분을 먹고 포도주 같은 음료를 준비해서 마시되 아무것도 차리지 못한 사람들(가난한 자들 및 나그네들)에게는 먹을 몫을 보내 함께 즐기도록 하십시오. 오늘은 우리 주님의 거룩한 날이니 근심하지 말고 여호와를 생각하면서 기뻐하십시오. 여호와를 기뻐하면 힘이 생기는 법이니 슬퍼하지 마십시오"라고 한다.

무엇이 "여호와로 인하여 기뻐하는 것"인가에 대해서 본절이 보여준다. 음식을 준비해서 서로 나누어먹으며 즐거워하는 것이 여호와 때문에 기뻐하는 것이다. 이렇게 즐거워할 때 기쁨이 생기는 것이다. 우리는 자신의 죄를 생각하면서 계속해서 자복하는 심정으로 일생을 보내야 하지만 또 한편으로는 자신의 죄를 자복하는 행위를 떠나 하나님의 사랑과 권능으로 우리를 구원하시고 우리에게 복을 주시는 하나님을 생각하면서 감사하는 마음으로 살아야 할 것이다.

느 8:11. 레위 사람들도 모든 백성을 정숙하게 하여 이르기를 오늘은 성일이

니 마땅히 조용하고 근심하지 말라 하니.

7절의 보조 교사 역할을 하던 레위 사람들도 여기서 총독과 제사장을 보좌하여 모든 백성들에게 타이르기를 "오늘은 성일이니 마땅히 조용하고 근심하지 말라"고 말한다. 우리가 매일 죄를 자복할 일이 있으나 나팔 절과 같은 성일에는 여호와의 사랑을 생각하고 또 여호와의 권능을 생각하면서 기뻐해야 할 것이다.

느 8:12. 모든 백성이 곧 가서 먹고 마시며 나누어 주고 크게 즐거워하니 이는 그들이 그 읽어 들려 준 말을 밝히 앎이라(And all the people went their way to eat and drink and to send portions and to make great rejoicing, because they had understood the words that were declared to them-RSV)**.**

에스라와 느헤미야 그리고 보조 교사 레위 사람들이 성일을 지키는 방법을 따라서 모든 백성이 돌아가서 먹고 마시며 또 준비할 수 없는 사람들에게는 먹을 것을 나누어 주면서 크게 기뻐하였다. 이유는 모든 백성이 에스라와 보조 교사들의 가르침에 힘입어 율법의 내용을 밝히 깨달았기 때문이었다.

모세 5경을 통하여 하나님의 은혜를 깨달았다는 것은 얼마나 큰 은혜였는지 모른다. 하나님의 은혜를 깨닫는다는 것은 얼마나 큰 은총인지 모른다. 그리고 성일을 지키는 법을 안다는 것도 큰 은혜가 아닐 수 없다. 그리고 백성들이 지도자들의 말에 순종한다는 것도 큰 은혜였다.

B. 초막절을 지키다 8:13-18

모든 백성이 나팔 절(7월 1일)을 지키다가 큰 은혜 받는 것을 보고(12절), 뭇 백성의 족장들과 제사장들과 레위 사람들이 율법의 말씀을 더욱 알아서 은혜를 받고자 이튿날(7월 2일) 에스라에게 율법의 말씀을 밝히 알고자 모였는데 에스라와 족장들과 제사장들과 레위 사람들이 율법을 보다가 나팔 절을 지키라는 말씀을 보게 되어 7월 15일부터 22일까지 초막절을 지켰다는 내용이다.

느 8:13. 그 이튿날 뭇 백성의 족장들과 제사장들과 레위 사람들이 율법의 말씀을 밝히 알고자 하여 학사 에스라에게 모여서.

"그 이튿날"은 7월 2일이다. 그러니까 나팔 절(7월 1일) 하루 다음 날이다. 7월 2일에 "뭇 백성의 족장들과 제사장들과 레위 사람들이 율법의 말씀을 밝히 알고자 하여 학사 에스라에게 모였다"는 것이다. 7월 1일에 나팔절이 끝나고 백성들은 돌아가고 7월 2일에 백성의 족장들과 제사장들과 레위 사람들은 남아서 율법의 말씀을 밝히 알고자 하여 율법 학자 에스라에게 모인 것이다. 비록 족장들이고 또 제사장들이고 레위 사람들이었지만 율법을 밝히 아는 것은 아니라서 더 밝히 알고자 모였다. 오늘 목사들이고 장로들이라도 성경 말씀을 밝히 아는 것은 아니다. 더 알기 위해 모여야 하는 것이다.

느 8:14. 율법에 기록된 바를 본즉 여호와께서 모세를 통하여 명령하시기를 이스라엘 자손은 일곱째 달 절기에 초막에서 거할지니라 하였고.

에스라와 족장들과 제사장들 그리고 레위인들은 모세의 율법을 연구하던 중 여호와께서 모세를 통하여 말씀하신 초막절을 지키라(출 23:14-17,34; 민 29:12; 신 16:13,16)는 말씀을 보게 되었다. 초막절을 지키라는 말씀은 일곱째 달에 지킬 것이며 지키는 방법으로는 초막을 짓고 그 초막에서 거하라는 것이었다. 초막절은 유대 3대 절기(유월절, 오순절, 초막절) 중 하나였다. 이 초막절을 지키는 의의는 이스라엘 민족이 출애굽 후 40년간의 광야 생활을 기념하기 위함이었고, 또 추수절기에 감사하는 의미를 지닌 것이기도 했다.

느 8:15. 또 일렀으되 모든 성읍과 예루살렘에 공포하여 이르기를 너희는 산에 가서 감람나무 가지와 들 감람나무 가지와 화석류 나무 가지와 종려나무 가지와 기타 무성한 나무 가지를 가져다가 기록한 바를 따라 초막을 지으

라 하라 한지라.

또 모세 율법에 드러나 있기를 모든 성읍과 예루살렘에 공포하여 이르기를 "너희는 산에 가서 감람나무 가지와 들 감람나무 가지와 화석류 나무 가지(향기를 풍기는 나무 가지, 사 41:19; 슥 1:8,10)와 종려나무 가지와 기타 무성한 나무 가지를 가져다가 기록한 바를 따라 초막을 지으라 하라"고 기록되어 있다. 레 23:40에는 "아름다운 나무 실과와 종려가지와 무성한 가지와 시내 버들을 취하여 너희의 하나님 여호와 앞에서 이레 동안 즐거워할 것이라"고 했다. 어떤 한 두 나무 가지를 베는 것이 아니라 여러 가지 나무 가지를 베어다가 초막을 지으라는 것이었다.

느 8:16. 백성이 이에 나가서 나뭇가지를 가져다가 혹은 지붕 위에, 혹은 뜰 안에, 혹은 하나님의 전 뜰에, 혹은 수문 광장에, 혹은 에브라임 문 광장에 초막을 짓되.

하나님의 명령을 따라 나가서 나뭇가지를 가져다가 지붕위에 초막을 짓기도 하고(유대인의 지붕은 평평했기에 초막을 짓기에 안성맞춤이었다), 혹은 가정 집 뜰 안에, 혹은 제사장들은 하나님의 전 뜰에, 혹은 어떤 사람들은 수문 앞 광장(1절)에 짓기도 했으며 혹은 어떤 사람들은 에브라임 문 광장에 지어 그 안에 거했다. "에브라임 문 광장"은 예루살렘의 북서쪽에 위치했었다(12:39; 왕하 14:13).

느 8:17. 사로잡혔다가 돌아온 회중이 다 초막을 짓고 그 안에서 거하니 눈의 아들 여호수아 때로부터 그 날까지 이스라엘 자손이 이같이 행한 일이 없었으므로 이에 크게 기뻐하며.

본문의 "사로잡혔다가 돌아온 회중"이란 명칭은 바벨론에 사로잡혔다가 귀환한 유대인들을 지칭하는 말이다. 아직 돌아오지 않고 그대로 그 장소에서 살고 있는 유대인들에게는 적용되지 않는다.

귀환 민들이 "다 초막을 짓고 그 안에서 며칠 씩 거하면서" 크게 기뻐했다. 그런데 여기 특이한 표현은 "눈의 아들 여호수아 때로부터 그 날까지 이스라엘 자손이 이같이 행한 일이 없었다"는 것이다. 여기 "여호수아 때로부터 그 날까지"란 말은 '여호수아가 이스라엘 민족을 인도하여 요단강을 건너 팔레스틴을 점령한 때로부터 에스라 때까지 이와 같이 초막절을 지킨 일이 없었다'는 것이다. 과연 이스라엘 민족이 여호수아 때로부터 에스라 시대까지 초막절을 이와 같이 지킨 때는 없었는가. 사실 이스라엘 민족이 가나안 땅에 들어가 초막절을 지킨 일이 성경에 여러 번 있었다(삿 21:19; 왕상 8:2,65; 대하 30:26). 그런고로 본 문장의 초막절 행사가 모세 율법이 말하는 근본정신에 매우 합당하게 지켜졌음을 뜻할 것이다(Fensham). 에스라가 율법을 연구하는 학자였으므로 초막절의 의미를 잘 설명하여 율법 정신에 가장 합당하게 지켰다는 뜻에서 이와 같이 초막절을 지킨 때가 없었다고 말하는 것으로 보인다.

느 8:18. 에스라는 첫날부터 끝 날까지 날마다 하나님의 율법 책을 낭독하고 무리가 이레 동안 절기를 지키고 여덟째 날에 규례를 따라 성회를 열었느니라.

무리가 이레 동안(7월 15일부터 21일간) 절기를 지키는 동안 에스라는 첫날부터 끝 날까지 날마다 하나님의 율법 책을 낭독했으며(3절; 신 31:11) 여덟째 날에는 규례를 따라 안식하고 성회를 열었다(레 23:39; 신 16:13-15).

제 9 장

C. 금식 일을 가지다 9:1-4

이 부분(1-4절)은 백성이 모여 금식한 일을 진술한다.

느 9:1. 그 달 스무나흗 날에 이스라엘 자손이 다 모여 금식하며 굵은 베 옷을 입고 티끌을 무릅쓰며.

그 달 24일에 이스라엘 자손이 다 모여서 금식하면서 굵은 베 옷을 입고 티끌을 뒤집어썼다. 여기 "그 달"은 '7월'이고, "24일"은 초막절(15-22일)이 끝난 후 이틀이 지난 날이다. 그날 이스라엘 자손이 "다 모여 금식하며 굵은 베옷을 입고 티끌"을 뒤집어썼다. 그날의 금식은 나팔절과는 무관한 것이었다. "다 모여 금식한 것은" 죄를 자복하기 위함이었다. 그리고 "굵은 베옷을 입고 티끌을 뒤집어 쓴 것"은 애통의 표시인데 속에 있는 통회하는 심정을 외부에 나타낸 것이었다(창 37:34; 삼상 4:12; 삼하 1:2; 3:31; 왕상 21:27; 욥 2:12 참조). 그들은 중심에 있는 통회하는 마음을 외부로 표시했다.

느 9:2. 모든 이방 사람들과 절교하고 서서 자기의 죄와 조상들의 허물을 자복하고.

이스라엘 자손은 모든 이방 사람과 절교한 채 그들은 제자리에 선 채로 자신들의 허물과 조상의 죄를 자백하였다. 모든 이방 사람과 관계를 아주 끊어버린 것은 이방 여인들과의 혼인관계를 끊은 것으로 이방 여인들을 내보낸 것을 뜻한다. 스 10:5-17. 이렇게 이방 여인과의 단교는 그들 스스로의 결단이었다(K.&D.).

이스라엘 자손은 이방 여인과의 혼인 관계를 끊고 선채(여기 "선채로"란 말은 기도의 한 가지 자세였다) 자기들이 이방여인을 맞아들여 함께 산 죄와 조상들이 지은 죄를 자복했다.

느 9:3. 이 날에 낮 사분의 일은 그 제자리에 서서 그들의 하나님 여호와의 율법 책을 낭독하고 낮 사분의 일은 죄를 자복하며 그들의 하나님 여호와께 경배하는데.

모두들 제자리에서 일어나서 낮의 4분의 1(새벽 6시부터 9시까지 3시간 동안)은 주 하나님의 율법 책을 읽고 또 낮의 4분의 1(오전 9시부터 정오까지 3시간 동안)은 자기들의 죄를 자백하며 주 하나님께 경배하였다. 하나님 말씀을 읽고 죄를 자복하는 일은 경배 중에 가장 핵심적인 일이다.

느 9:4. 레위 사람 예수아와 바니와 갓미엘과 스바냐와 분니와 세레뱌와 바니와 그나니는 단에 올라서서 큰 소리로 그들의 하나님 여호와께 부르짖고.

레위 사람의 강단(8:4) 위에는 레위 사람인 예수아와 바니와 갓미엘과 스바냐와 분니와 세레뱌와 바니와 그나니 등 8명이 올라서서 주 하나님께 큰소리로 부르짖었다. 여기 8인이 "여호와께 부르짖은 것"은 '고난을 당하는 중에 하나님께 도움을 구하기 위해 소리 내어 간구한 것'을 가리킨다(삿 6:7; 삼상 8:18; 대상 5:20; 시 22:5). 우리는 죄 문제를 해결하기 위해 힘 있게 부르짖는 삶을 살아야 할 것이다.

느 9:5. 또 레위 사람 예수아와 갓미엘과 바니와 하삽느야와 세레뱌와 호디야와 스바냐와 브다히야는 이르기를 너희 무리는 마땅히 일어나 영원부터 영원까지 계신 너희 하나님 여호와를 송축할지어다 주여 주의 영화로운 이름을 송축하올 것은 주의 이름이 존귀하여 모든 송축이나 찬양에서 뛰어남이니이다.

본절의 8인은 4절의 "강단" 위에 있었던 8인의 사람들로 추정된다. 그 근거로서 4절에서 여호와께 크게 부르짖은 사람들 중 5인이 다시 여기서 진술되는 것을 보면 알 수 있다(예수아, 바니, 갓미엘, 스바냐, 세레뱌). 레위 사람인 예수아와 갓미엘과 바니와 하삽느야('여호와께서 생각하신다'는 뜻)와 세레뱌와 호디야('여호와의 장엄'이란 뜻)와 스바냐('여호와께서 숨기셨다'는 뜻)와 브다히야('여호와께서 여셨다'는 뜻)가 외치기를 "당신들은 단단히 각오하고 일어나서 당신들의 영존하시고 초월적이신 하나님 여호와를 송축해야 합니다. 영존하시는 주님의 영화로운 이름을 찬양해야 마땅한 것은 주의 이름이 끝없이 높으신 분으로 어떠한 찬양이나 송축으로도 다 기릴 수가 없습니다".

4절에서는 8인이 여호와 하나님께 크게 부르짖어 기도했고, 5절에서는 영존하시며 지극히 위대하신 하나님을 찬양한 것을 진술하고 있다. 우리는 기도도 해야 하고 또 찬양도 끊이지 않아야 할 것이다.

D. 회개 기도를 하다 9:6-37

레위인 8인은 기도하고(4절) 찬양하며(5절) 이제 이 부분(6-37절)에서는 길게 회개를 한다. 길게 회개 기도를 하거나 길게 예배를 드리는 일을 아주 싫어하는 사람들이나 세대는 깊이 반성해야 할 것이다.

느 9:6. 오직 주는 여호와시라 하늘과 하늘들의 하늘과 일월성신과 땅과 땅 위의 만물과 바다와 그 가운데 모든 것을 지으시고 다 보존하시오니 모든 천군이 주께 경배하나이다.

본절부터 37절까지는 8인의 레위인이 길게 회개하는 내용이다. 8인은 주님만이 홀로 우리의 여호와[32](스스로 계시는 분, 출 3:14)라고 고백한다. 여호와께서는 하늘(궁창, 창 1:8)과 하늘들의 하늘(우주, 신 10:14; 왕상 8:27; 시 148:4)과 해와 달과 별들과 땅과 그 위에 있는 온갖 바다와

32) "여호와": '스스로 계신 분'이라는 뜻이다(출 3:14). 하나님은 세상의 우상과는 천양의 차이가 있다. 세상의 우상은 인간이 만들어 세운 것인데 여호와는 스스로 계신 분이시다.

그 안에 있는 온갖 것들을 지으셨으며 또 이 모든 것들을 보존하시니 하늘과 땅의 모든 것들이 주님께 경배하고 있다고 고백한다.

회개하는 사람들은 1) 본절에서 하나님께서 창조해주시고 보존하여 주셔서 천지 만물이 다 여호와를 경배해야 하는데 인간들이 경배하지 않았다는 것을 회개하는 것이다. 2) 자기들의 믿음의 조상 아브라함을 우상의 나라에서 끌어내어 아브라함이라는 이름을 주셨는데도 바로 살지 않은 것을 회개하는 것이다(7절). 3) 하나님께서 약속의 땅을 이스라엘에게 주셨는데 계속해서 지키지 못했다는 것(8절)을 회개한다. 4) 애굽과 홍해에서 이스라엘을 돌보신 하나님 앞에 보답하지 못한 것을 회개한다(9-11절). 5) 광야와 시내에서 베푸신 은혜를 보답하지 못한 것을 회개한다(12-21절). 6) 가나안 정복을 넉넉히 해주신 은혜를 보답하지 못한 것을 회개한다(22-25절). 7) 사사들을 통해서 다스려주신 것을 회고하면서 회개한다(26-28절). 8) 선지자들을 통해서 말씀 주신 것을 회고하면서 회개한다(29-31절). 9) 현재 은혜 주신 것을 돌아보면서 회개한다(32-37절). 우리가 회개하려고 할 때 과거를 회고하면서 회개를 해야 할 것이다.

"하늘과 하늘들의 하늘"이란 '궁창'(창 1:8)과 '우주'(신 10:14; 왕상 8:27)를 지칭한다. "지으시고"(עָשִׂיתָ)란 말은 '창조하시다'(창 16)란 의미이다. "보존하시오니"란 말은 '생명을 주어 보존한다'(K.&D.)는 뜻이다.

느 9:7. 주는 하나님 여호와시라 옛적에 아브람을 택하시고 갈대아 우르에서 인도하여 내시고 아브라함이라는 이름을 주시고.

회개하는 8인은 "주님은 하나님 여호와이십니다. 아브람을 택하셔서 갈대아(바벨론)의 우르에서 이끌어 내시고 그의 이름을 아브라함이라고 고쳐서 부르셨습니다"라고 회고한다.

본절의 "하나님"이란 말은 참 하나님으로서의 엘로힘(אֱלֹהִים)을 말한다. 인간에게 계시된 모든 신적 활동의 주체이자, 인간에게 받는 모든 참된 존경과 경외의 대상이시다. 이 한분의 신외에는 어떤 신도 있을 수 없다(사 41:4; 42:8; 43:10 이하). 이방신은 신이 아니다. 그는 우주의 전능한 창조주(사 45:18), 우주를 지배하는 주권자(창 24:3; 창 24:9; 신 4:39; 신 10:17), 심판자 하나님(시50:6; 시 58:11; 시 75:7), 구원자 하나님(시 18:46; 신 8:15; 렘 20:24 등), 위엄과 영광의 하나님(사 30:18; 사 65:16; 렘 10:10; 삼상 6:20)등으로 나타난다. 하나님(אלהים)은 또한 아브라함의 하나님, 이삭의 하나님, 야곱의 하나님(출 3:6등)이 되시는 것처럼 또한 우리의 하나님이 되신다(바이블렉스 8.0).

본절의 "여호와"(יהוה)란 말은 이스라엘의 하나님을 나타내는 고유명사이며, '여호와, 야훼'로 음역한다. 우리가 "여호와"라고 부르는 하나님의 명칭은 본래 히브리어 4자음 문자 '요드, 헤, 와우, 헤'(YHWH)로 구성되어 있다. 이 신성 4문자(Tetragammaton)는 하나님의 인격적 이름으로 성경에서 창 2:4에 처음으로 나타나며, 구약성경을 전체에서 총 6,000여회(cf. BDB) 나타난다. 이 하나님의 이름은 한글 번역본의 개역에서 "여호와", 공동번역에서 "야웨", 영역 본에 Jehovah 라고 음역하고 있지만 그 정확한 발음을 알 수가 없다. 중세 어느 때에 그 정확한 발음을 잃어버린 것이다. 그러므로 신성 4문자에 대한 정확한 발음과 기원 및 의미는 상당한 논의의 주제가 되어왔다(Freedman. TDNT, 바이블렉스 8.0). 더욱 간단히 말해서 "하나님"은 '능력', '권능' 면을 드러내는 호칭이고, "여호와"는 '자비'나 '구원'을 드러내는 호칭이라고 할 수 있다.

회개하는 사람들은 "옛적에 아브람을 택하시고 갈대아 우르에서 인도하여 내시고 아브라함이라는 이름을 주셨다"고 회고한다. 여기 "택하시고"란 말은 하나님께서 그 일가를 택하신 것을 뜻한다. 이 택함은 하나님께서 만세 전에 택하신 것을 의미한다(엡 1:4). 하나님께서 아브람을 만세 전에 택하셨기 때문에 우상의 도시 "갈대아[33](바벨론) 우르"에서 인도하여 내셨다. 그리고 하나님은 "아브람"('고귀한 아버지'라는 뜻)에게 "아브라함"('열국의 아버지'라는 뜻)이라는 이름을 주셨다(창 17:1-8). 하나님의 택함을 받아 한 가정이 갈대아 우루에서 나왔는데 아브라함은 열국의 아버지가 되었다.

느 9:8. 그의 마음이 주 앞에서 충성됨을 보시고 그와 더불어 언약을 세우사 가나안 족속과 헷 족속과 아모리 족속과 브리스 족속과 여부스 족속과 기르가스 족속의 땅을 그의 씨에게 주리라 하시더니 그 말씀대로 이루셨사오매 주는 의로우심이로소이다.

회개하는 사람들은 "아브라함의 마음이 주님 앞에서 충성됨을 아시고 가나안 사람과 헷 사람과 아모리 사람과 브리스 사람과 여부스 사람과 기르가스 사람의 땅을 그 자손에게 주시겠다고 그와 언약을 세우셨습니다. 주님께서는 의로우셔서 말씀하신 것을 지키셨습니다"라고 회고한다.

"아브라함의 마음이 주 앞에서 충성됨을 보셨다"는 말씀은 '아브라함의 마음이 주님 보시기에 진실함(faithful)을 보셨다'는 뜻이다. 아브라함이 갈대아 우르에서 주님의 음성을 듣고 갈대아 우르를 떠날 때에 하나님의 명령을 받는 중 그는 성령의 역사로 진실한 사람이 되었다. 누구든지 하나님의 말씀을 받을 때 성령의 역사로 신실한 사람이 된다.

하나님은 아브라함과 언약(스 10:3)을 세우셔서 "가나안 족속과 헷 족속과 아모리 족속과 브리스 족속과 여부스 족속과 기르가스 족속의 땅을 그의 씨에게 주리라"고 하셨다. 여기 가나안 7족 중에 "히위 족속"이 빠졌다(스 9:1; 신 6:1 주해 참조). 하나님은 아브라함에게 언약하신 대로 이루셨다. 그가 약속하신 대로 이루셨으니 그는 의로우신 분이시다.

느 9:9. 주께서 우리 조상들이 애굽에서 고난 받는 것을 감찰하시며 홍해

33) "갈대아": 유프라테스 강과 티그리스 강 사이의 메소포타미아 전체를 일컫는 말이다.

에서 그들의 부르짖음을 들으시고.

회개 자들은 "주님께서는 우리 조상들이 애굽에서 고난 받는 것을 보시고 애굽을 탈출하게 하셨으며 홍해에서 부르짖을 때에(출 14:10-14) 들어주셨다"(출 14:15-31)라고 회고한다. 애굽에서만 돌아보신 것이 아니라 홍해에서도 그들의 부르짖음을 들어주셨다. 하나님은 우리의 고비마다 돌아보신다.

느 9:10. 이적과 기사를 베푸사 바로와 그의 모든 신하와 그의 나라 온 백성을 치셨사오니 이는 그들이 우리의 조상들에게 교만하게 행함을 아셨음이라 주께서 오늘과 같이 명예를 얻으셨나이다.

"이적과 기사"(אֹתֹת וּמֹפְתִים)는 동의어로 쓰였는데 "이적"이란 말은 "이적 또는 표적"으로 번역되는데 "이적"이란 말은 '이적 자체'를 가리킨다. "기사"란 말은 외적으로 나타나는 현상을 가리키는데 이 "기사"란 말은 홀로 나타나지 않는다. 하나님은 이적과 기사를 나타내셔서 애굽에 10차례의 재앙을 내리셔서 교만한 바로와 강퍅한 애굽인들의 마음을 깨뜨리셔서 하나님의 위대하심을 드러내셨다. 하나님의 이적과 기사는 하나님의 위대하심을 드러내신다.

느 9:11. 또 주께서 우리 조상들 앞에서 바다를 갈라지게 하사 그들이 바다 가운데를 육지 같이 통과하게 하시고 쫓아오는 자들을 돌을 큰물에 던짐 같이 깊은 물에 던지시고.

본절에서 회개 자들은 하나님께서 우리 조상들 앞에서 바다를 갈라지게 하셔서 두 가지 일을 하신 것을 말씀한다. 하나는 "이스라엘 민족이 바다 가운데를 육지 같이 통과하게 하셨다는 것", 또 다른 하나는 "쫓아오는 자들을 돌을 큰물에 던짐 같이 깊은 물에 던지셨다는 것"을 말씀한다. 한 가지 이적으로 하나님은 두 가지 일을 하신 것이다.

느 9:12. 낮에는 구름 기둥으로 인도하시고 밤에는 불기둥으로 그들이 행할 길을 그들에게 비추셨사오며.

본절은 이스라엘 민족이 일단 홍해를 건넌 다음에 하나님께서 이스라엘 민족을 계속해서 인도하셨다는 것을 말씀한다. 낮에는 구름 기둥으로 인도하셨고 밤에는 불기둥으로 비추셨다는 것을 말씀한다. 여기 구름 기둥이나 불기둥은 모두 하나님의 임재의 표시였다(민 9:15-23). 오늘은 예수님께서 인도하시고 말씀으로 인도하시며 성령으로 인도하시고 환경으로 인도하신다. 환경으로 인도하신다는 말씀은 우리가 환경을 보고 하나님의 뜻을 알아서 인도받는다는 뜻이다.

느 9:13. 또 시내 산에 강림하시고 하늘에서부터 그들과 말씀하사 정직한 규례와 진정한 율법과 선한 율례와 계명을 그들에게 주시고.

본절과 다음 절은 본질상 같은 내용이다. 본절은 하나님께서 시내산에 강림하신 것을 드러냈고 다음 절은 하나님께서 모세를 통하여 안식일을 가르쳐 주신 것을 드러냈다.

회개 자들은 하나님께서 친히 시내 산에 내려오셔서(출 19:16-18,20; 21:1) 하늘에서 그들에게 율법을 주신 것, 즉 "그들과 말씀하사 바른 규례와 참된 율법, 좋은 율례와 계명을 주셨다"고 회고한다. 율법에 대한 수식어, 즉 "정직한"(יְשָׁרִים, 바른), "진정한"(אֱמֶת, 참된), "선한"(טוֹבִים, 좋은)이란 수식어 등은 저자가 율법을 체험하고 붙인 형용사이다(시 19:9; 119:39,142). 참으로 율법은 바른 것이고 참된 것이며 좋은 것이다. 하나님께서 이렇게 바른 율법을 주시고 참된 율법을 주시며 좋은 율법을 주셨는데 이스라엘 민족은 그 율법을 잘 지키지 못했기에 회개하는 것이다.

느 9:14. 거룩한 안식일을 그들에게 알리시며 주의 종 모세를 통하여 계명과 율례와 율법을 그들에게 명령하시고.

회개 자들은 본절에서 하나님께서 그들에게 거룩한 안식일을 주신 것을 회고한다. 거룩한 안식일을 주셔서 그 안식일을 지킴으로 선민의 복을 누리게 된 것이었다. 그런데도 그들은 그 거룩한 안식일을 지키지 않아서 복을 잃어버린 채 오래 살았다. 이제 그들은 그 사실을 회고하면서 죄를 자복한다. 여기 "거룩한 안식일"이란 말은 '구별된 안식일'이란 뜻이다. 다시 말해 토요일은 다른 날들(일요일, 월요일, 화요일, 수요일, 목요일, 금요일)과 달리 구별되게 지켜야 하는 날이란 뜻이다. 그날은 하나님께서 쉬심과 같이 인생들도 쉬면서 주님과 교제하는 날로 지켜야 하는 날이었다.

그러나 안식일이 주일로 바뀐 것은 예수님께서 부활하심으로부터 생겨난 제도이다. 예수님은 죽은 자 가운데서 안식일(토요일) 다음날 주일에 부활하셨고(요 20:1-10) 또 그 때부터 8일이 지나서 제자들이 도마와 함께 집안에 있을 때 예수님께서 오셔서 자신을 보이시며 제자들로부터 경배를 받으셨다(요 20:26-29). 그리고 아마도 한 주간이 지난 후 세 번째로 예수님께서 디베랴 바다에서 제자들에게 자기를 나타내셔서 경배를 받으시며 큰 사명을 주신데서(요 21:1-23) 주일 성수는 시작된 것이다.

오늘은 철저하게 주일 성수를 하는 사람을 이상한 눈초리로 보는 시대를 만났다. 주일을 평일과 똑같이 여기기도 하고 혹은 주일에 예배는 하면서도 다른 시간에는 평일에나 할 일을 아무 의식 없이 행한다. 우리는 주일을 성수(聖守)해야 할 것이다. 주일 성수를 잘 하여 큰 은총을 받아 살아야 할 것이다.

느 9:15a. 그들의 굶주림 때문에 그들에게 양식을 주시며 그들의 목마름 때문에 그들에게 반석에서 물을 내시고.

본절까지는 하나님께서 이스라엘 민족에게 베푸신 은혜를 말한다. 하나님께서 이스라엘 민족에게 하늘에서 만나를 주셔서 굶주린 문제를 해결해 주신 일(출 16:4)과 또 반석에서 물을 내셔서 목마름을 해결해 주신 일을 거론한다(출 16:6). 하나님은 우리의 일상의 문제를 해결해 주신다. 자연인들은 산에서 혼자 살면서 산이 모든 먹거리를 해결해 준다고 믿는 것처럼 오늘 우리에게는 하나님께서 모든 일용양식을 공급해 주심을 믿어야 한다. 자연인들은 점심 때 거리나, 저녁 먹거리가 없어도 염려하지 않는다. 이유는 산이나 집 앞의 밭에 모든 것이 다 있기 때문이다. 우리 신앙인들은 하나님의 창고에 무수히 쌓여있는 필수품들을 보면서 전혀 염려하지 않는다.

15b-31: 이 부분은 이스라엘 민족이 범죄한 것을 회개하는 부분이다.

느 9:15b. 주께서 옛적에 손을 들어 맹세하시고 주겠다고 하신 땅에 들어가서 차지하라 말씀하셨사오나.

15절 하반 절부터는 이스라엘 민족이 하나님 앞에 불순종한 사실을 기록한다. 이스라엘 민족은 주님께서 옛적, 즉 아브라함 때에(창 15:18-21; 26:3), 그리고 야곱 때에(28:13), 그리고 모세 때에(출 3:8; 23:31; 민 34:2-12; 신 11:24) 손을 들어 맹세하시고(손을 들어 맹세하셨다는 말은 단단히 맹세하셨다는 뜻이다) 주겠다고 하신 땅"은 가나안 땅을 지칭하는 말이다. 하나님께서 이렇게 맹세하시면서 주겠다고 하신 가나안 땅에 이스라엘 민족은 얼른 들어가지 못하고 불순종을 했다. 들어가지 않고 불순종한 이유는 다음 절들(16-31절)에 기록되어 있다. 불순종은 인간들에게 아주 철저히 연습되어 있는 것이다.

느 9:16-17. 그들과 우리 조상들이 교만하고 목을 굳게 하여 주의 명령을 듣지 아니하고 거역하며 주께서 그들 가운데에서 행하신 기사를 기억하지 아니하고 목을 굳게 하며 패역하여 스스로 한 우두머리를 세우고 종 되었던 땅으로 돌아가고자 하였나이다. 그러나 주께서는 용서하시는 하나님이시라 은혜로우시며 긍휼히 여기시며 더디 노하시며 인자가 풍부하시므로 그들을 버리지 아니하셨나이다.

16절 초두의 "그들"과 "우리 조상들"은 동격으로 쓰였다. 다시 말해 '그들' 이 '우리 조상들'이란 뜻이다. "교만하고"란 말과 "목을 굳게 하여"란 말도 동격으로 쓰였다. 여기 "목을 굳게 하여"란 말은 말을 듣지 않고 뻗대는 완고한 황소의 모습에서 빌려온 말(출 32:9; 신 10:16; 왕하 17:14; 대하 36:13; 렘 7:26)로서 하나님의 뜻을 거듭 거스르는 백성들의 모습을 드러낸다. 아무튼 교만과 완고함은 망하도록 작정된 사람들의 속내이다.

17절의 "거역하며"(יְמָאֲנוּ)란 말은 '거절하다', 혹은 '싫어하다'란 뜻으로, 16절의 "교만하고"와 "목을 굳게 하여"와 동의어로 쓰였다. 이는 각자에게 부과된 어떤 의무를 거절한 것을 지칭한다(출 7:14; 신 25:7; 삼상 8:19; 시 77:2).

이스라엘 백성들이 주의 명령을 듣지 아니하고 거역한 이유는 "주님께서 그들 가운데에서 행하신 기사를 기억하지 아니한" 데서 시작된 것이다. 여기 "기사"란 말은 복수로서 "기사들"이란 말로 하나님께서 베푸신 사랑의 기사들을 지칭하는 말이다. 하나님의 사랑의 기사들을 기억하지 아니하면 반드시 하나님을 거역하기 마련이다. 그런고로 성도들은 성경을 펴놓고 항상 하나님의 사랑의 행위를 기억해야 할 것이다.

사람들이 하나님의 "기사를 기억하지 아니하고 목을 굳게 하며 패역하여 스스로 한 우두머리를 세우고 종 되었던 땅으로 돌아가고자 했다"는 것이다. 사람들이 하나님의 사랑으로 베푸신 이적을 기억하지 않은 결과 교만해지고 패역해져서 하나님께서 세운 사람이 아닌, 자기들이 세운 한 우두머리를 세우고 종살이하던 애굽 땅으로 돌아가고자 했다(민 14:4).

회개자들은 "그러나 주께서는 용서하시는 하나님이시라 은혜로우시며 긍휼히 여기시며 더디 노하시며 인자가 풍부하시므로 그들을 버리지 아니하셨다"고 감사한다. 죄를 지었으면 벌을 내리시는 것이 정칙인데 하나님은 항상 용서하실 준비가 되어 있으시다. 여기 "용서하신다"란 말은 마지막 말인 "버리지 아니하셨다"는 말과 동의어이다. 하나님은 용서하실 정도로 은혜로우시며 긍휼히 여기시며 더디 노하시며 인자가 풍부하시기에 버리시지 않으셨다는 것이다.

느 9:18-19. 또 그들이 자기들을 위하여 송아지를 부어 만들고 이르기를 이는 곧 너희를 인도하여 애굽에서 나오게 한 신이라 하여 하나님을 크게 모독하였사오나 주께서는 주의 크신 긍휼로 그들을 광야에 버리지 아니하시고 낮에는 구름 기둥이 그들에게서 떠나지 아니하고 길을 인도하며 밤에는 불기둥이 그들이 갈 길을 비추게 하셨사오며.

18-19절은 16-17절과 마찬가지로 이스라엘이 지은 엄청난 죄에도 불구하고 하나님께서 용서하신 사실을 드러낸다. 이스라엘 민족이 금송아지를 만들어 섬긴 것은 모세가 율법을 받으러 시내 산에 올라가 40일이 지나도 내려오지 않으니 하나님께 대한 반역의 심리가 발동하여 저지를 죄악이었다(출 32:1-6). 그들이 만든 금송아지는 그들이 애굽에서 섬기던 동물숭배의 영향이었다. 이 영향은 훗날 북쪽 이스라엘의 우상숭배에 크게 영향을 주었다(왕상 12:28). 이스라엘이 이렇게 우상을 만들어 섬긴 것은 하나님을 크게 모독한 행위였다. 그럼에도 주님께서는 주님의 크신 긍휼로 그들을 광야에 버리지 아니하시고 낮에는 구름 기둥으로 그들을 인도하시며 밤에는 불기둥으로 그들을 인도해주셨다. 하나님께서 그들을 사유하신 것은 모세의 기도를 하나님께서 들으셨기 때문이었다(출 32:7-14, 30-35).

느 9:20-21. 또 주의 선한 영을 주사 그들을 가르치시며 주의 만나가 그들의 입에서 끊어지지 않게 하시고 그들의 목마름을 인하여 그들에게 물을 주어 사십 년 동안 들에서 기르시되 부족함이 없게 하시므로 그 옷이 해어지지 아니하였고 발이 부르트지 아니하였사오며.

여기 주의 "선한 영"(רוּחֲךָ הַטּוֹבָה)이란 말은 주님께서 주시는 '선하신 성령님'이란 뜻으로 민 11:17,25에 기록되어 있는 사건을 가리킨다. 그곳을 보면 하나님께서 모세의 권위를 확증시키기 위하여 70장로에게 '예언의 신'을 임하게 하셨다. 시 32:8; 143:10. 하나님은 이스라엘의 심령을 선한 방향으로 인도해 주셨다. 우리는 항상 성령을 충만히 받아 살아야 한다.

20절 상반 절에서는 하나님께서 이스라엘인들을 성령으로 인도하신 것을 말씀했고, 이제 20절 하반절과 21절에서는 육신을 기르신 것을 말씀하고 있다. 즉, "주의 만나가 그들의 입에서 끊어지지 않게 하시고 그들의 목마름을 인하여 그들에게 물을 주어(이상 20절) 사십 년 동안 들에서 기르셨다". 육신을 기르시기를 40년 동안 하셨다. 여기 40년이란 세월은 우리의 일생을 상징하는 말이다. 40년 동안 기르시되 "부족함이 없게 하셨다". 하나님은 오늘 우리의 한 생애동안도 부족함이 없이 돌보아주신다. "그 옷이 해어지지 아니하였고 발이 부르트지 아니하였다"는 말은 의복과 신발을 때를 때라 공급해주셨다는 뜻이다. 우리의 일상 은혜도 하나님께서 공급해주시는 것이다.

느 9:22. 또 나라들과 족속들을 그들에게 각각 나누어 주시매 그들이 시혼의 땅 곧 헤스본 왕의 땅과 바산 왕 옥의 땅을 차지하였나이다.

이스라엘이 시혼의 땅 곧 헤스본 왕의 땅과 바산 왕 옥의 땅을 차지한 것은 이스라엘 자신이 차지한 것은 그들의 힘으로 차지한 것이 아니라 하나님께서 그들에게 각각 나누어 주신 것이었다(민 21:21-35).

하나님은 오늘 우리 한국에도 다른 나라들을 나누어주시는 것을 볼 수가 있다. 우리의 한류가 세계로 퍼져나가는 것을 보게 된다. 오늘 우리 한국의 영향력이 세계 곳곳으로 퍼져나가 그 나라들에게 큰 영향을 주는 것을 보게 된다. 이것은 우리의 신앙인들이 하나님께 부르짖어 우리의 영향력이 널리 퍼져 나가는 것이다.

느 9:23. 주께서 그들의 자손을 하늘의 별같이 많게 하시고 전에 그들의 열조에게 들어가서 차지하라고 말씀하신 땅으로 인도하여 이르게 하셨으므로.

본절도 역시 하나님께서 이스라엘을 위하여 하신 일을 두 가지로 말씀한다. 즉, 주님께서 이스라엘의 자손을 하늘의 별같이 많게 해 주셨다. 이스라엘이 야곱과 함께 애굽으로 들어갈 때는 불과 70명에 불과했었으나 애굽에서 나올 때는 남자 장정만 60만 명이 넘었다. 그래서 이제는 이스라엘이 가나안에 들어갈 때는 아이까지 합하여 2, 300만 명이 넘었다.

둘째, 하나님은 이스라엘의 열조에게 들어가서 차지하라고 말씀하신 가나안 땅으로 이르게 해주셨다. 이 모든 일은 하나님께서 이룩해 주신 일들이었다.

느 9:24. 그 자손이 들어가서 땅을 차지하되 주께서 그 땅 가나안 주민들이 그들 앞에 복종하게 하실 때에 가나안 사람들과 그들의 왕들과 본토 여러 족속들을 그들의 손에 넘겨 임의로 행하게 하시매.

본절도 역시 하나님께서 하신 일을 기록한다. 하나님은 이스라엘로 하여금 가나안 땅에 들어가게 하신 다음 가나안 왕 31왕이 이스라엘 앞에 복종하게 하셨고(수 12:24), 가나안 사람들과 또 그 왕들과 본토 여러 족속들을 이스라엘 사람들의 손에 넘겨 임의로 행하게 해 주셨다는 것이다. 이런 일은 오늘도 가능한 일이다. 우리 대한민국이 비록 작은 나라이지만 주위 열강들 앞에서 꿇릴 것 없이 주위 열강들 앞에서 큰 영향력을 가지고 살아갈 수 있는 것이다.

느 9:25. 그들이 견고한 성읍들과 기름진 땅을 점령하고 모든 아름다운 물건이 가득한 집과 판 우물과 포도원과 감람원과 허다한 과목을 차지하여 배불리 먹어 살찌고 주의 큰 복을 즐겼사오나.

본절의 여러 가지 일도 하나님께서 해주신 일이었다. 이스라엘 사람들이 가나안의 견고한 성읍들과 기름진 땅을 점령해서 살았고 또 모든 아름다운 물건이 가득한 집과 판 우물(가나안은 메마른 땅이니 우물 관련 이야기는 중요한 것이었다)과 포도원과 감람원과 허다한 과목을 차지하여 배불리 먹어 살찌고 주의 큰 복을 즐기며 살게 했다.

느 9:26. 그들은 순종하지 아니하고 주를 거역하며 주의 율법을 등지고 주께로 돌아오기를 권면하는 선지자들을 죽여 주를 심히 모독하였나이다.

이스라엘이 하나님의 큰 복을 받아 살았음에도 하나님 앞에 순종하지 아니하고 주님을 거역하며 주님의 율법을 등져서 주 앞으로 돌아오기를 권면하는 선지자들을 죽여서 주님을 심히 모독했다(왕상 18:4,13; 19:10,14; 대하 24:21; 36:15-16). 사람은 이렇게 은혜 중에 살면서도 하나님의 은혜를 기억하지 못하고 거역하는 것이 특징이다.

느 9:27. 그러므로 주께서 그들을 대적의 손에 넘기사 그들이 곤고를 당하게 하시매 그들이 환난을 당하여 주께 부르짖을 때에 주께서 하늘에서 들으시고 주의 크신 긍휼로 그들에게 구원자들을 주어 그들을 대적의 손에서 구원하셨거늘.

이스라엘이 26절의 행위를 하므로 주님께서 그들을 대적의 손에 넘기셔서 그들로 하여금 곤고를 당하게 하셨다. 그들이 환난을 당하여 주님께 부르짖을 때에 주님께서 하늘에서 들으시고 주님의 크신 긍휼로 이스라엘에게 구원자 사사들을 보내어 대적의 손에서 구원해 주셨다.

그러니까 주님께서 이스라엘로 하여금 대적의 손에서 곤고를 당하게 하신 것은 이스라엘로 하여금 주님께로 돌아오게 하려 하심이었다.

느 9:28. 그들이 평강을 얻은 후에 다시 주 앞에서 악을 행하므로 주께서 그들을 원수들의 손에 버려두셔서 원수들에게 지배를 당하게 하시다가 그들이 돌이켜 주께 부르짖으매 주께서 하늘에서 들으시고 여러 번 주의 긍

휼로 건져내시고.

이스라엘이 주님께 부르짖으니 주님께서 하늘에서 들으셔서(27절) 이스라엘에게 평강을 주셔서 그들이 평안한 후에 다시 주 앞에서 악을 행하였음으로 주님은 그들을 원수들의 손에 버려두셔서 원수들의 지배를 당하게 하셨다. 이스라엘은 고난을 당하는 중에 돌이켜 주께 부르짖으니 주님께서 하늘에서 들으시고 여러 번(일곱 번, 즉 옷니엘, 에훗, 삼갈, 드보라, 기드온, 입다, 삼손 때) 주님의 긍휼로 건져내셨다.

느 9:29. 다시 주의 율법을 복종하게 하시려고 그들에게 경계하셨으나 그들이 교만하여 사람이 준행하면 그 가운데에서 삶을 얻는 주의 계명을 듣지 아니하며 주의 규례를 범하여 고집하는 어깨를 내밀며 목을 굳게 하여 듣지 아니하였나이다.

다시 주님은 이스라엘로 하여금 주님의 율법을 복종하게 하시려고 그들을 경계하셨으나 그들은 교만하여 주님의 계명을 듣지 아니하며 주님의 규례를 범하여 고집하는 어깨를 내밀며[34] 목을 굳게 해서 주님의 음성을 듣지 아니했다. 사람의 불순종을 짐승의 불순종(34번의 footnote를 보라)과 비교하는 것은 사람에게는 부끄러운 일이 아닐 수 없다.

느 9:30. 그러나 주께서 그들을 여러 해 동안 참으시고 또 주의 선지자들을 통하여 주의 영으로 그들을 경계하시되 그들이 듣지 아니하므로 열방 사람들의 손에 넘기시고도.

본절은 이스라엘이 짐승이 뻗대는 것처럼 불순종하는 것(앞 절)을 보시고 하나님께서 취하신 행위이다. 1) 이스라엘의 불순종에 대해 여러 해 동안 참아주셨다는 것. 하나님은 이스라엘의 열왕기 시대에 오래 동안 참

---

34) "고집하는 어깨를 내밀다"는 비유는 1) 짐을 잔뜩 실은 짐승이 앞으로 끄는 주인의 뜻을 거슬러 그 자리에서 꼼짝하지 않으려 하는 자세를 가리키기도 하고(Rawlinson), 2) 황소가 멍에를 메지 않으려고 뒤로 뻗대는 행위를 뜻하기도 한다(Keil). 아무튼 심한 고집을 묘사하는 말이다.

아주셨다. 2) "주의 선지자들을 통하여 주의 영으로 그들을 경계하시되 그들이 듣지 않았다"는 것. 이스라엘의 열왕기 시대에 하나님은 선지자들을 보내셔서(여기 선지자들을 보내신 것은 성령을 보내신 것과 같은 것이다) 경계하셨지만 이스라엘이 듣지 않았다는 것이다. 3) 이스라엘이 계속해서 불순종함으로 하나님은 결국 이스라엘을 외국의 포로가 되게 하셨다. 북쪽 이스라엘은 주전 722년에 앗수르의 포로가 되게 하셨고, 남쪽 유대는 주전 586년에 바벨론의 포로가 되게 하셨다. 포로가 되게 하시면 정결하게 되고 회개하게 될까 해서 포로의 신세가 되게 하셨다. 하나님은 우리가 포로가 되게 만드셔서라도 돌아오게 하신다. 여러 가지 재앙(지진, 태풍, 가뭄, 홍수 등)도 큰 고통이지만 포로가 되는 것은 더 큰 고난인 것이다.

느 9:31. 주의 크신 긍휼로 그들을 아주 멸하지 아니하시며 버리지도 아니하셨사오니 주는 은혜로우시고 불쌍히 여기시는 하나님이심이니이다.

하나님은 이스라엘의 불순종으로 외국의 포로가 되게 하셨으나(앞 절) 주님의 놀라운 긍휼 때문에 이스라엘을 아주 멸하지 아니하시며 버리시지도 아니하셨다. 본서의 저자는 주님의 긍휼을 더 자세히 설명한다. 즉, "은혜로우시고 불쌍히 여기시는 하나님이시라"고 말한다.

이스라엘의 회개 자들은 아무튼 하나님의 긍휼을 한껏 높이면서 회개한다. 우리 역시 범사에 주님의 긍휼을 바라보면서 간구해야 할 것이다. 우리는 주님의 놀라운 긍휼을 의지하여 기도해야 한다.

32-38절: 회개자들은 하나님의 무한한 긍휼을 의지하고 회개한다.

느 9:32. 우리 하나님이여 광대하시고 능하시고 두려우시며 언약과 인자하심을 지키시는 하나님이여 우리와 우리 왕들과 방백들과 제사장들과 선지자들과 조상들과 주의 모든 백성이 앗수르 왕들의 때로부터 오늘까지 당한 모든 환난을 이제 작게 여기지 마옵소서("Now, therefore, our God, the great, the mighty and awesome God, who keeps covenant and steadfast love, let not all the hardship seem little to you that has come upon us, upon our kings, our princes, our priests, our prophets, our fathers, and all your people, since the time of the kings of Assyria until this day"-ESV).

본서 저자는 우리 하나님을 네 가지로 묘사한다. 첫째, "광대하신 분"이라고 말한다. 이 우주 안에는 하나님보다 위대하신 분은 없다. 둘째, "능하신 분"(신 10:17: 사 9:6)이라고 말한다. 하나님께서 못하실 것이 없는 분이시라는 뜻이다. 셋째, "두려우신 분"(awesome God)이라고 한다. 신 10:17에 의하면 "너희의 하나님 여호와는 신 가운데 신이시며 주 가운데 주시요 크고 능하시며 두려우신 하나님이시라"고 묘사하고 있다. 그런고로 "두려우신 분"이란 말은 하나님께서 능하신 분인 고로 무시무시하신 분이시라는 뜻이다. 넷째, "언약과 인자하심을 지키시는 하나님"이라고 한다. 하나님은 이스라엘의 열조들과 세우신 언약을 파기 하시지 않고 지키시는 하나님이라는 것이다. 회개 자들은 하나님께서 열조들과 세우신 언약을 파기하시지 않고 지켜주시기를 바라고 이 말씀을 하는 것이다. 그리고 회개 자들은 하나님께서 언약을 파기하시지 않고 그 언약을 지켜주시는 하나님께서 자기들의 고난 중에도 사랑하여주시기를 바라고 있다.

회개 자들은 "우리와 우리 왕들과 방백들과 제사장들과 선지자들과 조상들과 주의 모든 백성이 앗수르 왕들의 때로부터 오늘까지 당한 모든 환난을 이제 작게 여기지 마옵소서"라고 기도한다. 이스라엘 전체가 앗수르 왕들의 때로부터 오늘까지 당한 모든 환난을 작게 여기지 말아주시기를 기도하고 있다. 다시 말해 긍휼히 여겨주시기를 기도하고 있다. 우리는 항상 하나님에게 긍휼을 호소해야 할 것이다.

느 9:33. 그러나 우리가 당한 모든 일에 주는 공의로우시니 우리는 악을 행하였사오나 주께서는 진실하게 행하셨음이니이다.

회개 자들이 우리 백성이 앗수르 왕에 의해 당한 모든 환난을 작게 여기지 마시라는 기도를 했으니(앞 절) 혹시 이스라엘이 지은 죄보다도 하나님께서 더 심하게 이스라엘에게 고통을 주신 것이 아닌가 하는 의구심이 들지 않을까 두려워 "우리가 당한 모든 일에 주는 공의로우시다"고 해설한다. 이스라엘이 아무리 심한 고난을 당했다 해도 하나님이 주신 고난이 더 크지는 않고 하나님은 공의롭게 심판하셨음을 말하고 있다.

"우리는 악을 행하였사오나 주께서는 진실하게 행하셨다"고 말씀한다. 하나님은 우리가 행한 죄보다 더 심하게 심판하시지는 않는다는 것이다. 하나님은 항상 공의로우시다. 오늘 우리가 당하는 고난도 공의로우신 하나님께서 주시는 것으로 알아야 할 것이다.

느 9:34. 우리 왕들과 방백들과 제사장들과 조상들이 주의 율법을 지키지 아니하며 주의 명령과 주께서 그들에게 경계하신 말씀을 순종하지 아니하고.

34-37절은 주님의 공의로우심에 대해 역설한다. 본절은 우리 왕들과 지도자들과 제사장들과 조상들이 주님의 율법을 지키지 아니하며 주님의 명령과 주님께서 그들에게 경계하신 말씀을 순종하지 아니했기 때문에 환난이 왔다는 것을 말한다.

느 9:35. 그들이 그 나라와 주께서 그들에게 베푸신 큰 복과 자기 앞에 주신 넓고 기름진 땅을 누리면서도 주를 섬기지 아니하며 악행을 그치지 아니하였으므로.

본절도 역시 하나님께서 베푸신 여러 은혜(큰 복을 누리고 넓고 기름진 땅을 누림)에도 불구하고 주를 섬기지 아니하였다는 것을 말씀한다.

느 9:36. 우리가 오늘날 종이 되었는데 곧 주께서 우리 조상들에게 주사 그것의 열매를 먹고 그것의 아름다운 소산을 누리게 하신 땅에서 우리가 종이 되었나이다.

유대인들이 바사로부터 조상들이 살고 있던 고국으로 돌아왔지만 여전히 바사의 통치하에 종노릇을 하고 있다는 것이다. 몸은 풀려났지만 여전히 종의 신세로 살고 있다는 것이다.

느 9:37. 우리의 죄로 말미암아 주께서 우리 위에 세우신 이방 왕들이 이 땅의 많은 소산을 얻고 그들이 우리의 몸과 가축을 임의로 관할하오니 우리의 곤란이 심하오며.

회개 자들은 우리 민족의 죄로 인해 주님께서 우리 위에 세우신 이방 왕들이 이 땅의 많은 소산을 얻고 이방 왕들이 우리의 몸과 가축을 마음대로 관할하니 우리의 곤란이 심하다고 호소한다. 우리의 죄는 우리의 몸을 주관하고 우리의 심령을 주관하고 있다는 것이었다. 우리는 우리의 죄를 회개하되 우리의 몸이 달아나고 팔다리가 빠져나가는 아픔을 가지고 회개해야 한다. 그리고 우리의 영육이 십자가의 피로 젖어야 한다.

E. 언약을 세우다 9:38-10:39

회개자들은 이제 하나님을 떠나지 않고 굳게 맹세하면서 언약을 세운다. 그들은 견고한 언약을 세우고 언약서를 인봉한다(9:38). 그리고 본서에는 언약서에 조인한 국민의 대표들(10:1-27)이 기록되며, 그들은 세 가지 언약을 지키기로 맹세한다(10:28-33). 그리고 헌물을 규정한다(10:34-39).

ㄱ. 견고한 언약을 세워 인봉하다 9:38

회개자들은 과거를 돌아보며 하나님을 떠나지 않기로 언약을 굳게 세운다.

느 9:38. 우리가 이 모든 일로 말미암아 이제 견고한 언약을 세워 기록하고 우리의 방백들과 레위 사람들과 제사장들이 다 인봉하나이다 하였느니라.

본문의 "이 모든 일로 말미암아"란 말은 '과거에 이스라엘이 저질렀던 범죄와 하나님께서 내리셨던 각종 징계를 돌아보고'란 뜻이다. "이제 견고한 언약을 세워 기록한다"는 말은 '이제 깨지지 않을 언약을 세우고 문서에 기록한다'는 뜻이다. 오늘 우리도 과거에 지었던 죄와 하나님께서 내리신 징계를 돌아보고 다시는 그런 일이 발생하지 않도록 하나님을 철저히 의지하는 삶을 살아야 할 것이다.

"우리의 방백들과 레위 사람들과 제사장들"은 모두 '백성의 지도자들' 이었다. 지도자들이 먼저 죄를 떠나 바로 살아야 되겠다는 결의가 있었다. "인봉하나이다"라는 말은 '진흙으로 도장을 만들어 불에 구워 단단하게 만든 도장을 언약 문(文)에 찍는다는 뜻이다.

제 10 장

ㄴ. 언약 서에 조인한 국민의 대표들 10:1-27

이 부분(1-27절)은 언약 서에 인친 자들은 국민의 대표들임을 보여준다. 여기 언약 서에 인친 자들은 스 10:18-44에 기록된바 이방인 여자를 취하였다가 내어보낸 자들의 명단과는 사뭇 다르다. 이 부분의 명단은 종교 개혁에 도장을 친 자들의 명단이다. 이 부분은 제사장들(1-8절)과 레위인들(9-13절), 그리고 백성의 두목들(14-27절)이다.

1-8절: 총독 느헤미야와 22명의 제사장들의 이름이 등장한다. 여기 제사장 에스라의 이름이 빠진 것은 아마도 그가 도장을 받는 사람이었기 때문일 것이다.

느 10:1. 그 인봉한 자는 하가랴의 아들 총독 느헤미야와 시드기야(On the seals are the names of Nehemiah the governor, the son of Hacaliah, Zedekiah-ESV),

여기 "그 인봉한 자"라는 말이 나오는 것을 보면 앞장의 38절 말씀을 받는 것이 분명하다. 본장의 국민의 대표들 중에 인봉한 자는 "하가랴('하나님이 혼란시킨자'라는 뜻)의 아들 총독 느헤미야('여호와의 위로'라는 뜻)와 시드기야"('여호와는 의로우시다'라는 뜻)였다. 여기 "총독"이 제일 앞에 나오는 이유는 그가 종교 개혁의 주동자였음을 말한다. 그리고 "시드기야"는 스 4:9,17의 유사한 이름을 볼 때 총독의 서기관이었던 같다(K.&D.). 그러니까 이 두 사람 느헤미야와 시드기야는 정치가들이었다.

느 10:2. 스라야, 아사랴, 예레미야,

"스라야"('여호와께서 주가 되신다'는 뜻)는 스 2:2의 스라야와 같은 사람이며, "아사랴"('여호와께서 도우신다'는 뜻)도 제사장 개인 이름이 아니라 가문의 이름이었다. "예레미야"('여호와께서 일어나실 것이다'는 뜻)는 스룹바벨과 함께 귀환했던 제사장 가문의 이름이다.

스룹바벨과 함께 귀환했던 가문들이 신앙운동에 참여한 것은 신앙운동에 참여할 만큼 믿음 생활에 열심이 있었다는 것을 보여준다. 다시 말해 믿음이 있었으니 스룹바벨과 귀환했고 또 믿음이 있으니 신앙 운동에 동참한 것이었다.

느 10:3. 바스훌, 아마랴, 말기야,

"바스훌"(이름의 뜻을 알 수 없음)은 스룹바벨과 함께 귀환했던 제사장 가문의 이름이다(스 2:38). "아마랴"('여호와께서 말씀하셨다'는 뜻)도 스룹바벨과 함께 귀환했던 제사장 가문의 이름이다(12:2). "말기야"('여호와는 왕'이라는 뜻)에 대해서는 아는 바가 없다.

느 10:4. 핫두스, 스바냐, 말룩,

"핫두스"('대적자'라는 뜻)는 스룹바벨과 함께 귀환한 제사장 가문이다(12:2). "스바냐"('여호와께서 숨기셨다'는 뜻)도 역시 제사장 가문의 이름이다(12:14). "말룩"('통치하다'라는 뜻)도 역시 스룹바벨과 함께 귀환한 제사장 가문이다(12;2).

느 10:5. 하림, 므레못, 오바댜,

"하림"('헌납되었다'는 뜻)도 역시 스룹바벨과 함께 귀환한 제사장 가문의 가계 이름이다(12:15). "므레못"('높은 곳들'이라는 뜻)도 역시 제사장 가문의 가계 명인 듯 하다(12:15). "오바댜"는 '여호와를 섬긴다'는 뜻이다.

느 10:6. 다니엘, 긴느돈, 바룩,

"다니엘"('하나님의 재판관'이라는 뜻)은 이다말의 자손인 듯 하다. "긴느돈"('동산지기'라는 뜻)도 역시 스룹바벨과 함께 귀환한 '긴느도이'와 동일 인물인 듯 하다(12:4). "바룩"은 '복되다'는 뜻이다.

느 10:7. 므술람, 아비야, 미야민,

"므술람"은 '동맹'이라는 뜻이다. "아비야"('여호와께서 아버지시이다'는 뜻)는 스룹바벨과 함께 귀환한 제사장 가문이다(12:17). "미야민"('운이 좋은'이란 뜻)도 역시 스룹바벨과 함께 귀환한 제사장 가문이다(12:5).

느 10:8. 마아시야, 빌개, 스마야이니 이는 제사장들이요.

"마아시야"('여호와는 피난처이시다'는 뜻)는 로린슨(Rawlinson)에 의하면 12:5의 '마아댜'의 오기인 듯이 보인다. "빌개"('그침'이라는 뜻)도 역시 스룹바벨과 함께 귀환한 제사장 가문의 이름이다. 빌가(12:5,18)와 동일한 사람이다. "스마야"('여호와께서 들으셨다'는 뜻)도 제사장 가문의 이름이다(12:18).

느 10:9. 또 레위 사람 곧 아사냐의 아들 예수아, 헤나닷의 자손 중 빈누이, 갓미엘과.

본절부터 13절까지는 레위 사람들의 명단이 나온다. 그러나 위에 나온 제사장들의 경우와는 달리 가계명이 아닌 개인 이름이다. 개인명이라고 보아야 할 이유는 이곳에 나열되는 이름들이 8장과 9장에서 대부분 나타나고 있기 때문이다(Fensham).

"아사냐의 아들 예수아"는 9:4의 '예수아'인 듯하다. "헤나닷[35]의 자손 중 빈누이"는 9:4의 '바니'이다. "갓미엘"은 '여호와께서 첫째이시다'

35) "헤나닷": 스 3:9에 보면 헤나닷은 스룹바벨과 함께 귀환한 레위 사람들의 조상이다.

라는 뜻이다(9:4,5).

느 10:10. 그의 형제 스바냐, 호디야, 그리다, 블라야, 하난,

"그의 형제"란 말은 '그들의 동료들'(their brothers)이란 뜻이다. "스바냐"('여호와께서 나를 회복하셨다'는 뜻)는 9:4,5절에서도 '갓미엘'(9절)과 나란히 언급되고 있다. "호디야"('여호와께서 광채이시다'는 뜻)는 9:5의 인물로 보인다. "그리다"('여호와께서 구별하신다'는 뜻)는 에스라를 도와서 백성들에게 율법을 깨닫게 해준 사람이었다(8:7; 스 10:23). "블라야"('여호와께서 기적적으로 일하셨다'는 뜻)도 에스라를 도와서 백성들에게 율법을 깨닫게 해준 사람이었다(8:7). "하난"('은혜'라는 뜻)도 역시 에스라를 도와서 백성들에게 율법을 깨닫게 해준 사람이었다(8:7). 백성들에게 율법을 깨닫게 해주는 사람이야 말로 가장 중요한 일을 한 사람이라고 할 수 있다.

느 10:11. 미가, 르홉, 하사뱌,

"미가"('누가 여호와와 같은가'라는 뜻)는 여기서만 언급되는 사람이다. "르홉"은 '넓다'는 뜻이다. "하사뱌"('여호와께서 생각하셨다'는 뜻)는 에스라와 함께 귀환한 자이다(스 8:19).

느 10:12. 삭굴, 세레뱌, 스바냐,

"삭굴"은 '여호와께서 염두에 두신다'는 뜻이다. "세레뱌"('여호와는 태우는 열이시다'는 뜻)는 에스라와 같이 귀환한 자이다. "스바냐"('여호와께서 나를 회복하셨다'는 뜻)는 9:4에 기록된 인물이다.

느 10:13. 호디야, 바니, 브니누요.

"호디야"('여호와께서 광채이시다'는 뜻)는 에스라를 협조한 사람이었고 9:5에 기록된 인물이다. "바니"('여호와께서 지으신다'는 뜻)는 9:4에 기록된 인물이다. “브니누”(‘우리의 아들’이란 뜻)는 오직 여기에만 등장하는 인물이다.

느 10:14. 또 백성의 우두머리들 곧 바로스, 바핫모압, 엘람, 삿두, 바니,

본절부터 27절까지에는 일반 백성들의 가문 이름이 등장하고 있다. “바로스”(뜻을 알 수가 없다)에 대해서는 스 2:3을 참조하라. “바핫모압”(모합의 총독이다)에 대해서는 스 2:6을 참조하라. “엘람”(‘높은 땅’이라는 뜻)에 대해서 스 2:7을 참조하라. “삿두”(뜻을 알 수가 없다)에 대해서는 스 2:8을 참조하라. “바니”(‘여호와께서 지으신다’는 뜻)에 대해서 스 2:10을 참조하라.

느 10:15. 분니, 아스갓, 베배,

“분니”(‘여호와께서 지으신다’는 뜻)는 포로에서 돌아온 후 새로 생긴 이름일 것으로 보인다. “아스갓”(‘갓 족속은 강하다’는 뜻)에 대해서는 스 2:12을 참조하라. “베배”(‘눈동자’라는 뜻)는 스 2:11의 ‘브배’와 동일인으로 보인다.

느 10:16. 아도니야, 비그왜, 아딘,

“아도니야”(‘여호와께서 주인이시다’는 뜻)는 새로 생긴 가문으로 보인다. “비그왜”(‘행복하다’는 뜻)에 대해서 스 2:14을 참조하라. “아딘”(‘황홀하다’는 뜻)에 대해서는 스 2:15을 참조하라.

느 10:17. 아델, 히스기야, 앗술,

“아델”(‘숨는 곳’이라는 뜻)에 대해서는 스 2:16을 참조하라. “히스기야”(‘여호와께서 강하게 하신다’는 뜻)는 아델 자손으로부터 떨어져 나온 새로운 가문인 듯이 보인다. “앗술”(‘여호와께서 도우셨다’는 뜻)은 새롭게 형성된 가문으로 보인다.

느 10:18. 호디야, 하숨, 베새,

"호디야"('여호와께서 광채이시다'는 뜻)는 새로 생긴 가문인 듯 하다. "하숨"(뜻을 알 수가 없음)에 대해서는 스 2:19을 참조하라. "베새"('하나님의 그늘 속'이라는 뜻)에 대해서 스 2:17을 참조하라.

느 10:19. 하립, 아나돗, 노배,

"하립"('가을'이란 뜻)은 새로 생긴 가문으로 보인다. "아나돗"('대답'이란 뜻)은 지방명이다. 스 2:23을 참조하라. "노배"(뜻을 알 수 없다)에 대해서 스 2:29을 참조하라.

느 10:20. 막비아스, 므술람, 헤실,

본절부터 27절의 가계명에는 아주 낯선 이름들이 많이 나타나고 있는데 1) 세월이 흐르면서 백성들의 인구가 증가했고 이에 따라 인구가 많은 가문이 나뉘어져 여러 개의 가문으로 되었으며, 또한 2) 지명으로 자신의 가계를 표시했던 무리들이 인명으로 그것을 표시하기 시작했다고 보는 것이 가장 무난한 것으로 보인다(Fensham).

"막비아스"('멸종자'라는 뜻)는 새로운 가문이다. "므술람"은 '동맹'을 뜻하는 말이다. "헤실"은 '보호되고 있다'는 뜻이다.

느 10:21. 므세사벨, 사독, 얏두아,

"므세사벨"은 '하나님께서 구원자이시다'라는 뜻이다. "사독"은 '여호와께서 의로우시다'는 뜻이다. "얏두아"는 '여호와께서 아셨다'는 뜻이다.

느 10:22. 블라다, 하난, 아나야,

"블라다"는 '여호와께서 구원하셨다'는 뜻이고, "하난"은 '은총'이란 뜻이며, "아나야"는 '여호와께서 대답하셨다'는 뜻이다.

느 10:23. 호세아, 하나냐, 핫숩,

"호세아"는 '여호와께서 구원하셨다'는 뜻이고, "하나냐"는 '여호와께서 은총을 베푸셨다'는 뜻이며, "핫숩"은 '명철하다'는 뜻이다.

느 10:24. 할르헤스, 빌하, 소벡,

"할르헤스"는 '복술자'의 뜻이고, "빌하"는 '겁이 많다'는 뜻이며, "소벡"는 '떠나다'의 의미이다.

느 10:25. 르훔, 하삽나, 마아세야,

"르훔"은 '인정이 많다'는 뜻이고, "하삽나"는 '여호와께서 나를 생각하셨다'는 뜻이며, "마아세야"는 '여호와의 일'이라는 뜻이다.

느 10:26. 아히야, 하난, 아난,

"아히야"는 '여호와의 형제'라는 뜻이고, "하난"은 '은총'이란 뜻이며, "아난"은 '구름'이라는 뜻이다.

느 10:27. 말룩, 하림, 바아나이니라.

"말룩"은 '통치하다'는 뜻이고, "하림"은 5절의 하림과는 동명이인이다. "바아나"는 '고통 가운데 있다'는 뜻이다. 위의 명단을 관찰하면 "여호와"라는 성호와 관련된 것들이 많이 있다. 그 이름의 소유자들이 이때에는 그 이름의 뜻에 부합하는 행동과 결단을 취하였으니 하나님의 은혜였다(박윤선).

ㄷ. 세 가지 언약을 지키기로 맹세하다 10:28-33

느 10:28-29. 그 남은 백성과 제사장들과 레위 사람들과 문지기들과 노래하는 자들과 느디님 사람들과 및 이방 사람과 절교하고 하나님의 율법을 준행하는 모든 자와 그들의 아내와 그들의 자녀들 곧 지식과 총명이 있는

자들은 다 그들의 형제 귀족들을 따라 저주로 맹세하기를 우리가 하나님의 종 모세를 통하여 주신 하나님의 율법을 따라 우리 주 여호와의 모든 계명과 규례와 율례를 지켜 행하여.

28절 문장 초두의 "그 남은 백성"이란 말은 언약에 인친 자들을 제외한 나머지 백성을 지칭하는 말이다. 나머지 백성들이 그 언약에 순종하겠다고 맹세한 것이다. 즉, 나머지 백성과 제사장들과 레위 사람들과 문지기들과 노래하는 자들과 느디님 사람들(성소에서 봉사하는 자들)과 및 이방 사람과 절교하고 하나님의 율법을 준행하는 모든 자(여기 이방 사람들과 절교하고 하나님의 율법을 준행하는 사람들이란 말은 바벨론에 잡혀가지 않고 팔레스틴에 남아서 이방인들과 함께 거주하면서도 영적으로 그들과 절교하고 율법을 지켜온 유대인들을 지칭한다)와 그들의 아내와 그들의 자녀들 곧 지식과 총명이 있는 자들(사리를 바로 분별하는 자들)이 다 그들의 형제 귀족들을 따라 저주로 맹세했다.

29절의 "저주로 맹세했다"는 말은 '그들이 그 언약의 내용대로 지키지 않을 경우에는 저주를 받겠다고 맹세했다'는 뜻이다. 28절의 나머지 백성들은 자신들이 언약의 내용대로 지키지 않을 경우에는 저주를 받겠다고 맹세하면서 하나님의 종 모세를 통하여 주신 하나님의 율법을 지키겠다고 굳게 약속했다.

느 10:30. 우리의 딸들을 이 땅 백성에게 주지 아니하고 우리의 아들들을 위하여 그들의 딸들을 데려오지 아니하며.

첫 번째 언약은 "우리의 딸들을 이 땅의 백성과 결혼시키지 않고, 우리의 아들들을 위하여 그들의 딸과 결혼시키지 않는다"는 것이었다. 이런 조항은 바벨론에서 유대 민족이 귀환했을 때 에스라와 느헤미야가 강조한 바였다(스 9-10장; 느 13:23-29). 신약에서도 역시 신자는 불신 가정과 통혼하지 않는다는 조항이 있다. 바울 사도는 결혼을 주 안에서 할 것이라고 했다. 우리가 불신자와 결혼하지 않는 이유는 우리의 신앙을 지키기 위함이다.

느 10:31. 혹시 이 땅 백성이 안식일에 물품이나 온갖 곡물을 가져다가 팔려고 할지라도 우리가 안식일이나 성일에는 그들에게서 사지 않겠고 일곱째 해마다 땅을 쉬게 하고 모든 빚을 탕감하리라 하였고.

두 번째 언약은 안식일을 엄수하고 또 안식년을 엄수하겠다는 것이었다. 문장 초두의 "이 땅 백성"이란 말은 '유대 땅에 살고 있는 이방인'을 지칭하는 말이다. 당시 유대 사람들은 생활이 어려워 이방 사람들과의 교역에서 그 어려움을 풀려고 했다. 그러다 보니 이방 상인들이 예루살렘에까지 출입하면서 상행위를 했다. 유대 사람들은 이방 상인들로부터 안식일에 물품이나 온갖 곡물을 샀다. 그런고로 개혁을 하지 않으면 안 되었다. 그런고로 유대인들은 "이방인들이 안식일에 물품이나 온갖 곡물을 가져다가 팔려고 할지라도 우리가 안식일이나 성일에는 그들에게서 사지 않겠다"고 맹세했다. 여기 "안식일이나 성일"이란 말은 펜샴(Fensham)에 의하면 '안식일 곧 성일'로 봄이 좋을 것이다. 본절은 안식일 이야기로 되어 있으니 안식일을 더 강조하기 위하여 "성일"이라는 말을 여기에 넣은 것이다. 개혁자들은 누구든지 이 맹세를 지키지 않으면 죽기를 거부하지 않겠다(저주의 맹세)고 한 것이다. 안식일에 이것저것을 많이 하는 경우 피곤하여 하나님을 경배하는 데 많은 지장이 되는 고로 안식일에는 상행위도 하지 않아야 하는 것이었다.

신약 시대에 들어와서는 구약의 안식일(토요일)이 주일로 변경되었다. 신약시대에는 주일을 성수했다(행 20:7; 고전 16:2; 계 1:10). 오늘 우리는 예수님이 부활하신 날을 안식일로 지키고 있다. 우리는 주일을 성수해야 한다.

그리고 "일곱째 해마다 땅을 쉬게 하고 모든 빚을 탕감하리라"고 했다. 이 맹세는 레 25:1-7; 신 15:1-2, 12-15의 말씀대로 하겠다는 맹세였다. 7년째마다 땅을 쉬게 하고 빚을 탕감해 주는 제도는 사람들의 영육이 복을 받는데 유익하다. 이렇게 하는 것은 해방의 제도로서 그리스도께서 주시는 구원을 예표하는 것이다. 이 제도는 예수님께서 자신의 영적 구원 사업을 비유한 것이라고 보셨다(눅 4:17-19).

그리고 이 제도는 육적으로 땅을 비옥하게 만들 것이고 또 사회 공동체 안의 부조리와 불평을 해소할 것이다. 땅을 1년 동안 경작하지 않고 그대로 두면 그 땅은 비옥해질 것이다. 그뿐 아니라 그 해에 채무자들의 빚이 탕감되는 경우 그들은 다시 한 번 경제적 기반을 새로 닦아 나아가는 기회를 얻게 될 것이다(박윤선).

느 10:32. 우리가 또 스스로 규례를 정하기를 해마다 각기 세겔의 삼분의 일을 수납하여 하나님의 전을 위하여 쓰게 하되.

셋째 언약은 성전 세를 신설하는 것이었다. 문장 초두의 "우리가 또 스스로 규례를 정했다"고 말한다. 이미 있었던 제도(출 30:11-16)가 아니라 성전 세를 신설하는 것이었다. 이미 있었던 제도는 반 세겔을 내는 것이었으나 포로기 이후에는 3분의 1세겔로 줄여서 거두었다. 새 제도는 해마다 각기 세겔의 3분의 1을 수납하여 하나님의 전을 위하여 쓰게 하는 것이었다. 신약 시대에는 성전세로 반 세겔을 바쳤다(마 17:24).

느 10:33. 곧 진설병과 항상 드리는 소제와 항상 드리는 번제와 안식일과 초하루와 정한 절기에 쓸 것과 성물과 이스라엘을 위하는 속죄제와 우리 하나님의 전의 모든 일을 위하여 쓰게 하였고.

본절의 여러 항목들은 앞 절에서 말한 성전세를 가지고 쓰는 항목들이다. 진설병은 12지파를 상징하는 12개의 떡으로 안식일마다 교체해 놓았다(출 25:30; 레 24:5-9). "항상 드리는 소제"는 밀가루와 감람유와 유향과 소금으로 만든 떡을 매일 아침과 저녁에 드리는 것이었다(레 2:1-16). "항상 드리는 번제"는 매일 아침 저녁으로 어린 수양을 한 마리씩 드리는 제사였다(민 28:6). "안식일"의 제사는 1년 된 두 마리의 수양과 소제와 전제를 드렸다(민 28:11-14). "초하루" 즉 "월삭"에는 두 마리의 수송아지와 한 마리의 수양과 일곱 마리의 어린 양과 소제와 전제를 드렸다(민 28:11-14). 여기에 포도주를 제물로 전제도 드렸다(민 28:14).

또 "정한 절기"란 유월절, 오순절, 초막절 등을 가리키고, "이스라엘을 위한 속죄제"는 온 회중을 위한 속죄제였다(레 4:13-21). 이 모든 제사와 그 이외에도 성전의 유지와 수리를 위한 비용을 위해 성전 세를 드렸다.

ㄹ. 헌물을 규정하다 10:34-39

성전에서 사용할 나무, 토지와 과목의 첫 열매, 또 11조 등의 헌물을 규정했다.

느 10:34. 또 우리 제사장들과 레위 사람들과 백성들이 제비 뽑아 각기 종족대로 해마다 정한 시기에 나무를 우리 하나님의 전에 바쳐 율법에 기록한 대로 우리 하나님 여호와의 제단에 사르게 하였고

본절은 제사장이나 레위 사람이나 일반 백성을 가리지 않고 종족별로 제비를 뽑아서 하나님의 번제 단에 필요한 나무를 드리기 위해 주사위를 던져서, 해마다 정한 때에, 하나님의 성전에 땔 나무를 바칠 순서를 정했다는 것을 말한다(레 6:12 참조). 그것은 율법에 기록된 대로, 우리 주 하나님의 제단에서 불사를 때에 쓸 나무였다. 모세 시대에는 산림이 우거졌었으나 포로 후기 시대에 들어와서는 황폐해진고로 화목(火木)의 확보가 힘이 들어 본절과 같은 특별한 규정을 정한 것으로 보인다(Rawlinson).

"정한 시기에 나무를 우리 하나님의 전에 바쳤다"는 말에 대해 유대의 역사가 요세푸스(Josephus)는 포로 후기의 이스라엘 백성들이 스스로 채집한 나무를 성전에 드린 날(13:31)이 압월, 즉 종교력으로는 5월, 민간력으로는 11월, 양력으로는 7-8월의 14일이라고 했다(Rawlinson).

"율법에 기록한 대로 우리 하나님 여호와의 제단에 사르게 했다"는 말에서 '율법'이란 상번제를 드리기 위한 제단의 불을 항상 피워야 한다는 레 6:12의 내용이다. 이 '제단'은 사방 6m의 넓이였으니 여기에 불이 계속해서 타도록 하는데 소용되는 나무의 양은 실로 엄청났을 것으로 보인다(A. Noordtzij).

느 10:35. 해마다 우리 토지소산의 맏물과 각종 과목의 첫 열매를 여호와의 전에 드리기로 하였고.

해마다 우리 밭에서 나는 맏물과 온갖 과일나무의 첫 열매를 주님의 성전에 드리기로 했다. 이는 모세의 율법에 이미 명기되어 있는 것이었다(출 22:29; 레 19:24; 신 26:2). 이렇게 하기로 한 이유는 포로 생활에서 해이해진 것을 강조한 것으로 보인다. 우리는 우리가 해야 할 것들을 자주 챙기는 것이 필요하다.

느 10:36. 또 우리의 맏아들들과 가축의 처음 난 것과 소와 양의 처음 난 것을 율법에 기록된 대로 우리 하나님의 전으로 가져다가 우리 하나님의 전에서 섬기는 제사장들에게 주고.

사람의 장자와 가축의 첫 것을 바치는 것도 율법에 기록된 대로 했다(출 34:19-20 주해 참조).

느 10:37. 또 처음 익은 밀의 가루와 거제물과 각종 과목의 열매와 새 포도주와 기름을 제사장들에게로 가져다가 우리 하나님의 전의 여러 방에 두고 또 우리 산물의 십일조를 레위 사람들에게 주리라 하였나니 이 레위 사람들은 우리의 모든 성읍에서 산물의 십일조를 받는 자임이며.

본절은 제사장과 레위인의 몫으로 바치는 것이다. 36절까지가 성전에서의 희생 제사를 위하여 바쳐진 것들이라면, 본절의 것은 제사장의 생활을 위하여 바쳐진 예물들이었다(Batten). 처음 익은 밀의 가루와 거제물의 제물과 온갖 과일나무의 열매와 새 포도주와 기름을 가져다가, 제사장의 몫으로 하나님의 성전 창고에 넣기로 하고, 또 밭에서 나는 소출 가운데서

11조를 레위 사람들의 몫으로 가져 오기로 하였다. 농사를 짓는 성읍으로 돌아다니면서 11조를 거두어들일 사람은 바로 레위 사람이다.

여기서 이처럼 11조가 강조되고 있는 것은 당시 별다른 기업이 없어서 오직 11조만으로 생활을 해야 했던 레위 사람의 많은 수가 십일조가 걷히지 않음으로써 큰 어려움에 봉착한 나머지 성전을 떠나버린 그 당시의 상황 때문이었다(39절; 13:10).

느 10:38. 레위 사람들이 십일조를 받을 때에는 아론의 자손 제사장 한 사람이 함께 있을 것이요 레위 사람들은 그 십일조의 십분의 일을 가져다가 우리 하나님의 전 곳간의 여러 방에 두되.

레위 사람이 열의 하나를 거두어들일 때에는, 아론의 자손인 제사장 한 사람이 함께 입회해야 했다. 그것은 그 11조에 제사장의 몫도 포함되기 때문이었다. 레위 사람은 거두어들인 열의 하나에서 다시 열의 하나(제사장의 몫, 민 18:25-28)를 떼어서 우리 하나님의 성전 창고의 여러 방(성전 곳간)에 두기로 하였다.

느 10:39. 곧 이스라엘 자손과 레위 자손이 거제로 드린 곡식과 새 포도주와 기름을 가져다가 성소의 그릇들을 두는 골방 곧 섬기는 제사장들과 문지기들과 노래하는 자들이 있는 골방에 둘 것이라 그리하여 우리가 우리 하나님의 전을 버려두지 아니하리라.

본절에 나온 물품들은 이미 37,38절에 나온 물품들이다. 본절은 이스라엘 자손과 레위 자손이 거제로 바친 곡식과 새 포도주와 기름을 그 여러 방에 가져다 놓기로 하였다는 것이다. 그런 방은 성전 기구를 두기도 하고, 당번 제사장들과 성전 문지기들과 노래하는 사람들이 쓰기도 하는 곳이었다. 이와 같이 해서 "우리(레위인)는 우리 하나님의 성전을 아무렇게나 버려두지 않을 것이다." 다시 말해 앞에 말한바와 같이 11조 헌물이 잘 운용되고 제사장과 레위인의 삶이 안정됨으로 그들이 성전을 떠나지 아니하고 성전 일에 충성하면 성전을 버리지 않게 되는 것이다.

IV. 느헤미야의 전 민족 개혁 11-13:3

이 부분(11-13:3)은 느헤미야가 행정적 개혁으로 거주민을 조정한 일(11장), 제 1차로 돌아온 제사장과 레위인의 명단을 남긴 일(12:1-26), 예루살렘 성벽의 낙성식을 가진 일(12:27-43), 제사장과 레위인을 위한 안전 책을 세운 일 등(12:44-47)이 진술되어 있다.

제 11 장

A. 예루살렘에 백성들을 정착하게 하다 11장

본장은 예루살렘 거주민(1-24절)과 지방 거주민(25-36절)으로 나누어진 것을 진술한다.

ㄱ. 예루살렘에 사람이 거주하다 11:1-24

서론(1-2절), 예루살렘에 유다와 베냐민 자손이 거주한 일(3-9절), 제사장들(10-14절), 레위인과 노래하는 자들(15-19절), 느디님과 노래하는 자들(20-24절)이 기록되어 있다. 이렇게 주님의 사역자들로 하여금 예루살렘에 거하게 한 것은 하나님으로 하여금 예루살렘을 지켜주시도록 한 것이었다.

1-2절: 주민이 적었던 예루살렘에 당시의 정황으로(7:4) 예루살렘에 많은 사람이 살도록 장려했고 예루살렘에 자원하여 거주하는 자들에게 복을 빌어주었다.

느 11:1. 백성의 지도자들은 예루살렘에 거주하였고 그 남은 백성은 제비 뽑아 십분의 일은 거룩한 성 예루살렘에서 거주하게 하고 그 10분의 구는 다른 성읍에 거주하게 하였으며.

백성의 지도자들은 예루살렘에 자리 잡았다. 나머지 백성은 주사위를 던져서, 10분의 일은 거룩한 성 예루살렘에서 살게 했고, 10 분의 구는 저마다 자기의 성읍에서 살게 하였다.

"백성의 지도자들" 곧 방백(스 10:8), 군대장관(2:9), 치리자(3:9), 민장 등(4:16)은 지도자였으니 예루살렘에 거주하게 했다. 지도자들이 예루살렘에 거주하게 한 것을 보면 예루살렘에서의 삶이 위험하다는 것을 알 수 있다. 그리고 백성들은 주사위를 던져서(제비뽑아서, 민 26:55-56; 수 7:16-18; 삼상 10:19-21) 10 분의 1을 예루살렘에 살게 한 것을 보면 예루살렘에서의 삶이 위험했던 것을 알 수 있다. 우리는 위험한 일이 닥쳐도 제비 뽑아 결정한 것에 대해서는 주님의 뜻으로 알고 감수해야 할 것이다. 주님을 의지하고 살면 주님께서 함께 하실 줄 믿어야 한다.

느 11:2. 예루살렘에 거주하기를 자원하는 모든 자를 위하여 백성들이 복을 빌었느니라.

제비뽑기를 해서 예루살렘에 살기로 한 것은 앞 절에서 된 일이었다. 본절에서는 예루살렘에 거주하기를 자원한 모든 자를 위하여 백성들이 복을 빌어주었다는 것이다. 이렇게 예루살렘에 거주하는 일은 다른 성읍에서 거주하는 것보다 위험한 삶이었기 때문에 하나님의 복이 필요했다.

3-9절: 유다와 베냐민 자손으로 예루살렘에 거주한 자들이었는데 그 숫자가 희소했다.

느 11:3. 제사장들과 레위 사람들과 느디님 사람들과 솔로몬의 신하들의 자손은 유다 여러 성읍에서 각각 자기 성읍 자기 기업에 거주하였느니라 예루살렘에 거주한 그 지방의 지도자들은 이러하니.

본절은 예루살렘 이외의 다른 성읍에서 거주한 자들을 기록한 것이다. 그들은 곧 "제사장들과 레위 사람들과 느디님 사람들(성전에서 막 일을 하는 사람들, 7:46)과 솔로몬의 신하들의 자손들(7:57, 이들은 느디님 사람들처럼 이스라엘 사회에서 천민 계급으로 분류된 사람들)"이었다.

느 11:4. 예루살렘에 거주한 자는 유다 자손과 베냐민 자손 몇 명이라 유다 자손 중에는 베레스 자손 아다야이니 그는 웃시야의 아들이요 스가랴의 손자요 아마랴의 증손이요 스바댜의 현손이요 마할랄렐의 오대 손이며.

본절부터 6절까지는 유대 자손 중에 예루살렘에 거주한 자들을 기록하고 있다. 예루살렘에 거주한 자는 유대 자손과 베냐민 자손 몇 명뿐이라고 한다. 유대 자손 중에는 베레스 자손 "아다야"('여호와께서 장식하셨다'는 뜻)가 있었다. 이 아다야는 웃시야의 아들이고 스가랴의 손자이며 아마랴의 증손이고 스바댜의 현손이고 마할랄렐의 5대 손이었다.

느 11:5. 또 마아세야니 그는 바룩의 아들이요 골호세의 손자요 하사야의 증손이요 아다야의 현손이요 요야립의 오대 손이요 스가랴의 육대 손이요 실로 사람의 칠대 손이라.

또 "마아세야"('여호와의 일'이라는 뜻)가 있었다. 그는 "바룩의 아들이고 골호세의 손자이며 하사야의 증손이고 아다야의 현손이며 요야립의 오대 손이고 스가랴의 육대 손이며 실로 사람의 칠대 손이었다".

느 11:6. 예루살렘에 거주한 베레스 자손은 모두 사백육십팔 명이니 다 용사였느니라.

본절은 베레스 가문출신의 지도자에 대해 언급하는 4절과 연결된다. 본절의 "용사"란 말은 군사적 능력을 가리키는 말로 보는 것이 무난한 것으로 보인다. "베레스"는 '터짐' '헤치고 나옴'이란 뜻이다.

느 11:7. 베냐민 자손은 살루이니 그는 므술람의 아들이요 요엣의 손자요 브다야의 증손이요 골라야의 현손이요 마아세야의 오대 손이요 이디엘의 육대 손이요 여사야의 칠대 손이며.

앞 부분(4-6절)에는 유대 지파의 지도자들의 시조가 누구인지를 밝혔으나 본절에서는 베냐민 지파의 시조들을 언급하지 않는다. 여기 베냐민 자손은 "살루"라고 한다. 이 이름은 '무게를 단'이라는 뜻이다(대상 9:7).

느 11:8. 그 다음은 갑배와 살래 등이니 모두 구백이십팔 명이라.

928명은 갑배와 살래처럼 '살루'(7절)의 지휘 아래에 있었던 용사들의 합계였다.

느 11:9. 시그리의 아들 요엘이 그들의 감독이 되었고 핫스누아의 아들 유다는 버금이 되어 성읍을 다스렸느니라.

본절은 요엘(시그리의 아들)이 예루살렘 주민들의 감독이 되었고 유다(핫스누아의 아들)가 버금이 되어 성읍을 다스렸다는 것을 전해준다.

10-14절: 예루살렘에 거주한 제사장들에 대해 진술한다.

느 11:10. 제사장 중에는 요야립의 아들 여다야와 야긴이며.

본절과 병행되고 있는 대상 9:10-13('제사장 중에서는 여다야와 여호야립과 야긴'으로 되어 있다)의 기록과 약간의 차이가 난다. 십중 팔구 역대상의 기록을 보다 더 정확한 것으로 보고 있다(Rawlinson). 그러니까 본서에는 필사자의 실수로 "아들"(@b)이란 말이 삽입된 것으로 보인다.

느 11:11. 또 하나님의 전을 맡은 자 스라야이니 그는 힐기야의 아들이요 므술람의 손자요 사독의 증손이요 므라욧의 현손이요 아히둡의 오대 손이며.

본절에는 또 하나님의 전을 맡은 자 "스라야"('하나님의 방백'이란 뜻)가 등장한다. 병행구인 대상 9:11에는 "아사랴"로 기록되어 있다. 아사랴는 대제사장이었다. 스라야(아사랴)는 "힐기야의 아들이요 므술람의 손자요 사독의 증손이요 므라욧의 현손이요 아히둡의 오대 손이었다".

느 11:12. 또 전에서 일하는 그들의 형제니 모두 팔백이십이 명이요 또 아다야이니 그는 여로함의 아들이요 블라야의 손자요 암시의 증손이요 스가랴의 현손이요 바스훌의 오대 손이요 말기야의 육대 손이며.

또 성전에서 일하는 "그들의 형제들"이라고 한다. 여기 "그들의 형제들"이란 사람들은 대제사장을 도와서 성전 봉사를 했던 22반차(12:2-7)의 제사장들을 지칭한다(원래는 24반차로 나뉘었으나 느헤미야 당시에는 22반차로 나뉘어 있었다). 그들 모두는 자신들의 가문명을 갖고 있었다(12:2-7). 이들이 모두 822명이었다.

그리고 "아다야"는 "여로함의 아들이요 블라야의 손자요 암시의 증손이요 스가랴의 현손이요 바스훌의 오대 손이요 말기야의 육대 손이었다".

느 11:13. 또 그 형제의 족장된 자이니 모두 이백사십이 명이요 또 아맛새이니 그는 아사렐의 아들이요 아흐새의 손자요 므실레못의 증손이요 임멜의 현손이며.

여기 "그 형제의 족장된 자"란 말은 가르치는 일에 종사했던(12절) 제사장의 지도자들을 지칭한다(호크마 주석). 이들은 모두 당시에 예루살렘에 살고 있었다(1,3절). "아맛새"라는 가문명을 갖고 있었던 제사장들은 예루살렘을 경비하는 일에 종사했다(Kidner).

느 11:14. 또 그들의 형제의 큰 용사들이니 모두 백이십팔 명이라 하그돌림의 아들 삽디엘이 그들의 감독이 되었느니라.

큰 용사들(6절 주 참조)인 그들의 친족은 모두 128 명이다. 그들의 우두머리는 하그돌림의 아들 삽디엘('하나님의 선물'이라는 뜻)이다. 그가 제사장 용사들의 감독이었다.

15-18절: 레위인으로 하여금 예루살렘에서 살게 한 것도 느헤미야의 개혁 작업이었다. 하나님의 일을 하는 사람들이 예루살렘에 사는 것이 예루살렘을 튼튼히 지켜주는 것이었다.

느 11:15. 레위 사람 중에는 스마야이니 그는 핫숩의 아들이요 아스리감의 손자요 하사뱌의 증손이요 분니의 현손이며.

본절부터 18절까지는 레위 사람 중 예루살렘에 살고 있었던 6 가문에 대해 언급한다. "스마야"('여호와께서 들으셨다'는 뜻)는 그의 고조까지가 소개되었다.

느 11:16. 또 레위 사람의 족장 삽브대와 요사밧이니 그들은 하나님의 전 바깥 일을 맡았고.

"삽브대"('휴식'이라는 뜻)와 "요사밧"은 에스라의 보좌자 요사밧과 같은 인물로 보인다(8:7). 이들이 한 일은 하나님의 전 바깥일을 맡았다. 이 일은 성전 외부 청소 및 유지 등이었고 또 11조를 수납하는 일과 성전세를 맡는 일이었을 것이다.

느 11:17. 또 아삽의 증손 삽디의 손자 미가의 아들 맛다냐이니 그는 기도할 때에 감사하는 말씀을 인도하는 자가 되었고 형제 중에 박부갸가 버금이 되었으며 또 여두둔의 증손 갈랄의 손자 삼무아의 아들 압다니.

본절에는 레위 사람의 또 다른 가문이 등장한다. "맛다냐"('여호와의 선물'이란 뜻)는 스룹바벨과 함께 귀환한 사람이며, 유명한 시인 아삽의 증손이다(시 73편 참조). 맛다냐가 "기도할 때에 감사하는 말씀(h~L;jiT, 이 단어는 '찬송,' 혹은 '찬양'으로 번역되어야 한다. 출 15:11; 신 10:21; 시 22:3)을 인도하는 자가 되었다"는 말은 '기도할 때에 감사의 찬양을 부르게 하는 지도자'가 되었다는 말이다. 결국 이 말은 '맛다냐'라는 아삽 자손이 오늘날로 치면 찬양대의 지휘자와 같은 직책을 맡았음을 말해준다.

"형제 중에 박부갸가 버금이 되었다"는 말은 찬양하는 일에 있어서 '박부갸'가 맛다냐에 이어 두 번째의 지도자가 되었다는 뜻이다. "여두둔의 증손"은 '여두둔의 자손'이란 뜻이다. '여두둔'은 다윗 왕 때에 성막에서 찬양과 연주를 맡아하던 인물이다(대상 16:41,42; 대하 35:15). "압다"는 '하나님의 종'이란 뜻이다.

느 11:18. 거룩한 성에 레위 사람은 모두 이백팔십사 명이었느니라.

본절의 거룩한 성이란 예루살렘 성을 지칭한다(1절 참조). 레위 사람은 모두 284명이었다는 말은 다른 지파에 비해 상대적으로 적다는 것을 뜻한다. 이처럼 레위 사람이 예루살렘에 적게 살았던 이유는 이스라엘 백성들이 11조 헌금을 태만히 하여 레위인들이 생활상 많은 곤란을 겪었기 때문이었을 것이다.

19-24절: 다른 집단의 사람들

느 11:19. 성 문지기는 악굽과 달몬과 그 형제이니 모두 백칠십이 명이며.

여기 "성 문지기"는 예루살렘 성 문지기가 아니라 성전의 사방 네 문을 지키는 자들을 말하는데 이 일에 종사하는 가문은 6 가문이었다. "악굽"과 "달몬" 모두 스룹바벨과 함께 귀환했던 레위 사람들의 1파인 성전 문지기 가문들의 명단에서 발견된다(스 2:42). 따라서 이곳 '성 문지기'는 오히려 성전 문지기 혹은 그냥 '문지기'로 번역되어야 한다. 여기 "그 형제"란 말 속에는 스룹바벨과 함께 귀환했던 문지기 가문들의 대부분이 포함될 것이다(스 2:42).

느 11:20. 그 나머지 이스라엘 백성과 제사장과 레위 사람은 유다 모든 성읍에 흩어져 각각 자기 기업에 살았고.

본절은 여러 가지 어려움을 극복하고 예루살렘에 거주했던 사람들을 칭송하기 위해 느헤미야가 삽입한 구절이다. 많은 사람들이 일신의 평안을 위해 예루살렘을 마다하고 각 지방으로 흩어져 정착했었다는 것을 기술하고 예루살렘에 거주한 헌신 자들을 높이 평가하고 있다. 어제나 오늘이나 하나님을 위하여 헌신하는 자들과 자신의 안일만을 위해 사는 사람들이 있다. 항상 하나님을 위해 사는 것이 얼마나 중요한지 모른다.

느 11:21. 느디님 사람은 오벨에 거주하니 시하와 기스바가 그들의 책임자

가 되었느니라.

느디님 사람(성전의 막일꾼들, 7:46)은 오벨(성전의 동남부, 3:26)에 자리를 잡았다. 시하와 기스바가 그들의 책임자가 되었다. "시하"는 스룹바벨과 함께 귀국한 자이고 "기스바"와 함께 느디님 사람들의 두목이었다.

느 11:22. 노래하는 자들인 아삽 자손 중 미가의 현손 맛다냐의 증손 하사뱌의 손자 바니의 아들 웃시는 예루살렘에 거주하는 레위 사람의 감독이 되어 하나님의 전 일을 맡아 다스렸으니.

예루살렘에 자리를 잡은 레위 사람들의 우두머리는 웃시('힘이 세다'는 뜻)였다. 그의 아버지는 바니요, 그 윗대는 하사뱌요, 그 윗대는 맛다니야요, 그 윗대는 미가였다. 웃시는 하나님의 성전에서 예배드릴 때에 노래를 맡은 아삽의 자손(17절 주 참조) 가운데 한 사람이었다. 웃시가 일을 잘 감당할 수 있었던 것은 다음 절에 기록된 것처럼 바사왕의 배려가 있었기 때문이었다.

느 11:23. 이는 왕의 명령대로 노래하는 자들에게 날마다 할 일을 정해 주었기 때문이며.

본절의 "왕"은 당시 이스라엘을 통치하고 있던 바사의 아닥사스다 왕을 뜻한다. 아닥사스다 왕이 "노래하는 자들에게 날마다 할 일을 정해 주었다"는 말은 성전 제사가 원활하게 진행되어야 왕 자신과 왕자들을 위한 기도도 여호와께 잘 드려질 것으로 생각했기 때문이었다(스 6:10).

느 11:24. 유다의 아들 세라의 자손 곧 므세사벨의 아들 브다히야는 왕의 수하에서 백성의 일을 다스렸느니라.

유다의 아들 세라의 자손 가운데서 므세사벨의 아들 브다히야가 왕 곁에서 이스라엘 백성과 관련된 일을 잘 맡아 보았다. 브다히야는 왕 곁에서 왕을 잘 보필한 것으로 보인다. 그는 노래하는 자들에게 왕이 호의를 가지게 만들어 왕은 노래하는 자들에게 날마다 할 일을 정해주도록 했다. 일을 아주 지혜롭게 처리했다.

B. 유다와 베냐민 성읍들 11:25-36

예루살렘 이외의 유다 성읍들에 거주한 유다 자손(25-30절)과 베냐민 자손(31-36절)을 진술한다. 이들은 가족별로 소개되는 것이 아니고 지명별로 소개하고 있다.

25-30절: 유다 자손은 17 성읍과 그 촌락들에 거했는데 브엘세바에서 예루살렘 근 교에 산재하고 있다.

느 11:25. 마을과 들로 말하면 유다 자손의 일부는 기럇 아르바와 그 주변 동네들과 디본과 그 주변 동네들과 여갑스엘과 그 마을들에 거주하며.

본절부터 30절까지 유대 자손들이 살고 있는 마을(울타리로 둘러싸인 성읍)과 거기에 딸린 농경지에 대해 진술한다. 다시 말해 유대 자손에 속한 17성읍이 여기 소개된다. 유다 자손 가운데서 더러는 기럇아르바(헤브론)와 거기에 딸린 동네들과, 디본(디모나, 수 15:22)과 거기에 딸린 동네들과, 여갑스엘(갑스엘, 수 15:21)과 거기에 딸린 동네들에 자리를 잡고 살았다.

느 11:26. 또 예수아와 몰라다와 벧벨렛과.

또 더러는 예수아(수 15:26의 세마와 같은 말)와 몰라다(브엘세바 근방의 동리)와 벧벨렛(브엘세바 근방의 동리, 수 15:27, 이상근)에 자리를 잡고 살았다.

느 11:27. 하살수알과 브엘세바와 그 주변 동네들에 거주하며.

더러는 하살수알(브엘세바 인근에 있는 성읍일 것임, 수 15:28)과 브엘세바(유다 최남단의 성읍)와 거기에 딸린 동네들에 자리를 잡고 거주했다.

느 11:28. 또 시글락과 므고나와 그 주변 동네들에 거주하며.

더러는 시글락(헤브론 남방 약 40km에 위치함, 원래 시므온의 기업이었다, 수 19:5)[36]과 므고나(맛만나, 수 15:31)와 거기에 딸린 동네들에 자리를 잡고 거주했다.

느 11:29. 또 에느림몬과 소라와 야르뭇에 거주하며.

더러는 에느림몬('림몬의 우물'이란 뜻)과 "소라"(예루살렘 서쪽 26km에 위치해 있다)와 야르뭇(가나안 족인 비람의 옛 영토였는데 예루살렘 서남쪽 30km 지점, 수 10:3)에 자리를 잡고 거주했다.

느 11:30. 또 사노아와 아둘람과 그 마을들과 라기스와 그 들판과 아세가와 그 주변 동네들에 살았으니 그들은 브엘세바에서부터 힌놈의 골짜기까지 장막을 쳤으며.

"사노아"(유다와 블레셋 경계인 세펠라 지역에 있음)와 "아둘람"('피난처'라는 뜻, 가드 동남쪽 14km 지점에 위치함)과 거기에 딸린 동네들과 "라기스"(여호수아의 옛 전쟁터, 수 10:3. 르호보암이 첫 번으로 요새화한 곳, 대하 11:9)와 거기에 딸린 들판과 "아세가"(르호보암이 요새화한 곳, 대하 11:9)와 거기에 딸린 동네들에 자리를 잡고 살았다. 이렇게 그들은 브엘세바로부터 힌놈의 골짜기까지에 걸쳐(유다의 예루살렘을 제외한 전 지역을 가리키는 말) 장막을 치고 살았다.

31-36절: 이 부분은 베냐민 자손의 거주지를 소개한다.

---

36) 시글락: 원래 시므온의 기업이었으나(수 19:5), 블레셋에 빼앗겼다가 다윗이 이곳에 거하면서 유다 영토가 되었다(삼상 27:6). 다시 아말렉에게 빼앗기고(삼상 30:1), 포로에서부터 귀환 후 다시 유다에게 돌아왔다.

느 11:31. 또 베냐민 자손은 게바에서부터 믹마스와 아야와 벧엘과 그 주변 동네들에 거주하며.

베냐민 자손은 "게바"('언덕'이라는 뜻, 예루살렘 북쪽 26km 지점에 위치)에서부터 "믹마스"(게바 동북쪽 2km 지점에 위치함, 사울이 블레셋과 싸운 곳임, 삼상 14:1-18)와 "아야"(믹마스의 인근 성읍이다)와 "벧엘"('하나님의 집'이라는 뜻, 믹마스 북쪽 7km 지점에 위치해 있음)과 거기에 딸린 촌락들에 거주했다,

느 11:32. 아나돗과 놉과 아나냐와.

"아나돗"(예루살렘과 게바의 중간에 위치해 있다. 이는 레위인의 성읍이었다. 수 21:18)과 "놉"(예루살렘 북쪽에 위치해 있다. 에돔인 도엑이 제사장 85명을 죽인 곳, 삼상 22:18-19)과 "아나냐"('여호와의 구름'이라는 뜻임, 본절에 등장하는 성읍들과 이웃에 자리를 잡고 있을 것이다)에 자리를 잡고 살았다.

느 11:33. 하솔과 라마와 깃다임과.

"하솔"('마을'이라는 뜻, 어디에 있었는지 분명히 밝혀지지 않았다)과 "라마"(예루살렘 북쪽 9km 지점에 있다. 사무엘의 고향이다. 삼상 7:15,17)와 "깃다임"('이중 포도즙 틀'이라는 뜻, 베냐민 지파의 브에롯 사람들이 도망하여 거주하기 시작한 곳, 삼하 4:3)에 자리를 잡고 살았다.

느 11:34. 하딧과 스보임과 느발랏과.

"하딧"('날카로운'이라는 뜻, 예루살렘 북서쪽 41km 지점에 위치해 있다. 스 2:23)과 "스보임"('무늬 있는 새들'이라는 뜻, 믹마스 동편의 저지대에 위치했던 것 같다. 삼상13:18)과 "느발랏"('어리석은'이라는 뜻, 위치가 불명확하다)에 자리를 잡고 살았다.

느 11:35. 로드와 오노와 장인들의 골짜기에 거주하였으며.

"로드"(예루살렘 서북쪽 45km 지점에 위치해 있다. '하딧'으로부터는 남서쪽 6km 지점에 위치해 있다. 스 2:33)와 "오노와 대장장이 골짜기"(Ono, the valley of craftsmen)는 똑같은 곳으로 오노라는 곳에 장인들이 살고 있었던 것이다(이상근).

느 11:36. 유다에 있던 레위 사람의 일부는 베냐민과 합하였느니라.

유다에 있던 레위 사람들 가운데서 일부는 베냐민으로 가서 자리를 잡고 살았다. 그 이유는 정확히 밝혀지지 않았으나 아마도 십일조 징수 관계로 보인다.

제 12 장

C. 귀환한 제사장들과 레위인들 12:1-26

예루살렘 성벽을 완공한 후에 제 1차 귀환자들의 실태를 조사하여(7:5-13) 백성들을 예루살렘과 각 성읍에 다시 배치한(11:1-36) 느헤미야는 이제 이 부분(12:1-26)에서 제사장들과 레위인들의 명단을 작성하고 있다. 아마 느헤미야가 이렇게 명단을 다시 작성하고 있는 이유는 성전 제사 제도를 정비하기 위함이었을 것이다. 또한 그는 성벽 봉헌식을 거행하기에 앞서 그 봉헌식을 담당할 자를 확인하고 종교적으로 준비하기 위함이었을 것이다.

이러한 의도로 쓰인 본문은 스룹바벨과 함께 귀환한 제사장과 레위인들을 소개한 일(1-7절), 느헤미야 시대의 제사장들의 명단(8,9절), 스룹바벨과 함께 귀환한, 성전 재건에 앞장섰던 대제사장 예수아의 족보(10,11절), 레위 족장들의 계보와 역할(22-26절)이 진술되고 있다.

1-7절:스룹바벨과 함께 귀환한 제사장과 레위인들.

느 12:1. 스알디엘의 아들 스룹바벨과 예수아와 함께 돌아온 제사장들과 레위 사람들은 이러하니라 제사장들은 스라야와 예레미야와 에스라와.

스알디엘의 아들 스룹바벨(총독)과 예수아(당시 대제사장)를 따라서 함께 돌아온 제사장들과 레위 사람들은 다음과 같다(이 말씀은 본장의 표제이다)는 것을 말한다. 이들이 돌아온 것은 주전 536년 고레스의 칙령에 의해 첫 번째로 이스라엘의 포로가 돌아온 것을 가리킨다(스 1:1). 제사장들은 스라야('여호와의 방백'이라는 뜻, 이는 대상 9:11의 "아사랴"일 것이다)와 "예레미야"('여호와가 높이신다'는 뜻, 이는 예언자 예레미야는 아니다)와 "에스라"('도우는 자'라는 뜻, 저자 에스라를 뜻하는 것은 아니다)였다. 이는 제사장들의 명단이다.

느 12:2. 아마랴와 말룩과 핫두스와.

"아마랴"('여호와께서 말씀하셨다'는 뜻)와 "말룩"('통치자'라는 뜻)과 "핫두스"('대적자'라는 뜻)였다.

느 12:3. 스가냐와 르훔과 므레못과.

"스가냐"(이 이름은 14절과 10:4에 진술된 "스바냐"일 것이다)와 "르훔"(10:5과 스 2:39의 "하림"과 같은 이름일 것이다)과 "므레못"('높은 곳'이라는 뜻)은 15절의 '므라욧'으로 본다.

느 12:4. 잇도와 긴느도이와 아비야와.

"잇도"(10:5의 "오바댜"이다)와 "긴느도이"(10:6의 "긴느돈"의 오류인 듯 하다)와 "아비야"('여호와가 아버지'란 뜻이다)는 세례 요한의 아버지 "사가랴"가 이 제사장 가문에 속해 있었다.

느 12:5. 미야민과 마아댜와 빌가와.

"미야민"('운이 좋다'는 뜻)과 "마아댜"(17절의 "모아댜"이다)와 "빌가"(10:8의 "빌개"이다)였다.

느 12:6. 스마야와 요야립과 여다야와.

"스마야"('여호와께서 들으신다'는 뜻, 18절과 10:8에도 나타난다)와 "요야립"('여호와께서 아신다'는 뜻)과 "여다야"('여다야'라고 불리어지던 대제사장 가문의 일족이다. 스 2:36, '여호와께서 알고 계신다'는 뜻)였다.

느 12:7. 살루와 아목과 힐기야와 여다야니 이상은 예수아 때에 제사장들

과 그들의 형제의 지도자들이었느니라.

살루와 아목과 힐기야와 여다야였다. 이들은 예수아 때의 제사장 가문의 우두머리와 그 동료들이었다. 느헤미야가 이렇게 제사장들의 명단을 정리한 이유는 성전 제사 제도를 정비하기 위함이었다. 또한 그는 성벽 봉헌식을 거행하기에 앞서 그 봉헌식을 담당할 자를 확인하고 종교적으로 준비하기 위함이었다.

8,9절: 느헤미야 시대의 제사장들의 명단.

느 12:8. 레위 사람들은 예수아와 빈누이와 갓미엘과 세레뱌와 유다와 맛다냐니 이 맛다냐는 그의 형제와 함께 찬송하는 일을 맡았고.

레위 사람은 예수아(제 1차 귀환자이다. 스 2:40)와 빈누이와 갓미엘(제 1차 귀환자이다. 스 2:40)과 세레뱌(예수아, 빈누이, 갓미엘, 세레뱌는 느헤미야의 언약서에 서명한 족장들이었다)와 유다(제 1차가 아니라 훗날 귀환한 자이다)와 맛다냐(제 1차가 아니라 훗날 귀환한 자이다)이고 그 가운데서 맛다냐는 그의 동료들과 함께 찬양대를 맡았다.

느 12:9. 또 그들의 형제 박부갸와 운노는 직무를 따라 그들의 맞은편에 있으며.

그들의 동료 박부갸(11:17참조)와 운노(이곳에만 나타난다)는 예배를 드릴 때에 그들과 마주 보고 서 있었다. "예배를 드릴 때에 그들과 마주 보고 서 있었다"는 말은 레위인들이 그들의 반열을 좇아 두 편으로 나누어져 서로 마주 보고 번갈아 노래했음을 보여주는 말이다(24절; 대하 7:6; 스 3:11) .

10,11절: 스룹바벨과 함께 귀환한, 성전 재건에 앞장섰던 대제사장 예수아의 족보.

느 12:10-11. 예수아는 요야김을 낳고 요야김은 엘리아십을 낳고 엘리아

십은 요야다를 낳고 요야다는 요나단을 낳고 요나단은 얏두아를 낳았느니라.

10-11절은 귀환기의 대제사장의 족보를 말한다. "예수아"('여호와는 구원이시다'는 뜻, 이는 제 1차 때 스룹바벨과 함께 귀환한 대제사장이다. 스 3:2; 4:3; 5:2)는 "요야김"('여호와가 일으키셨다'는 뜻, 이는 예수아 다음의 제사장이다. 12,26절)을 낳고 요야김은 "엘리아십"(이는 성벽 건축의 방해자인 도비야와 연락이 있었던 사람이었다. 13:4)을 낳고 엘리아십은 "요야다"('여호와께서 아신다'는 뜻, 느헤미야 시대의 대제사장이며 산발랏과 사돈 간이었다. 13:28)를 낳고 요야다는 "요나단"('하나님이 주신다'는 뜻)을 낳고, 요나단은 "얏두아"(알렉산더대왕이 예루살렘에 입성할 때의 대제사장이었다고 한다. Josephus)를 낳았다.

12-21절: 요야김 시대의 제사장 명단.

느 12:12. 요야김 때에 제사장, 족장 된 자는 스라야 족속에는 므라야요 예레미야 족속에는 하나냐요.

이곳의 제사장의 족장들은 대제사장 요야김 때(10절)의 족장들이다. 요야김 때의 제사장 가문의 우두머리들은 다음과 같다. 스라야 가문(1절)에서는 "므라야"('모반'이란 뜻)요, 예레미야 가문(1절)에서는 "하나냐"('여호와의 은혜'라는 뜻)였다.

느 12:13. 에스라 족속에는 므술람이요 아마랴 족속에는 여호하난이요.

에스라 가문(1절)에서는 "므술람"('동맹'이란 뜻)이요, 아마랴 가문(2절)에서는 "여호하난"('여호와의 은혜'라는 뜻)이었다.

느 12:14. 말루기 족속에는 요나단이요 스바냐 족속에는 요셉이요.

말루기 가문(2절의 말룩)에서는 "요나단"('여호와께서 주심'이란 뜻)이요, 스바냐 가문(3절)에서는 "요셉"('더함'이란 뜻)이었다.

느 12:15. 하림 족속에는 아드나요 므라욧 족속에는 헬개요.

하림 가문(3절)에서는 "아드나"('즐거움'이라는 뜻)요, 므라욧 가문(3절)에서는 "헬개"('할당'이라는 뜻)였다.

느 12:16. 잇도 족속에는 스가랴요 긴느돈 족속에는 므술람이요.

잇도 가문(4절)에서는 "스가랴"('여호와께서 기억하심'이라는 뜻)요, 긴느돈 가문(4절)에서는 "므술람"('동맹'이란 뜻)이었다.

느 12:17. 아비야 족속에는 시그리요 미냐민 곧 모아댜 족속에는 빌대요.

"아비야"('여호와는 아버지'란 뜻) 가문(4절)에서는 "시그리"('기억'이란 뜻)요, 미냐민 곧 모아댜 가문(5절)에서는 "빌대"('구출'이란 뜻)였다.

느 12:18. 빌가 족속에는 삼무아요 스마야 족속에는 여호나단이요.

빌가 가문(5절)에서는 "삼무아"('소문'이란 뜻)요, 스마야 가문(6절)에서는 "여호나단"('여호와께서 주신다'는 뜻)이었다.

느 12:19. 요야립 족속에는 맛드내요 여다야 족속에는 웃시요.

요야립 가문(6절)에서는 "맛드내"('자유롭다'는 뜻)요, 여다야 가문(6절)에서는 "웃시"('힘이 세다'는 뜻)였다.

느 12:20. 살래 족속에는 갈래요 아목 족속에는 에벨이요.

살래 가문(7절)에서는 "갈래"('경솔하다'는 뜻)요, 아목 가문(7절)에서는 "에벨"('건너편'이라는 뜻)이었다.

느 12:21. 힐기야 족속에는 하사뱌요 여다야 족속에는 느다넬이었느니라.

힐기야 가문(7절)에서는 "하사뱌"('여호와의 생각'이란 뜻)요, 여다야

가문(7절)에서는 "느다넬"('하나님이 주셨다'는 뜻)이었다.

22-26절: 레위 족장들의 계보와 역할.

느 12:22. 엘리아십과 요야다와 요하난과 얏두아 때에 레위 사람의 족장이 모두 책에 기록되었고 바사 왕 다리오 때에 제사장도 책에 기록되었고.

엘리아십과 요야다와 요하난과 얏두아(이상 4왕에 대해 10-11절 주해 참조) 때의 레위 사람 가운데서 가문별 우두머리들의 이름과 제사장들의 이름은 다리오가 바사를 다스릴 때의 왕실 일지에 기록되어 있다.

본절에서 문제가 되는 것은 다리오가 어느 다리오냐 하는 것이다. 바사 나라에는 세 명의 다리오가 있었다. 1) 다리오 1세(Darius I, The Great. 521-486 B.C.), 2) 다리오 2세, 노투스 (Darius II. Nothys, 423-404 B.C.), 3) 다리오 III세, 코도만누스(Darius III, Codomannus, 336-330 B.C.). 이 세 사람 중 세 번째 의 다리오 3세일 것이라는 편이 가장 유력하다(Lange, Rawlinson, Bowman). 이 학설이 요세푸스의 외증과도 일치한다. 그 시대는 대제사장 얏두아 시대였고, 알렉산더 대왕이 성지를 침입할 때였다. 그런고로 22-23절은 후대의 삽입으로 보아야 할 것이다(이상근).

느 12:23. 레위 자손의 족장들은 엘리아십의 아들 요하난 때까지 역대지략에 기록되었으며.

레위의 자손 가운데 엘리아십의 아들인 요하난 때(주전 400년까지 재임했다. 이 때는 예언자 말라기가 활동했던 시기였다)까지의 각 가문의 우두머리의 이름도 왕실 일지(성전에 관련된 사건들을 기록했다. 즉, 성경에 관련된 사실들을 기록했다)에 기록되어 있다.

느 12:24. 레위 족속의 지도자들은 하사뱌와 세레뱌와 갓미엘의 아들 예수아라 그들은 그들의 형제의 맞은편에 있어 하나님의 사람 다윗의 명령대로

순서를 따라 주를 찬양하며 감사하고.

레위 사람의 지도자들(족장들, 이들은 찬양대를 맡은 족장들이었다)은 "하사뱌"(9:5; 10:11 주 참조)와 "세레뱌"(9:4-5; 10:12; 12:8 주 참조)와 갓미엘의 아들 예수아였다. 여기 갓미엘의 아들 예수아란 말 중에서 필사자의 명백한 오류로 나타난 단어가 있다. 그것은 바로 "아들"(בֵּן)이란 말은 레위인들에게 흔한 이름인 '바니'로 읽어야 옳을 것이다(9:4; 10:13). "바니"를 택하면 본 어구는 '레위 사람의 지도자들은... 예수아와 바니와 갓미엘이라'고 읽혀진다.

예배를 드릴 때에 그들은, 하나님의 사람(이 단어는 구약에서 예언자들에 적용되었고, 하나님과 사람 사이의 중보자가 된 높은 신앙자에 대한 존엄한 칭호였다) 다윗 왕이 지시한 대로 동료 레위 사람들과 함께 둘로 나뉘어 서로 마주 보고 서서 화답하면서 하나님께 찬양과 감사를 드렸다.

느 12:25. 맛다냐와 박부갸와 오바댜와 므술람과 달몬과 악굽은 다 문지기로서 순서대로 문안의 곳간을 파수하였나니,

מַתַּנְיָה וּבַקְבֻּקְיָה עֹבַדְיָה מְשֻׁלָּם טַלְמוֹן
עַקּוּב שֹׁמְרִים שׁוֹעֲרִים מִשְׁמָר בַּאֲסֻפֵּי
הַשְּׁעָרִים׃

(Mattani'ah, Bakbuki'ah, Obadi'ah, Meshul'lam, Talmon, and Akkub were gatekeepers standing guard at the storehouses of the gates-RSV).

맛다냐('여호와의 선물'이란 뜻)와 박부갸('여호와께서 비우셨다'는 뜻, 11:17; 12:8-9 참조)와 오바댜('여호와의 종'이라는 뜻)와 므술람(11:17; 12:8-9 참조)과 달몬과 악굽(달몬과 악굽은 다윗 시대의 문지기들이었다)은 모두 성전 문지기들이었다. 이 문지기들은 성전으로 들어가는 각 문들에 딸린 창고들을 지켰다(표준 새 번역).

본절에 "반차를 따라"라고 번역한 것은 개역 판 번역판밖에 없고 또 "순서대로"라고 번역한 성경도 개역개정판 성경밖에 없다. 그래서 필자는 표준 새 번역을 따라 위와 같이 본절을 번역했다.

느 12:26. 이상의 모든 사람들은 요사닥의 손자 예수아의 아들 요야김과 총독 느헤미야와 제사장 겸 학사 에스라 때에 있었느니라.

앞에 기록한 사람들은 모두 요사닥의 손자이자 예수아의 아들인 요야김과 총독 느헤미야와 학자인 에스라 제사장 시대에 활동한 사람들이었다. 이상의 족장들의 시대의 세 지도자들이었다. 다시 말해 대제사장 요야김이고 총독 느헤미야와 학사 에스라의 시대였다. "요사닥"은 포로가 된 여호사닥이었고(대상 6:15), "예수아"는 스룹바벨과 함께 귀환한 대제사장이었으며(스 2:2), "요야김" 때는 그의 아들 "엘리아십"이 대제사장이었다(스 10:6, 이상근).

D. 예루살렘 성벽을 봉헌하다 12:27-43

이 부분(27-43절)은 예루살렘 성벽 낙성식에 대한 진술이다. 이 부분은 7:3의 진술을 계속하는 것이다. 이 부분은 저자가 "나"라고 밝힌 것이 특이하다. 내용을 살피면 낙성식 축제 자체(27-30절)와 낙성식 중의 행진이 눈에 띈다(31-43절).

27-30절: 레위인들과 제사장들이 준비한 것을 진술한다.

느 12:27. 예루살렘 성벽을 봉헌하게 되니 각처에서 레위 사람들을 찾아 예루살렘으로 데려다가 감사하며 노래하며 제금을 치며 비파와 수금을 타며 즐거이 봉헌식을 행하려 하매.

예루살렘 성벽이 완성되어 봉헌식을 하게 되어 사람들은 곳곳에서 레위 사람을 찾아내어 예루살렘으로 데려다가 감사하며 찬송을 부르며, 심벌즈를 치며, 거문고와 수금을 타며, 즐겁게 봉헌식을 하려 했다. "봉헌식"이란 하나님께서 영적 즐거움을 백성들에게 주셔서 이루어진 행사였다. 그들의 행렬이나 찬송 등 모든 움직임은 하나님을 기쁘시게 하는 일종의 예배 행위였다(박윤선).

본절은 7:3의 기사에 계속하는 것으로 보아야 한다. 여기 제금은 심벌즈로 종교적 의식에 사용된 악기였고(대상 16:42; 25:1), 비파는 역시 현악기로 종교의식에 사용되었다(삼상 10:5; 삼하 6:5), 수금은 꼭 같은 현을 사용하지만 그 현의 굵기에 차이가 있어 다른 음을 내는 고급 악기였다(대상 15:16).

느 12:28-29. 이에 노래하는 자들이 예루살렘 사방 들과 느도바 사람의 마을에서 모여들고 또 벧길갈과 게바와 아스마웻 들에서 모여들었으니 이 노래하는 자들은 자기들을 위하여 예루살렘 사방에 마을들을 이루었음이라.

28절의 "노래하는 자들"이란 말은 레위인들 중 찬양대원들을 지칭한다(25절 주 참조). "예루살렘 사방 들"이란 '예루살렘 주위'를 뜻하는 말이고, "느도바 사람의 마을"은 예루살렘 서남방 약 24km 지점이며 베들레헴 부근의 작은 동리로 본다(Fensham, Schultz).

29절의 "벧길갈"('길갈의 집'이라는 뜻으로 예루살렘 동북 약 26km 지점이다)과 "게바"('언덕'이라는 뜻, 예루살렘 북쪽 26km 지점에 위치하고 있다)와 "아스마웻"(예루살렘 동북 약 8km이다) 들에서 모여들었다. 저희는 이와 같이 예루살렘 근처에 살면서 예루살렘 성전에서 이루어지는 행사에 참여해서 봉사했다. 오늘 우리도 교회에서 비교적 가까이 살면서 생활하는 것이 좋을 것이다. 2-3시간씩 떨어진 먼 곳에서 살면서 신앙생활을 하는 것은 바람직스럽지 못할 것이다.

느 12:30. 제사장들과 레위 사람들이 몸을 정결하게 하고 또 백성과 성문과 성벽을 정결하게 하니라.

본절은 낙성예식을 집행할 사람들이 준비할 것이 무엇인지 보여준다. 본절의 제사장들과 레위 사람들은 낙성예식을 집행할 제사장들과 레위 사람들을 뜻한다. 그들은 자신들의 몸을 정결하게 해야 했다. 몸을 닦아야 했고 옷을 빨아야 했으며 여자를 가까이 하지 않아야 했다. 그리고 다른 백성들을 정결하게 만들어야 했고 성문과 성벽을 정결하게 해야 했다. 오늘 우리는 모두 성령으로 정결함을 얻어야 한다.

31-37절: 에스라를 중심하여 오른편으로 가는 사람들.

정결 예식이 끝난 후 예루살렘 성벽의 낙성식은 무리를 둘로 나누어 성벽 위를 걸어가게 함으로써 시작되었다. 에스라를 선두로 하여 우편으로 분문(糞門)을 향해 성벽 위를 걸어가는 무리가 진행한다.

느 12:31. 이에 내가 유다의 방백들을 성벽 위에 오르게 하고 또 감사 찬송하는 자의 큰 무리를 둘로 나누어 성벽 위로 대오를 지어 가게 하였는데 한 무리는 오른쪽으로 분문을 향하여 가게 하니.

이에 느헤미야가 유대 지도자들을 성벽 위로 올라오게 하고, 감사의 찬송을 부를 큰 찬양대를 두 편으로 나누어 서게 하였다. 한 찬양대는 오른쪽으로 "분문"(거름 문) 쪽을 보고 성곽 위로 행진하게 하였다.

성의 낙성 예식을 위하여 방백들과 전체의 백성을 성위에 올리고 이를 두 그룹으로 나누고 한 그룹은 남편으로 가서 동편에 이르고, 한 그룹은 북편으로 가서 동편에 이르게 하여 두 그룹이 만나게 한 것이다(한 그룹은 에스라가 인도하고 다른 한 그룹은 느헤미야가 자신이 인도하였다). 그런 고로 그들의 출발점은 서편 성벽이었다(Rawlinson). 이 독특한 의식은 하나님께 감사의 영광을 돌리는 동시에 적들이 과거에 그 성은 여우가 올라가도 무너지리라 조롱한데 대하여(4:3) 이 성의 견고성을 과시한 것으로 보인다(이상근). 유대 민족이 낙성 예식에서 보여준 것은 결코 무모한 짓이 아니었다.

느 12:32. 그들의 뒤를 따르는 자는 호세야와 유다 지도자의 절반이요.

호세야가 이끄는 유대 지도자의 절반이 그 뒤를 따랐다. 여기 유대 지도자의 절반이란 말은 반드시 유대 지파의 지도자만을 가리키지 않으며 지파를 막론한 '이스라엘 백성'들의 방백을 가리킬 것이다(호크마 주석).

느 12:33-34. 또 아사랴와 에스라와 므술람과 유다와 베냐민과 스마야와 예레미야이며.

본절의 아사랴와 에스라와 므술람과 유다와 베냐민과 스마야와 예레미야를 방백으로 보기도 하나(Lange), 유대의 방백들의 뒤에 따라간 제사장과 레위인들로 보는 것이 옳을 것으로 본다(Rawlinson).

느 12:35. 또 제사장들의 자손 몇 사람이 나팔을 잡았으니 요나단의 아들 스마야의 손자 맛다냐의 증손 미가야의 현손 삭굴의 오대 손 아삽의 육대 손 스가랴와.

그 뒤로 일부 제사장들이 나팔을 들고 따르고 그 다음에 스가랴가 따랐다. 그의 아버지는 요나단이요 그 윗대는 스마야요 그 윗대는 맛다냐요 그 윗대는 미가야요 그 윗대는 삭굴이요 그 윗대는 아삽이었다. 나팔은 레위인들이 잡는 것이 보통이었으나(대상 16:42) 이때는 특별한 경우로 제사장이 잡은 것으로 본다. 더구나 그는 다윗 시대의 음악가였던 아삽(11:17주 참조)의 자손이었다.

느 12:36. 그의 형제들인 스마야와 아사렐과 밀랄래와 길랄래와 마애와 느다넬과 유다와 하나니라 다 하나님의 사람 다윗의 악기를 잡았고 학사 에스라가 앞서서.

그 뒤로는 스가랴의 형제들인 스마야와 아사렐과 밀랄래와 길랄래와 마애와 느다넬과 유다와 하나니가 모두 하나님의 사람 다윗이 만든 악기를 들고 따랐다. 서기관 에스라가 그 행렬을 이끌었다.

스가랴의 8명의 형제들(스마야, 아사렐, 밀랄래, 길랄래, 마애, 느다넬, 유다, 하나니)도 아삽의 자손들이었다. "하나님의 사람 다윗"에 대해 24절 주 참조. "다윗의 악기"는 제금과 비파와 수금 등이었다(27절; 대상 15:16, 19-21). "에스라가 그 행렬을 이끌었다"는 말은 에스라가 우편대의 대장이었다는 뜻이다. 귀환 후 에스라의 위치를 말해주는 것이었다.

느 12:37. 샘 문으로 전진하여 성벽으로 올라가는 곳에 이르러 다윗 성의 층계로 올라가서 다윗의 궁 윗길에서 동쪽으로 향하여 수문에 이르렀고(At the Fountain Gate they went up straight before them by the stairs of the city of David, at the ascent of the wall, above the house of David, to the Water Gate on the east-ESV).

본절은 에스라가 이끄는 행진 그룹이 어떤 코스를 밟았느냐를 보여준다. 에스라 그룹은 '샘 문'(3:15 주 참조)에서 곧바로 다윗 샘 계단 위로 올라가 성곽을 따라 계속 행진하여 다윗 궁을 지나 동쪽 '수문'(수문은 동편 성벽에 있었다. 3:26)에 이르렀다.

호크마 주석은 본절을 해석함에 있어 "성벽을 타고 행진하던 에스라 일행이 일단 성벽을 타고 내려왔었음을 전제로 한다. 에스라 일행은 '샘 문'이 가로 막혀 있었기 때문에 성벽에서 일단 내려왔었다. 그래서 그들은 다시 반대쪽의 성벽으로 올라가야만 했다"고 주장한다. 그러나 에스라 그룹은 '샘 문'에서 곧바로 다윗 샘 계단 위로 올라가 성곽을 따라 계속 행진한 것으로 보아야 한다.

38-39절: 느헤미야를 중심으로 왼편으로 가는 사람들

느 12:38. 감사 찬송하는 다른 무리는 왼쪽으로 행진하는데 내가 백성의 절반과 더불어 그 뒤를 따라 성벽 위로 가서 화덕 망대 윗길로 성벽 넓은 곳에 이르고.

감사 찬송하는 다른 그룹(둘째 찬양대)은 성벽위에서 왼쪽으로[37] 행진하고 있었는데 느헤미야가 백성의 절반과 더불어 감사 찬송하는 그룹을 따라서 성벽 위로 가서 화덕 망대 윗길로 가서 성벽 넓은 곳에(도가니망대를 지나 광장 앞 성벽에) 이르렀다. 여기 "화덕 망대 윗길을 이용하여 성벽 넓은 곳에 이르렀다"는 말은 '도가니망대를 지나 광장 앞 성벽에 이르렀다'는 뜻이다. 다시 말해 성의 서북쪽 모퉁이에 있는 망대를 지나 광장 앞 성벽에 이르렀다는 뜻이다. 오늘 교회도 이렇게 질서가 있어야 할 것이다.

느 12:39. 에브라임 문 위로 옛문과 어문과 하나넬 망대와 함메아 망대를 지나 양문에 이르러 감옥 문에 멈추매.

'에브라임 문'(에브라임 문은 북편 성벽 쪽으로 하나넬 망대와 함매아 망대 사이에 있는 문이다) 위를 지나, '옛 문'(3:6 주 참조)과 '어문'('물고기 문', 어문은 북편 성벽에 있다. 3:3주 참조)과 '하나넬 망대'와 '함메아 망대'를 지나서 '양 문'(북편 성벽의 북편에 있다. 3:1주 참조)에까지 이르러 성전으로 들어가는 문에서 멈추었다.

40-43절: 성전에서의 봉헌식.

느 12:40. 이에 감사 찬송하는 두 무리가 하나님의 전에 섰고 또 나와 민장의 절반도 함께 하였고.

감사의 찬송을 부르는 두 그룹의 찬양대는 동편 성벽에서 만나 내려와 성전에 이르러 하나님의 성전에 들어가 멈추어 섰다. 이제는 본격적으로 봉헌식을 시작하려는 것이었다. 그리고 느헤미야 역시 백성의 지도자 절반과 함께 하나님의 성전에 들어가 섰다. 이들은 성 위를 돌면서 감사 찬송을

---

37) 여기 "왼쪽으로"라는 말은 '반대로'라는 뜻이다. 따라서 이는 에스라에 의해 인도되는(36절) 한 대열이 성을 따라 우측으로 돈 데 반해 또 다른 대열은 좌측, 즉 북쪽으로 돈 것을 의미한다.

한 것이었다.

느 12:41. 제사장 엘리아김과 마아세야와 미냐민과 미가야와 엘료에내와 스가랴와 하나냐는 다 나팔을 잡았고.

본절부터 43절까지는 성벽 봉헌식이 묘사되고 있다. 제사장 엘리야김과 마아세야와 미냐민과 미가야와 엘료에내와 스가랴와 하나냐는 다 나팔을 들고 있었다. 본절에 기록된 이름들은 모두 개인 이름들이다(Rawlinson). 만약에 이 이름들이 가문들의 이름이었다면 제사장 가문 목록(21-22절; 10:2-8)에 실려 있어야 했을 것이다. 이들이 다 "나팔을 잡은 것"에 대해서는 35절 주해를 참조하라.

느 12:42. 또 마아세야와 스마야와 엘르아살과 웃시와 여호하난과 말기야와 엘람과 에셀이 함께 있으며 노래하는 자는 크게 찬송하였는데 그 감독은 예스라히야라.

본절에 8명이 더 나타나는데 저희도 나팔수이거나 아니면 앞선 나팔수의 조수였을 것으로 보인다. 그리고 이런 나팔수 외에 노래하는 찬양대원들이 있었을 것이며 그 양편을 다 지휘하는 자가 예스라히야였다. "마아세야"('여호와의 일'이라는 뜻)와 "스마야"('여호와께서 들으셨다'는 뜻)와 "엘르아살"('하나님께서 들으셨다'는 뜻)과 "웃시"('나의 힘'이라는 뜻)와 "여호하난"('여호와의 일'이라는 뜻)과 "말기야"('여호와께서 왕이시다'라는 뜻)와 "엘람"('젊은 사람'이라는 뜻)과 "에셀"('밖으로 나감'이라는 뜻)이 함께 서 있었으며 합창대는 "예스라히야"('주가 일어나신다'의 뜻)의 지휘에 따라 노래를 불렀다.

느 12:43. 이 날에 무리가 큰 제사를 드리고 심히 즐거워하였으니 이는 하나님이 크게 즐거워하게 하셨음이라 부녀와 어린 아이도 즐거워하였으므로 예루살렘이 즐거워하는 소리가 멀리 들렸느니라.

이날 낙성식을 드리는 날 사람들은 큰 제사(많은 제물로 제사를 드린 것을 뜻할 것이다. 레 3장)를 드리고 즐거워하였다. 그들이 그렇게 즐거워 한 것은 하나님께서 그들을 그렇게 기쁘게 하셨으므로, 여자들과 아이들까지도 함께 기뻐했다. 그들이 예루살렘에서 기뻐하는 소리가 멀리까지 울려 퍼졌다. 오늘 교회에서 큰 헌물을 드리는 것을 전혀 장려하지 않는 교역자들이 있다. 그들이 장려하지 않는 이유는 큰 헌물 드리는 것을 장려하다가 교인들의 교회 출석을 줄어들게 할까 염려해서이다.

44-47절: 제사장과 레위인들의 생활 안정책. 낙성식을 거행하고 나서 느헤미야는 11조와 헌물의 이행을 장려하고 제사장과 레위인의 생활을 안정시켰다(10:28-39; 13장 참조).

느 12:44. 그 날에 사람을 세워 곳간을 맡기고 제사장들과 레위 사람들에게 돌릴 것 곧 율법에 정한 대로 거제물과 처음 익은 것과 십일조를 모든 성읍 밭에서 거두어 이 곳간에 쌓게 하였노니 이는 유다 사람이 섬기는 제사장들과 레위 사람들로 말미암아 즐거워하기 때문이라.

그 날(봉헌식이 있었던 직후의 어느 시점)에 사람들은 거제물(헌납물)과 처음 거둔 소산과 십일조(10:35-37) 등을 보관하는 창고(성전의 부속 건물에 있는 창고)를 맡을 관리인을 세웠다. 유대 사람들은 직무를 수행하는 제사장들과 레위 사람들이 고마워서(이 말씀은 백성들이 봉헌식을 통하여 성직자들의 사역이 얼마나 귀중하고 필요한 것인지를 절실하게 깨달았음을 알려주는 말이다) 관리인들을 세우고 율법에 정한 대로 제사장과 레위 사람에게 돌아갈 몫을 성읍에 딸린 밭에서 거두어들여 각 창고에 보관하는 일을 맡겼다.

느 12:45. 그들은 하나님을 섬기는 일과 결례의 일을 힘썼으며 노래하는 자들과 문지기들도 그러하여 모두 다윗과 그의 아들 솔로몬의 명령을 따라 행하였으니

제사장들과 레위 사람들은 하나님을 섬기는 일과 정결예식을 베푸는 일을 힘썼다. 노래하는 사람들과 성전 문지기들도 역시 그러하여 다윗과 그의 아들 솔로몬의 명령을 따라 맡은 일을 하였다. 느헤미야는 제사장들과 레위인들이 얼마나 힘쓰는지를 일반 백성들에게 널리 공고한다.

느 12:46. 옛적 다윗과 아삽의 때에는 노래하는 자의 지도자가 있어서 하나님께 찬송하는 노래와 감사하는 노래를 하였음이며.

히브리 원전에는 이유접속사 "왜냐하면"(כִּי)이란 접속사가 있어서 본절이 45절 후반부의 이유를 설명해주는 부분임을 보여준다. 느헤미야는 여기서 '노래하는 자들'이 규례에 따라 봉사했다는 사실이 역사적 사실에 근거한 것임으로 전혀 이상하지 않다는 것을 말하고자 한 것이다. 이미 옛적 다윗과 아삽 때에도 합창 지휘자들이 있어서(대상 6:33,39,44; 15:17) 노래를 불러 하나님께 찬양과 감사를 드렸다.

느 12:47. 스룹바벨 때와 느헤미야 때에는 온 이스라엘이 노래하는 자들과 문지기들에게 날마다 쓸 몫을 주되 그들이 성별한 것을 레위 사람들에게 주고 레위 사람들은 그것을 또 성별하여 아론 자손에게 주었느니라.

스룹바벨과 느헤미야 때에도 온 이스라엘이 노래하는 자들과 성전 문지기들에게 날마다 쓸 몫을 주었다. 백성은 레위 사람들에게 돌아갈 거룩한 몫을 떼어 놓았고 레위 사람들은 다시 거기에서 아론의 자손에게 돌아갈 몫을 구별하여 놓았다.

본절의 스룹바벨은 첫 번째 귀환한 자이고 느헤미야는 세 번째로 귀환한 자이다. 그런고로 두 사람은 귀환기의 사람들이다. 그 때 온 이스라엘 백성이 레위인 찬양대와 문지기들에게 일용할 생활비를 지급했다. 그것은 곧 11조 헌납을 충실하게 이행한 것을 말한다. 온 이스라엘은 자기들의 11조를 레위인들에게 주었고, 레위인은 또 그 11조의 11조를 아론의 자손인 제사장에게 주었다(민 18:21,26). 오늘의 교회 성도들은 전문 사역자들에게 충분한 생활비를 드려야 할 것이다.

제 13 장

13:1-3. 이스라엘 총회 안에 있던 이방인들을 제외시키다.

느 13:1. 그 날 모세의 책을 낭독하여 백성에게 들렸는데 그 책에 기록하기를 암몬 사람과 모압 사람은 영원히 하나님의 총회에 들어오지 못하리니.

그 날(예루살렘 성벽을 위한 낙성 예식을 거행한 날, 12:44) 백성에게 모세의 책을 읽어 주었는데 그 책에서 그들은 다음과 같이 적혀 있는 것을 발견하였다. 즉 "암몬 사람과 모압 사람은 영원히 하나님의 총회(이스라엘 인들이 모인 총회)에 참석하지 못 한다".

예루살렘 성벽 낙성식 날 백성들은 크게 기뻐했고, 여호와 신앙은 하늘을 찌르는 듯 고조되었었는데 그 날 모세의 율법을 낭독했다. 그런데 이들은 낭독자가 신 23:3(암몬 사람과 모압 사람은 여호와의 총회에 들어오지 못하리니 그들에게 속한 자는 십대뿐 아니라 영원히 들어오지 못하리라)을 읽는 말씀을 들었다.

느 13:2. 이는 그들이 양식과 물로 이스라엘 자손을 영접하지 아니하고 도리어 발람에게 뇌물을 주어 저주하게 하였음이라 그러나 우리 하나님이 그 저주를 돌이켜 복이 되게 하셨다 하였는지라.

본절 초두에는 이유 접속사(yK-"왜냐하면"이란 말)가 있어 앞절의 말에 대한 이유를 설명하고 있다. 다시 말해 앞절에 이스라엘 백성들이 "암몬 사람과 모압 사람을 영원히 하나님의 총회에 들어오지 못하게 할" 이유는 "그들(암몬 사람과 모압 사람)이 먹을 것과 마실 것을 가지고 와서 이스라엘 자손을 맞아들이기는커녕 오히려 발람에게 뇌물을 주어서[38] 우리(이스라엘)가 저주를 받도록 빌게 하였기"(신 23:4) 때문이라는 것이다. 사실은 암몬 사람과 모압 사람은 양식과 물(이 두 가지는 광야 생활에 절대로 필요했던 것들이었다)을 가지고 와서 이스라엘 사람들을 대접했어야 했는데 오히려 엉뚱하게도 모압의 발락 왕이 주동이 되어 메소보다미아의 브올에 살던 복술가(卜術家) 발람을 데려다가 이스라엘 백성들에게 저주가 임하도록 했다. 이는 너무도 엉뚱한 행동이었다. 오늘 우리는 이웃 형제들을 대접할지언정 절대로 마음으로 저주해서는 안 될 것이다.

"그러나 우리 하나님이 발람의 저주를 돌이켜 복이 되게 하셨다"는 말씀은 하나님의 강권적 역사에 따라 발람이 도리어 이스라엘을 축복했던 사실을 가리킨다(민 24장). 우리는 모든 것을 복되게 하시는 하나님(롬 8:28)을 모시고 살고 있으니 얼마나 복된지 알 수 없다.

느 13:3. 백성이 이 율법을 듣고 곧 섞인 무리를 이스라엘 가운데에서 모두 분리하였느니라.

이스라엘 백성이 모세의 율법을 듣고 곧 이스라엘 백성들 속에 섞여 있는 무리를 이스라엘에서 모두 분리시켰다. 율법을 듣자 즉시 암몬 사람과 모압 사람을 분리시켜 버린 것은 놀라운 반응이었다. 만일 오늘날 같으면 절대로 분리할 수 없었을 것이다. 오히려 크게 반항했을 것이다. 오늘날은 하나님의 말씀에 아주 무딘 세대이기 때문이다.

V. 느헤미야의 두 번째 종교 개혁 13:4-31

12년간에 걸친 느헤미야 총독 재임 기간(B,C. 444-433)이 끝나고 느헤미야가 일단 바사 제국으로 되돌아간 후에 발생한 일련의 사건들과 다시 귀국한 B.C. 432년 느헤미야가 이에 대해 취한 조치가 본문에서부터 본장의 마지막 부분까지 소개된다. 바로 느헤미야는 엘리아십과 도비야를 반대하는 조치(4-9절)를 취했고, 제사장과 레위인들을 다시 조직한 일(10-14

---

38) 발람에게 뇌물을 주었다는 말은 구체적으로 모압 사람들이 발람이 이스라엘 백성들을 저주한 대가로 많은 은금을 주었던 사실을 지칭한다(민 22:18; 24:13).

절), 안식일을 회복한 일(15-22절), 이방인들과의 잡혼을 금지한 일(23-29절), 느헤미야의 개혁을 요약한 일(30-31절)이 진술된다.

A. 엘리아십과 도비야를 반대하는 조치 13:4-9

산발랏과 결탁하여 예루살렘 성벽 공사를 방해하기 위해 온갖 술책을 다 부린 도비야는 유대의 귀족과 맺은 혈연관계(느 6:18) 및 제사장 엘리아십과 맺은 친분관계를 이용하여, 성전의 큰 방 하나를 차지한 채 불의한 영향력을 행사하려고 시도했다. 바사 제국으로 되돌아갔던 느헤미야가 약 1년 만에 예루살렘을 다시 방문함으로써 도비야의 선민으로서의 순수성을 파괴하는 이러한 시도는 무산될 수밖에 없었다. 느헤미야가 예루살렘에 도착하여 도비야의 악행을 전해 듣자마자 느헤미야는 즉시 성전 정화 운동을 벌였다.

느 13:4. 이전에 우리 하나님의 전의 방을 맡은 제사장 엘리아십이 도비야와 연락이 있었으므로

이 일이 있기 전이었다. 즉, 느헤미야가 바사로 돌아가기 전의 어느 시점이었다(6절). 우리 하나님 성전(우리 하나님의 성전이었으니 암몬 사람 도비야는 이 성전에 들어가지 않았어야 했다)의 방들을 맡고 있는 엘리아십 제사장(여기 제사장이란 말은 대제사장이란 뜻이다. Rawlinso, Schultz, Kidner, K.&D.)은 도비야(도비야는 암몬 사람이었다. 2:10주 참조)와 가까이 지내는 사이였다. 본절의 "연락이 있었다"는 말은 '매우 가깝다'는 뜻으로서 각별한 친근 관계를 뜻한다. 각별한 관계가 있었다고 하여 죄를 짓는 관계로 발전한다는 것은 참으로 유감이 아닐 수 없었다.

느 13:5. 도비야를 위하여 한 큰 방을 만들었으니 그 방은 원래 소제물과 유향과 그릇과 또 레위 사람들과 노래하는 자들과 문지기들에게 십일조로 주는 곡물과 새 포도주와 기름과 또 제사장들에게 주는 거제 물을 두는

곳이라.

그런데 엘리아십이 도비야에게 큰 방 하나를 내주었다. 그 방은 처음부터 곡식제물과 유향과 그릇과 레위 사람들과 노래하는 자들과 성전 문지기들에게 십일조로 주는 곡물과 새 포도주와 기름과 제사장들의 몫으로 바친 제물을 두는 곳이었다. 엘리아십이 이렇게 도비야를 위하여 큰 방을 하나 내 준 것은 느헤미야가 바사에 간 사이에 된 일이었다. 참으로 더러운 행위였다.

느 13:6-7. 그 때에는 내가 예루살렘에 있지 아니하였느니라 바벨론 왕 아닥사스다 삼십 이년에 내가 왕에게 나아갔다가 며칠 후에 왕에게 말미를 청하고 예루살렘에 이르러서야 엘리아십이 도비야를 위하여 하나님의 전 뜰에 방을 만든 악한 일을 안지라.

6-7절은 느헤미야가 예루살렘에 없었기 때문에 엘리아십이 도비야를 위해서 하나님의 전 뜰에 방을 만든 악한 행위를 했다는 것이다. 느헤미야가 예루살렘에 없었던 이유는 바벨론 왕 아닥사스다[39] 32년에 왕에게 나아갔다가 며칠 후에 왕에게 말미를 청하고 예루살렘에 다시 총독의 자격으로 이르러서야 엘리아십이 도비야를 위하여 하나님의 전 뜰에 방을 만든 악한 행위를 알게 되었다는 것이었다. 엘리아십은 대제사장으로 참으로 얕은 인물이었다. 엘리아십은 느헤미야가 예루살렘을 떠나 바사를 향해 갔을 때 이제는 아주 가서 다시 돌아오지 않을 것으로 생각했다. 참으로 얕은 인물이었다. 항상 정직한 삶을 사는 것이 얼마나 중요한지 모른다.

느 13:8. 내가 심히 근심하여 도비야의 세간을 그 방 밖으로 다 내어 던지고.

예루살렘에 돌아온 느헤미야는 엘리아십의 악한 행위를 알아보고 심히

---

39) 여기 바사 왕 아닥사스다를 "바벨론 왕 아닥사스다"라고 묘사한 것은 바사가 바벨론을 정복했기 때문(5:13)에 생긴 이름이다.

근심하여 도비야의 세간을 다 그 방 밖으로 내 던졌다. 느헤미야는 과격하다 할 정도로 개혁하는 사람이었다. 도비야가 세간을 그 방에 두었던 이유는 그 방에서 살 생각이었다. 우리는 자기의 편리함을 우선할 것이 아니라 하나님 앞에서 바로 살아야 할 것이다.

느 13:9. 명령하여 그 방을 정결하게 하고 하나님의 전의 그릇과 소제물과 유향을 다시 그리로 들여놓았느니라.

느헤미야는 도비야가 머물고 있던 방에 있던 모든 물건을 다 방밖으로 내 던진 후 "하나님의 전의 그릇과 소제물과 유향을 다시 그리로 들여놓았다". 본절의 "정결하게 했다"는 말은 결례를 행했다는 뜻이다. 아마도 물과 피를 뿌리는 결례를 행했다는 것으로 보인다(레 14:52).

B. 제사장과 레위인의 생활 안정을 도모하다 13:10-14

느헤미야는 제사장과 레위인을 위한 11조를 장려함으로 그들의 생활 안정을 도모한다.

느 13:10. 내가 또 알아본즉 레위 사람들이 받을 몫을 주지 아니하였으므로 그 직무를 행하는 레위 사람들과 노래하는 자들이 각각 자기 밭으로 도망하였기로.

느헤미야가 또 알아보니 레위 사람들은 그 동안에 받을 생활비(10:37; 12:47)를 받지 못하고 있었다. 그래서 레위 사람들과 노래하는 사람들은 맡은 일을 버리고 저마다 밭이 있는 곳으로 도망하고 말았다. 오늘 어떤 교회들은 전임사역자들을 잘 대접하기를 여러 모로 거부하고 있다. 아예 주지 않는 교회들도 있고 혹은 너무 적은 분량의 사례를 주는 교회들이 있다. 할 수만 있다면 충분하게 사례해야 할 것이다. 어떤 교회는 평생 수고한 목사에게 원로목사가 되는 것을 막기 위해 기한 전에 쫓아내는 교회가 있다. 탄식할 일이다.

느 13:11. 내가 모든 민장들을 꾸짖어 이르기를 하나님의 전이 어찌하여 버린 바 되었느냐 하고 곧 레위 사람을 불러 모아 다시 제자리에 세웠더니.

레위 사람들과 노래하는 자들이 각각 자기 밭으로 도망한 것을 보고 느헤미야는 모든 민장들(지도자들)을 꾸짖어 이르기를 하나님의 전에서 일하는 레위인과 노래하는 자들이 없는 것을 보고 하나님의 전이 어찌하여 버린바 되었느냐 하고 즉시 레위 사람을 불러 모아 다시 제 자리에 세웠다. 느헤미야는 백성들에게 11조를 독려할 뿐 아니라 레위인들과 노래하는 자들을 데려다가 다시 제 자리에 세웠다.

느 13:12. 이에 온 유다가 곡식과 새 포도주와 기름의 십일조를 가져다가 곳간에 들이므로.

그랬더니 온 유대 사람들이 곡식과 새 포도주와 기름의 십일조를 가지고 와서 창고에 들여다 놓았다. 느헤미야 한 사람의 개혁의 힘은 실로 놀라웠다. 우리는 우리 한 사람이 자신을 개혁하고 가정을 개혁하며 교회를 개혁하고 교계 전체를 개혁할 수 있음을 알아야 할 것이다.

느 13:13. 내가 제사장 셀레마와 서기관 사독과 레위 사람 브다야를 창고지기로 삼고 맛다냐의 손자 삭굴의 아들 하난을 버금으로 삼았나니 이는 그들이 충직한 자로 인정됨이라 그 직분은 형제들에게 분배하는 일이었느니라.

느헤미야는 제사장 셀레마와 서기관 사독과 레위 사람 브다야를 창고 책임자로 삼고 맛다냐의 손자이며 삭굴의 아들인 하난을 차석 책임자로 삼았다. 그들은 모두 정직하다고 인정을 받은 사람들이었다. 그들이 맡은 일은 동료들에게 돌아갈 몫을 골고루 나누어 주는 일이었다. 교회에서는 항상 정직한 자에게 직분을 맡겨야 한다.

느 13:14. 내 하나님이여 이 일로 말미암아 나를 기억하옵소서 내 하나님

의 전과 그 모든 직무를 위하여 내가 행한 선한 일을 도말하지 마옵소서.

느헤미야는 "내 하나님이여! 내가 한 일을 기억하여 주십시오. 하나님의 성전을 보살핀 일과 예배를 드릴 수 있도록 정성껏 한 이 일들을 지워버리지 마십시오"라고 기도했다. 5:19 주해 참조. 느헤미야는 하나님의 은혜를 심히 갈망하여 간구하고 있다.

C. 안식일 회복 13:15-22

15-16절은 예루살렘의 유대인들이 안식일을 범하는 것을 말하고, 17-18절은 느헤미야가 경계한 것을 진술했으며, 19-21절은 사람들이 안식일을 지키게 한 것을 기록했고, 22절은 느헤미야가 레위 사람들로 하여금 예루살렘 성문을 지켜 안식일을 성수하도록 한 일을 기술하고 있다.

느 13:15. 그 때에 내가 본즉 유다에서 어떤 사람이 안식일에 술틀을 밟고 곡식단을 나귀에 실어 운반하며 포도주와 포도와 무화과와 여러 가지 짐을 지고 안식일에 예루살렘에 들어와서 음식물을 팔기로 그 날에 내가 경계하였고.

"그 때에"란 말은 느헤미야가 바사에서 귀국한 후를 지칭하는 말이다(Fensham). 여기 "그 때에"란 말은 느헤미야가 국민들의 종교를 개혁할 때 안식일을 범한 일이 발생했다는 것을 드러내는 말이다. 느헤미야는 유대에서 안식일에 사람들이 술틀을 밟고(술틀을 밟는다는 말은 포도주를 만드는 것을 뜻한다) 곡식을 가져다가 나귀에 지워서 실어 나르며(물건을 운반하는 것을 뜻한다) 포도주와 포도송이와 무화과 같은 것을 날라 들인 일을 발견한 것이었다. 안식일인데도 사람들이 이런 여러 가지 짐을 지고 예루살렘으로 들어오는 것이 느헤미야의 눈에 띄었다. 느헤미야는 안식일에는 물건을 사고파는 일을 하지 말라고 경고하였다. 오늘날에는 성도들에게까지도 느헤미야가 했던 경고의 말을 할 수 없는 분위기가 되어 버렸다. 참으로 많이 부패한 시대가 된 것이다.

느 13:16. 또 두로 사람이 예루살렘에 살며 물고기와 각양 물건을 가져다가 안식일에 예루살렘에서도 유다 자손에게 팔기로

예루살렘에는 두로 사람들(페니키아 상인들, 겔 27:12-36; 28:16)이 살고 있었는데 그들은 안식일에 물고기 뿐 아니라 갖가지 물건을 예루살렘으로 들여다가 유대 사람들에게 팔고 있었다. 본절에서 문제가 된 것은 두로 사람들이 해산물을 가져다가 판 것이 문제가 아니라 이스라엘 사람들이 안식일에 두로의 상인들에게서 샀다는 것이 문제가 된 것이다.

느 13:17. 내가 유다의 모든 귀인들을 꾸짖어 그들에게 이르기를 너희가 어찌 이 악을 행하여 안식일을 범하느냐

느헤미야는 유대의 모든 귀인들을 꾸짖어 그들에게 이르기를 너희가 어찌하여 안식일에 물건을 사느냐고 꾸짖었다. 유대의 모든 귀인들은 다른 사람들보다 더 앞장서서 안식일에 물건을 샀을 것이다.

느 13:18. 너희 조상들이 이같이 행하지 아니하였느냐 그래서 우리 하나님이 이 모든 재앙을 우리와 이 성읍에 내리신 것이 아니냐 그럼에도 불구하고 너희가 안식일을 범하여 진노가 이스라엘에게 더욱 심하게 임하도록 하는도다 하고

느헤미야는 예루살렘의 귀인들을 향하여 '당신들의 조상도 똑같은 일을 하다가 우리와 우리 도성이 모두 하나님의 재앙을 받지 않았소? 당신들이야말로 안식일을 더럽혀서 하나님이 이스라엘 위에 진노를 내리시도록 하는 장본인들이 아닌가'라고 야단을 쳤다.

느 13:19. 안식일 전 예루살렘 성문이 어두워갈 때에 내가 성문을 닫고 안식일이 지나기 전에는 열지 말라 하고 나를 따르는 종자 몇을 성문마다 세워 안식일에는 아무 짐도 들어오지 못하게 하였으므로

느헤미야는 귀인들을 향해서 꾸짖은(17-18절) 다음 본절과 같이 대책을 세웠다. 안식일이 되기 전날 해거름에 예루살렘 성문에 그림자가 드리우면 성문들을 닫도록 했고, 안식일이 지나기까지 문을 열지 못하게 했다. 그리고 또 느헤미야를 돕는 젊은이들을 성문마다 세워서 안식일에는 아무것도 들이지 못하게 했다. 느헤미야는 강제로 사람들로 하여금 안식일을 지키게 한 것이다.

느 13:20-21. 장사꾼들과 각양 물건 파는 자들이 한두 번 예루살렘 성 밖에서 자므로 내가 그들에게 경계하여 이르기를 너희가 어찌하여 성 밑에서 자느냐 다시 이같이 하면 내가 잡으리라 하였더니 그후부터는 안식일에 그들이 다시 오지 아니하였느니라.

느헤미야가 앞절(19절)과 같이 대책을 세우니 '장사꾼들과 여러 가지 물건을 파는 자들이 한두 번 예루살렘 성 밖에서 자므로 느헤미야가 그들에게 경계하여 이르기를 너희가 어찌하여 성 밑에서 자느냐 다시 이같이 하면 내가 잡으리라'고 호통을 쳤다.

느 13:22a. 내가 또 레위 사람들에게 몸을 정결하게 하고 와서 성문을 지켜서 안식일을 거룩하게 하라 하였느니라.

느헤미야는 또 레위 사람들에게 몸을 깨끗하게 하고 와서 성문마다 지켜서 안식일을 거룩하게 지내라고 부탁했다.

느헤미야는 자기를 돕는 젊은이들을 성문마다 세워서 아무것도 들이지 못하게 했으나 그것은 일시적인 대책이었고(19절) 그는 레위 사람들을 불러 몸을 정결하게 하고 와서 성문을 지켜서 안식일을 거룩하게 하라고 부탁했다. 느헤미야는 레위인들로 하여금 몸을 정결하게 하고 성문을 지켜서 안식일을 거룩하게 했다. 다시 말해 성문을 지키는 일을 성례화 했다는 것이다.

느 13:22b. 내 하나님이여 나를 위하여 이 일도 기억하시옵고 주의 크신

은혜대로 나를 아끼시옵소서.

본절 주해를 위해 14절 주해를 참조하라.

D. 이방인들과의 잡혼 금지 13:23-29

이 부분(23-29절)은 이방인들과의 잡혼을 금하는 것으로 9:2; 10:28-30과 스 9:1-3; 10:1-4에도 나타난다. 잡혼 금지는 에스라의 개혁에서나 느헤미야의 개혁에서 공통되는 것이고 가장 중요한 종목이었다.

느 13:23. 그 때에 내가 또 본즉 유다 사람이 아스돗과 암몬과 모압 여인을 맞아 아내로 삼았는데.

본절의 "그 때"란 말은 15절의 "그 때에"와 같은 뜻이다. 여기 "내가 또 보니"는 '느헤미야가 또 관찰했다는 뜻'이다. 느헤미야가 관찰해 보니 유대 남자들이 아스돗과 암몬과 모압의 여자들을 데려와서 아내로 삼은 것이었다. 본절의 "아스돗"이란 지명은 블레셋의 5대 성읍의 하나로 가사와 욥바 중간 지점이었다. 이는 지중해 해변이었다. "암몬과 모압"은 이방 땅으로 요단 동편 나라들이었다. 유대인들은 이방 여인들과 잡혼하고 살았다.

느 13:24. 그들의 자녀가 아스돗 방언을 절반쯤은 하여도 유다 방언은 못하니 그 하는 말이 각 족속의 방언이므로.

앞절은 유대인들이 이방 여인들과 잡혼한 사실을 말하고, 본절은 그 결과 자녀들이 있어서 그 아이들이 이방인의 언어는 하는데 유대 방언은 못했다는 것이다. 아이들이 이방인의 방언은 말하는데 유대 방언을 하지 못하는 이유는 아이들은 그 모친의 영향으로 모친의 언어를 하는데 아버지의 언어인 유대 방언은 하지 못한 것이었다.

느 13:25. 내가 그들을 책망하고 저주하며 그들 중 몇 사람을 때리고 그들

의 머리털을 뽑고 이르되 너희는 너희 딸들을 그들의 아들들에게 주지 말고 너희 아들들이나 너희를 위하여 그들의 딸을 데려오지 아니하겠다고 하나님을 가리켜 맹세하라 하고.

느헤미야가 잡혼한 남자들을 책망했고 저주했으며 그들 중 몇 사람을 때렸고 그들의 머리털을 뽑고 말하기를 '너희는 너희 딸들을 그들의 아들들에게 주지 말고 너희 아들들이나 너희를 위하여 그들의 딸들(이방인 딸들)을 데려오지 아니하겠다고 하나님을 가리켜 맹세하라'고 윽박질렀다. 스 9:3을 보면 에스라는 자기의 옷과 머리를 찢고 뜯었다. 그런데 느헤미야는 잡혼을 한 사람들의 머리털을 뽑았다.

느 13:26. 또 이르기를 옛적에 이스라엘 왕 솔로몬이 이 일로 범죄하지 아니하였느냐 그는 많은 나라 중에 비길 왕이 없이 하나님의 사랑을 입은 자라 하나님이 그를 왕으로 삼아 온 이스라엘을 다스리게 하셨으나 이방 여인이 그를 범죄하게 하였나니.

느헤미야는 옛날에 이스라엘 왕 솔로몬이 잡혼으로 말미암아 범죄해서 유대나라가 이 꼴이 된 것을 아는 우리 후손들이 다시 잡혼해가지고 나라를 망치게 되었으니 어찌 우리가 그냥 넘어갈 수가 있겠는가고 말한다.

느 13:27. 너희가 이방 여인을 아내로 맞아 이 모든 큰 악을 행하여 우리 하나님께 범죄하는 것을 우리가 어찌 용납하겠느냐.

느헤미야는 당신들이 이방 여자들을 아내로 데려와서 이렇게 큰 잘못을 저지르며 하나님을 거역하고 있는데 우리가 어찌 보고만 있을 수 있느냐고 책망한다.

느 13:28. 대제사장 엘리아십의 손자 요야다의 아들 하나가 호론 사람 산발랏의 사위가 되었으므로 내가 쫓아내어 나를 떠나게 하였느니라.

대제사장 엘리아십의 손자인 요야다('여호와께서 아신다'는 뜻)의 아들 하나가 호론 사람 산발랏(호론은 예루살렘 서북 19km 지점의 벧호론을 말함이고 산발랏('비밀의 숲'이라는 뜻, 사마리아 총독)의 사위가 되었음으로 나는 그 사위를 내 앞에서 단호하게 쫓아내버리고 말았다. 대제사장은 이방인과 결혼할 수 없었는데(레 21;14), 하물며 엘리아십의 사돈은 느헤미야의 적이었던 산발랏이었음으로 그에게는 큰 충격이었을 것이다(이상근). 느헤미야는 율법의 규례를 어긴 아들 하나를 추방하여 제사장 직을 수행하지 못하게 한 것이다. 느헤미야는 평신도였음으로 개혁을 대담하게 진행한 것으로 보인다.

느 13:29. 내 하나님이여 그들이 제사장의 직분을 더럽히고 제사장의 직분과 레위 사람에 대한 언약을 어겼사오니 그들을 기억하옵소서.

느헤미야는 '나의 하나님이여! 그들을 잊지 마십시오. 그들은 제사장 직을 더럽히고 제사장과 레위 사람의 언약을 져 버렸습니다'라고 기도했다. 느헤미야는 이 기도에서 자기의 소원에 대해서는 하나님께 말하지 아니하고 저들의 형편만을 하나님께 보고했을 뿐이다. 그러면 하나님께서 정확하게 처리해주실 것이니 말이다.

E. 느헤미야의 개혁을 요약하다 13:30-31

느 13:30. 내가 이와 같이 그들에게 이방 사람을 떠나게 하여 그들을 깨끗하게 하고 또 제사장과 레위 사람의 반열을 세워 각각 자기의 일을 맡게 하고(Thus I cleansed them from everything foreign, and I established the duties of the priests and Levites, each in his work-ESV).

느헤미야는 이와 같이 제사장들과 레위 사람들에게 묻은 이방 사람의 부정을 모두 씻게 했다. 그리고 그들에게 임무를 맡겨 일을 하게 하였다.

본문 초두의 "이와 같이"란 말은 앞에 이미 느헤미야가 진행한 개혁을 지칭하는 말이다. 다시 말해 느헤미야가 이미 제사장들로부터 이방 여자를 쫓아내게 한 일을 뜻한다(3절, 23절; 9:2; 13:1-3; 스 10:10-11, 18-19 주 참조). 이방 여인과 함께 사는 일은 하나님의 자녀로 더러운 일이었다. 함께 사는 일은 영적으로 레위인들을 더럽게 하는 일이었다. 이방 여인으로부터 영적으로 크게 더러워질 수밖에 없었다. 그리고 느헤미야는 제사장들과 레위인들에게 일을 맡겼다.

느 13:31a. 또 정한 기한에 나무와 처음 익은 것을 드리게 하였사오니.

느헤미야는 또 사람들에게 때를 정하여 주어 제단에서 쓸 장작(10:34, 제단의 불을 계속해서 피우기 위한 나무)과 처음 거둔 소산을 바치게 하였다(10:35, 이는 제사장과 레위인의 생계를 위해 바치게 한 것이었다).

느 13:31b. 내 하나님이여 나를 기억하사 복을 주옵소서.

본절을 위해서는 14절 주해를 참조하라. 그리고 5:19 주해를 참조하라. 혹자들은 우리가 무슨 선한 일을 해놓고 하나님으로부터 상급을 요구하는 일은 있을 수 없는 일이라고 주장한다. 그러나 우리가 하나님의 피조물이라는 것을 생각해야 한다. 우리가 상급을 원하는 일은 당연하다.

-느헤미야서 주해 끝-

에스더서 주해

Exposition of Esther

■ 총 론

에스더서의 책 이름은 어떻게 해서 생겼나

에스더서에 "에스더"라는 이름이 붙은 것은 그 주인공의 이름이 에스더였기 때문이다. 그 히브리어 이름은 "하닷사"(Hadhassah)이다. 이는 "도금양"(mytre-식물이름)이라는 뜻이며, 70인역(LXX)도 "에스더"이며 라틴역 역시 "에스더서", Leber Hester('별'이라는 뜻)이다.

에스더서의 저자는 누구인가

본서의 저자는 "바사(페르샤) 나라의 궁정사에 익숙한 유대인"일 것이라고 좁혀서 말할 수 있다. 그러나 그 유대인이 누군지는 확실히 집어 말할 수는 없다. 탈무드에서는 "대회당 사람들이 에스더를 기록했다"(Talmud, Baba Bathra 15a)고 했다. 이런 기록은 결국 대회당의 창설자이며, 그 초대 회장이었던 에스라에게 본서의 저작권을 돌리는 것이다. 그러나 요세푸스를 중심한 고전적 학자들은 본서의 저자를 모르드개에게 돌린다(Josephus, Ant. xi, 6:1, Ibe Ezra, Clement of Alexandra). 우리는 본서의 저자가 모르드개일 것으로 강하게 추정은 하나 확실히 그렇다고 말할 수는 없는 것이다. 그러나 저자가 유대인이었다는 것과 또 저자가 에스더와 동시대의 인물로서 그 때의 일을 직접 체험한 자였다는 것만은 확실하다.

에스더서는 언제 기록되었는가

본서의 내용은 바사 나라의 아하수에로 왕 때에 일어난 사건을 다루고 있다. 그러나 본서의 역사성의 희박성과 숫자의 과장성을 들어 그 저작 연대를 후대, 즉 주전 3세기인 헬라시대(Schult)나 마카비 시대로(Berthe 며, Zunz) 돌리기도 한다. 본서의 저작 연대는 바사 나라의 아하수에로 왕 통치 말기나 혹은 그의 사후 시기로 본다(Rawlinson, Young, Unger, 이상근).

에스더서를 성경으로 볼 수 있는가

혹자들은 에스더를 성경으로 보기 보다는 종교책이며 윤리책이라고 해야 한다고 주장한다. 종교적이라고 하는 이유는 에스더서에는 "하나님"(혹은 "여호와")이란 말이 없기 때문이라는 것이다. 루터는 "성경책들 중에서 에스더는 제거해야 한다"고 주장했다. 그러나 에스더서에는 하나님의 섭리가 역력히 흐르고 있다. 70인역(LXX)에는 반드시 하나님이란 낱말이 나타나야 할 때에 나타나지 않은 곳에 보충해서 설명한데가 많이 있다.

본서가 윤리책이라고 주장하는 것을 보면, 본서가 너무 유대인 중심이고, 그들의 원수에 대한 보복이 지나치게 강조되고 있다는 점이다. 본서는 A.D. 65년의 예루살렘 회의에서나 90년의 "얌니아"(Jamnia) 총회에서 전도서, 아가서, 에스겔서 등과 같이 정경으로 채택된 것으로 보고 있다. 오늘날 에스더서를 성경으로 볼 수 없다는 성도나 학자들이 있다면 하나님의 섭리를 깨닫지 못했거나 아니면 하나님의 섭리를 믿을 수 없다는 것을 드러내는 것이다.

에스더서는 무엇을 담고 있는가

본서는 인도로부터 애굽과 구스까지, 북으로는 헬라의 일부까지 통치한 바사 제국의 전성기에 수도 수산 궁에서 아하수에로 왕이 대연(大宴)을 베풀었을 때 왕후 와스디가 왕명에 불복종하다가 폐위되고 대신 모르드개의 양녀인 에스더가 왕후가 된 사건을 취급한다. 바로 이 때 하만이 득세하여 모든 사람이 그에게 경배하나 유대인 모르드개 만이 신앙적 이유에서 굴복하지 않다가 화근이 전체 유대인에게 미쳐 몰살을 당하게 되었으나 에스더가 생명을 걸고 왕에게 호소하여 전화위복이 되며, 유대인이 그 원수를 갚고 그 일을 기념하기 위해 부림절이 성대하게 지켰다는 사실을 담고 있다.

에스더서의 기록 목적은 무엇인가

본서의 기록목적은 두 가지로 축약할 수가 있다. 하나는 에스더가 왕비가 되고 유대인들이 이방 땅에서 고난을 당하나 전화위복 되는 과정에서 나타난 하나님의 유대인을 위한 놀라운 섭리를 전하는 것이고, 또 하나는 유대인의 명절인 부림절의 역사적 기원을 밝히는 것이다. 유대인들은 훗날 부림절 때 본서를 읽고 즐거워했다.

에스더의 사상은 반드시 공격을 받아야 하는가

본서에는 유대인들의 보복행위가 정당한 듯이 기록되어 있고 또 그 내용 중 한 곳도 신약에 인용되지 않았다는 이유에서 본서의 기준이 애매하다고 주장되어 왔다. 그러나 본서가 나타내고자 하는 사상은 보복이 아니라 하나님의 단오한 심판이다. 유대인의 삶은 하나님 중심의 삶이었다. 그러므로 유대인들의 삶에 대한 이방인들의 압제는 곧 하나님의 주권에 대한 도전이었다. 이런 관점에서 볼 때 하나님의 백성을 괴롭힌다는 것은 하나님의 심판을 피할 수가 없는 것이다.

에스더서에 나타난 에스더는 그리스도를 예표하고 있는가

에스더는 유대 백성들을 위해 죽으면 죽으리라는 각오를 가지고 아하수에로 왕에게 다가갔다. 그러나 에스더는 오히려 이를 통해 왕의 인정을 받으며 결국은 자기의 백성들을 대적의 손에서 구해냈다. 이런 에스더의 역할은 이 땅에 구원자로 오셔서 친히 죽으셨지만(빌 2:6-8; 히 2:14-17; 7:27; 10:5-22) 하나님에 의해 다시 부활하사 높임을 받으며(요 6:40; 롬

4:24; 8:11; 고전 6:14; 15:4; 엡 1:20) 결국 성도들의 구원의 보증이 되신 그리스도의 사역(롬 4:24; 5:9,10; 8:11; 살전 4:14; 벧전 1:3; 3:18)과 연관성이 매우 크다 할 수 있다(호크마 주석).

에스더서에 나타난 모르드개는 그리스도를 예표하고 있는가

모르드개의 행적도 그리스도를 예표하고 있다. 모르드개가 하나님만을 경배하고 적그리스도를 예표하는 하만에게 절하기를 거부한 사실(3:2)은 천하만국을 제시하며 경배하기를 요구하는 마귀의 제의를 물리친 그리스도를 예표한다고 할 수 있다(마 4:8-10). 또한 이를 통해 죽음의 위기에 처했으나 결국 하만을 물리치고 영광을 차지하게 되며 '모든 종족을 안위한 것'(10:3) 마귀의 궤계를 물리치고 생명의 복음을 널리 전하신 그리스도의 사역을 예표한다고 할 수 있다(그랜드 종합주석).

에스더서가 현대 성도들에게 보여주고자 하는 진리는 무엇인가

1) 모르드개가 아하수에로 왕에 대한 음모를 발견하고도 당장은 아무런 포상을 받지 못했으나(2:19-23) 오히려 이 일이 후에 더 큰 영예가 되었다(6:1-11; 8:1,2)는 진리가 현대의 성도들에게도 선행이란 것이 당장에는 보상이 없다 할지라도 하나님은 이를 잊지 않으시고 반드시 보상하신다는 전리를 보여주고 있다(계 2:10).

2) 하만에 대한 경배를 거절했던 모르드개가 죽음의 위기를 맞게 된 것처럼(3:1-6) 하나님만을 섬기며 세상과 타협하지 않는 성도가 세상으로부터 큰 위협을 당할 수 있다는 것을 보여준다(마 24:9). 그러나 변절하지 않고 계속해서 순결한 신앙을 유지해 나갈 때 모르드개가 하만을 이긴 것처럼 최종의 승리를 얻을 수 있다는 것을 보여준다(롬 8:18).

3) 위기에 처한 모르드개와 유대인이 먼저 크게 애통하며 금식했던 것처럼(4:1-3) 오늘날 성도 역시 어려운 문제가 있을 때 하나님께 가지고 나아가야 한다는 것을 보여준다(행 12:5).

4) 동족 구원을 위해 에스더는 "죽으면 죽으리라'는 일사 각오를 가지고 전진했던 것처럼(4:16), 성도는 하나님의 영광과 이웃들의 구원을 위해 순교적 각오를 가지고 살아야 한다는 것을 보여준다(히 11:24,27).

5) 에스더가 "나라의 절반이라도 그대에게 주겠노라"라는 왕의 제의에 대해 성급하게 자신의 요구를 말하지 않고 세 번째에 이르러서야 말한 것처럼(5:3, 6; 7:2) 하나님의 정하신 때를 기다리는 신앙이 필요하다는 것을 보여주고 있다(빌 4:10-14).

6) 모르드개가 높아졌을 때 모든 사람이 기뻐하며 유대인으로 개종한 자가 많았던 것처럼(8:15-17) 오늘 우리도 하나님의 은혜로 존귀하게 될 때 세상 사람들이 두려워하며 교회도 확장된다는 것을 알 수 있다.

7) 하만과 하만의 아들들과 추종자가 모두 멸망한 것처럼(9:1-16) 악인은 마침내 망하고야 만다는 것을 보여준다(시 7:12,13). (그랜드종합주석)

에스더서의 특징은 무엇인가

1. 에스더는 유대인 여자로서 이방 왕의 왕비가 되었고 유대 민족을 위기에서 구출했다는 점.

2. 본서에는 "하나님"이란 말이 전혀 없었으나 본서에는 유대인을 위한 강한 섭리가 수도 없이 많았고 또 본서에는 "하나님" 혹은 "여호와"란 이름을 쓸 수 없는 환경에서 기록되었고 "하나님" 혹은 "여호와"란 이름이 기록된 책을 받을 수 없는 환경에 있는 자들이 수신한 것으로 볼 수 있다.

3. 본서에는 유대인들의 민족적 자만심과 적개심, 그리고 보복심이 강하게 반영되었다고 볼 수 있다.

4. 본서는 부림절의 역사적 기원을 밝혀놓았고 또 강조되고 있다는 점이 특징이라 하겠다.

참고 도서

강병도 편. *호크마종합주석 12, 에스라... 에스더,* 서울특별시: 기독지혜사, 1991.

김수홍. *여호수아주해,* 경기도 수원시: 도서출판 언약, 2016.

______. *사사기, 룻기 주해,* 경기도 수원시: 도서출판 언약, 2016.

______. *그리스도의 말씀이 연합에 미친 영향.* 용인시: 도서출판 목양. 2011.

박윤선. *성경주석, 에스라서, 느헤미야서, 에스더서,* 서울특별시: 영음사, 1979년 초판 발행.

이상근. *구약주해, 에스라-욥,* 대구광역시: 성등사, 1998.

제자원 편. *그랜드종합주석 제 7권: 역대상, 역대하, 에스라, 느헤미야, 에스더,* 경기도: 고양시, 2004.

최종진. *성서주석 15, 에스더,* 서울: 대한기독교서회, 2005년.

헨리 매튜. *역대상-에스더,* 정충하역, 서울: 크리스천 다이제스트, 2009.

Baldwin, Joyce G. *Esther* (Tyndale), Inter Varsity Press, 1984. Baxter, J. Sidlow. *Explore the Book.* Grand Rapids: Zondervan Publishing House, 1966.

Berlin, Adele. *Esther* (JPS), Jewish Publication Society Press, 2001.

Berg, Sandra. *The Book of Esther: Motifs, Themes and Structure* (SBL Dissertation 44), Scholars Press, 1979.

Black, Matthew & Rowley, H.H. *Peake's Commentary on the Bible*, Nashville: Thomas Nelson, 1962.

Breneman, Mervin. *Ezra, Nehemiah, Esther* (New American Commentary), Broadman and Holman, 1993.

Bush, Frederic W. *Ruth, Esther*, (Word Biblical Commentary, 9), Word Books, 1996.

Calvin, John. *Calvin's Commentaris,* Edinburgh, 1847.

Clarke, Adam. *Clarke's Commentary*, Nashville: Abingdon.

Clines, David J. A. *Ezra, Nehemiah, and Esther* (New Century), Eerdmans, 1984.

Guthrie D. & Motyer, J.A. *The New Bible Commentary*, Grand Rapids: Eerdmans, 1970.

Jamieson, R. Fausset, A.R. & Brown D. *Commentary on the Whole Bible,* Grand Rapids: Zondervan, 1976.

Keil & Delitzsch. *Ezra, Nehemiah, Esther*. Grand Rapids: Eerdmans.

Lange, John Peter. *Commentary on the Whole Scripture*, Grand Rapids: Zondervan, 1876.

Leupold, H.C. *Barnes on the Old Testament*, Grand Rapids: Baker Book House, 1942.

Levenson, J. D. *Esther* (OTL), Westminster John Knox, 1997.

Maclaren, Alexander. *Expositions of Holy Scripture*, Grand Rapids: Baker Book House, 1984.

McConville, J. Gordon. *Ezra, Nehemiah, Esther* (Daily Study Bible), Westminster John Knox, 1985.

Morgan, G. Campbell. *An Exposition of the Whole Bible*, Old Tapen:

Fleming H. Revell, 1959.

Myer, F.B. *Bible Commentary*, Wheaton: Tyndale, 1984.

Nicoll W. Robertson ed. *The Expositor's Bible*, Chicago: W.P. Blessing Co.

Paton, Lewis Barton. *A Critical and Exegetical Commentary on the Book of Esther* (ICC), T & T Clark, 1908.

Unger, M. F. *Unger's Commentary on the Old Testament,* vol.1 Genesis-Song of Solomon, Chicago: Moody Press, 1981.

Walvoord, John F. & Zuck Roy B. ed. *The Bible Knowledge Commentary*, Wheaton: Victor, 1985.

【사전류】

바이블렉스 8.0

데릭 윌리엄스, *IVP 성경사전*, 이정석 외 한국기독학생회 출판부 역, 한국기독학생회 출판부(IVP), 1992,

Achtemeier, Paul J. *Harper's Bible Dictionary*, New York: A Division of Harper Collins Publishers, 1985.

Baker, David W. *Dictionary of the Old Testament: Pentatuch,* Leichester: InterVarsity Press, 2003.

Douglas, J. D. *New Bible Dictionary*, (2nd edition), Wheaton: Tyndale House Publishers, 1982.

Tenney, Merrill C. *The Zondervan Pictorial Bible Dictionary,* Grand Rapids: Regency, 1967.

Tregelles, Samuel Prideaux. *Gesenius' Hebrew and Chaldee Lexicon,* Grand Rapids: Eerdmans, 1969.

Unger, M. F. *Unger's Bible Dictionary.* Chicago: Moody, 1957.

【지도】

Personal Map Insert. Ft. Smith: Son Light Publishers, Inc, 1997.

내용 분해

I. 와스디가 폐위되다 1장

   A. 아하수에로 왕이 대연을 베풀다 1:1-8

   B. 와스디가 불순종하다 1:9-12

   C. 와스디가 폐위되다 1:13-22

II. 에스더가 왕비가 되다 2장

   A. 에스더가 왕비가 되다 2:1-18

   B. 모르드개가 모반자를 적발하다 2:19-23

III. 하만이 기용되고 유대인을 없애려고 음모하다 3-4장

   A. 하만이 기용되고 유대인을 없애려고 음모하다 3장

      1. 하만이 기용되고 유대인을 없애려고 음모하다 3:1-6

      2. 유대인을 멸절하라는 조서를 내리다 3:7-15

   B. 모르드개와 에스더가 활동하다 4장

      1. 모르드개가 보고하다 4:1-9

      2. 에스더가 결심하다 4:10-17

IV. 유대인이 구원받다 5-8장

   A. 에스더가 주연을 베풀다 5장

      1. 에스더가 안뜰로 나아가다 5:1-4

      2. 에스더의 주연 5:5-8

      3. 하만이 모르드개를 죽이려 하다 5:9-14

   B. 모르드개가 승리하다 6장

      1. 모르드개가 보상받다 6:1-9

      2. 하만이 패배당하다 6:10-14

- C. 하만이 처형되다 7장
  1. 에스더가 하만을 고발하다 7:1-6
  2. 하만이 처형되다 7:7-10
- D. 유대인이 구원받다 8장
  1. 유대인을 구원하라는 조서를 내리다 8:1-8
  2. 유대인이 기뻐하다 8:9-17

V. 부림절의 기원 9-10장

- A. 유대인의 원수가 멸망 받다 9장
  1. 유대인의 원수가 멸망 받다 9:1-10
  2. 수산성에서 다음날 원수가 처벌 받다 9:11-19
- B. 부림절의 기원 9:20-30
- C. 모르드개의 위대함이 드러나다 10장

에스더서 주해

에스더서는 에스더라는 여인이 고아로서 하나님의 놀라운 섭리로 바사 제국의 왕비가 되어 유대 민족을 멸망의 위기에서 구출한 내용을 기록한 책이다.

제 1 장

I. 와스디가 폐위되다 1장

아하수에로 왕이 대연을 베푼 것(1-8절)은 와스디가 폐위되고 에스더가 왕의 부인이 되게 하시는 하나님의 섭리였다. 아하수에로 왕이 대연을 베풀었을 때 와스디가 불순종하게 되어(9-12절) 와스디가 폐위되었다(13-22절).

1-8절: 아하수에로 왕이 대연을 베푼 것은 와스디가 폐위되고 에스더가 왕의 부인이 되게 하시는 하나님의 섭리였다.

에 1:1. 이 일은 아하수에로 왕 때에 있었던 일이니 아하수에로는 인도로부터 구스까지 백이십칠 지방을 다스리는 왕이라.

이 일은 아하수에로 왕 때에 된 일이다. 아하수에로는 인도에서 에티오피아에 이르기까지 127 지방을 다스린 왕이었다. 여기 "이 일"이란 에스더서에 기록된, 1-8장까지 기록된 모든 일을 지칭하는 말이다. 이렇게 이 일이 되었던 시기를 말해주는 것은 이 일이 일어난 것이 역사적인 사건이었음을 보여주기 위함이었다. "아하수에로"(Ahasuerus, 486-465 B.C.통치)는 히브리 이름이고, "크샤야르샤"(Khshayarsh)는 바사 이름이며, "크셀크스"(Xerxes)는 헬라 이름이다.

아하수에로 왕은 다리오 대왕(Darius I, the Great, 521-486, B.C. 통치)의 아들로서 주전 480년에 100만 대군을 거느리고 그리스 정벌에 나섰으나 살라미스 전투에서 대패하고 말았다. 역사가 헤로도투스(Herodotus)는 아하수에로가 주전 479년에 에스더를 왕비로 맞았다고 보고한다(이상근).

본절의 "인도"는 '인더스 강'을 지칭하고, "구스"는 '이디오피아'를 지칭한다. 또 "지방"이란 말은 '행정구역'을 지칭하는 말이다.

에 1:2. 당시에 아하수에로 왕이 수산 궁에서 즉위하고,

아하수에로 왕은 도성 수산에서 왕위에 올라서 통치하고 있었다. 본절의 "수산"은 '울라이(Ulai) 강' 상류에 위치한 곳인데, 원래는 "엘람"(Elam)의 수도였으나 바사의 수도가 되었다. 아하수에로 왕은 이곳 뿐 아니라 "악메다", "바벨론" 및 "페르스폴리스" 등에 별궁을 가지고 있었다. 그가 즉위한 지 얼마 지나지 않아 와스디가 왕의 명령을 불순종하는 일을 벌인 것이다.

에 1:3. 왕위에 있은 지 제 삼년에 그의 모든 지방관과 신하들을 위하여 잔치를 베푸니 바사와 메대의 장수와 각 지방의 귀족과 지방관들이 다 왕 앞에 있는지라.

나라를 다스린 지 3 년째 되던 해에 모든 총독들(다리오 왕은 전국을 20도로 나누어 다스렸다. 20도였으니 총독이 20명이었다. 그러나 아들 아하수에로는 더 많은 도로 나누었다.)과 신하들을 불러서 잔치를 베풀었다. 바사와 메대의 장수들과 귀족들과 각 지방 총독들을 왕궁으로 초대하였다. 여기 "총독들과 신하들"이란 말과 장수와 각 지방의 귀족들과 지방관들이란 말은 동의어이다. 헤로도투스(Herodotus)는 아하수에로의 이 대연은 그의 헬라 정복전투의 준비를 위한 준비로 마련한 것이었다고 한다.

에 1:4. 왕이 여러 날 곧 백팔십 일 동안에 그의 영화로운 나라의 부함과 위엄의 혁혁함을 나타내니라.

아하수에로 왕은 자기 왕국이 지닌 영화로운 부요와 찬란한 위엄을 과시하여 여러 날 동안, 무려 180 일(6개월)이나 계속 베풀었다. 이 대연에 초대된 연 인원수가 총 15,000명에 달했다는 것이다(Rawlinson).

아하수에로 왕은 그의 부(富)함과 위엄의 혁혁함을 나타내다가 결국은 헬라와의 전투에서 패하고 만 것이다. 오늘도 교만한 자는 다 망하고 만다.

에 1:5. 이 날이 지나매 왕이 또 도성 수산에 있는 귀천간의 백성을 위하여 왕궁 후원 뜰에서 칠 일 동안 잔치를 베풀 새.

이 기간이 끝난 뒤에 왕은 도성 수산에 있는 백성을, 빈부귀천을 가리지 않고 모두 왕궁 정원 안뜰로 불러들여서 7일 동안 잔치를 베풀었다. 반년간의 잔치가 마친 다음 왕은 도성 수산 성 사람들을 위하여 왕궁 후원 뜰에서 7일 동안 잔치를 베풀어 역시 자기의 부함을 나타내었다. 이렇게 교만했으니 망할 것밖에 남은 것은 없었다.

에 1:6. 백색, 녹색, 청색 휘장을 자색 가는 베 줄로 대리석 기둥 은고리에 매고 금과 은으로 만든 걸상을 화반석, 백석, 운모석, 흑석을 깐 땅에 진설하고.

정원에는 흰 실과 자주 빛 털실로 짠 휘장(이러한 휘장은 잔치의 장소를 화려하게 장식하기 위한 것이기도 하지만 따가운 햇살을 막으려는 목적 때문에 설치했을 것이다)을 쳤는데 그 휘장은 대리석 기둥(뜰 중간에 위치했던 궁전의 옆에 별도로 세워진 기둥들을 가리킨다)의 은고리에 매고(아주 긴 휘장을 땅에까지 늘어뜨려 고정시키기 위한 방법이었다) 흰 실과 보랏빛 실로 꼰 끈으로 매달았다. 화반석(흰색과 홍색의 무늬가 있는 돌)과 백석(백색의 대리석)과 운모석(진주 색을 띤 돌)과 흑석(흑색의 대리석)으로 덮인 바닥에는 금과 은으로 만든 의자들(이 걸상은 평안히 기대어 앉을 수 있었던 긴 의자였다)이 놓여 있었다. 이 모든 것들은 그 당시 문화를 엿볼 수 있는 것들이었다.

에 1:7. 금잔으로 마시게 하니 잔의 모양이 각기 다르고 왕이 풍부하였으므로 어주가 한이 없으며.

왕이 거기에 모인 사람들로 하여금 금잔으로 마시게 했는데 모두 금잔이었다. 그런데 그 잔 모양이 저마다 달랐다. 왕이 내리는 술은 풍성하였다. 헤로도투스(Herodotus)는 바사 왕이 사용한 금잔은 모두 세계 정복시에 각국에서 약탈한 것이었는데 헬라와의 전쟁 시에 패해서 약탈당하고 말았다고 한다.

에 1:8. 마시는 것도 법도가 있어 사람으로 억지로 하지 않게 하니 이는 왕이 모든 궁내 관리에게 명령하여 각 사람이 마음대로 하게 함이더라.

왕은 잔치하는 날에 술을 마시는 사람들로 하여금 어전 음주법을 따르지 않게 했다. 많이 마시고 싶은 사람은 많이, 적게 마시고 싶은 사람은 적게 마시게 했다. 그것은 왕이 모든 술 심부름꾼에게 마실 이들이 원하는 만큼 따라 주라고 지시했기 때문이다.

9-12절: 아하수에로 왕이 대연을 베풀었을 때 와스디가 불순종하게 된 것은 에스더가 왕비가 되어 유대인을 구원하도록 하기 위한 하나님의 섭리였다.

에 1:9. 왕후 와스디도 아하수에로 왕궁에서 여인들을 위하여 잔치를 베푸니라.

와스디 왕후도 부인들을 초대하여 아하수에로 왕의 그 궁궐 안에서 잔치를 베풀었다. 본절의 "와스디"(וַשְׁתִּי)는 '사랑스러운'이란 뜻이다. 그런데 이 "와스디"라는 이름이 아하수에로의 아내의 본명인지에 대해서는 학자들 간의 의견이 분분하다. 이유는 아하수에로 왕의 아내 이름이 역사 자료들 가운데서 왕의 측근 가운데 한 사람이었던 모사 오타네스(Otanes)의 딸 '아메스트리스'로만 발견되고 있기 때문이다(Herodotus). 물론 '아메스트리스'와 '와스디'를 같은 인물로 간주하는 데에는 대부분의 학자들이 동의하고 있으나 두 이름의 상관관계에 관한 견해는 상이하여 1) 이름의 철자만 약간 바뀌었을 뿐 동일 인물이라는 견해(Rawlinson). 2) 성경 번역 시의 음역표기의 차이일 뿐 동일한 이름을 가리킨다는 견해. 3) 각각 본명과 별명을 가리키는 것으로 '사랑스러운'을 뜻하는 '와스디'란 별칭이 그녀의 아름다운 성품 때문에 따로 붙여졌다는 견해(Cook, Rawlinson) 등이 있으나, 그녀가 잔인한 성격의 소유자였다는 역사가들의 진술(Cassel, Herodotus, Ctesias)에 미루어 1번과 2번의 견해가 가장 적절한 견해일 것으로 보인다. 결국은 두 이름을 동일 인물로 여겨야 한다는 것이다.

와스디가 "부인들을 초대하여 아하수에로 왕의 그 궁궐 안에서 잔치를 베푼" 것은 바사 나라의 경우 남녀가 음식이나 술을 함께 먹지 않았던 고로 왕후는 여자만을 위하여 다른 장소에서 잔치를 배설한 것으로 보아야 할 것이다.

에 1:10. 제 칠일에 왕이 주홍이 일어나서 어전 내시 므후만과 비스다와 하르보나와 빅다와 아박다와 세달과 가르가스 일곱 사람을 명령하여.

아하수에로 왕이 반년간의 잔치를 마친 후에 도성 수산 사람들을 위해 또 베푼 잔치가 진행되어 제 7일이 되는 날에 왕은 술을 마시고 주홍이 일어나자(과음하자 기분이 좋아져서) 자기를 받드는 일곱 궁전 내시(환관) 곧 "므후만"('위대한 홈'이라는 뜻)과 "비스다"('거세자'라는 뜻)와 "하르보나"('멸망'이라는 뜻)와 "빅다"('생선을 주다'라는 뜻)와 "아박다"('술틀의 아비'라는 뜻)와 "세달"('검사자'라는 뜻)과 "가르가스"('등을 덮음'이라는 뜻)에게 다음과 같은 명령을 했다.

에 1:11. 왕후 와스디를 청하여 왕후의 관을 정제하고 왕 앞으로 나아오게 하여 그의 아리따움을 뭇 백성과 지방관들에게 보이게 하라 하니 이는 왕후의 용모가 보기에 좋음이라.

아하수에로 왕은 자기의 아내 와스디가 왕후의 관을 쓰고 왕 앞으로 나오게 하라고 명령하였다. 이유는 왕후가 미인이므로 아내의 아름다움을 백성과 대신들 앞에서 자랑하고 싶어서였다. 자기의 아내가 미인임으로 다른 사람 앞에 자랑하기를 소원한 것이었다. 자랑은 항상 좋지 않은 결과를 맺는다. 미모 자랑은 더욱 그렇다.

에 1:12. 그러나 왕후 와스디는 내시가 전하는 왕명을 따르기를 싫어하니 왕이 진노하여 마음속이 불붙는 듯하더라.

그러나 와스디 왕후는 내시들이 전하는 왕의 말을 듣고도 왕 앞으로 나오지 않았다. 그래서 아하수에로 왕은 화가 치밀어 올라 견딜 수가 없었다. 와스디 왕후는 남에게 여자의 얼굴을 보이지 않아야 한다는 바사의 관습을 따라(Josephus) 나타나지 않았다. 더욱이 술 취한 사람들 앞에 그의 모습을 보이기를 싫어했다. 아하수에로 왕은 여러 사람 앞에서 왕후에게 모욕을 받은 것을 견딜 수가 없었다.

13-22절: 아하수에로 왕이 자기 아내를 왕후의 자리에서 폐위시켰다.

에 1:13-14. 왕이 사례를 아는 현자들에게 묻되 (왕이 규례와 법률을 아는 자에게 묻는 전례가 있는데 그 때에 왕에게 가까이 하여 왕의 기색을 살피며 나라 첫 자리에 앉은 자는 바사와 메대의 일곱 지방관 곧 가르스나와 세달과 아드마다와 다시스와 메레스와 마르스나와 므무간이라).

왕은 법에 밝은 학자들에게 이 일을 어떻게 다스리면 좋겠느냐고 물었다. 당시에 이런 일은 법학자와 법관들에게 문의하는 것이 관례가 되어 있었다. 바사와 메대(이 두 낱말에 대해 3절 주해를 참조) 사람으로서 왕을 가까이 모시는 대신(大臣)(가르스나, 세달, 아드마다, 다시스, 메레스, 마르스나, 므무간, 이들 7인은 바사의 최고의 고관들이었으며 박사였다)이었다. 그들은 높은 벼슬자리에 앉아 왕을 가까이 모시는 사람들이었다. 이들 7인 중 므무간이 대언자였다(16, 21절).

에 1:15. 왕후 와스디가 내시가 전하는 아하수에로 왕의 명령을 따르지 아니하니 규례대로 하면 어떻게 처치할까.

왕이 그들 7인에게 물었다. '내가 내시들을 시켜 내린 분부를 와스디 왕후가 거역했으니 법대로 다스린다면 어떻게 해야 하겠소?'라고 물었다.

에 1:16. 므무간이 왕과 지방관 앞에서 대답하여 이르되 왕후 와스디가 왕에게만 잘못했을 뿐 아니라 아하수에로 왕의 각 지방의 관리들과 뭇 백성에게도 잘못하였나이다.

므무간이 앞으로 나서며 왕에게 이렇게 대답했다. '와스디 왕후는 임금님께만 잘못을 저지른 것이 아니고 아하수에로 왕국 각 지방에 있는 모든 신하들과 백성에게도 못할 일을 한 셈입니다'. 그 이유는 다음과 같다고 대답을 했다.

에 1:17. 아하수에로 왕이 명령하여 왕후 와스디를 청하여도 오지 아니하였다 하는 왕후의 행위의 소문이 모든 여인들에게 전파되면 그들도 그들의 남편을 멸시할 것인즉.

므무간은 '왕후 와스디의 일은 틀림없이 모든 부녀자들에게 알려질 것입니다. 그렇게 되면 부녀자들은 와스디 왕후가 임금님의 부르심을 받고도 어전에 나타나지 않았더라고 하면서 남편을 업신여기게 될 것입니다. 이것은 지금 당장 임금님께만 모욕이 아니라 전국에 있는 남편들에게 큰 나쁜 반향을 일으킬 것입니다. 이래가지고는 각 가정의 여자들이 남편들을 업신여길 것은 뻔한 일입니다'고 대답을 했다.

에 1:18. 오늘이라도 바사와 메대의 귀부인들이 왕후의 행위를 듣고 왕의 모든 지방관들에게 그렇게 말하리니 멸시와 분노가 많이 일어나리이다 (This very day the noble women of Persia and Media who have heard of the queen's behavior will say the same to all the king's officials and there will be contempt and wrath in plenty-ESV).

므무간은 '왕후의 일은 오늘이라도 당장 바사와 메대의 고관 부인들(방백의 부인들)의 귀에 들어 갈 것입니다. 그리고 왕의 고관들의 부인들은 그들이 들은 말들을 모든 왕의 고관들에게 할 것이니 저희 사내들 체면이 어떻게 되겠습니까? 왕후 한 사람의 행위는 전염병처럼 모든 왕의 고관들의 부인들에게 전염되어 그 남편들에게 영향을 미칠 것입니다'라는 것이었다.

에 1:19-20. 왕이 만일 좋게 여기실진대 와스디가 다시는 왕 앞에 오지 못하게 하는 조서를 내리되 바사와 메대의 법률에 기록하여 변개함이 없게 하고 그 왕후의 자리를 그보다 나은 사람에게 주소서 왕의 조서가 이 광대한 전국에 반포되면 귀천을 막론하고 모든 여인들이 그들의 남편을 존경하리이다 하니라.

므무간의 조언은 세 가지였다. 첫째, '왕이 좋게 여기신다면 와스디를 다시는 왕 앞에 오지 못하게 하라는 것(19a). 나오지 못하게 명령을 내리라는 것'. 둘째, '왕후의 자리를 와스디보다 더 나은 사람에게 주시라는 것(19b). 간단히 말해서 와스디를 폐위시키고, 더 나은 사람에게 그 왕후의 자리를 주시라는 것'이었다. 셋째, '왕의 명령이 내리면 전국의 귀천을 막론하고 모든 여인들이 그들의 남편을 존경할 것이라는 것'

이었다(20절).

에 1:21. 왕과 지방관들이 그 말을 옳게 여긴지라 왕이 므무간의 말대로 행하여.

므무간이 왕 앞에 조언한 내용(19-20절)이 왕과 지방관들의 마음에 좋게 여겨져 왕이 므무간의 말대로 행했다는 것이다. 므무간의 조언은 하나님의 섭리에 잘 들어맞았다.

에 1:22. 각 지방 각 백성의 문자와 언어로 모든 지방에 조서를 내려 이르기를 남편이 자기의 집을 주관하게 하고 자기 민족의 언어로 말하게 하라 하였더라.

아하수에로 왕은 그가 다스리는 모든 지방(전국 127도)에 조서를 내렸다. 조서에 이르기를 남편이 자기 집을 주관하게 하라고 했다. 그리고 남편과 부인의 언어가 다른 경우 남편이 쓰는 언어로 그 가정을 주관하게 하라고 했다. 다시 말해 남편이 쓰는 말이 그 가정에서 쓰는 일상 언어가 되어야 한다고 선포하였다.

본절의 하반절의 말을 다시 정리해보면 서로 다른 언어를 사용하는 두 남녀가 결혼을 하여 가정을 이루었을 경우 아내를 포함하여 그 가정 전체는 남편의 언어를 사용해야 된다는 명령이었다. 이렇게 할 경우 그 가정 안에서 남편의 위치는 보다 더 확고해질 것이었다. 부부간에 언어가 통일되지 않으면 사상 통일이 어려울 것이니 부득이 남편의 언어로 통일을 이루라고 하는 것이었다.

제 2 장

본장은 에스더가 왕비가 된 것을 기술한 장이다. 본장은 에스더가 왕비가 된 일(1-18절), 모르드개가 모반자를 적발한 일(19-23절)을 기술한다.

1-18절: 이 부분은 에스더가 왕비가 된 일을 기술한다.

에 2:1. 그 후에 아하수에로 왕의 노가 그치매 와스디와 그가 행한 일과 그에 대하여 내린 조서를 생각하거늘.

아하수에로 왕이 와스디를 폐위시킨(주전 483년) 지 얼마 지나지 않아 아하수에로 왕의 분노가 가라앉자 와스디 왕후가 생각나고 왕후가 저지른 일과 그리고 그것 때문에 자기가 조서까지 내린 일이 마음에 걸리게 되었다. 그러나 이제 때는 지나가서 되돌릴 수는 없었다. 늘 마음에 걸린 대로 살아가는 수밖에 없었다. 아하수에로 왕이 에스더를 부인으로 맞이한 때는 주전 479년(16절)이었다. 그러니까 와스디를 폐위시키고 에스더를 새 아내로 맞이한 때의 간격은 4년이었다.

에 2:2. 왕의 측근 신하들이 아뢰되 왕은 왕을 위하여 아리따운 처녀들을 구하게 하시되.

왕을 받드는 젊은 신하들이 이것을 알고 왕에게 말하였다. "임금님을 모실 아리땁고 젊은 처녀들을 찾아보게 하시는 것이 좋겠다"고 아뢰었다. 여기 왕의 측근들은 와스디를 폐위시킨 일곱 박사들이었거나 아니면 그들의 지시를 받은 자들이었을 것이다. 그들은 왕이 계속해서 와스디를 생각하다가는 왕이 와스디를 다시 들여놓을지도 모른다는 생각에 다른 아름다운 여자를 골라보라고 말한 것이다.

에 2:3. 전국 각 지방에 관리를 명령하여 아리따운 처녀를 다 도성 수산으로 모아 후궁으로 들여 궁녀를 주관하는 내시 헤개의 손에 맡겨 그 몸을 정결하게 하는 물품을 주게 하시고.

왕의 시신들은 계속해서 말하기를 "임금님께서 다스리시는 각 지방에 관리들에게 명령하여 아리땁고 젊은 처녀들을 뽑아서 도성 수산으로 모으게 하시고 후궁으로 불러다가 궁녀를 돌보는 내시 헤개(후궁의 관리자)에게 맡기시고 그들이 자신들의 몸을 가꿀 화장품을 주게 하십시오"라고 상신했다.

에 2:4. 왕의 눈에 아름다운 처녀를 와스디 대신 왕후로 삼으소서 하니 왕이 그 말을 좋게 여겨 그대로 행하니라.

왕의 신하들은 왕이 딴 생각을 못하도록 계속해서 말한다. 즉, "임금님 마음에 드시는 처녀를 와스디 대신에 왕후로 삼으심이 좋을 듯합니다"라고 아뢰었다. 아하수에로 왕은 그들의 말이 마음에 들어 그대로 했다. 왕이 그들의 말을 들은 것도 하나님의 섭리를 이루는 일이었다.

에 2:5. 도성 수산에 한 유다인이 있으니 이름은 모르드개라 그는 베냐민 자손이니 기스의 증손이요 시므이의 손자요 야일의 아들이라.

그 때에 도성 수산에는 "모르드개"('작은 사람'이라는 뜻)라고 하는 유대 남자가 있었는데, 그는 베냐민 지파(유다의 부속지파였다) 사람으로서 아버지는 "야일"('내 빛'이라는 뜻)이었고 할아버지는 "시므이"('듣는 자'라는 뜻)였으며 증조부는 "기스"('단단하다'는 뜻)였다. 여기 모르드개가 중요한 사람이었음으로 3대까지 소개되었다.

에 2:6. 전에 바벨론 왕 느부갓네살이 예루살렘에서 유다 왕 여고냐와 백성을 사로잡아 갈 때에 모르드개도 함께 사로잡혔더라.

본절은 모르드개가 도성 수산에 거하게 된 이유를 밝힌다. 그가 도성 수산에 있게 된 이유는 그가 바빌론 왕 느부갓네살이 예루살렘에서 유대 왕 "여고냐"('여호와의 준비'라는 뜻, 이는 "여호야긴"이었다. 이는 느부갓네살에 의해 주전 597년 제 2차로 포로가 된 왕이었다)와 그의 백성을 포로로 끌고 왔을 때에 함께 잡혀 왔기 때문에 여기 도성 수산에 있게 되었다. 제 1차는 주전 606년에, 제 3차는 주전 586년이었다.

에 2:7. 그의 삼촌의 딸 하닷사 곧 에스더는 부모가 없었으나 용모가 곱고 아리따운 처녀라 그의 부모가 죽은 후에 모르드개가 자기 딸 같이 양육하더라.

본절은 모르드개와 에스더의 관계를 진술한다. 즉, "모르드개에게는 하닷사(에스더의 히브리 이름)라고 하는 사촌 누이동생이 있었다. 이름을 "에스더"('별'이라는 뜻)라고도 하는데 일찍 부모를 여의었으므로, 모르드개가 데려다가 길렀다. 에스더는 몸매도 아름답고 얼굴도 예뻤다. 에스더가 부모를 여의었을 때에, 모르드개가 그를 딸로 삼아 길렀다". 하닷사라는 이름은 에스더의 본명일 것으로 추측된다. 다시 말해 에스더가 하닷사의 별명일 것으로 보인다(K.&D., Rawlinson).

에 2:8. 왕의 조서와 명령이 반포되매 처녀들이 도성 수산에 많이 모여 헤개의 수하에 나아갈 때에 에스더도 왕궁으로 이끌려가서 궁녀를 주관하는 헤개의 수하에 속하니.

아하수에로 왕이 내린 명령과 조서(명령과 조서는 동의어이다)가 반포되니, 관리들은 처녀를 많이 뽑아서 도성 수산으로 이끌어가서(여기 이 단어는 강제적으로 끌려간 것을 뜻한다) 헤개가 그들을 맡아 돌보았다. 에스더도 뽑혀서 왕궁으로 들어가 궁녀를 맡아 보는 헤개에게로 갔다. 처녀들이 왕의 명령에 끌려가는데 그들은 좋든 싫든 가는 수밖에 없었다. 이들 속에 에스더가 있었던 것은 유대인을 구원하시려는 하나님의 섭리였다.

에 2:9. 헤개가 이 처녀를 좋게 보고 은혜를 베풀어 몸을 정결하게 할 물품과 일용품을 곧 주며 또 왕궁에서 으레 주는 일곱 궁녀를 주고 에스더와 그 궁녀들을 후궁 아름다운 처소로 옮기더라.

에스더가 헤개(헤개는 '묵상'이라는 뜻) 앞으로 끌려 왔을 때 헤개가 첫눈에 에스더를 좋게 보고(헤개가 에스더를 좋게 본 것도 유대인을 구원하시려는 하나님의 섭리였다) 은혜를 베풀어 몸을 정결하게 할 고급 화장품과 일용품을 즉시 주었다. 그리고 또 왕궁에서 으레 주는 수종드는 일곱 궁녀를 에스더에게 주었고 에스더와 그 궁녀들을 후궁 아름다운 처소(이곳은 왕과 만나기 편리한 장소였다)로 옮겨주었다.

에 2:10. 에스더가 자기의 민족과 종족을 말하지 아니하니 이는 모르드개가 명령하여 말하지 말라 하였음이라.

에스더는 자기의 민족(유대 민족이라는 것)과 종족(혈통)을 밝히지 않았다. 모르드개가 에스더에게 그런 것을 밝히지 말라고 단단히 일러두었기 때문이다. 모르드개가 에스더로 하여금 자기들의 민족과 혈통을 밝히지 말라고 한 이유는 미리 밝혀놓으면 민족을 구원하는 일에 방해가 되었기 때문이었다. 다시 말해 바사의 왕비에게는 이민족을 배척하는 관례가 있었기 때문이었고(Herodotus), 또 유대인에게는 종교적 우월감과 배타심이 강했기 때문에 바사인들에게 좋은 인상을 주지 못했기 때문이었다(K.&D.).

에 2:11. 모르드개가 날마다 후궁 뜰 앞으로 왕래하며 에스더의 안부와 어떻게 될지를 알고자 하였더라.

모르드개(모르드개는 대궐 정문의 문직이였던 것으로 보였다. 21절)가 날마다 후궁(에스더와 에스더에게 시중드는 궁녀들이 있는 곳) 뜰 앞으로 왕래하며 에스더의 안부를 알기를 원했고(이렇게 안부를 알기를 원한 것은 에스더가 언제쯤 왕후가 될 것인지를 알기를 원한 것이었다), 또 앞으로 무슨 일이 일어날지를 알고자 했다. 다시 말해 에스더가 유대인이라는 것이 발각되지 않을는지 아주 궁금해 하면서 후궁 뜰 앞으로 왕래했던 것이다.

에 2:12. 처녀마다 차례대로 아하수에로 왕에게 나아가기 전에 여자에 대하여 정한 규례대로 열두 달 동안을 행하되 여섯 달은 몰약 기름을 쓰고 여섯 달은 향품과 여자에게 쓰는 다른 물품을 써서 몸을 정결하게 하는 기한을 마치며.

처녀들은 아하수에로 왕 앞에 차례대로(한 번에 처녀들 두 셋이 한꺼번에 나아갈 수는 없었다) 나아가기 전에 정해진 미용법에 따라서 열두 달 동안 몸을 가꾸었다. 처음 여섯 달 동안은 몰약 기름을 써야 했고 다음 여섯 달 동안은 향유와 여러 가지 여성용 화장품을 써서 몸을 가꾸어야 했다.

몰약은 고대 중근동 사회에서 우수한 세정력과 그 독특한 향기 때문에 크게 인정을 받았다(출 30:23-25; 시 45:8; 잠 7:17). 특히 미이라를 만들기 위한 중요한 방부제로 사용되었다(막 16:1; 눅 24:1; 요 19:39).

에 2:13. 처녀가 왕에게 나아갈 때에는 그가 구하는 것을 다 주어 후궁에서 왕궁으로 가지고 가게하고.

본절에 "처녀가 왕 앞에 나아간다"는 말은 처녀가 1년간 자기 몸을 정결하게 한 후에 왕과 성관계를 가지러 나아간다는 것을 뜻하는 말이다. 그 때에는 "그 처녀가 원하는 것은 무엇이든지 다 주어서 후궁에서 대궐로 가지고 가게 한다"는 것이다. 1년이 지나 처녀가 왕 앞에 나아갈 때가 되면 왕에게 잘 보이기 위하여 처녀가 원하는 그 무엇이든지(옷이나 장식품 등) 다 가지고 나아가게 했다.

에 2:14. 저녁이면 갔다가 아침에는 둘째 후궁으로 돌아와서 비빈을 주관

하는 내시 사아스가스의 수하에 속하고 왕이 그를 기뻐하여 그의 이름을 부르지 아니하면 다시 왕에게 나아가지 못하더라.

저녁에 왕이 기거하는 대궐로 들어간 처녀는 이튿날 아침에 대궐에서부터 나오면 처녀는 지난밤에 왕과 잠자리를 함께 한 처녀들을 맡아 보는 왕의 내시 사아스가스가 별궁으로 데리고 갔다. 왕이 그를 좋아하여 특별히 지명하여 부르지 않는 한 다시는 왕 앞에 나아갈 수 없게 마련이다. 본절의 "비빈"(פִּילַגְשִׁים)이란 말은 구약 성경에서 흔히 "첩"으로 번역되는 단어이다(창 22:24; 삿 8:31; 삼하 5:13). 다시 부름을 받지 못하는 처녀는 한번 잠자리를 한 후에는 영원히 과부의 신세가 되는 것이었다.

에 2:15. 모르드개의 삼촌 아비하일의 딸 곧 모르드개가 자기의 딸 같이 양육하는 에스더가 차례대로 왕에게 나아갈 때에 궁녀를 주관하는 내시 헤개가 정한 것 외에는 다른 것을 구하지 아니하였으나 모든 보는 자에게 사랑을 받더라.

"모르드개의 삼촌 아비하일의 딸", 다시 말해 "모르드개가 자기의 딸 같이 양육하는 에스더"가 저녁이 되어 차례가 되었음으로 왕에게 나아갈 때에 궁녀들을 주관하는 내시 헤개가 정해준 것 외에는 다른 옷이나 화장품을 구하지 아니하였으나 모든 보는 자에게 사랑을 받게 되었으니 이것이 하나님의 크신 섭리였다. 아마 도 에스더는 인간적으로 옷이나 화장품을 요구하지 아니하고 하나님의 사랑을 확신하고 그냥 왕에게 나아갔을 것이다. 오늘날은 인간적으로 꾸미는 미모가 출세를 좌우한다고 생각하는 사람들이 의외로 많다. 우리는 그런 것보다는 하나님의 은혜를 더욱 바라야 할 것이다.

에 2:16. 아하수에로 왕의 제 칠년 시월 곧 데벳월에 에스더가 왕궁에 인도되어 들어가서 왕 앞에 나가니.

본절은 에스더가 아하수에로 왕(486-465 B.C. 통치) 앞에 나아간 날을 진술한다. 그날은 아하수에로 왕이 통치를 시작한 지 제 칠년(주전 479년)이 되는 해 10월이 된다는 것이었다. 다시 말해 "데벳월"이라고 한다. 와스디가 폐위된 해는 아하수에로 왕 3년이었으니 아하수에로 왕은 4년간 왕후 없이 지낸 셈이었다. 이 4년 동안 그리스와의 전쟁이 있었는데 그리스한테 패했기 때문에 긴 기간이 생긴 것이었다. 이 날은 에스더가 아하수에로 왕과 결혼을 하는 역사적인 날이었다. 아하수에로 왕의 제 7년 10월이란 말은 종교력이었으며 민간력으로는 4월이었다. 또한 태양력으로는 12월 중순으로부터 다음해 1월 중순까지였다. 여기 "데벳월"이란 바벨론 사람들이 사용했던 것으로 구약 성경 중에 여기에만 등장하는 낱말이다(호크마 주석).

에 2:17. 왕이 모든 여자보다 에스더를 더 사랑하므로 그가 모든 처녀보다 왕 앞에 더 은총을 얻은지라 왕이 그의 머리에 관을 씌우고 와스디를 대신하여 왕후로 삼은 후에.

아하수에로 왕은 에스더를 다른 모든 여자들보다도 더 사랑하였다. 에스더는 모든 처녀들을 제치고 왕의 귀여움과 사랑을 독차지하였다. 드디어 왕은 에스더의 머리에 관을 씌우고 와스디를 대신하여 왕후로 삼았다. 아하수에로 왕이 에스더를 더 사랑한 것은 에스더의 내적인 미(美)에 끌린 것이지만 유대인들 편에서 보면 유대인을 구원하시려는 하나님의 섭리였다. 그러니까 사람이 무엇이 되는 것이 외모나 이력에 의해 결정되는 것이 아니라 내적인 미와 하나님의 뜻에 의해 결정된다는 것을 보여준 것이었다.

에 2:18. 왕이 크게 잔치를 베푸니 이는 에스더를 위한 잔치라 모든 지방관과 신하들을 위하여 잔치를 베풀고 또 각 지방의 세금을 면제하고 왕의 이름으로 큰 상을 주니라.

아하수에로 왕은 에스더를 위하여 큰 잔치를 베풀었고 전국의 대신들과 신하들을 다 초대하였으며 전국의 각 지방에 세금을 면제하여 주었으며 왕의 이름으로 여러 가지 큰 상을 푸짐하게 주었다.

본절의 "큰 상을 주었다"(מַשְׂאֵת)는 말은 창 43:34; 렘 40:5에서의 이 단어의 용례를 통해서 볼 때 식량을 주거나 음식을 주었다는 표현이 분명하다(Baldwin). 고대 사회에서 먹을 것을 주는 것은 가난한 백성들에게는 큰 혜택이 아닐 수 없었다.

19-23절: 이 부분은 모르드개가 모반자들을 적발한 일을 기술한다.

에 2:19. 처녀들을 다시 모을 때에는 모르드개가 대궐 문에 앉았더라.

본절은 처녀들을 또다시 모집한 일이 있었다고 말한다. 그 때 모르드개는 궁궐의 대문에서 일을 보고 있었다고 한다. 여기 "다시(שֵׁנִית) 모을 때에는"이란 말이 무엇을 가리키는지를 두고 많은 견해가 있다. 1) 70인역(LXX)은 "다시"란 말을 아예 빼버렸다. 2) 후궁들이 둘째 집으로 모인 것을 뜻한다는 견해(Drusius, Bertheau). 3) 에스더를 택하기 이전 일을 말하는 것이라는 견해(Grotius, Vatable, Rambach). 4) 왕이 에스더보다 더 나은 여자를 왕후로 앉히기 위해 또 다시 처녀들을 모았던 것을 가리킨다는 견해. 5) 와스디를 왕후로 택하기 위해 처녀를 모은 것은 '첫 번째'이고 에스더를 왕후로 삼기 위해 처녀를 모집한 것은 '두 번째'라는 견해(F. Vatable, J. Mariana). 6) 왕비를 택한 이후에 혹은 원거리에서 혹은 기타 이유로 늦게 온 처녀들이 모인 것을 뜻한다는 견해(K.&D.). 위의 견해들은 모두 당시의 현황을 정확하게 드러내지 못하는 약점이 있으나 이 견해들 중 6번의 견해가 당시의 정황을 정확히 파악해서 말한 것으로 보인다.

"그 때 모르드개는 궁궐의 대문에서 일을 보고 있었다"는 말은 모르드개가 그 대궐문의 문지기였음을 드러내는 말이다. 그러나 당시에 "대궐문에 앉은 자"는 상당한 지위에 있는 자로서 백성들을 만나며 중직을 수행한 자로 보아야 한다(삼하 19:8; 왕상 22:10).

에 2:20. 에스더는 모르드개가 명령한 대로 그 종족과 민족을 말하지 아니하니 그가 모르드개의 명령을 양육 받을 때와 같이 따름이더라.

에스더는 왕후가 된 후에도 자기의 혈통과 민족에 관해서는 모르드개가 시킨 대로(10절) 입을 다물고 지냈다. 에스더는 모르드개의 명령을 양육 받을 때와 같이 따랐다. 에스더는 시종여일했다.

에 2:21. 모르드개가 대궐 문에 앉았을 때에 문을 지키던 왕의 내시 빅단과 데레스 두 사람이 원한을 품고 아하수에로 왕을 암살하려는 음모를 꾸미는 것을.

모르드개가 대궐문에 앉아서 문도 지킬 뿐 아니라 나라의 중요한 일을 살피고 있을 때 모르드개의 눈에 보기에 문을 지키던 왕의 내시 빅단과 데레스 두 사람이 원한을 품고 아하수에로 왕을 암살하려는 음모를 꾸미는 것을 알아차려서 왕후 에스더에게 알렸다.

"빅단"('신의 선물'이라는 뜻)과 "데레스"('굳건한'이라는 뜻) 두 사람은 내시의 신분으로 왕궁과 후궁에 마음대로 드나들 수 있는 높은 신분으로 아하수에로 왕에 대하여 화가 나서(창 41:10; 민 16:22; 사 57:17, 호크마 주석) 암살하려고 했다. 이들이 아하수에로 왕에게 화가 난 것은 아마도 왕후 와스디를 해임시킨 것 때문일 것으로 보인다.

에 2:22. 모르드개가 알고 왕후 에스더에게 알리니 에스더가 모르드개의 이름으로 왕에게 아뢴지라.

그 음모를 알게 된 모르드개는 에스더의 공을 세우기 위해 에스더 왕후에게 이 사실을 알렸고 에스더는 그것을 모르드개의 공을 세우기 위하여 모르드개가 일러주었다고 왕에게 보고했다.

에 2:23. 조사하여 실증을 얻었으므로 두 사람을 나무에 달고 그 일을 왕 앞에서 궁중 일기에 기록하니라.

모르드개가 보낸 사실을 조사하여 음모가 밝혀졌음으로 두 사람을 나무에 매달아 죽였다. 이것이 바사의 십자가형이었다(Herodutus). 이런 사실을 왕이 보는 앞에서 궁중실록에 기록했다. 이 사건은 당시에는 조용히 지나갔으나 훗날에 가서 보상되었다. 이 사실이 훗날 유대인의 구원에도 큰 몫을 하게 되었다. 하나님의 섭리가 아닐 수 없었다.

III. 하만이 기용되고 유대인을 없애려고 음모하다 3-4장

이 부분(3-4장)은 하만이 기용되고 유대인을 없애려고 음모한 일(3장)과 모르드개와 에스더가 활동한 일(4장)이 진술된다.

제 3 장

A. 하만이 기용되고 유대인을 없애려고 음모하다 3장

하만이 기용되고 유대인을 없애려고 음모한 일(1-6절)과 유대인을 멸절하라는 조서를 내린 일(7-15절)이 진술된다.

1. 하만이 기용되고 유대인을 없애려고 음모하다 3:1-6

하만이 기용되고 높이 올라갔는데 모르드개가 하만에게 무릎을 꿇지 않음으로 모르드개와 유대인 전체를 멸절하려고 음모를 꾸민다.

에 3:1. 그 후에 아하수에로 왕이 아각 사람 함므다다의 아들 하만의 지위를 높이 올려 함께 있는 모든 대신 위에 두니.

본절 초두의 "그 후에"란 말은 에스더가 왕후에 오른 때(B.C. 479년, 2:19)로부터 아하수에로 통치 12년이 되던 해(474년, 7절) 사이의 어느 기간을 가리키는 것으로 본다.

"아각 사람"이란 '아말렉 족속의 자손'(삼상 15:8)을 뜻하는 말이다. "함므다다의 아들 하만"(Haman)은 '소리'를 뜻하는 말로 엘람의 주신(主神) "훔만"과 관련되는 듯하다(Jensen).

그리고 여기 "지위를 높이 올렸다"는 말은 '높은 지위에 올린 것을 뜻'한다. 하만은 비록 바사 사람이 아닌 아말렉 사람이었지만 바사 왕들의 포용정책에 따라 높은 지위에 오를 수 있었을 것이다. 이는 마치 다니엘이 유대인이면서도 바사의 고위직에 오른 경우와 유사하다고 보면 될 것이다(단 6:2,3).

에 3:2. 대궐 문에 있는 왕의 모든 신하들이 다 왕의 명령대로 하만에게 꿇어 절하되 모르드개는 꿇지도 아니하고 절하지도 아니하니.

대궐 문에서 근무하는 신하들은 하만이 대궐을 드나들 때마다 모두 코가 땅에 닿을 만큼(Herodotus, Schultz) 꿇어 엎드려 절을 하였는데 하만은 그렇게 대우하라는 왕의 명령이 있었는데도 모르드개는 무릎을 꿇지도 않고 절을 하지도 않았다. 모르드개가 이렇게 하만을 대접하지 않은 것은 아마도 두 가지 이유에서였을 것이다. 모르드개는 여호와 한분만이 경배의 대상으로 믿는 신앙 때문이었고(Josephus, K.&D., Schultz), 또 한 가지 이유는 아말렉이 유대인의 숙적이었기 때문이었을 것으로 보인다(O. Bonart, Grotius). 오늘 우리는 여호와 하나님만이 유일의 경배 대상으로 알고 살아야 할 것이다. 인간을 신으로 대접할 수는 없는 일이다.

에 3:3. 대궐 문에 있는 왕의 신하들이 모르드개에게 이르되 너는 어찌하여 왕의 명령을 거역하느냐 하고.

모르드개가 하만을 대접하지 아니하니 대궐 문에서 근무하는 왕의 신하들이 모르드개를 향해서 "어찌하여 왕의 명령을 지키지 않소?"라고 나무랐다. 여호와 한분만을 경배하는 모르드개는 다른 신하들이 무어라 해도 사람을 여호와 대접 할 수는 없는 일이었다.

에 3:4. 날마다 권하되 모르드개가 듣지 아니하고 자기는 유다인임을 알렸더니 그들이 모르드개의 일이 어찌 되나 보고자 하여 하만에게 전하였더라.

왕의 신하들이 날마다 모르드개를 향하여 하만에게 큰 존경의 행위를 하도록 타일렀으나 모르드개는 그들의 말을 듣지 않았다. 마침내 그들은 하만에게 이런 사실을 알렸다. 그들은 모르드개가 스스로 유대 사람이라고 말한 적이 있으므로 그의 그런 행동이 언제까지 용납될 수 있는지 두고 볼 셈이었다. 그들은 모르드개가 말한 것이 언제까지 통하느냐를 보기를 원했다.

모르드개는 자기가 유대인임을 알린 이유는 자기가 유대인이기 때문에 하만에게 코가 땅에 닿도록 절을 하지 않았다는 것이었다. 오늘 우리는 하나님을 믿는 사람들이기 때문에 세상에 그 어떤 우상에게도 절하지 않아야 할 것이다.

에 3:5. 하만이 모르드개가 무릎을 꿇지도 아니하고 절하지도 아니함을 보고 매우 노하더니.

하만은 모르드개가 정말로 자기에게 무릎을 꿇지도 않고, 자기에게 절도 하지 않는 것을 보고 화가 크게 치밀어 올랐다. 하만은 모르드개가 유대인이라는 말을 듣고는 견딜 수 없이 노가 폭발했다. 아말렉 사람들은 유대인과 영원한 원수였는데 모르드개가 유대인임을 알고 대단히 노한 것이었다.

에 3:6. 그들이 모르드개의 민족을 하만에게 알리므로 하만이 모르드개만 죽이는 것이 부족하다고 생각하고 아하수에로의 온 나라에 있는 유다인 곧 모르드개의 민족을 다 멸하고자 하더라.

하만이 매우 노했다는 것(5절)은 본절을 보아서도 알려진다. 하만이 모르드개만 죽이는 것이 약소하다고 생각하여 바사에 기거하고 있는 온 나라에 있는 유대인 곧 모르드개의 민족을 다 죽이고자 했다. 당시 바사에서 기거하고 있는 유대인 숫자는 400만에 달했고, 바벨론 지역 안에만도 70만 명이 살고 있었다(이상근). 그러나 이 때 하만의 무한량의 계획을 하나님께서 막으셨다. 우리는 모든 것을 주관하시는 하나님을 바라보고 살아야 할 것이다.

2. 유대인을 멸절하라는 조서를 내리다 3:7-15

유대인 살해의 계획을 세운 하만은 자기 혼자의 힘으로 죽이기에는 벅찬 것이어서 아하수에로 왕에게 붙어 왕의 조서(명령)를 얻어내어 12월 13일을 기해 전국의 유대인을 죽일 것을 공포한다.

에 3:7. 아하수에로 왕 제 십 이년 첫째 달 곧 니산월에 무리가 하만

앞에서 날과 달에 대하여 부르 곧 제비를 뽑아 열두째 달 곧 아달월을 얻은지라.

아하수에로 왕 제 12년 첫째 달 니산월(민력으로 7월, 양력으로 3-4월, 느 2:1)이 되어 사람들은 유대 사람들을 어느 달 어느 날에 죽일는지 그 날을 정하려고 하만이 보는 앞에서 부르(주사위의 일종) 곧 제비를 뽑았다. 주사위가 열두째 달인 아달월(민력으로 6월, 양력으로 2-3월, 스 6:15) 13일에 떨어졌다.

제비를 뽑은 날로부터 거의 1년 후였다. 이렇게 늦게 죽이도록 결정된 것은 그 날을 잊고 포기하라는 하나님의 섭리였다. 그러나 하만은 그 계획을 포기하지 않고 실행하기 위해 최선을 다 했다(8,9절).

에 3:8. 하만이 아하수에로 왕에게 아뢰되 한 민족이 왕의 나라 각 지방 백성 중에 흩어져 거하는데 그 법률이 만민의 것과 달라서 왕의 법률을 지키지 아니하오니 용납하는 것이 왕에게 무익하니이다.

하만이 아하수에로 왕에게 유대인을 고발한다. 하만은 유대인이 바사나라 각 지방에 흩어져 살고 있는데 그들이 가지고 있는 법률은 만민과 달라서 바사 나라의 법률을 지키지 아니하니 그냥 내버려 두어서는 아하수에로 왕에게 이로울 것이 하나도 없다고 고발한다. 하만은 아무튼 왕을 설득하기 위해 별별 이야기를 다 한다. 특별히 우상 숭배 같은 것을 절대로 금하는 독특한 민족이고 바사 나라의 법을 절대로 지키지 아니하는 나라라고 말한 것이다.

에 3:9. 왕이 옳게 여기시거든 조서를 내려 그들을 진멸하소서 내가 은 일만 달란트를 왕의 일을 맡은 자의 손에 맡겨 왕의 금고에 드리리이다 하니.

하만은 아하수에로 왕께 유대인을 그냥 바사 나라 안에 살려두는 것이 절대로 이로울 것이 없다고 말을 했는데(앞절) 그 말을 임금님께서 판단하시기에 좋게 여기신다면 그들을 모두 없애도록 조서(명령)를 내려 주시기를 바란다고 했다. 그러면 하만 자신이 은화(銀貨) 1만 달란트(342,720 kg, 이 액수는 바사 나라의 수입의 3분의 2에 해당하다는 것이었다)를 임금님의 금고출납을 맡은 관리자의 손에 맡겨 임금님 금고에 입금시키도록 하겠다고 했다.

에 3:10-11. 왕이 반지를 손에서 빼어 유다인의 대적 곧 아각 사람 함므다다의 아들 하만에게 주며 이르되 그 은을 네게 주고 그 백성도 그리하노니 너의 소견에 좋을 대로 행하라 하더라.

10절과 11절에서는 아하수에로 왕이 하만에게 두 가지로 선처를 베푼다. 하나는 "왕이 반지를 손에서 빼어 유대인의 대적 곧 아각 사람 함므다다의 아들 하만에게 주면서 이르기를 그 은을 네게 준다"고 말한다. 그 은을 왕의 금고에 넣어둘 필요가 없다는 것이었다. 둘째, "그 백성도 그렇게 네게 준다"고 말한다. 다시 말해 유대인 죽이는 문제를 전적으로 하만에게 맡긴다는 것이었다. 즉, 하만의 소견에 좋을 대로 행하라는 것이었다. 죽여도 좋다는 허락의 뜻을 보여주었다. 사람은 부패하여 아주 썩어버렸는데 아하수에로 왕은 하만에게 전적으로 모든 것을 맡겨서 처리하게 했다.

에 3:12. 첫째 달 십삼일에 왕의 서기관이 소집되어 하만의 명령을 따라 왕의 대신과 각 지방의 관리와 각 민족의 관원에게 아하수에로 왕의 이름으로 조서를 쓰되 곧 각 지방의 문자와 각 민족의 언어로 쓰고 왕의 반지로 인치니라.

첫째 달 13(하만은 아마도 첫째 달 1일에 제비를 뽑았을 것이다. 7절)일에 왕의 조서를 작성하는 서기관들이 소집되었고, 하만이 불러주는 대로(유대인을 죽이는 모든 권한이 하만에게 이양되었던 사실과 잘 어울리는 말이다. 10절,11절과 잘 어울린다) 왕의 대신들(총독들)과 각 지방의 관리들과 각 민족의 관원들(이 세 직업들은 조서를 받는 사람들)에게 아하수에로 왕의 이름으로 조서(명령)를 작성했다. 조서를 쓰는 언어는 각 지방의 문자와 각 민족의 언어로 썼다. 그리고 왕의 반지로 인을 쳐두었다. 인을 쳐두는 것은 그 명령을 변경하지 못하게 하기 위함이었다.

에 3:13. 이에 그 조서를 역졸에게 맡겨 왕의 각 지방에 보내니 열두째 달 곧 아달월 십삼일 하루 동안에 모든 유다인을 젊은이 늙은이 어린이 여인들을 막론하고 죽이고 도륙하고 진멸하고 또 그 재산을 탈취하라 하였고.

모든 것을 준비한(12절) 다음에 역졸들(보발꾼들, 배달부들)을 시켜서 그 조서를 급히 왕이 다스리는 모든 지방으로 보냈다. 그 내용은 12째 달인 아달월 13일 하루 동안에 유대 사람들을 남녀노소 할 것 없이 모두 죽이고 도륙하고 진멸하고 그들의 재산을 빼앗으라는 것이었다. 여기 살해하라는 뜻을 표현하기 위해 "죽이고" "도륙하고" "진멸하라"는 동사들이 사용되었다.

에 3:14. 이 명령을 각 지방에 전하기 위하여 조서의 초본을 모든 민족에게 선포하여 그 날을 위하여 준비하게 하라 하였더라.

각 지방에서는 그 조서(명령)를 법령으로 공포하여 각 민족에게 알리고 그 날을 미리 준비하게 하였다. 여기 "그 날을 미리 준비하게 하라"는 말은 유대인 색출에 많은 시간이 걸릴 것이니 미리 준비하게 하라고 한 것이었다.

에 3:15. 역졸이 왕의 명령을 받들어 급히 나가매 그 조서가 도성 수산에도 반포되니 왕은 하만과 함께 앉아 마시되 수산 성은 어지럽더라.

왕의 명령이 떨어지자 즉시 보발꾼들이 떠나고 도성 수산에도 조서가 나붙었다(도성 수산에도 조서가 나붙은 것은 조서를 개봉한 채 전달했다는 것을 보여준다). 왕과 하만은 함께 술잔을 기울이며 앉아 있었지만 수산성은 뒤숭숭해졌다. 수산성이 어지러웠으니 모르드개와 에스더가 구명 운동에 나설 수밖에 없었다(다음 장).

제 4 장

B. 모르드개와 에스더가 활동하다 4장

바사 나라 안의 유대인 전체를 학살할 것이라는 조서(명령)가 반포되자 모든 유대인이 애통하는 중에 모르드개는 에스더에게 모든 사정을 보고하고(1-9절), 에스더는 법을 어기고 아하수에로 왕에게 나아가 아뢰기로 결심한다(10-17절).

1. 모르드개가 보고하다 4:1-9

왕의 조서(명령)가 공포되자 수산 성중의 모든 유대인은 뒤숭숭했을 뿐 아니라 크게 애통하는 분위기로 변했으며(1-3절), 에스더는 내시를 보내어 애통의 사유를 물었고, 모르드개는 애통하는 이유를 말했으며 뿐 아니라 왕에게 나아가 하소연할 것을 부탁한다(4-9절).

에 4:1. 모르드개가 이 모든 일을 알고 자기의 옷을 찢고 굵은 베 옷을 입고 재를 뒤집어쓰고 성중에 나가서 대성통곡하며.

모르드개는 하만이 저지르고 있는 일을 알고 옷을 찢고 굵은 베 옷을 걸치고 재를 뒤집어쓴 채로 성 안으로 들어가서 대성통곡을 한다. 즉, 모르드개는 대궐문에 앉아 문을 지켰을 뿐 아니라 나라 안에 돌아가는 대소사를 잘 알게 되어 왕이 허락한 하만의 유대인 몰살의 조서(명령)의 내용이며 그 작성 경위를 다 알았을 것이다. 그래서 모르드개는 "옷을 찢고 굵은 베 옷을 입고 재를 뒤집어썼다". 모르드개가 "옷을 찢고 굵은 베 옷을 입고 재를 뒤집어쓴 것"은 극한 슬픔의 표시를 한 것이었다(창 37:29,34; 44:13; 스 9:3,5; 욥 2:12). 사람은 슬퍼할 때 슬퍼할 줄 아는 사람이 되어야 할 것이다. 모르드개가 "옷을 찢고 굵은 베 옷을 입고 재를 뒤집어쓴 것"은 앞으로 유대인이 몰살할 것이기 때이기도 했지만 또 과거에 그가 하나님 앞에서 잘 못 산 것을 회개하는 면도 있었을 것이다.

에 4:2. 대궐 문 앞까지 이르렀으니 굵은 베 옷을 입은 자는 대궐 문에 들어가지 못함이라.

모르드개가 굵은 베 옷을 입었기 때문에 대궐 문 앞까지만 이르렀다. 어느 누구도 굵은 베옷을 입고서는 대궐 문 안으로 들어갈 수 없었으므로 그는 대궐 문 안으로 들어가지는 못했다. 모르드개가 대궐 문 앞에까지 왔던 것은 에스더에게 유대인들이 당할 일을 알리기 위함이었다.

에 4:3. 왕의 명령과 조서가 각 지방에 이르매 유다인이 크게 애통하여 금식하며 울며 부르짖고 굵은 베 옷을 입고 재에 누운 자가 무수하더라.

왕이 내보낸 명령과 조서가 각 지방에 전달되자(아마도 전국에 전달된 것은 2개월의 세월이 필요했을 것이다. Rawlinson) 유대인들이 크게 애통하여 금식하며 울며 슬프게 울부짖었다. 모두들 굵은 베 옷을 몸에 걸치고 재위에 누웠다. 위의 1절, 2절은 도성 수산에서 된 일을 기록한 것이고, 본절은 왕의 명령에 의한 조서가 전국에 도달한 이후에 된 일을 기록한 것이다.

유대인이 "크게 애통한 것"은 그들이 앞으로 다 죽게 되었다는 것을 생각하고 슬픔에 잠기게 되었기 때문이었고 또 회개하기 위함이었을 것이다. 그리고 그들이 "금식한 것"은 깊이 회개하기 위함이었다(욘 3:7-9). 그리고 그들이 "울며 부르짖고 굵은 베 옷을 입고 재에 누운 것"은 그들이 그 동안에 본국으로 돌아가지 않고 외국에 남아서 죄를 짓고 산 것을 생각하고 죄를 자복하며 회개하기 위함이었을 것이다.

에 4:4. 에스더의 시녀와 내시가 나아와 전하니 왕후가 매우 근심하여 입

을 의복을 모르드개에게 보내어 그 굵은 베 옷을 벗기고자 하나 모르드개가 받지 아니하는지라.

모르드개가 자기의 옷을 찢고 굵은 베 옷을 입고 재를 뒤집어쓰고 성중에 나가서 대성통곡하다가(1절) 대궐 문 앞까지 이른 것을 보고(2절) 에스더의 시녀(심부름 하는 여자)와 내시(성기를 제거한 남자)가 나아와 에스더에게 그 이상한 소식을 전했다. 에스더가 그 소식을 듣고 매우 근심하여 몸에 걸칠 의복을 모르드개에게 보내어 입히려고 했으나 모르드개가 그 의복을 받지 않았다.

에 4:5. 에스더가 왕의 어명으로 자기에게 가까이 있는 내시 하닥을 불러 명령하여 모르드개에게 가서 이것이 무슨 일이며 무엇 때문인가 알아보라 하매.

에스더는 왕이 자기를 보살피라고 보내 준 궁전의 내시 가운데서 하닥('치는 자'라는 뜻)이라는 내시를 불러서 무엇 때문에 모르드개가 괴로워하면서 베옷을 입은 채 평상복으로 갈아입지 않는지 알아보라고 하였다.

에 4:6. 하닥이 대궐 문 앞 성 중 광장에 있는 모르드개에게 이르니.

에스더의 내시 하닥은 대궐 문 앞 수산 도성 광장에 있는 모르드개에게로 나아가 무슨 일이 생긴 것인지 알아보았다.

에 4:7. 모르드개가 자기가 당한 모든 일과 하만이 유다인을 멸하려고 왕의 금고에 바치기로 한 은의 정확한 액수를 하닥에게 말하고.

모르드개는 자기에게 일어난 일을 처음부터 끝까지 하닥에게 모두 이야기하였다. 그리고 하만이 유대 사람을 모조리 없애려고 왕의 금고출납을 맡은 관리들에게 주어 입금하겠다고 약속한 돈의 정확한 액수까지 밝혔다.

여기 "모르드개가 자기에에 일어난 일"이라고 말한 것은 모르드개가 신앙상 이유로 하만에게 코가 땅에 닿을 정도로 엎드려 절을 하지 않은 일을 지칭한다. 그리고 모르드개가 하만이 유대인을 멸하려고 왕의 금고에 바치기로 한 은(銀)의 정확한 액수를 하닥에게 말한 것은 하만이 경영하는 것이 확실하다는 것을 말하려 한 것이다.

에 4:8. 또 유다인을 진멸하라고 수산 궁에서 내린 조서 초본을 하닥에게 주어 에스더에게 보여 알게 하고 또 그에게 부탁하여 왕에게 나아가서 그 앞에서 자기 민족을 위하여 간절히 구하라 하니.

모르드개는 수산 도성에 선포된 유대 사람을 전멸시키라는 칙령(명령)의 초본을 하닥에게 건네주면서 에스더에게 그 조서의 초본을 보이고 설명하여 주라고 하였다. 또한 모르드개는 에스더가 직접 왕의 어전에 나아가서 왕에게 자비를 구하고 최선을 다하여 자기 겨레를 살려 달라고 탄원하도록 하닥을 시켜서 부탁하였다.

에 4:9. 하닥이 돌아와 모르드개의 말을 에스더에게 알리매.

하닥이 모르드개의 말을 듣고 돌아와 모르드개의 말을 에스더에게 알려주었다(12절).

2. 에스더가 결심하다 4:10-17

에스더의 전령 역할을 한 하닥으로부터 모르드개의 말을 들은 에스더가 모르드개에게 다시 전해야 했던 것은 자신이 아하수에로 왕에게 30일간이나 부름을 받지 못하였다는 것을 전하라고 한다(10-11절). 하닥이 에스더의 사정을 모르드개에게 전했을 때 모르드개는 에스더에게 너는 왕궁에 있으니 모든 유대인 중에서 홀로 목숨을 건질 것이라고 아예 생각하지 말라. 모르드개의 호된 말(14절)을 들은 에스더는 모르드개에게 회답하기를 수산에 있는 유대인을 다 모으고 에스더를 위하여 금식하되 밤낮 3일을 금식하라 부탁하고 에스더 자신도 금식한 후에 규례를 어기고 왕 앞에 나아가 유대인들의 형편을 다 알리겠다고 말한다.

에 4:10. 에스더가 하닥에게 이르되 너는 모르드개에게 전하기를.

에스더는 다시 하닥을 불러 두 번째로 말하기를 모르드개에게 다음(11절)과 같이 전하라고 부탁한다.

에 4:11. 왕의 신하들과 왕의 각 지방 백성이 다 알거니와 남녀를 막론하고 부름을 받지 아니하고 안뜰에 들어가서 왕에게 나가면 오직 죽이는 법이요 왕이 그 자에게 금규를 내밀어야 살 것이라 이제 내가 부름을 입어 왕에게 나가지 못한 지가 이미 삼십 일이라 하라 하니라.

에스더가 모르드개에게 하고자 하는 말씀은 왕의 신하들이나 각 지방 백성이 다 상식적으로 아는 일인데, 남녀를 막론하고 누구든지 왕으로부터 부름을 받지 않고 왕 앞에 나갔다가는 죽음을 당하는 법[40]이라는 것이었다. 왕이 왕 앞에 나아가는 사람에게 금으로 만든 규(끝으로 갈수록 점점 가늘어지는 지팡이)를 내어 밀어야 그 사람은 사는 법[41]이라는 것이었다. 에스더는 좀 더 실상을 말하기를 오늘까지 왕으로부터 부름을 받지 못한 것[42]이 이미 30일이나 되었는데 어떻게 마음대로 나아갈 수 있겠느냐고 하소연하는 것이었다.

에 4:12. 그가 에스더의 말을 모르드개에게 전하매.

하닥은 여기서도 에스더의 말을 그대로 모르드개에게 전했다.

에 4:13. 모르드개가 그를 시켜 에스더에게 회답하되 너는 왕궁에 있으니 모든 유다인 중에 홀로 목숨을 건지리라 생각하지 말라.

---

40) 왕이 부르지 않았는데 누구든지 왕 앞으로 나아가면 죽이는 법이었는데 그것은 왕을 시해하러 나아가는 것으로 알고 시위대가 죽였다는 것이다.

41) 왕이 지팡이를 내어 밀면 살 수 있었는데, 그것은 왕이 사람을 가까이와도 좋다는 신호로 알고 죽이지 않았다는 것이다.

42) 이는 왕과 동침하지 않은 것을 뜻하는 말이다. 이는 아마도 왕의 사랑이 약간 식어진 것을 뜻하는 말이다.

모르드개는 에스더의 말을 그대로 전한 하닥의 말을 듣고 하닥을 시켜 에스더에게 회답한다. 즉, '너는 왕궁에 있으니 모든 유대인 중에 홀로 목숨을 건질 것이라고 생각도 하지 말라는 것이었다. 에스더도 역시 유대인이라는 것이 발각되면 여지없이 그대로 죽는다는 것이었다.

에 4:14. 이 때에 네가 만일 잠잠하여 말이 없으면 유다인은 다른 데로 말미암아 놓임과 구원을 얻으려니와 너와 네 아버지 집은 멸망하리라 네가 왕후의 자리를 얻은 것이 이 때를 위함이 아닌지 누가 알겠느냐 하니.

모르드개는 하닥을 통하여 에스더에게 큰 사명이 있음을 알린다. 즉, "이런 난리 통에 왕후께서 입을 다물고 계시면 유대 사람들은 하나님의 도움을 얻어서 마침내 구원을 받고 살아날 것이지만 왕후와 왕후의 집안은 멸망할 것 아니겠소? 왕후께서 오늘날처럼 왕후의 자리에 오르신 것이 바로 하나님의 섭리를 이루는 것이 아닌지 누가 압니까?"

요셉이 애굽의 국무총리가 되어 그의 가족을 기근에서 구한 것이나 같은 것이다(창 45:7-8, 50:19-20). 오늘 우리가 우리 된 것은 이 때에 하나님께서 하시려는 그 무엇이 있음을 알아야 할 것이다.

에 4:15. 에스더가 모르드개에게 회답하여 이르되.

에스더는 하닥을 통하여 모르드개의 말을 듣고 모르드개에게 다음 절(16절)과 같이 회답한다. 에스더는 에스더대로 할 일을 찾은 것이다. 오늘 우리는 성경을 보면서 우리의 사명을 찾아서 활동해야 할 것이다. 성경에 보면 우리가 할 일이 한이 없다.

에 4:16. 당신은 가서 수산에 있는 유다인을 다 모으고 나를 위하여 금식하되 밤낮 삼 일을 먹지도 말고 마시지도 마소서 나도 나의 시녀와 더불어 이렇게 금식한 후에 규례를 어기고 왕에게 나아가리니 죽으면 죽으리이다 하니라.

에스더는 하닥을 통하여 모르드개에게 이렇게 말한다. 즉, "어서 수산에 있는 유대 사람들을 한 곳에 모으시고 나를 위하여 금식하게 하십시오. 사흘 동안은 밤낮 먹지도 마시지도 말게 하세요. 나와 내 시녀들도 그렇게 금식하겠습니다. 그렇게 하고 난 다음에는, 법을 어기고서라도 내가 임금님께 나아가겠습니다. 그러다가 죽으면 죽으렵니다"라고 말한다.

에스더가 모르드개에게 자기를 위하여 금식하기를 부탁한 것은 자기의 일신을 위하여 부탁한 것이 아니었다. 민족을 구원하려는 사명을 실천하자는 것이었다. 에스더는 죽음을 각오하고 민족을 구원하는 사명을 감당하겠다고 말한다. 우리는 일사각오의 정신으로 금식하고 또 일사각오의 정신으로 사명을 완수하는 사람들이 되어야 할 것이다. 에스더는 도성 수산에 있는 사람들에게 밤낮 3일을 금식하기를 부탁했고 자신도 시녀들과 밤낮 3일 간 금식하겠다는 것이었다. 혹자들은 남에게 금식을 시켜놓고 자기는 금식하지 않는 사람들이 있다. 우리는 죽음을 각오하고 금식하고 죽음을 각오하고 사명을 수행해야 할 것이다.

에 4:17. 모르드개가 가서 에스더가 명령한 대로 다 행하니라.

모르드개는 자기의 간곡한 요청을 에스더가 들어준 것을 기뻐하며 에스더가 요청한 대로 다 실행했다. 즉, 모르드개는 에스더의 요청을 그대로 들어주느라 도성 수산의 유대인들을 다 모아놓고 3일간 금식하면서 하나님 앞에 부르짖었다. 이제는 사람이 해야 하는 일을 다 한 것이었다. 오늘 우리도 대사를 앞에 놓고 사람이 할 일을 다 감당해야 할 것이다.

제 5 장

IV. 유대인이 구원받다 5-8장

5장부터 8장은 유대인이 구원받은 것을 진술한다. 에스더가 주연을 베푼 일(5장), 모르드개가 승리한 일(6장), 하만이 처형된 일(7장), 유대인이 구원 받은 일(8장) 등이 진술된다.

A. 에스더가 주연을 베풀다 5장

5장은 에스더가 주연을 베푼 일을 진술하는데먼저 에스더가 안뜰로 나아간 일(1-4절), 에스더가 주연을 베푼 일(5-8절), 하만이 모르드개를 죽이려 한 일 등(9-14절)이 진술된다.

에 5:1. 제 삼일에 에스더가 왕후의 예복을 입고 왕궁 안 뜰 곧 어전 맞은편에 서니 왕이 어전에서 전 문을 대하여 왕좌에 앉았다가.

에스더가 왕후의 예복을 입고 왕궁 안 뜰 곧 어전 맞은편에 선 그 때가 제 3일에 된 일이라고 말한다. 여기 "제 3일"이라고 진술하는 것은 에스더와 유대 민족이 금식을 시작한지 3일이 지난 시기를 말하는 것이다. 3일이 되어 하나님께서 기도에 응답하실만한 시기가 되었음을 말하는 것이다.

에스더는 내시들과 함께 금식했고 또 도성 유대인들도 함께 금식을 시작한지 3일이 지났을 때, 다시 말해 하나님께서 기도 응답을 하실 시간이 되었을 때 에스더는 왕후의 예복을 입고 왕궁 안뜰 곧 어전 맞은편에 선 것이다. 때마침 왕이 어전에서 전문을 대하여 왕좌에 앉아 있다가 왕후 에스더가 뜰에 선 것을 발견한 것이다(다음 절). 이 때 왕이 어전에서 전문을 대하여 왕좌에 앉아 있다가 왕후 에스더를 발견하게 된 것도 하나님의 섭리였다.

에 5:2. 왕후 에스더가 뜰에 선 것을 본즉 매우 사랑스러우므로 손에 잡았던 금 규를 그에게 내미니 에스더가 가까이 가서 금 규 끝을 만진지라.

마침 아하수에로 왕이 에스더 왕후가 뜰에 서 있는 것을 보니 매우 사랑스럽게 보여 손에 잡고 있던 금규를 에스더에게 내밀자 에스더가 가까이 다가가서 그 금규의 끝에 손을 대었다. 이 때 왕의 눈에 에스더가 아주 사랑스럽게 보인 것은 그녀가 금식 끝에 나타났기 때문이었다. 하나님을 믿는 자가 금식을 하면 첫째로 하나님께서 극히 아름답게 보시고 둘째 주위 사람들도 아름답게 보게 되는 것이다. 오늘 우리가 하나님께 아름답게 보이는 두 가지 방법이 있으니 첫째, 하나님께서 세워놓으신 십자가를 사랑하는 것이고, 둘째, 하나님 앞에 기도하는 것이다.

하나님께서 사랑하는 자에게는 하나님께서 금규를 내미신다. 그 때 우리는 하나님께서 내미시는 금규를 잡아야 한다. 우리가 금규 끝을 잡는 것은 하나님의 사랑에 반응하는 것이다.

에 5:3. 왕이 이르되 왕후 에스더여 그대의 소원이 무엇이며 요구가 무엇이냐 나라의 절반이라도 그대에게 주겠노라 하니.

아하수에로 왕은 자기의 금규 끝을 만진 에스더를 향하여 "그대의 소원이 무엇이며 요구가 무엇이냐 나라의 절반이라도 그대에게 주겠노라"고 말한다. "나라의 절반이라도 그대에게 주겠다"는 말은 무슨 요청이라도 허락하겠다는 왕의 총애를 표시하는 관용구였다(왕상 13:8; 막 6:23). 아하수에로 왕이 나라의 절반까지라도 주겠다며 에스더에게 말을 했으니 에스더에게는 천년에 한번 올까 말까하는 기회가 온 것이었다. 오늘 우리가 예수님의 십자가를 사랑하고 우리의 죄악을 깊이 고백할 때 이런 기회가 오는 것을 알고 항상 죄를 고백하며 살아야 할 것이다.

에 5:4. 에스더가 이르되 오늘 내가 왕을 위하여 잔치를 베풀었사오니 왕이 좋게 여기시거든 하만과 함께 오소서 하니.

아하수에로 왕이 에스더에게 나라의 절반이라도 주겠다고 하는 약속을 듣고 에스더는 "오늘 내가 왕을 위하여 잔치를 베풀었사오니 왕이 좋게 여기시거든 하만과 함께 오소서"라고 부탁한다. 에스더는 왕에게 하만과 함께 잔치에 참여하여 달라고 부탁한다. 잔치에 참여하면 거기에서 부드러운 분위기 속에서 말을 하겠다는 것이었다. 에스더는 참으로 침착하고 계획적인 여인이었다. 사람은 침착할수록 좋다.

에 5:5. 왕이 이르되 에스더가 말한 대로 하도록 하만을 급히 부르라 하고 이에 왕이 하만과 함께 에스더가 베푼 잔치에 가니라.

왕은 즉시 명령을 내려 에스더의 말대로 하도록 곧 하만을 급히 부르라 하여 왕과 하만은 에스더가 베푼 잔치에 갔다. 왕이 이처럼 에스더가 베푼 잔치에 즉시 참석한 것은 에스더의 요구가 무엇인지 궁금해서였다. 에스더가 왕에게 나아가서 잔치 참석을 요청한 일은 결코 즉흥적이 아니었다. 에스더가 왕에게 나아가기 전에 이미 잔치를 베풀 것을 시녀들에게 준비시켰을 것이다. 에스더는 이미 금식 기도를 해놓았기 때문에 그 마음이 급하지 않았고 차분하게 일을 처리해 나갔다.

에 5:6. 잔치의 술을 마실 때에 왕이 에스더에게 이르되 그대의 소청이 무엇이뇨 곧 허락하겠노라 그대의 요구가 무엇이뇨 나라의 절반이라 할지라도 시행하겠노라 하니.

왕은 함께 술을 마시다가 또다시 에스더에게 물었다. "그대의 간청이 무엇이오? 내가 곧 들어주겠소. 당신의 소청이라면 나라의 절반이라도 떼어 주겠소"라고 했다(3절 주 참조).

에 5:7-8. 에스더가 대답하여 이르되 나의 소청, 나의 요구가 이러하니이다

내가 만일 왕의 목전에서 은혜를 입었고 왕이 내 소청을 허락하시며 내 요구를 시행하시기를 좋게 여기시면 내가 왕과 하만을 위하여 베푸는 잔치에 또 오소서 내일은 왕의 말씀대로 하리이다 하니라.

에스더는 자기의 소원을 당장 말하지 않고 내일 왕과 하만을 위하여 베푸는 잔치에 또 오시면 말씀드리겠다고 말한다. 에스더가 자기의 소원을 얼른 말하지 않고 다시 연기하는 데는 성령의 역사가 임하셨기 때문이었다. 에스더는 성령의 역사를 따라 진행하고 있었다.

이렇게 서서히 진행했기 때문에 두 가지 사건이 생긴 것이다. 하나는 하만이 모르드개를 죽이기 위하여 50규빗의 나무를 세웠는데(5:9-14) 오히려 하만이 그 나무에 달리는 사건이 생겼으며 또 하나는 아하수에로 왕이 모르드개를 보상한 것이었다(6:1-9). 우리는 하나님께서 인도하시는 대로 따라가야 할 것이다.

에 5:9. 그 날 하만이 마음이 기뻐 즐거이 나오더니 모르드개가 대궐 문에 있어 일어나지도 아니하고 몸을 움직이지도 아니하는 것을 보고 매우 노하나.

그 날 하만은 마음이 흐뭇하여 아주 즐거운 기분으로 대궐 문을 나섰는데 대궐 문을 지나가는 중에 거기에서 문을 지키고 있는 모르드개는 일어나지도 않고, 인사도 하지 않았다. 그것을 보고서 하만은 그만 화가 잔뜩 치밀어 오른 것이었다.

에 5:10-11. 참고 집에 돌아와서 사람을 보내어 그의 친구들과 그의 아내 세레스를 청하여 자기의 큰 영광과 자녀가 많은 것과 왕이 자기를 들어 왕의 모든 지방관이나 신하들보다 높인 것을 다 말하고.

하만은 꾹 참고 집으로 돌아와서 친구들(자신의 모사들)과 자기 아내 세레스('나그네'라는 뜻)를 불러 놓고 자기는 재산도 많고 아들도 많으며 왕이 여러 모로 자기를 영화롭게 하여 주고 자기를 다른 대신들이나 신하들보다 더 높은 벼슬자리에 앉혔다면서 그들 앞에서 자랑을 늘어놓았다. 사람은 방금 후에 닥칠 불행을 앞두고도 그것을 알지 못하고 자랑한다.

에 5:12. 또 하만이 이르되 왕후 에스더가 그 베푼 잔치에 왕과 함께 오기를 허락 받은 자는 나밖에 없었고 내일도 왕과 함께 청함을 받았느니라.

하만의 자랑은 본절에서도 계속된다. 왕후 에스더가 자기를 또 초청해 주어서 내일도 왕과 함께 청함을 받았기에 가야 한다는 것이었다. 내일 초청받은 것은 죽음의 초청인줄 모르고 이렇게 자랑했다.

에 5:13. 그러나 유다 사람 모르드개가 대궐 문에 앉은 것을 보는 동안에는 이 모든 일이 만족하지 아니하도다 하니.

"그러나 대궐 문에서 근무하는 모르드개라는 유대 녀석만 보면 이런 모든 것이 나에게 하나도 만족은커녕 속이 아주 뒤 틀어진다네"라고 말했다.

세상 사람들도 대부분 이런 속에서 살아간다. 어떤 것을 생각할 때는 괜찮은데 그 어떤 한 가지를 생각하면 속이 뒤 틀어져 살맛이 나지 않는 것이 있다는 것이다.

에 5:14. 그의 아내 세레스와 모든 친구들이 이르되 높이가 오십 규빗 되는 나무를 세우고 내일 왕에게 모르드개를 그 나무에 매달기를 구하고 왕과 함께 즐거이 잔치에 가소서 하니 하만이 그 말을 좋게 여기고 명령하여 나무를 세우니라.

하만의 말을 들은 부인 세레스와 그 외 모든 친구들은 하만에게 한 가지 제안을 한다. 즉, 높이가 50규빗(22m 50cm) 되는 나무를 세우고 내일 당장 그 놈의 모르드개를 나무에 매달기를 왕에게 구하고 시원한 마음으로 왕과 함께 즐겁게 잔치에 참석하라고 한다. 하만은 세레스와 친구들의 제안을 좋게 여기고 사람들에게 명령하여 당장 나무 50규빗의 나무를 세운 것이다. 하만은 자기가 그 나무에 달릴 줄은 꿈에도 모르고 열심히 그리고 튼튼히 세웠을 것이다.

제 6 장

B. 모르드개가 승리하다 6장

에스더의 첫 번째 주연(酒宴)과 두 번째 주연 사이에 들어가는 두 번째 삽화는 두 모반자를 고발한 모르드개가 보상받는 일(1-9절)과 하만이 패배당하는 일이 진술된다(10-14절).

1. 모르드개가 보상받다 6:1-9

아하수에로 왕이 밤에 잠이 오지 않아 역대 일기를 읽히는 중 모르드개가 아하수에로 왕을 모반한 두 모반자를 고발했으나 그에 대한 보상이 없는 것을 알게 되어 왕은 모르드개에게 자신의 옷을 입히고 말에 태워 수산 성중을 돌게 한 일이 진술된다.

에 6:1. 그 날 밤에 왕이 잠이 오지 아니하므로 명령하여 역대 일기를 가져다가 자기 앞에서 읽히더니.

그 날 밤(에스더가 베푼 잔치에 참여했던 밤. 5:5. 또 하만이 모르드개를 죽일 목적으로 50규빗의 나무를 세웠던 날 밤이기도 하다. 5:14) 왕이 잠이 오지 않아서 자기의 통치 행위를 기록한 궁중실록을 가지고 오라고 하여 자기 앞에서 소리를 내어 읽게 하였다.

"그날 밤"에 아무 일도 없었다면 모르지만 잠이 오지 아니함으로 명령하여 역대 일기를 가져다가 자기 앞에서 읽힌 일이 있었으니 이것은 하나님의 섭리였음이 분명하다. 세상 모든 일은 우연히 일어나는 일이 없다. 모든 일에는 하나님의 섭리가 있음을 알 수 있다. 그날 밤에 왕이 궁중일기를 읽혀 모르드개가 한 일에 대한 보상이 있었기에 모르드개는 죽음을 면하고 보상을 받는 일이 발생한 것이다.

"역대일기"는 궁중안의 모든 일을 적어 놓은 기록이었다. 왕이 이 궁중일기를 읽혔기에 하만은 모르드개에게 굴복을 당하게 되었고 에스더의 두 번째 목적달성을 아주 쉽게 해주었다. 이런 것들을 위해서 하나님은 왕으로 하여금 잠이 오지 않게 하신 것이다.

에 6:2. 그 속에 기록하기를 문을 지키던 왕의 두 내시 빅다나와 데레스가 아하수에로 왕을 암살하려는 음모를 모르드개가 고발하였다 하였는지라.

역대일기 속에는 대궐 문을 지키던 왕의 두 내시 빅다나(2:21-23의 "빅단"을 지칭하는 말임)와 데레스(역시 2:21-23의 데레스를 일컫는 말임)가 아하수에로 왕을 죽이려고 한 음모를 모르드개가 알고 고발하였다는 내용이 기록되어 있었다.

두 사람이 아하수에로 왕을 고발한 사건은 아하수에로 왕 7년에 일어난 사건이었고(2:16) 왕이 궁중일기를 읽힌 때는 아하수에로 왕 12년의 일이었다(3:7). 5년 전의 사건이었음으로 왕의 기억에도 비교적 생생한 사건으로 남아 있었을 것이다.

에 6:3. 왕이 이르되 이 일에 대하여 무슨 존귀와 관작을 모르드개에게 베풀었느냐 하니 측근 신하들이 대답하되 아무것도 베풀지 아니하였나이다 하니라.

아하수에로 왕은 자기의 기억에도 확실했지만 더 확실하게 하기 위해서 왕은 이 일에 대해서 무슨 존귀(상급)와 관작(직위)을 모르드개에게 베풀었느냐고 묻는다. 이렇게 물었을 때 측근 신하들이 상급도 베풀지 아니했고 관작(官爵)도 주지 아니했다고 대답한다.

일이 이렇게 되었기에 바로 다음 날의 에스더의 잔치에서 에스더의 특청이 용납되는데 도움이 되었다. 다시 말해 유대인을 다 죽이려는 하만의 계획을 수포로 돌아가게 했다. 참으로 하나님의 놀라운 섭리였다.

에 6:4. 왕이 이르되 누가 뜰에 있느냐 하매 마침 하만이 자기가 세운 나무에 모르드개 달기를 왕께 구하고자 하여 왕궁 바깥뜰에 이른지라.

아하수에로 왕은 누가 읽어주는 궁중일기를 듣는 중에 과거에 모르드개가 왕을 위하여 고발한 일로 아무런 보상을 베풀지 아니했다는 것을 알고 지금이라도 보상할 마음으로 밖을 향하여 누가 뜰에 있는지 묻는다. 그때 마침 하만이 자기가 세운 나무에 모르드개를 달기를 왕께 구하고자 하여 왕궁 바깥뜰에 이르게 되었다. 하만은 자기가 그 나무에 달릴 줄은 꿈에도 생각지 못하고 왕께 모르드개를 그 나무에 달기 위해 왕궁 바깥뜰에 이른 것이었다.

에 6:5. 측근 신하들이 아뢰되 하만이 뜰에 섰나이다 하니 왕이 이르되 들어오게 하라 하니.

측근 신하들은 하만이 뜰에 대령하고 있다고 대답한다. 왕이 명령하기를 "들어오라고 말하라"고 명령한다. 왕은 모르드개와 하만의 관계를 전혀 모르고 일이 되어 가는 순서를 따라 명령한 것이었다.

에 6:6. 하만이 들어오거늘 왕이 묻되 왕이 존귀하게 하기를 원하는 사람에게 어떻게 하여야 하겠느냐 하만이 심중에 이르되 왕이 존귀하게 하기를 원하시는 자는 나 외에 누구리요 하고.

하만이 안으로 들어오니, 왕이 그에게 물었다. "내가 특별히 대우하고 싶은 사람이 있는데, 그에게 어떻게 하면 좋을지 말하여 보시오"라고 주문한다. 하만은 왕이 특별히 대우하고 싶은 사람이 있다면 자기 말고 또 누가 있으랴 생각해서 다음 절들(7-9절)과 같이 말을 이어간다.

에 6:7-9. 왕께 아뢰되 왕께서 사람을 존귀하게 하시려면 왕께서 입으시는

왕복과 왕께서 타시는 말과 머리에 쓰시는 왕관을 가져다가 그 왕복과 말을 왕의 신하 중 가장 존귀한 자의 손에 맡겨서 왕이 존귀하게 하시기를 원하시는 사람에게 옷을 입히고 말을 태워서 성 중 거리로 다니며 그 앞에서 반포하여 이르기를 왕이 존귀하게 하기를 원하시는 사람에게는 이같이 할 것이라 하게 하소서 하니라.

하만은 왕에게 다음과 같이 건의하였다. "임금님께서 높이고 싶은 사람이 있으시면 먼저 임금님께서 입으시는 왕복과 임금님께서 타시는 말을 내어 오게 하시고 그 말의 머리를 관으로 꾸미게 하신 뒤에 그 옷과 말을 왕의 대신 가운데 가장 높은 이의 손에 맡기셔서 임금님께서 높이시려는 그 사람에게 그 옷을 입히시고 그 사람을 말에 태워서 성 안 거리로 지나가게 하시는 것이 좋겠습니다. 말을 모는 신하에게는 '임금님께서 높이고 싶어 하시는 사람에게 이렇게까지 대우하신다!' 하고 외치게 하심이 좋을 듯합니다"라고 말했다.

이 부분(7-9절)의 "머리에 쓰시는 왕관"이란 말이 '말 대가리에 씌우는 왕관'이란 말인지 아니면 '임금님께서 쓰시는 왕관'이란 말인지 이해하기가 어렵다. 이 "왕관"이란 말에 대하여 1) 혹자들은 왕이 친히 쓰고 있던 왕관을 가리킨다는 견해. 2) 왕이 타는 말의 머리에 씌우던 장식물이라는 견해(Rawlinson, K.&D., Whitcomb, Borrows). 이 두 견해 중에 2번의 견해가 타당한 것으로 보아야 할 것이다. 그 이유는 이 구절(8절)에서 '머리'로 번역된 "로쉬"(var)는 '말의 대가리'를 가리키고 있고(K.&D.), 2) 왕이 쓰는 왕관은 '왕권 자체'를 상징하는 것이기에 아하수에로 왕이 그 왕관을 내어줄 리가 없는 것이며(Rawlinson), 3) 또 9절과 10절에 왕관이란 언급이 빠진 채 왕복과 말만이 언급되고 있기 때문이다.

2. 하만이 패배당하다 6:10-14

하만은 자기가 건의한 대로 모르드개에게 왕복을 입히고 왕의 말에 태워서 자신이 모르드개가 탄 말을 몰고 수산 성중을 다니며 외침으로 분명히 패배를 당한 것을 보여주었다.

에 6:10. 이에 왕이 하만에게 이르되 너는 네 말대로 속히 왕복과 말을 가져다가 대궐 문에 앉은 유다 사람 모르드개에게 행하되 무릇 네가 말한 것에서 조금도 빠짐이 없이 하라.

아하수에로 왕은 하만이 말한 대로(9절) 하나도 빼지 않고 모르드개에게 하도록 명령한다. 즉, 대궐 문에서 근무하는 유대 사람 모르드개에게 내 옷과 말을 가지고 가서 경(임금이 이품 이상의 관원을 부를 때 일컫던 호칭)이 말한 대로 하여 주시오. 경이 말한 것들 가운데서, 하나도 빠뜨리지 말고 그대로 하도록 하라고 주문한다. 하만은 왕의 주문하는 것을 듣자마자 청천벽력 같은 느낌을 느꼈을 것이다. 세상의 악인들은 세상에서 종종 청천벽력 같은 일을 당하면서 산다.

에 6:11. 하만이 왕복과 말을 가져다가 모르드개에게 옷을 입히고 말을 태워 성 중 거리로 다니며 그 앞에서 반포하되 왕이 존귀하게 하시기를 원하시는 사람에게는 이같이 할 것이라 하니라.

하만이 왕의 옷과 말을 가지고 가서 모르드개에게 옷을 입히고 또 그를 말에 태워 성 안 거리로 데리고 다니면서 "임금님께서 높이고 싶어 하시는 사람에게는 이렇게까지 대우하신다!" 하며 외치고 다녔다. 하만은 그 얼굴이 붉으락푸르락 했을 것이다.

에 6:12. 모르드개는 다시 대궐 문으로 돌아오고 하만은 번뇌하여 머리를 싸고 급히 집으로 돌아가서.

성중 거리를 다닌 다음에 모르드개는 대궐 문으로 복귀했고 하만은 근심이 가득한 얼굴을 하고서 달아나듯이 자기 집으로 가버렸다. 하만이 급히 집으로 간 것은 자기 아내의 위로를 기대하고 간 것이었다. 사실 이

때의 사람의 위로란 아무 위로가 되지 못하는 정도였을 것이다.

에 6:13. 자기가 당한 모든 일을 그의 아내 세레스와 모든 친구에게 말하매 그 중 지혜로운 자와 그의 아내 세레스가 이르되 모르드개가 과연 유다 사람의 후손이면 당신이 그 앞에서 굴욕을 당하기 시작하였으니 능히 그를 이기지 못하고 분명히 그 앞에 엎드러지리이다.

하만은 모르드개를 임금의 말에 태워 수산 성을 돌며 모르드개를 높이고 난후 마음에 큰 상처를 받고 자기 아내와 측근들의 위로를 받으러 빨리 집으로 가서 그의 아내 세레스와 모든 친구에게 말하니 "그 중 지혜로운 자와 그의 아내 세레스가 이르되 모르드개가 과연 유대 사람의 후손이면 당신이 그 앞에서 굴욕을 당하기 시작하였으니 능히 그를 이기지 못하고 분명히 그 앞에 엎드러지게" 될 것이라고 예고한다. 모르드개를 넘어뜨리려던 하만은 금식기도를 한 모르드개와 유대인에게 이제 패하고 만 것이다.

에 6:14. 아직 말이 그치지 아니하여서 왕의 내시들이 이르러 하만을 데리고 에스더가 베푼 잔치에 빨리 나아가니라.

말이 채 끝나기도(대책을 의논하기도) 전에 내시들이 와서 에스더가 차린 잔치에 하만을 급히 데리고 갔다. 이제는 정신 차릴 여유도 없이 에스더와 모르드개에게 패하게 된 것이다.

제 7 장

C. 하만이 처형되다 7장

에스더는 두 번째 주연(잔치)에서 하만을 고발한다(1-6절). 그래서 하만은 자기가 세운 50규빗 되는 나무에 달려 처형당한다(7-10절).

1. 에스더가 하만을 고발하다 7:1-6

에스더는 그의 둘째 주연에서 자신과 그리고 자신의 민족을 몰살하려는 흉계를 꾸민 하만을 고발한다.

에 7:1. 왕이 하만과 함께 또 왕후 에스더의 잔치에 가니라.

왕과 하만은 에스더 왕후가 차린 잔치에 세 번째로 동행했다(3:15; 5:5). 그런데 이번의 동행은 하만이 최후로 참석한 주연이었다.

에 7:2. 왕이 이 둘째 날 잔치에 술을 마실 때에 다시 에스더에게 물어 이르되 왕후 에스더여 그대의 소청이 무엇이냐 곧 허락하겠노라 그대의 요구가 무엇이냐 곧 나라의 절반이라 할지라도 시행하겠노라.

왕이 에스더가 베푼 잔치 때마다 본절과 같은 말을 했다. 이번의 말이 세 번째였다(5:3,6). 에스더는 자신의 소청을 말할 기회를 찾고 있었다. 에스더는 하나님께서 인도하는 대로 행동하다가 이번의 기회에 발설한다.

에 7:3. 왕후 에스더가 대답하여 이르되 왕이여 내가 만일 왕의 목전에서 은혜를 입었으며 왕이 좋게 여기시면 내 소청대로 내 생명을 내게 주시고 내 요구대로 내 민족을 내게 주소서.

왕후 에스더가 대답하기를 "임금님 내가 임금님께 은혜를 입었고 임금님께서 나를 좋게 여기시면 나의 목숨을 내게 주시고, 나의 겨레를 내게 주십시오"라고 한다.

본절의 "내가 왕의 목전에서 은혜를 입었으며"와 "왕이 좋게 여기시면"이란 말은 동의어로 쓰인 말이다. 그리고 "내 소청대로"란 말과 "내 요구대로"란 말도 동의어로 쓰인 말이다. 그리고 "내 생명을 내게 주시고"란 말과 "내 민족을 내게 주소서"란 말도 동의어로 쓰인 말이다.

에스더는 "내 생명"과 "내 민족"이란 말을 똑같은 것으로 알고 있었다. 그는 자기의 생명과 민족을 구별하지 않고 지냈다. 자기의 민족이 하만한테 죽임을 당하는 것은 자기 목숨이 죽음을 당하는 것으로 알았다. 그녀는 민족이 몰살당하는 것을 자기 생명이 죽는 것으로 알았다. 에스더는 그렇기 때문에 민족의 삶을 위해서 3일을 금식한 것이다. 오늘 우리는 우리 한 사람의 생명과 민족의 생명을 동일한 것으로 알고 살아야 할 것이다.

에스더에게는 이 둘(자기의 생명과 자기의 민족)을 똑같은 것으로 알았지만 하만 앞에서는 자기의 목숨이 더 중요한 것처럼 말한 것은 아하수에로 왕한테는 그렇게 보여야 했기 때문이다. 그래야 아하수에로 왕이 더 적극적으로 대처할 것이었다.

에 7:4. 나와 내 민족이 팔려서 죽임과 도륙함과 진멸함을 당하게 되었나이다 만일 우리가 노비로 팔렸더라면 내가 잠잠하였으리이다 그래도 대적이 왕의 손해를 보충하지 못하였으리이다 하니(For we have been sold, I and my people, to be destroyed, to be killed, and to be annihilated. If we had been sold merely as slaves, men and women, I would have been silent, for our affliction is not to be compared with the loss to the king-ESV).

"나와 내 민족이 팔렸다"는 말은 '에스더 자신과 유대 민족이 하만에게 넘겨졌다'는 뜻이다. 여기 팔렸다는 말을 두고 혹자는 왕이 하만한테 돈을 받고 하만에게 넘겨주었다고 해석하기도 하나 돈과는 관계없이 그냥 넘겨준 것을 지칭하는 말이다. 왕이 하만한테 돈을 받고 팔았다고 에스더가 말하면 왕을 원망하는 말이 되니 에스더가 그런 의미로 말했을 리는 만무하다.

"죽임과 도륙함과 진멸함을 당하게 되었다"는 말은 유대인들이 죽게 되었다는 뜻이다. 유대인이 죽게 되었다는 말을 세 가지 단어로 묘사한 것은 죽게 되었다는 것을 강조하기 위함이다. 다시 말해 완전히 죽게 되었다는 뜻이다.

에스더는 "만일 우리가 남종이나 여종으로 팔렸더라면 내가 잠잠하였으리다"라고 말씀한다. 다시 말해 '만일 우리 유대 민족이 남종이나 여종으로 팔려 간다면 그들로서는 괴로운 일이지만 왕에게는 그리 큰 손해가 아니므로 내가 이런 말씀을 드리지는 않고 침묵을 지켰을 것이라'고 말한다.

에스더가 "그래도 대적이 왕의 손해를 보충하지 못하였으리이다"(כִּי אֵין הַצָּר שֹׁוֶה בְּנֵזֶק הַמֶּלֶךְ)라는 말을 덧붙였는데 그 해석은 다양하다. 그러나 수많은 해석 중에서도 필자는 카셀(Cassel)의 번역을 택한다. 그는 해석하기를 "왜냐하면 그 고난(유대 민족이 노예로 팔려가는 것)은 왕에게 괴롭힘이 될 정도는 아니기 때문입니다"라고 번역한다(P. Cassel, Hans Bardke, 박윤선). 그러니까 에스더는 우리 유대인이 남종이나 여종으로 팔려간다면 왕에게 말씀도 드리지 않았을 것이라는 뜻이다. 왜냐하면 유대 민족이 노예로 팔려간다면 왕에게는 그다지 큰 괴로움이 되지 않을 것이기 때문에 말씀을 드리지 않을 것이라는 것이었다.

에 7:5. 아하수에로 왕이 왕후 에스더에게 말하여 이르되 감히 이런 일을 심중에 품은 자가 누구며 그가 어디 있느냐 하니.

아하수에로 왕이 에스더 왕후에게 묻는다. "감히 그런 일을 마음에 품은 자가 누구요? 감히 그런 일을 하려고 마음을 먹고 있는 자가 어디에 있는지, 누구인지 밝히시오"라고 한다.

에 7:6. 에스더가 이르되 대적과 원수는 이 악한 하만이니이다 하니 하만이 왕과 왕후 앞에서 두려워하거늘.

에스더가 대답하기를 "그 대적, 그 원수는 바로 이 흉악한 하만입니다." 에스더의 대답이 떨어지자마자 하만은 왕과 왕후 앞에서 심히 두려워하게 되었다. 갑자기 사색(死色)이 된 것이었다.

2. 하만이 처형되다 7:7-10

아하수에로 왕은 하만을 정죄한 다음 하만이 모르드개를 죽이려 세운 나무에 하만을 매단다.

에 7:7. 왕이 노하여 일어나서 잔치 자리를 떠나 왕궁 후원으로 들어가니라 하만이 일어서서 왕후 에스더에게 생명을 구하니 이는 왕이 자기에게 벌을 내리기로 결심한 줄 앎이더라.

화가 머리끝까지 차오른 왕은 술잔을 내려놓고 자리에서 일어나 갑자기 당한 너무나 큰 충격에 그 자리에 있지를 못하고 왕궁 안뜰로 들어갔다. 하만은 왕이 자기에게 벌을 내리기로 결심한 줄을 알고 그 자리에 남아서 에스더 왕후에게 목숨만 살려 달라고 애걸한다.

에 7:8. 왕이 후원으로부터 잔치 자리에 돌아오니 하만이 에스더가 앉은 걸상 위에 엎드렸거늘 왕이 이르되 저가 궁중 내 앞에서 왕후를 강간까지 하고자 하는가 하니 이 말이 왕의 입에서 나오매 무리가 하만의 얼굴을 싸더라.

왕이 안뜰에서 잔치 자리로 돌아와 보니 하만이 에스더가 앉는 침상에 엎드려 있었다. 하만은 이때 왕후의 팔이나 옷자락을 잡고 살려달라고 애원했을 것이다(Rawlinson). 이것을 본 왕은 사태를 분명히 파악하지 못하고 '내가 집안에 왕후와 함께 있는데도 저 놈이 왕후를 범하려고 하는구나!' 하고 소리를 쳤다. 왕의 입에서 이 말이 떨어지자마자, 내시들은 무슨 일인지 분명히 알지도 못하고 달려들어서 하만의 얼굴을 쌌다. 얼굴을 싸는 것은 고대 사회(바사, 로마, 헬라 등)에서 사형해야 할 사람들에게 싸는 것이었다.

에 7:9. 왕을 모신 내시 중에 하르보나가 왕에게 아뢰되 왕을 위하여 충성된 말로 고발한 모르드개를 달고자 하여 하만이 높이가 오십 규빗 되는 나무를 준비하였는데 이제 그 나무가 하만의 집에 섰나이다 왕이 이르되 하만을 그 나무에 달라 하매.

그 때에 마침 왕을 모시는 내시들 중 한 사람인 하르보나(이는 왕 앞에 대기하고 있는 내시였다. 1:10)가 말하기를 '하만이 자기 집에 높이 50규빗(22m 50cm) 되는 장대를 세워 놓았습니다. 그것은 임금님을 해치려는 자들을 제때에 고발한 모르드개를 매달아 죽이려고 세운 것입니다'라고 했다. 그 때에 왕이 명령을 내려 '하만을 거기에 매달라!'고 했다. 모르드개를 달려고 하던 형틀에 하만이 달린 것이다. 이런 해괴한 일은 역사상에 가끔 보이는 것이다.

에 7:10. 모르드개를 매달려고 한 나무에 하만을 다니 왕의 노가 그치니라.

사람들은 하만이 모르드개를 매달려고 세운 바로 그 나무 장대에 하만을 매달았다. 그런 후에 왕의 분노가 풀렸다.

제 8 장

D. 유대인이 구원받다 8장

8장은 모르드개가 하만 대신 득세하게 된 일(1-2절)과 에스더가 아하수에로 왕에게 하만이 내린 유대인을 죽이기로 한 조서를 취소하기를 청한 일(3-8절), 유대인 말살의 조서는 취소되고 도리어 그 대적을 멸하라는 새로운 조서가 반포된 일(9-14절), 모르드개가 영화로운 관복을 입고 나타나니 온 유대인이 기뻐한 일(15-17절)이 진술된다.

1. 모르드개가 하만 대신 득세하다 8:1-2

에 8:1. 그 날 아하수에로 왕이 유다인의 대적 하만의 집을 왕후 에스더에게 주니라 에스더가 모르드개는 자기에게 어떻게 관계됨을 왕께 아뢰었으므로 모르드개가 왕 앞에 나오니.

아하수에로 왕은 그 날로 유대 사람의 원수 하만의 재산을 에스더 왕후에게 주었다. 하루 전에는 하만이 그의 많은 재산을 자랑했다(5:11). 그러나 이제는 하만은 나무에 달려 죽었고(7:10), 그의 집도 에스더의 소유가 되고 말았다(시 39:6 참조). 에스더가 모르드개와의 관계를 이제는 숨길 필요가 없게 되었고 밝혔기에 모르드개는 왕 앞에 나아갈 수 있었다. 여기 "왕 앞에 나아갔다"는 말은 왕의 얼굴을 항상 볼 수 있는 고관이 되었다는 뜻이다(7:9).

에 8:2. 왕이 하만에게서 거둔 반지를 빼어 모르드개에게 준지라 에스더가 모르드개에게 하만의 집을 관리하게 하니라.

왕은 하만에게서 거둔 자기의 인장 반지를 모르드개에게 주었다. 에스더는 하만에게서 빼앗은 재산을 모르드개로 하여금 맡아 보게 하였다.

"왕이 하만에게서 거둔 반지를 모르드개에게 주었다"는 말은 '하만에게서 빼앗은 전권(全權)을 모르드개에게 주었다'는 뜻이다. 다시 말해 모르드개는 하만이 가지고 있던 권한을 그대로 받은 것이고, 나라의 제 2인자 자리인 총리가 된 것을 뜻한다. 또 에스더가 왕으로부터 받은 하만의 재산을 모르드개에게 주관하게 한 것은 그 재산을 모르드개에게 양도했다는 뜻이다(Rawlinson, K.&D.). 모르드개는 갑자기 부호(富豪)가 된 것이다.

2. 유대인을 구원하라는 조서를 내리다 8:3-8

에스더나 모르드개는 새로운 위치에 서게 되어 왕에게 하만이 내린 유대인 말살의 조서를 취소하기를 청했기에 왕은 에스더의 간곡한 애원을 허락하여 새로운 조서를 내리게 한다.

에 8:3. 에스더가 다시 왕 앞에서 말씀하며 왕의 발아래 엎드려 아각 사람 하만이 유다인을 해하려 한 악한 꾀를 제거하기를 울며 구하니.

에스더는 또다시 왕의 발 앞에 엎드려 울면서 간청한다. 아각 사람 하만(3:1주 참조)이 유대 사람을 치려고 꾸민 악한 음모를 제거해 달라는 것이었다. 하만의 죽음(7:10)으로 모든 것이 끝난 게 아니라 그가 유대인을 해하려 한 악한 꾀를 제거해야만 했다. 우리는 세상에 남아있는 악을 그리스도에 의해 제거하면서 살아야 할 것이다. 그리스도께 기도하면 모든 악을 제거할 수 있는 것이다.

에 8:4a. 왕이 에스더를 향하여 금규를 내미는지라.

왕이 금규를 내미는 것은 때로는 용서한다는 뜻이고 또 때로는 승낙한다는 뜻이다(K.&D.). 지금 왕이 에스더에게 금규를 내민 것은 승락을 뜻하는 것이다. 에스더는 왕의 허락을 받은 시점에서 일어나(다음 절) 자세히 자기의 요구사항을 설명한다.

에 8:4b-5. 에스더가 일어나 왕 앞에 서서 이르되 왕이 만일 즐거워하시며 내가 왕의 목전에 은혜를 입었고 또 왕이 이 일을 좋게 여기시며 나를 좋게 보실진대 조서를 내리사 아각 사람 함므다다의 아들 하만이 왕의 각 지방에 있는 유다인을 진멸하려고 꾀하고 쓴 조서를 철회하소서.

이 부분(4b-5)에 보면 에스더는 네 가지 동의어를 사용하여 강조한다. 즉,"왕이 만일 즐거워하시며, 내가 왕의 목전에 은혜를 입었고, 또 왕이 이 일을 좋게 여기시며, 나를 좋게 보신다면" 조서를 내리셔서 "아각 사람 함므다다의 아들 하만이 왕의 각 지방에 있는 유대인을 진멸하려고 꾀하고 쓴 조서를 철회해" 주십사 하는 것이었다. 다시 말해 하만이 저질러 놓은 조서를 아주 철회해 주시라는 것이었다. 그가 죽었다고 조서가 없어지는 것이 아니라 따로 조서를 취소해야 했다.

에 8:6. 내가 어찌 내 민족이 화 당함을 차마 보며 내 친척의 멸망함을 차마 보리이까 하니.

본절은 하만이 내린 조서를 왕이 취소해야 할 이유를 제공한다. 그 조서를 취소하지 않으면 유대 민족이 화를 당한다는 것이다. 유대 민족이 화를 당하는 것을 에스더가 차마 볼 수 없으며 에스더의 친척이 망하는 것을 차마 볼 수가 없다는 것이었다(7:4).

에 8:7. 아하수에로 왕이 왕후 에스더와 유다인 모르드개에게 이르되 하만이 유다인을 살해하려 하므로 나무에 매달렸고 내가 그 집을 에스더에게 주었으니.

본절은 에스더가 울면서 유대인을 구원해 달라고 애원(3절)하는데 대한 아하수에로 왕의 대답이다. 이미 두 가지가 해결되었는데 무슨 걱정이 냐는 것이다. 즉, 유대인을 살해하려한 하만이 나무에 달려 죽었고 또 하만의 집을 에스더에게 주었는데 무슨 걱정이 있어서 야단이냐는 것이다. 이제 에스더와 모르드개가 할 일은 아주 쉬운 일만 남았다고 왕은 말한다(다음 절).

에 8:8. 너희는 왕의 명의로 유다인에게 조서를 뜻대로 쓰고 왕의 반지로 인을 칠지어다 왕의 이름을 쓰고 왕의 반지로 인친 조서는 누구든지 철회할 수 없음이니라 하니라.

아하수에로 왕은 에스더와 모르드개에게 두 가지를 하라고 한다. 하나는 왕의 이름으로 유대인들에게 조서를 꾸미라고 말하고 또 하나는 왕의 반지로 도장을 치라고 말한다. 왕의 이름으로 조서를 쓰고 왕의 반지로 도장을 쳐서 관계 기관에 보내놓으면 누구든지 변경시킬 수 없다고 말한다.

3. 유대인이 기뻐하다 8:9-14

이제는 유대인을 말살하라는 조서는 취소되고 반대로 그 적들을 멸하라는 새 조서가 반포된다.

에 8:9. 그 때 시완월 곧 삼월 이십삼일에 왕의 서기관이 소집되고 모르드개가 시키는 대로 조서를 써서 인도로부터 구스까지의 백이십칠 지방 유다인과 대신과 지방관과 관원에게 전할 새 각 지방의 문자와 각 민족의 언어와 유다인의 문자와 언어로 쓰되.

왕이 사용하는 서관들이 곧 소집되었다. 때는 시완('숲'이라는 뜻)월 곧 3월 23(이 날은 하만을 멸한 후 2개월 10일 후의 일이었다)[43]일이었다. 서관들은 인도에서 구스(에티오피아)에 이르는 127 지방에 널려 있는 유대인과 제후들과 총독과 각 지방 수령들 앞으로 보내는 칙서를 모르드개

43) 하만이 유대인 멸절을 위한 조서를 반포한 것은 정월 13일이었다(3:12). 본절의 조서가 유대인들에게 반포된 것은 하만의 폭로가 있은 지 약 2개월 10일 후의 일이었다.

가 불러 주는 대로 썼고[44] 각 지방의 문자와 각 민족의 언어로 썼으며 유대 사람들의 글과 말로도 조서를 만들어서 보냈다.

본절의 "각 지방의 문자와 각 민족의 언어"는 관원 등을 위한 것이라고 한다면 "유대인의 문자와 언어"는 말할 나위 없이 여러 곳에 분산되어 살고 있는 유대인들을 위한 것이었다.

에 8:10. 아하수에로 왕의 명의로 쓰고 왕의 반지로 인을 치고 그 조서를 역졸들에게 부쳐 전하게 하니 그들은 왕궁에서 길러서 왕의 일에 쓰는 준마를 타는 자들이라.

모르드개는 아하수에로 왕의 이름으로 조서를 작성하고 거기에 왕의 인장 반지로 도장을 찍었다. 그렇게 한 다음에, 보발꾼들(배달꾼들)을 시켜서, 그 조서를 급히 보냈다. 보발꾼들이 타는 말은 왕궁에서 기른 것들로서 왕의 심부름에 쓰는 날랜 말들이었다. 본문의 "준마"란 발 빠른 말들을 지칭하는 말이다. 하만의 조서를 지우기 위해서는 빨리 다른 조서를 전달해야 했기 때문에 준마를 사용했다.

에 8:11. 조서에는 왕이 여러 고을에 있는 유다인에게 허락하여 그들이 함께 모여 스스로 생명을 보호하여 각 지방의 백성 중 세력을 가지고 그들을 치려하는 자들과 그들의 처자를 죽이고 도륙하고 진멸하고 그 재산을 탈취하게 하되.

왕의 이름으로 쓴 조서에는 여러 고을에 있는 유대인에게 허락하여 첫째, "그들이 함께 모여 스스로 생명을 보호할 것", 둘째, "각 지방의 백성 중 세력을 가지고 그들을 치려하는 자들과 그들의 처자를 죽이고 도륙하고 진멸하고 그 재산을 탈취하게 하라는 것", 셋째, "적들의 재산을 탈취하게

---

44) 아하수에로 왕은 자신의 이전 조서(3:12-14)를 취소하지 않고 유대인들을 학살로부터 보호할 수 있게끔 하는 조서를 임의로 작성하라고 모르드개에게 명령한 바 있다(8절). 이제 모르드개는 그 같은 대 원칙 아래서 유대인들을 학살로부터 보호하기 위한 조서 작성을 주로하고 있는 것이다.

하라는 것"이었다.

에 8:12. 아하수에로 왕의 각 지방에서 아달월 곧 십이월 십삼일 하루 동안에 하게 하였고.

"아하수에로 왕의 각 지방에서 아달월 곧 12월 13일 하루 동안에 하게 하게" 했다. 이 날짜는 하만이 지정한 날과 똑같은 날이었다.

에 8:13. 이 조서 초본을 각 지방에 전하고 각 민족에게 반포하고 유다인들에게 준비하였다가 그 날에 대적에게 원수를 갚게 한지라.

모르드개가 새로 작성한 조서 초본을 각 지방에 전하고 각 민족에게 반포하고 유대인들에게 준비했다가 그 날에 대적들에게 원수를 갚게 했다(3:13 주 참조). 오늘 우리는 마귀를 치는 전쟁에서 완전히 우리 측이 마귀를 쳐야 하는 전쟁을 해야 한다.

에 8:14. 왕의 어명이 매우 급하매 역졸이 왕의 일에 쓰는 준마를 타고 빨리 나가고 그 조서가 도성 수산에도 반포되니라.

아하수에로 왕의 명령은 이처럼 빨리 전달되어야 하는 것이었으므로 역졸들(보발꾼들)은 왕의 심부름에 쓰는 날랜 말을 타고 급히 떠났다. 도성 수산에도 조서가 나붙었다. 이 조서는 수도 수산에는 당일에 전파되었을 것이고 그 외의 지역은 많은 시일이 걸렸을 것이다(3:15).

4. 모르드개의 득세로 유대인이 기뻐하다 8:15-17

모르드개가 영화로운 관복을 입고 나타나니 모든 유대인이 기뻐했다.

에 8:15. 모르드개가 푸르고 흰 조복을 입고 큰 금관을 쓰고 자색 가는 베 겉옷을 입고 왕 앞에서 나오니 수산 성이 즐거이 부르며 기뻐하고.

모르드개는 보라색과 흰색으로 된 궁중 예복을 입고 큰 금관을 쓰고 고운 모시로 짠 붉은 겉옷을 입고 왕 앞에서 물러 나왔다. 수산 성에서는 즐거운 잔치가 벌어졌다. 고대 바사에서는 신분의 고하에 따라 옷의 색깔과 관의 모양과 크기가 달랐다. 모르드개의 관복은 총리가 입는 관복이었다. "조복"은 왕 앞에 나갈 때 입는 조정(朝庭)의 의복으로 '푸르고 흰' 옷을 입었다. "겉옷"은 조복위에 걸치는 망토로 왕색인 자색의 외투였다. "금 면류관"은 왕 외에도 쓰던 귀족의 관으로 왕관 보다는 못한 것이었다. 총리 복을 입고 나아오는 모르드개를 보면서 수산 성의 유대인들은 즐거이 부르며 기뻐했다. 하만의 학정에 시달리던 시민들이 해방감과 큰 소망으로 기뻐했을 것이다.

에 8:16. 유다인에게는 영광과 즐거움과 기쁨과 존귀함이 있는지라.

본서 저자는 앞 절(15절)에서는 수산성 사람들에게 "즐거움이 있고 기쁨이 있었다"는 것을 말하고, 본절에서는 "유대인에게는 영광과 즐거움과 기쁨과 존귀함이 있다"고 말한다. 이렇게 유대인에게 영광이 있고 즐거움이 있으며 기쁨과 존귀함이 있는 것은 바로 모르드개에게 영광이 있고 즐거움이 있으며 기쁨이 있고 존귀함이 있기 때문이었다. 유대인이나 모르드개는 별개의 존재가 아니라 서로 깊이 관련이 있는 존재들이었다. 유대인의 영광과 즐거움과 기쁨과 존귀함은 바로 모르드개에서 온 것이었다. 여기 "영광"이란 '빛'이나 '번영'이란 뜻이다(K.&D.). 그리고 "존귀함"이란 '존재감'을 뜻하는 말이다. 모르드개가 영광이 있었고 즐거움이 있었으며 기쁨이 있고 존귀함이 있었기에 수산성의 유대인들에게도 영광이 있었고 즐거움이 있었으며 기쁨이 있었고 존귀함이 있었다. 하만이 총리로 있을 때에는 유대인들에게는 극히 미미한 존재만 있었다. 우리 주 예수 그리스도께서 영광이 계시고 즐거움이 있으며 기쁨이 있고 존귀함이 있으시니 우리 성도들에게도 놀라운 영광과 즐거움과 기쁨과 존귀함이 있게 되었다.

에 8:17 왕의 어명이 이르는 각 지방, 각 읍에서 유다인들이 즐기고 기뻐하여 잔치를 베풀고 그 날을 명절로 삼으니 본토 백성이 유다인을 두려워하여 유다인 되는 자가 많더라.

왕의 이름으로 쓴 조서가 이르는 지방마다 성읍마다 어디에서나, 그곳에 사는 유대 사람들이 잔치를 벌였다. 그들은 기뻐하고 즐거워하며 그 날을 축제의 날로 삼았다. 그 땅에 사는 다른 민족들 가운데서 많은 사람들이 유대 사람들을 두려워하므로 유대 사람이 되기도 했다. 유대 사람이 되기도 했다는 말은 유대의 종교로 개종하고 유대인으로 귀화하는 것을 뜻한다.

제 9 장

V. 부림절의 기원 9-10장

9-10장은 유대인의 대적이 멸망을 당하고(9:1-19), 유대인은 그 날을 부림절로 제정했다(9:20-32).

A. 유대인의 원수가 멸망 받다 9장

9장은 유대인의 원수가 멸망 받은 일(1-10절)과 수산성에서는 그 멸망이 다음날까지 연장된 일을 전한다(11-19절).

에 9:1. 아달월 곧 열둘째 달 십삼일은 왕의 어명을 시행하게 된 날이라 유다인의 대적들이 그들을 제거하기를 바랐더니 유다인이 도리어 자기들을 미워하는 자들을 제거하게 된 그 날에.

열두째 달인 아달월 13일(하만이 내린 첫째 조서에도 언급된 날이었고 모르드개가 내린 둘째 조서에도 언급된 날이었다)이 되니 왕이 내린 명령과 조서대로 시행하는 날이 되었다. 이 날은 본래 유대 사람의 원수들이 유대 사람을 제거하기를 바라던 날인데, 오히려 유대 사람이 자기들을 미워하는 자들을 없애버리는 날이 되었다. 첫째 조서는 둘째 조서에 의해 무효화 되어 이 날은 둘째 조서대로 실행하는 날이 되었다.

에 9:2. 유다인들이 아하수에로 왕의 각 지방, 각 읍에 모여 자기들을 해하고자 한 자를 죽이려 하니 모든 민족이 그들을 두려워하여 능히 막을 자가 없고.

아하수에로 왕이 다스리는 모든 지방의 각 성읍에 사는 유대 사람들은 각자가 살던 성읍에 모여서 자기들을 해치려고 한 자들을 공격하였다. 그들의 행동은 왕의 조서에 보장된 것이기 때문에(8:11) 아무도 막을 수 없었고 모두 유대인을 두려워했다.

에 9:3. 각 지방 모든 지방관과 대신들과 총독들과 왕의 사무를 보는 자들이 모르드개를 두려워하므로 다 유다인을 도우니.

각 지방의 모든 관리들과 대신들(바사의 20구역의 총독들)과 바사 전국 127도의 도백들과 왕의 기타 관리들은 모르드개가 무서워서도 유대 사람들을 도울 수밖에 없었다. 한 사람 모르드개가 잘 되니 모두들 그 앞에서 떤 것이다.

에 9:4. 모르드개가 왕궁에서 존귀하여 점점 창대하매 이 사람 모르드개의 명성이 각 지방에 퍼지더라.

본절은 이유접속사(כִּי)로 시작하므로 앞절의 이유를 설명하는 절이다. 즉, 당시 모르드개는 왕궁에서 실권을 잡고 있었고 그의 세력은 날로 더하여 갔으며 결과적으로 그의 명성은 전국 방방곡곡에 퍼져 나갔다. 하나님의 섭리를 믿는 사람은 이렇게 도처에서 커져 가는 법이다.

에 9:5. 유다인이 칼로 그 모든 대적들을 쳐서 도륙하고 진멸하고 자기를 미워하는 자에게 마음대로 행하고.

유대 사람들은 그들의 모든 원수를 다 칼로 쳐 죽였으며 자기들을 미워하는 자들에게 하고 싶은 대로 다 하였다. 유대 사람들은 왕의 조서대로 거침없이 다 행했다(8:11-13). 그들이 하고 싶은 대로 다 행했으니 막을 자가 없이 자유로이 행했다. 오늘 우리가 예수님의 힘을 입으면 막힘이 없게 된다.

에 9:6. 유다인이 또 도성 수산에서 오백 명을 죽이고 진멸하고.

유대인들은 도성 수산(122,400평)에서만도 유대인들을 죽이려던 자들을 오백 명이나 처형하였다.

에 9:7-10. 또 바산다다와 달본과 아스바다와 보라다와 아달리야와 아리다다와 바마스다와 아리새와 아리대와 왜사다 곧 함므다다의 손자요 유다인의 대적 하만의 열 아들을 죽였으나 그들의 재산에는 손을 대지 아니하였더라.

7-9절까지의 10명의 인명은 하만의 열 아들 이름이다. 즉, 바산다다('기도로 인해 주어진'이라는 뜻)와 달본('오만한'이란 뜻)과 아스바다('말을 선물로 받은'이란 뜻)와 보라다('많은 병거를 가진'이라는 뜻)와 아달리야('용감한'이라는 뜻)와 아리다다('관대한'이라는 뜻)와 바마스다('가장 위대한'이라는 뜻)와 아리새('정복하기'란 뜻)와 아리대('주다'라는 뜻)와 왜사다('바람처럼 강한'이란 뜻) 곧 유대 사람의 원수요 함므다다의 아들인 하만의 열 아들도 죽였다. 이렇게 열 아들의 이름이 한꺼번에 나타난 것은 하만의 아들들의 죽음이 한 순간에 죽은 것이고 또 역사적인 사실임을 드러내려는 의도였다. 그리고 유대 사람들이 하만의 열 아들을 죽이기는 하였지만 그들의 재산에는 손을 대지 않았다는 말을 한 것은 유대인들은 결코 더러운 이익을 탐해서 죽인 것은 아니라는 것을 보이기 위함이었다. 오늘 우리는 세상 재물에 탐심이 있는 것은 아니라는 것을 세상 사람들에게 보여주어야 할 것이다.

에 9:11. 그 날에 도성 수산에서 도륙한 자의 수효를 왕께 아뢰니.

도성 수산에서 죽은 사람의 수가 그 날로 왕에게 보고되었다. 도성 수산에서 죽은 사람의 숫자가 왕에게 보고된 것은 국가의 중요한 사건들이 왕에게 보고되어야 했기 때문이었고 또한 궁중 일기에 기록되어야 했기 때문이었다.

에 9:12. 왕이 왕후 에스더에게 이르되 유다인이 도성 수산에서 이미 오백 명을 죽이고 멸하고 또 하만의 열 아들을 죽였으니 왕의 다른 지방에서는 어떠하였겠느냐 이제 그대의 소청이 무엇이냐 곧 허락하겠노라 그대의 요구가 무엇이냐 또한 시행하겠노라 하니.

왕이 에스더 왕후에게 말하기를 '유대 사람들이 도성 수산에서만도 그들의 원수를 오백 명이나 죽였고 하만의 열 아들도 다 죽였으니 나머지 다른 지방에서야 오죽하였겠소? 이제 당신의 남은 소청이 무엇이오? 내가 그대로 들어 주리이다. 당신의 요구가 또 무엇이오? 당신이 바라는 대로 하여 주겠소'라고 한다. 아하수에로 왕이 이토록 에스더에게 후했던 이유는 하나님의 섭리였다. 에스더와 유대인들이 하나님 앞에 금식 기도를 했기 때문이었다.

에 9:13. 에스더가 이르되 왕이 만일 좋게 여기시면 수산에 사는 유다인들이 내일도 오늘 조서대로 행하게 하시고 하만의 열 아들의 시체를 나무에 매달게 하소서 하니.

본절은 에스더의 마지막 소원이었다. 즉, 에스더의 소원은 두 가지였다. 하나는 내일도 오늘 조서대로 행하게 해달라는 것이었고, 또 하나는 하만의 열 아들의 시체를 나무에 매달기를 바란 것이었다. 첫째 소원은 왕의 조서가 12월 13일 하루 동안만 유대인이 그 적들을 멸하는 것으로 되어 있으므로(8:12; 9:11), 수산에서는 하루 더 연장하여 14일에도 대적을 치게 해달라는 것이었다.

에 9:14. 왕이 그대로 행하기를 허락하고 조서를 수산에 내리니 하만의 열 아들의 시체가 매달리니라.

왕은 에스더의 소원대로 하라고 명령을 내렸다. 왕은 도성 수산에 에스더의 소원대로 조서를 내렸고, 하만의 열 아들의 주검을 장대에 매달았다. 에스더는 유대 민족을 하만의 손에서 완전히 구해 냈다.

에 9:15. 아달월 십사일에도 수산에 있는 유다인이 모여 또 삼백 명을 수산에서 도륙하되 그들의 재산에는 손을 대지 아니하였고.

수산성의 유대 사람들은 아달월 14일에 모여 도성 수산에서만도 300명을 죽였으나 역시 재산은 빼앗지 않았다. 죽인 사람의 숫자는 800명이었고 역시 재산에는 전날처럼 손을 대지 않았다(10절 주해 참조).

에 9:16. 왕의 각 지방에 있는 다른 유다인들이 모여 스스로 생명을 보호하여 대적들에게서 벗어나며 자기들을 미워하는 자 칠만 오천 명을 도륙하되 그들의 재산에는 손을 대지 아니하였더라.

도성 수산에서 2일 동안 유대인이 800명을 죽이는 동안에, 왕이 다스리는 각 지방에 있는 나머지 유대 사람들도 지방별로 함께 모여서 조직을 정비하고, 자체 방어에 들어갔다. 그들은 원수들을 무려 75,000 명이나 죽였으나, 역시 재산에는 손을 대지 않았다.

에 9:17. 아달월 십삼일에 그 일을 행하였고 십사일에 쉬며 그 날에 잔치를 베풀어 즐겼고.

본절은 수산 성 이외의 다른 곳에서 벌어진 유대인의 이야기를 기록한다. 다른 곳에서의 유대인들은 아달월 13일에 원수들을 죽였고 14일에 잔치를 하면서 기뻐하는 날로 삼았는데 이것이 곧 부림절의 기원이 된 것이다(20-32절).

에 9:18. 수산에 사는 유다인들은 십삼일과 십사일에 모였고 십오일에 쉬며 이 날에 잔치를 베풀어 즐긴지라.

본절은 수산에 사는 유대인들이 원수를 갚은 것을 말한다. 수산에서는 원수 갚는 날이 이틀이 되었으므로 13일과 14일에 원수를 갚았고 15일에 쉬면서 잔치를 베풀었다(15절 주 참조).

에 9:19. 그러므로 시골의 유다인 곧 성이 없는 고을고을에 사는 자들이 아달월 십사일을 명절로 삼아 잔치를 베풀고 즐기며 서로 예물을 주더라.

다시 수산 성 이외의 다른 지방들의 축제가 벌어진 것을 말한다(17절). 성벽이 없는 여러 고을들에 사는 유대 사람들이 아달월 13일 하루만 적을 쳤고 아달월 14일을 명절로 정하고 즐겁게 잔치를 벌이면서 서로 음식을 나누어 먹었다. 그러니까 14일을 경절로 삼은 것이다.

B. 부림절의 기원 9:20-30

모르드개와 에스더는 부림절을 만들어 아하수에로 왕의 바사 전국에 보내어 지키게 한다.

에 9:20. 모르드개가 이 일을 기록하고 아하수에로 왕의 각 지방에 있는 모든 유다인에게 원근을 막론하고 글을 보내어 이르기를.

모르드개는 이 모든 사건(1-19절)을 다 기록하여 두었다. 그리고 그는 또 원근을 막론하고 아하수에로 왕이 다스리는 모든 지방에 사는 유대 사람들에게 21-22절과 같은 글을 보냈다.

에 9:21. 한 규례를 세워 해마다 아달월 십사일과 십오일을 지키라.

한 규례를 세워서(새로운 절기를 제정하라는 뜻, 즉 지방에서는 12월 14일에, 수산에서는 15일에 지키라는 것이었음, 17-18절) 해마다 아달월 14일과 15일을 명절로 지키라는 것이었다.

에 9:22. 이 달 이 날에 유다인들이 대적에게서 벗어나서 평안함을 얻어

슬픔이 변하여 기쁨이 되고 애통이 변하여 길한 날이 되었으니 이 두 날을 지켜 잔치를 베풀고 즐기며 서로 예물을 주며 가난한 자를 구제하라 하매.

본절은 부림절(지방에서는 14일, 수산에서는 15일에 지켜야 하는 일)을 제정하여 지켜야 하는 이유를 말한다. 즉, 그 날들에 유대 사람이 원수들의 손에서 벗어났으며, 그 날들에 유다 사람의 슬픔이 기쁨으로 바뀌었고 애통의 날이 잔칫날로 바뀌었으므로 모르드개는 그 이틀(지방은 14일, 수산은 15일) 동안을 잔치를 벌이면서 기뻐하는 명절로 정하고 서로 음식을 나누어 먹고 가난한 사람들에게 선물을 주는 날로 지키도록 지시하였다. 가난한 사람들에게 선물을 주는 날로 지키도록 지시한 것은 자기들도 과거의 곤경에서 구원을 받았으니 지금도 가난하여 곤경에 있는 자들을 구제하라는 것이었다.

에 9:23. 유다인이 자기들이 이미 시작한 대로 또한 모르드개가 보낸 글대로 계속하여 행하였으니.

그래서 유대 사람들은 자기들이 이미 자원해서 시작한 대로 그리고 다음해부터는 모르드개가 보낸 글대로 그 명절을 해마다 지켰다. 처음에는 자원한 대로, 다음부터는 모르드개가 지시한 대로 부림절을 지켰다.

에 9:24. 곧 아각 사람 함므다다의 아들 모든 유다인의 대적 하만이 유다인을 진멸하기를 꾀하고 부르 곧 제비를 뽑아 그들을 죽이고 멸하려 하였으나.

본절부터 26절까지는 22절처럼 부림절이 제정되기까지의 과정을 언급한다. 즉, 부림절이 시작된 것은 "아각 사람 함므다다의 아들 곧 모든 유대인의 대적 하만이 유대인을 진멸하기를 꾀하고 부르 곧 제비를 뽑아 그들을 죽이고 멸하려" 한데서 시작되었다. 하만이 처음에 유대인을 모두 죽이는 날짜를 정할 때 "부르"(제비)를 뽑은 데서 시작되었다. 아무 날이나 정해서 유대인들을 죽이는 것이 아니라 부르(제비)를 뽑아서 12월 13일을 뽑은 것이었다.

에 9:25. 에스더가 왕 앞에 나아감으로 말미암아 왕이 조서를 내려 하만이 유다인을 해하려던 악한 꾀를 그의 머리에 돌려보내어 하만과 그의 여러 아들을 나무에 달게 하였으므로.

위와 같이(24절) 제비를 뽑아서 12월 13일 날 하루를 택해서 죽이기로 했는데 그것이 유대인들에게 알려져 에스더가 왕 앞에 나아감으로 말미암아 왕이 조서를 내려 하만이 유대인을 해하려던 악한 꾀를 그의 머리에 돌려보내어 하만과 그의 여러 아들을 나무에 달게 해서 하만 측이 죽게 되었다. 이렇게 유대인들 측이 하만 측을 죽이게 되었지만 그 날짜는 변경시키지 않고 그대로 두고 부림절을 정했다. 오늘 우리가 사태를 완전히 뒤집으려면 하나님을 믿고 금식 기도를 하면 된다는 것을 보여주고 있다.

에 9:26. 무리가 부르의 이름을 따라 이 두 날을 부림이라 하고 유다인이 이 글의 모든 말과 이 일에 보고 당한 것으로 말미암아.

히브리 원전에는 문장 초두에 "그러므로(עַל־כֵּן)"라는 말이 나와 있다. 따라서 본절부터 28절까지의 말은 앞부분의 결과를 드러내는 말이 된다. 그 중에도 본절은 어떻게 해서 부림절이라는 절기 명칭이 생겼는지를 말하고 있다. 즉, 무리가 "부르"(제비)라는 말을 따라 이 두 날(지방을 위하여 14일, 수산을 위하여 15일)을 부림절이라고 하였다는 것이다. 이 모든 사건은 유대 사람 스스로가 직접 보고 겪은 것이며 모르드개의 글에도 적혀 있는 것이다.

에 9:27. 뜻을 정하고 자기들과 자손과 자기들과 화합한 자들이 해마다 그 기록하고 정해 놓은 때 이 두 날을 이어서 지켜 폐하지 아니하기로

작정하고.

그래서 유대인들은 대대로 이 두 날(14일과 15일)을 그들과 자손과 또 그들에게 귀화하는 모든 사람이 해마다 정해진 때에 글에 적혀 있는 대로 반드시 지켜야 하는 명절로 세웠다. 문장 초두의 "뜻을 정하고"(קִיְּמוּ)란 말은 21절의 "한 규례를 세워"란 말과 같은 말이다. 유대인들은 부림절의 법을 세워 단합해서 지방에서는 12월 14일, 수산에서는 12월 15일을 부림절로 정하여 대대로 지키면서 폐지하지 않기로 한 것이다.

에 9:28. 각 지방, 각 읍, 각 집에서 대대로 이 두 날을 기념하여 지키되 이 부림일을 유다인 중에서 폐하지 않게 하고 그들의 후손들이 계속해서 기념하게 하였더라.

본절은 바로 윗절(27절)과 같은 뜻이다. 즉, 이 명절은 지방이나 도시나 할 것 없이 어느 가문에서나 다 지키게 되었다는 이야기이다. 이리하여 부림절은 대대로 잊지 못할 날이 되었다. 다시 말해 부림절은 유대인들 중에서 자자손손 지키고 폐하지 않게 했다는 것이다. 학자들은 요 5:1의 절기를 부림절로 보고 부림절은 신약 시대에까지 폐하지 않고 지키게 되었다고 주장한다.

에 9:29. 아비하일의 딸 왕후 에스더와 유다인 모르드개가 전권으로 글을 쓰고 부림에 대한 이 둘째 편지를 굳게 지키게 하되.

아비하일의 딸 에스더 왕후와 유대 사람 모르드개는 함께 전권을 가지고 두 번째로 편지를 써서 부림절을 확정하였다. 본절의 "전권"(תֹּקֶף)란 말은 '권위', '권력', 혹은 '힘'이라는 뜻인데 본절에서는 '힘을 드려', '정성을 드려'라는 뜻으로 해석하는 것이 문맥에 맞는다.

그리고 "글을 쓰고"(תִּכְתֹּב)란 말은 '글을 쓴다'는 뜻으로 여성 3인칭 단수이다. 사실은 주어가 에스더와 모르드개이니 복수를 써야 했으나 여성 단수가 되었으니 에스더가 정성을 드려 쓴 것으로 보아야 할 것이다.

그리고 "이 둘째 편지"란 말은 앞서 보낸 모르드개의 편지(20절)에 이은 것을 뜻할 것이다. "이 둘째 편지"는 모르드개가 첫째 편지를 보낸(20절) 후 몇 개월이 지난 어느 시점에서 보내졌을 것이다. 다시 말해 첫째 편지(20절)를 보낸 후 얼마의 세월이 지난 후 두 번째 부림절이 돌아오기 전에 보내졌을 것으로 보인다.

그리고 "굳게 지키게 했다"는 말은 21절의 "한 규례를 세워서"와 동일한 어휘와 같은 의미의 말이다.

에 9:30. 화평하고 진실한 말로 편지를 써서 아하수에로의 나라 백이십칠 지방에 있는 유다 모든 사람에게 보내어(Letters were sent to all the Jews, to the 127 provinces of the kingdom of Ahasuerus, in words of peace and truth-ESV).

"화평하고 진실한 말로 편지를 써서"란 말은 '화평과 진실을 소원하는 편지를 써서' 아하수에로의 나라 127지방(이 표현은 팔레스틴 지방도 포함하는 말이다. 3:13)에 있는 유대의 모든 사람에게 보냈다는 뜻이다. 29절에는 에스더가 '힘을 드려' 혹은 '정성을 드려' 편지를 썼다고 했는데 본절에서는 화평과 진실을 비는 말을 담아서 편지를 써서 보냈다고 말한다. 에스더는 과거의 불안하게 살았던 경험을 가지고 살았으니 이제는 유대인들에게 평화가 있기를 소원하는 말로 편지를 쓴 것이다. 그리고 그 편지에는 진실을 담아 유대인들에게 써서 보냈다.

유대 모든 사람에게 "보내어"(יִשְׁלַח)라는 말은 3인칭 남성 단수로 모르드개가 보냈다는 것을 보여준다. 편지를 쓴 것은 에스더였지만(29절) 편지를 보낸 것은 모르드개였음을 알 수 있다.

에 9:31. 정한 기간에 이 부림일을 지키게 하였으니 이는 유다인 모르드개

와 왕후 에스더가 명령한 바와 유다인이 금식하며 부르짖은 것으로 말미암아 자기와 자기 자손을 위하여 정한 바가 있음이더라(that these days of Purim should be observed at their appointed seasons, as Mor'decai the Jew and Queen Esther obligated them, and as they had obligated themselves and their offspring, with regard to their fasts and their lamenting-ESV).

본절은 앞절(30절)에 언급한 편지의 목적이 무엇인가를 설명한다. 편지를 써서 보낸 목적은 때(12월 14일과 15일)가 되면 이틀 동안 부림절을 지키게 하기 위함이었다. 이 부림절은 유대 사람 모르드개와 에스더 왕후가 지시한 것이었고 또 유대 사람들 스스로도 기꺼이 부림절을 명절로 지키기로 확정하고 그 자손들도 그 때가 되면 금식하며 슬피 울면서 지키도록 서약해 놓은 것이었다. 유대인들은 자기들이 구원을 받는다면 앞으로 자자손손 계속해서 정한 기일에 금식하겠다고 서약했을 것이다.

에 9:32. 에스더의 명령이 이 부림에 대한 일을 견고하게 하였고 그 일이 책에 기록되었더라.

본절은 부림절에 관한 규정은 에스더의 명령으로 확정되었고 그것은 결국 책에 기록되었다는 것을 전한다. 다시 말해 부림절에 관한 규정은 에스더가 보낸 둘째 편지(29절)에 확실하게 되어 있고, 에스더의 화평이 넘치는 편지 그리고 진실한 편지(30절)가 부림절을 확정하는데 큰 역할을 했다는 것이다.

"그 일이 책에 기록되었다"는 말은 '그 일이 그 책에 기록되었다'는 것으로 여기 그 책이 어떤 책이냐가 문제이다. 그 책은 에스더서도 아니고 모르드개가 보낸 편지도 아니다. 이 책은 에스더서를 쓰는데 사용된 자료, 즉 당시 모르드개가 기록했을 유대인들만의 역대 일지(2:23; 6:1; 10:2)였던 것으로 보인다. 본서의 저자는 바로 이 '역대일지'를 통하여 모르드개의 첫째 편지와 에스더의 둘째 편지 내용도 알 수 있었을 것이다(Grotius, Rawlinson).

제 10 장

C. 모르드개의 위대함이 드러나다 10장

10장은 유대인의 승귀를 위한 섭리들이 기록되어 있다.

에 10:1. 아하수에로 왕이 그의 본토와 바다 섬들로 하여금 조공을 바치게 하였더라.

본절에 아하수에로 왕이 위대한 일을 한 것을 기록한 것은 모르드개로 말미암아 그렇게 위대하게 되었다는 것을 밝히기 위함이다. 다시 말해 모르드개가 2인자로 활약한 아하수에로 왕의 바사제국의 위용을 말하는 것이다. 결코 모르드개와 관련 없이 기록된 것은 아니다.

"본토"란 바사의 인도로부터 구스에 이르는 127도에 달하는 바사의 본 영토를 말하는 것이다(1:1). "바다 섬들"이란 지중해 연안의 나라들과 싸이프러스(Cyprus)와 크레테(Crete)등을 위시한 도서들을 칭한다.

"조공"이란 '세금'을 의미한다. 왕은 처음에는 현물로 바치게 했으나 고레스가 화폐제도를 실행한 후로는 화폐로 바치게 했다(이상근). 아하수에로 왕이 그의 본토와 바다 섬들에게서 세금을 받았다는 것은 그의 행정력이 심히 강했다는 것을 보여준다.

에 10:2. 왕의 능력 있는 모든 행적과 모르드개를 높여 존귀하게 한 사적이 메대와 바사 왕들의 일기에 기록되지 아니하였느냐.

"왕의 능력 있는 모든 행적"이란 말은 '아하수에로 왕의 능력 있는 모든 행적'이란 뜻인데 그러나 아하수에로 왕이 모든 행적이 다 승리로 끝난 것은 아니었다[45]. 그는 그의 부친 다리오 대왕(Darius I, 521-486 B.C.

통치)의 아들로 부왕을 계승하여 세 번째로 그리스 원정을 시도했으나 주전 479년 살라미 전투에서 대패했다. 그러나 기타 지역에서는 영토를 넓혔다. 그리고 또 내치에서도 공적이 컸다. 그는 모르드개를 높였고, 유대인들을 후대했다.

본절의 "메대" "바사"란 말에서 바사는 원래 메대의 속국이었으나 독립하고, 도리어 메대를 지배했으나 메대국을 우대하여 바사와 같이 취급하여 대제국도 "메대, 바사 제국"이라 부르게 되었다(이상근).

에 10:3. 유다인 모르드개가 아하수에로 왕의 다음이 되고 유다인 중에 크게 존경받고 그의 허다한 형제에게 사랑을 받고 그의 백성의 이익을 도모하며 그의 모든 종족을 안위하였더라.

본절은 모르드개의 지위와 공적을 서술한다. 유대인 모르드개가 아하수에로 왕의 다음이 되었다는 것이다. 모르드개가 나라의 제 2인자로 총리가 되었다는 뜻이다. 모르드개는 "유대인 중에 크게 존경받고 그의 허다한 형제에게 사랑을 받았다". "유대인 중에 크게 존경받았다"는 말과 "그의 허다한 형제에게 사랑을 받았다"는 말은 동의어이다. 그가 나라의 제 2인자가 되었으니 존경도 받았으며 허다한 형제에게 사랑을 받았다. 모르드개는 높은 자리, 그리고 사랑받는 자리에 있을 때 그의 백성의 이익을 도모했고 그의 종족(유대 민족)을 도왔다. 누구든지 자신이 잘 되었다고 생각할 때 다른 사람들을 돌보는 일을 잊지 말아야 할 것이다. 우리가 영적으로 크게 부흥할 때 다른 이들을 위하여 기도해 주어야 하며 경제적으로 여유가 있을 때 다른 이들에게 구제의 손길을 뻗쳐야 할 것이다.

-에스더서 주해 끝-

---

45) 아하수에로 왕은 그리스와의 살라미 전투에서 패배한(B.C.479년) 후부터는 헤로도투스의 역사 기록에 더 이상 나타나지 않는다. 그래서 그의 행적 중 그 이후의 것에 대해서는 잘 알 수 없다. 그러나 그는 당대의 가장 강력한 군주였음이 너무도 분명하다.

에스라서, 느헤미야서, 에스더서 주해

2018년 12월 10일 초판 1쇄 인쇄
2018년 12월 21일 초판 1쇄 발행
지은이 | 김수홍
발행인 | 박순자
펴낸곳 | 도서출판 언약
주　소 | 수원시 영통구 중부대로 271번길 27-9, 102동 1303호
전　화 | 070-7518-9725
E-mail | kidoeuisaram@naver.com
등록번호 | 제374-2014-000006호

정가 18,000원

ISBN : 979-11-952332-0-5 (세트)
ISBN : 979-11-89277-12-3 (04230)